Wanderlust Schwarzwald

100 Traumpfade

für Gipfelstürmer und Flachlandentdecker

GPX-Daten zum Download

www.kompass.de/gpx

Kostenloser Download der GPX-Daten der im Wanderbuch enthaltenen Wandertouren.

UNSERE AUTORINNEN UND AUTOREN

Peter Freier
Elke Haan
Maria Strobl
Walter Theil

Der Schwarzwald wartet mit überaus wanderfreundlichen und abwechslungsreichen Landschaften auf, zudem hat die Region in kultureller Hinsicht ausgesprochen viel zu bieten. Keine Frage also, dass eine Präsentation der schönsten Wanderrouten nur im Teamwork möglich ist. KOMPASS arbeitet seit vielen Jahren mit hervorragenden Expertinnen und Experten aus dem Outdoorbereich zusammen. Verlag und Redaktion danken jenen Damen und Herren, die den Schwarzwald in jahrelanger Kleinarbeit erkundet, beschrieben und in wunderschönen Fotos festgehalten haben, sehr herzlich für die gute Zusammenarbeit. Ohne ihr Wissen und ihre Erfahrung wäre die Realisierung des vorliegenden Werkes nicht möglich gewesen!

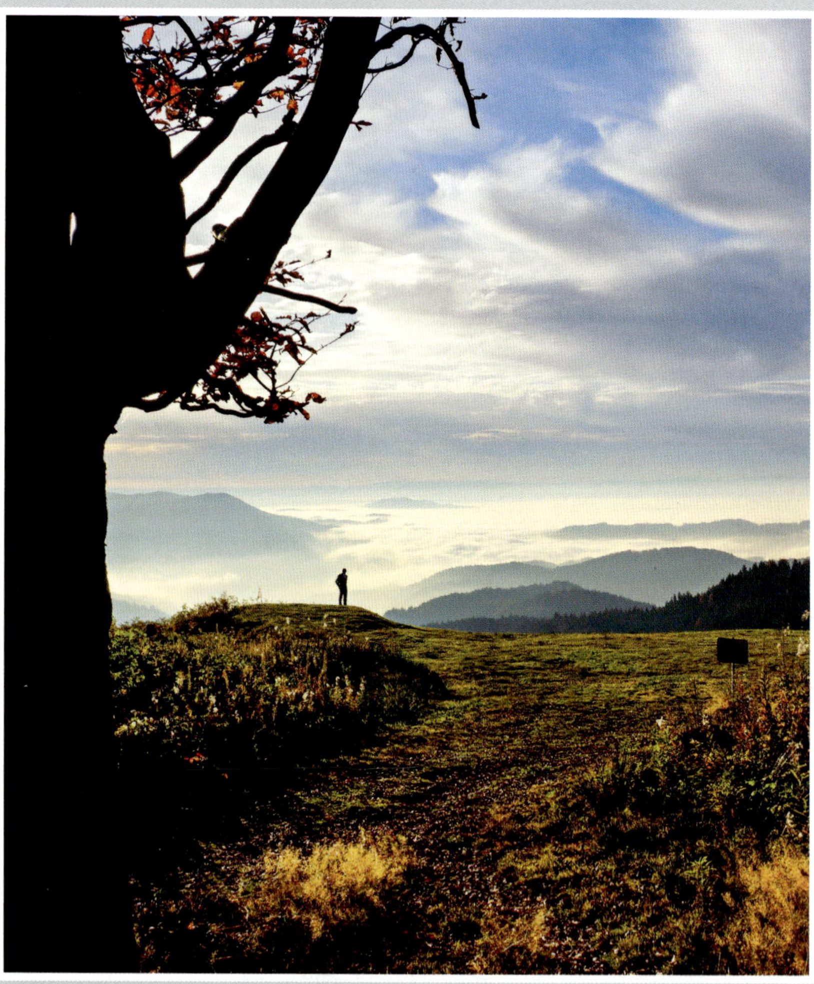

Der Schliffkopf im Nationalpark ist der beste Aussichtsberg im Nordschwarzwald.

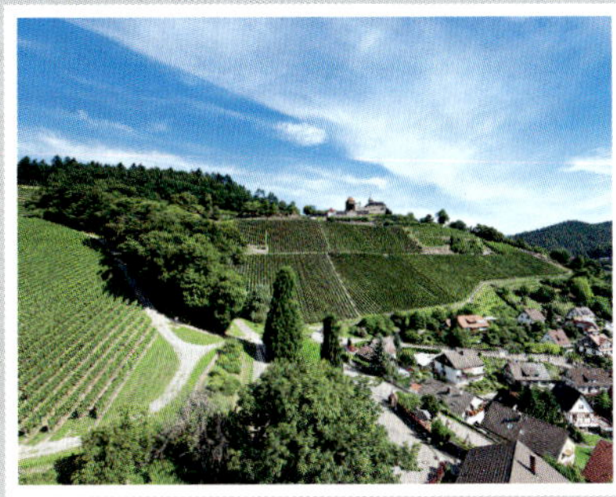

Der dicht bewaldete Schwarzwald im Südwesten Baden-Württembergs ist Deutschlands höchstes und größtes zusammenhängendes Mittelgebirge. Seine unterschiedlichen Naturlandschaften machen Wanderungen zu abwechslungsreichen Erlebnissen: Langgezogene Waldberge im Norden, breite Wiesentäler im mittleren Schwarzwald und die bis zu knapp 1.500 Meter hohen baumfreien Bergkuppen des südlichen Schwarzwalds haben für beinahe jeden Geschmack etwas zu bieten.

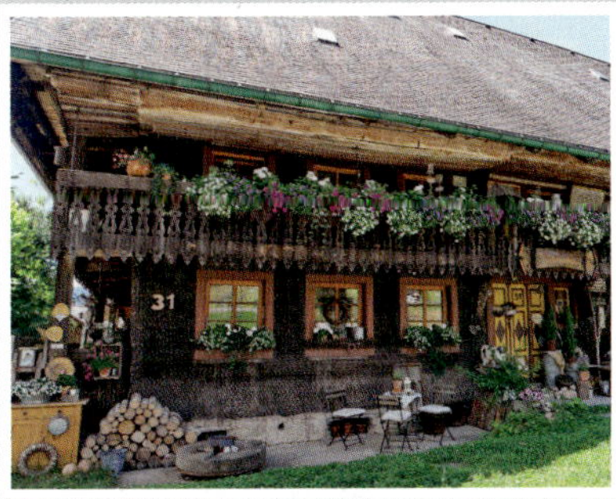

Hauptstadt der Region Nordschwarzwald ist die Goldstadt Pforzheim, der Kurort Freudenstadt liegt an der Schwarzwaldhochstraße, und Baden-Baden war schon in der Antike ein berühmtes Heilbad. Zwischen diesen drei Städten liegen wundervolle Wanderlandschaften mit der Hornisgrinde am sagenumwobenen Mummelsee als höchstem Berg. Die Schwarzwaldhochstraße verläuft auf der Schauseite des Nordschwarzwalds mit fantastischer Aussicht auf Rheinebene und Vogesen sowie zur Schwäbischen Alb. Überall finden sich hier Wanderparkplätze, von denen aus markierte Wege in den Nationalpark „Schwarzwald" hineinführen.

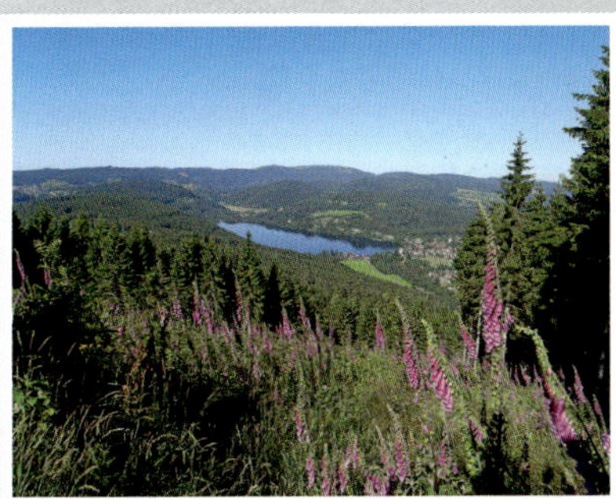

Im mittleren Teil des Schwarzwalds locken vor allem Wanderungen in der Nähe hübscher Kleinstädte mit interessanten Museen. Zudem stößt man etwa auf ein stillgelegtes Bergwerk oder einen einstigen Floß-Einbindplatz, auf ein Kloster oder eine Kapelle, und nirgendwo sonst im Schwarzwald kann man in so vielen Vesperwirtschaften oder Berggaststätten einkehren.

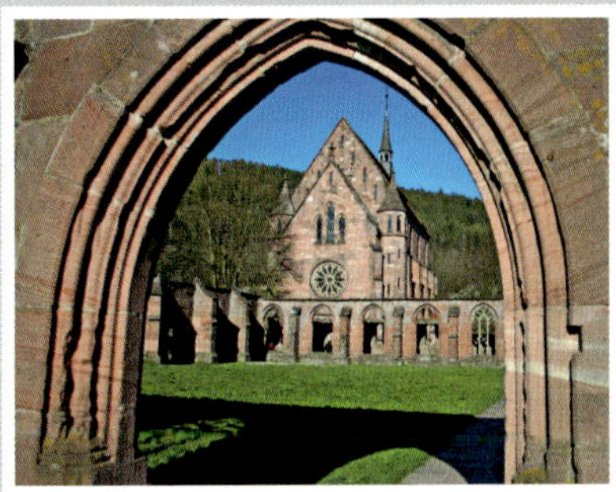

Auch der südliche Schwarzwald ist ein Füllhorn touristischer Attraktionen und landschaftlicher Highlights. Eindrucksvoll sind neben den Gipfeln und Wasserfällen die grandiosen Schluchten, die herrlichen Seen und die waldreichen Täler. Und überall natürlich die typischen Schwarzwälder Besonderheiten: die urigen Bauernhäuser, die Kuckucksuhren, die Schwarzwälder Kirschtorte, das Kirschwasser, die feschen Trachten und nicht zuletzt die Fasnetkultur – Naturerlebnis in Symbiose mit Traditionen und gepflegter Lebensart.

Natur und Kultur – Rheinland-Pfalz hat für jeden etwas zu bieten.

INHALT UND TOURENÜBERSICHT

AUFTAKT

ANHANG

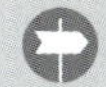 km	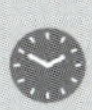 h	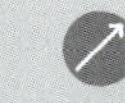 hm	 hm	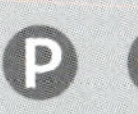	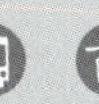	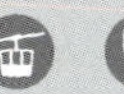	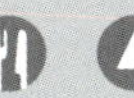	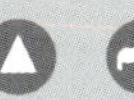			 Karte
12	3:45	229	170	✓	✓		✓				886
12,5	3:30	377	0	✓	✓						886
19	4:45	9	241	✓	✓		✓				886
10,5	3:00	348	287	✓	✓			✓			886
9,5	2:45	226	226	✓	✓		✓				886
9	2:30	208	208	✓	✓		✓				886
18,75	5:00	343	343	✓	✓		✓				886
5,75	1:45	161	161	✓							886
14	3:30	175	296	✓	✓	✓	✓				886
22,75	6:15	649	619	✓	✓		✓				886
11	3:15	310	310	✓	✓		✓				886
21,25	5:30	560	589	✓	✓		✓	✓			886
15,25	4:15	650	650	✓	✓		✓				886
7,5	2:00	128	128	✓	✓			✓			886
14,25	4:15	168	168	✓				✓			886
17,75	4:45	536	536	✓	✓		✓	✓			886
14	4:00	805	291	✓	✓			✓			886
18,25	5:15	685	24		✓						886
10,75	3:15	470	254	✓	✓		✓	✓			886
8,75	2:00	343	343	✓	✓		✓				886
2	0:45	31	31	✓	✓						886
9,75	2:30	263	263	✓	✓		✓	✓			886

INHALT UND TOURENÜBERSICHT

km	h	hm	hm	P							Karte
7	1:45	170	170	✓	✓		✓				886
10,5	3:00	163	163	✓	✓		✓	✓			886
12,5	3:30	238	238	✓	✓						886
12,75	3:30	258	258	✓							886
12	3:15	226	226	✓			✓				886
11	3:30	236	236	✓	✓		✓				886
10,25	2:45	209	209	✓	✓		✓				886
10,5	3:00	412	412	✓	✓						886
13,5	4:15	402	402	✓			✓				886
8,75	2:30	269	269	✓	✓		✓	✓			886
9	2:45	328	328	✓	✓		✓				886
8,75	2:30	231	231	✓	✓		✓				886
7,25	2:00	264	264	✓	✓			✓			886
7,75	2:15	276	275	✓	✓						886
9,5	2:30	243	243	✓							886
20,5	5:30	231	317	✓	✓		✓				886
7	2:15	230	230	✓	✓	✓	✓				886
7,75	2:00	153	153	✓	✓						886
18,5	5:00	273	417	✓	✓		✓				886
11,25	3:00	227	227	✓			✓				886
10	3:30	84	74	✓	✓		✓				879
12,5	4:30	440	440	✓	✓		✓				880
14	4:15	350	350	✓	✓		✓				770
18	6:45	642	642	✓	✓		✓	✓	✓		880
14	5:00	329	329	✓			✓				770
12	3:30	320	300	✓	✓		✓				880
11,5	4:00	550	550	✓	✓		✓	✓			880

INHALT UND TOURENÜBERSICHT

km	h	hm	hm								Karte
11	3:45	380	380	✓	✓		✓				880
14	5:00	450	450	✓	✓		✓				770
11	3:30	360	360	✓	✓		✓				878
18,5	6:45	500	500	✓	✓		✓	✓			878
6,5	2:15	205	205	✓	✓		✓				878
6,5	2:00	110	110	✓	✓						878
11	3:00	50	260	✓	✓		✓				770
14	4:30	441	441	✓	✓		✓				880
18,5	6:45	530	600	✓	✓		✓				770
9,5	3:30	378	378	✓	✓		✓				880
12	4:00	194	194	✓			✓				880
12,75	4:00	433	433	✓	✓		✓	✓			884
13,5	4:00	584	584	✓	✓			✓			884
11,25	3:30	470	470	✓	✓						884
9	3:00	337	337	✓	✓		✓				885
11	3:30	247	247	✓	✓		✓				885
12	3:45	197	197	✓	✓		✓				885
16	5:00	352	352	✓	✓		✓	✓			885
16	5:00	407	407	✓			✓	✓			885
9,75	3:15	321	321	✓	✓						884
11,75	3:15	404	404	✓			✓				883
12	4:00	772	772	✓			✓	✓			884
8,25	2:45	240	240	✓	✓		✓	✓			884
14,25	4:15	427	427	✓	✓		✓				884
9	3:00	179	179	✓	✓		✓				885
10,25	3:00	211	211	✓	✓						893

INHALT UND TOURENÜBERSICHT

km	h	hm	hm	P							Karte
10,75	3:45	409	409	✓	✓		✓				884
17	5:30	373	373	✓	✓		✓				889
4,75	1:45	229	229			✓		✓			891
6,5	2:15	266	266	✓	✓		✓				890
10	3:15	226	226	✓			✓				890
9	3:00	242	242	✓			✓	✓			891
11,5	3:30	499	499	✓	✓		✓	✓			891
10,5	3:30	299	299	✓			✓				891
10,25	3:15	292	292	✓	✓		✓				891
8,25	2:45	289	289	✓							893
8,75	2:45	173	173	✓			✓				893
10	3:30	202	202	✓	✓		✓				899
9	3:00	239	239	✓	✓						899
8,75	2:45	245	245	✓			✓				895
15	4:15	269	269	✓	✓		✓				898
9,5	2:45	36	33	✓	✓		✓				893
13,75	4:15	512	512	✓			✓				898
16,75	5:15	596	596	✓	✓						897
12	4:00	380	380	✓	✓		✓				890
16,5	5:00	617	617	✓	✓		✓				890
14,75	4:30	379	379	✓			✓	✓			897
6	2:00	170	170	✓	✓		✓				897
13	4:00	400	400	✓	✓		✓	✓			898
10,5	3:00	188	188	✓	✓		✓				898
13	3:45	297	297	✓	✓		✓				898

LEGENDE UND SCHWIERIGKEITSBEWERTUNG

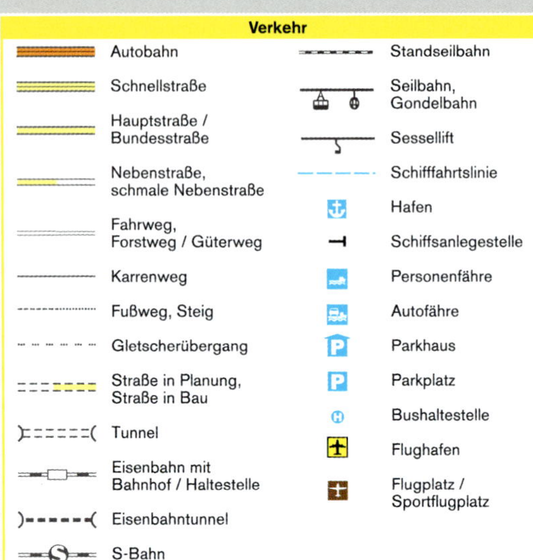

Relief und Vegetation

Geröll, Sumpf / Moor	Naturschutzgebiet / Nationalpark / Naturpark
Heide, Sand	
Wald, Kampfwald (Latschen, Krummholz)	Wein, Obst / Hopfen

Sport und Freizeit

Minigolf, Kinderspielplatz	Bootsverleih, Angeln
Trimmpfad / Fitness-parcours, Grillplatz	Hallenbad, Freibad / Badesee
Klettersteig, gesicherter Wegabschnitt	Sportplatz, Sprungschanze
Wildpark, Findling	

Touristische Hinweise

Information, Jugendherberge	Krankenhaus / Notarztstation
Hotel / Gasthof / Restaurant	Aussichtsturm
Schutzhütte / Berggasthof (im Sommer und Winter)	Schöner Ausblick, Rundblick
Schutzhütte / Berggasthof (Sommerbewirtschaftung)	Kirche, Wallfahrtskirche
Jausenstation / Almwirtschaft / Imbissstube	Kapelle, Denkmal
Buschenschenke / Heuriger, Unterstand	Burg / Schloss, Ruine
Hütte / Biwak (unbewirtschaftet)	Kloster
Campingplatz, Sehenswürdigkeit	Ausgrabungen, ehemalige Festung
Museum, Museumsbahn	Wegkreuz
	Bildstock, Bildbaum
	885 Höhenpunkt, Gipfelkreuz

■ LEICHT

Hier handelt es sich um gut angelegte Wege ohne echte Gefahrenstellen, die jedermann begehen kann. Das schließt aber kräftige Steigungen nicht aus. Blaue Routen sind meist gut beschildert und markiert, damit eignen sie sich auch für „Wander-Anfänger".

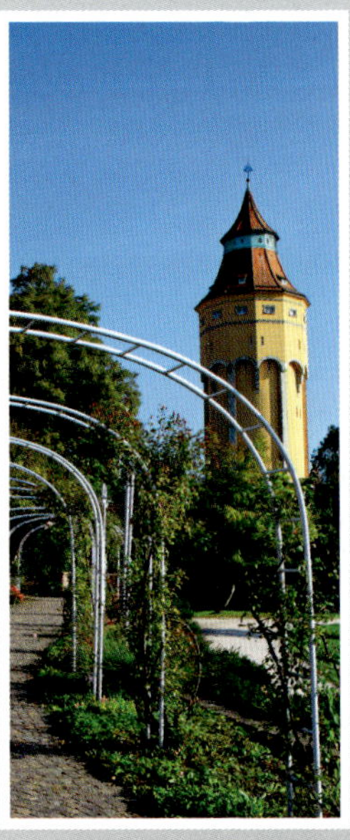

■ MITTEL

Diese Wege und Steige verlaufen in anspruchsvollerem Gelände, sie können also steil und steinig sein, vielleicht auch durch felsiges Gelände führen (eventuell mit Stahlseil-Sicherungen). Ein gewisses Maß an Wandererfahrung, Trittsicherheit und festes Schuhwerk sollen nicht fehlen. Auch diese Routen, wie fast alle im Bereich des Führers, sind meist ausreichend beschildert und gut markiert.

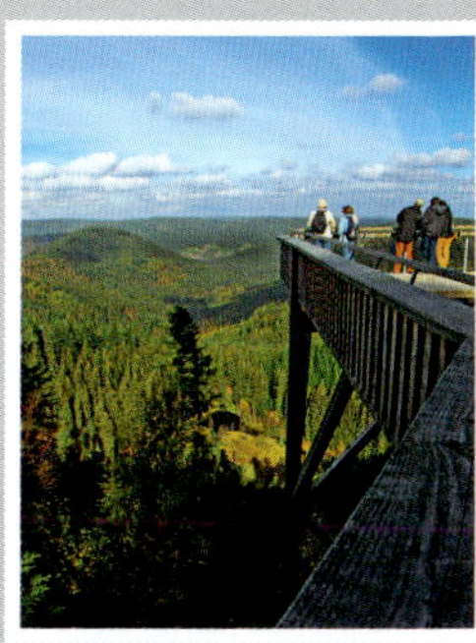

■ SCHWER

Hier findet man anspruchsvolle Touren, die in felsiges Gelände mit abschüssigen und gefährlichen Passagen führen. Außerdem können „schwarze" Touren sehr lang sein. Schwindelfreiheit, Trittsicherheit, gute Kondition und Geschicklichkeit sind daher ebenso notwendig wie Bergstiefel und die richtige Ausrüstung. Hier wirken sich Nässe und Nebel, Neuschnee und Altschneefelder usw. besonders deutlich aus. Auch diese Routen sind zwar meist ausreichend beschildert und markiert – aber für Anfänger ungeeignet!

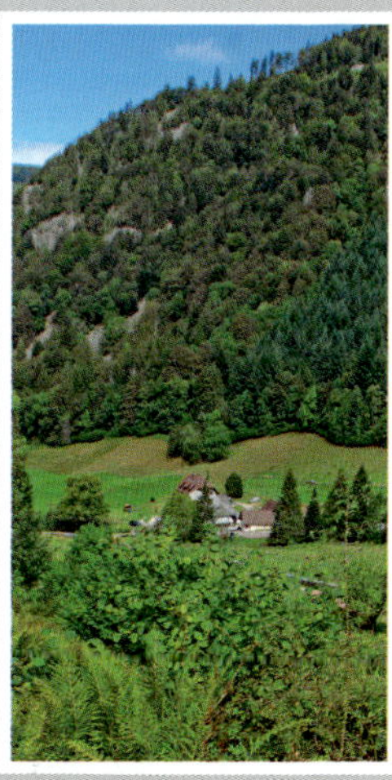

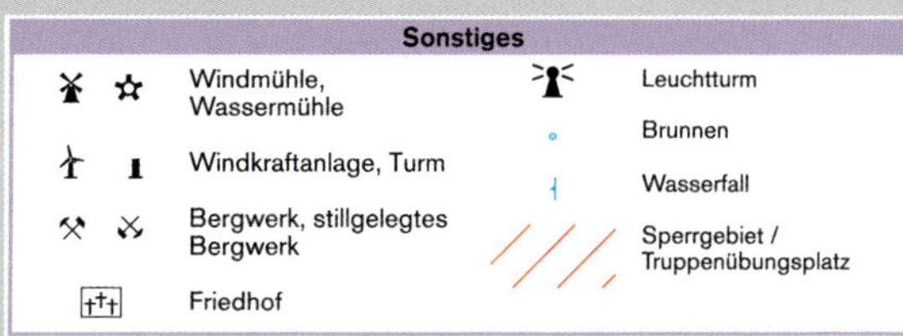

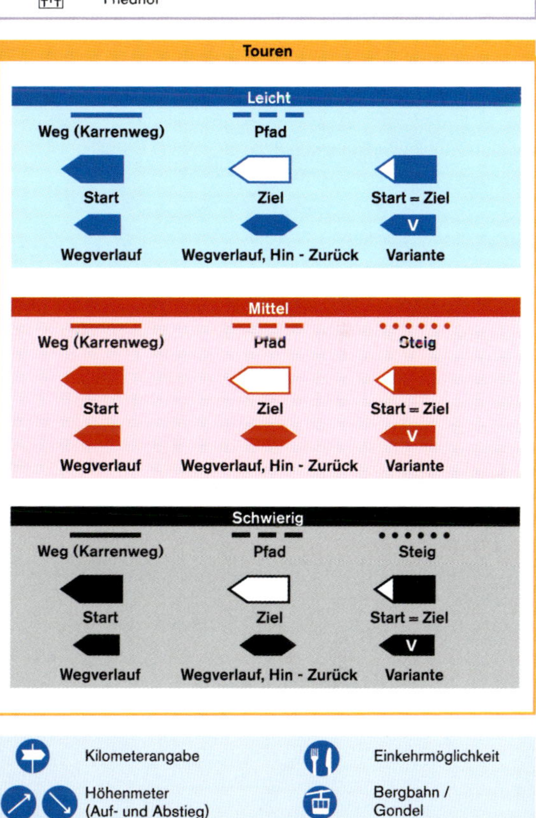

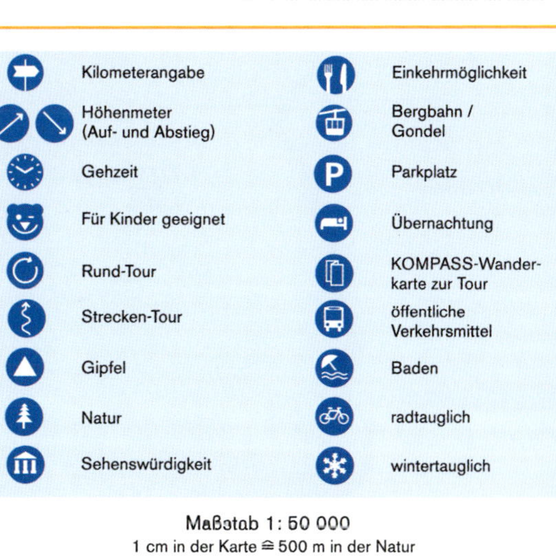

Maßstab 1 : 50 000

1 cm in der Karte ≙ 500 m in der Natur

0 1 2 km

GEBIETSÜBERSICHTSKARTE

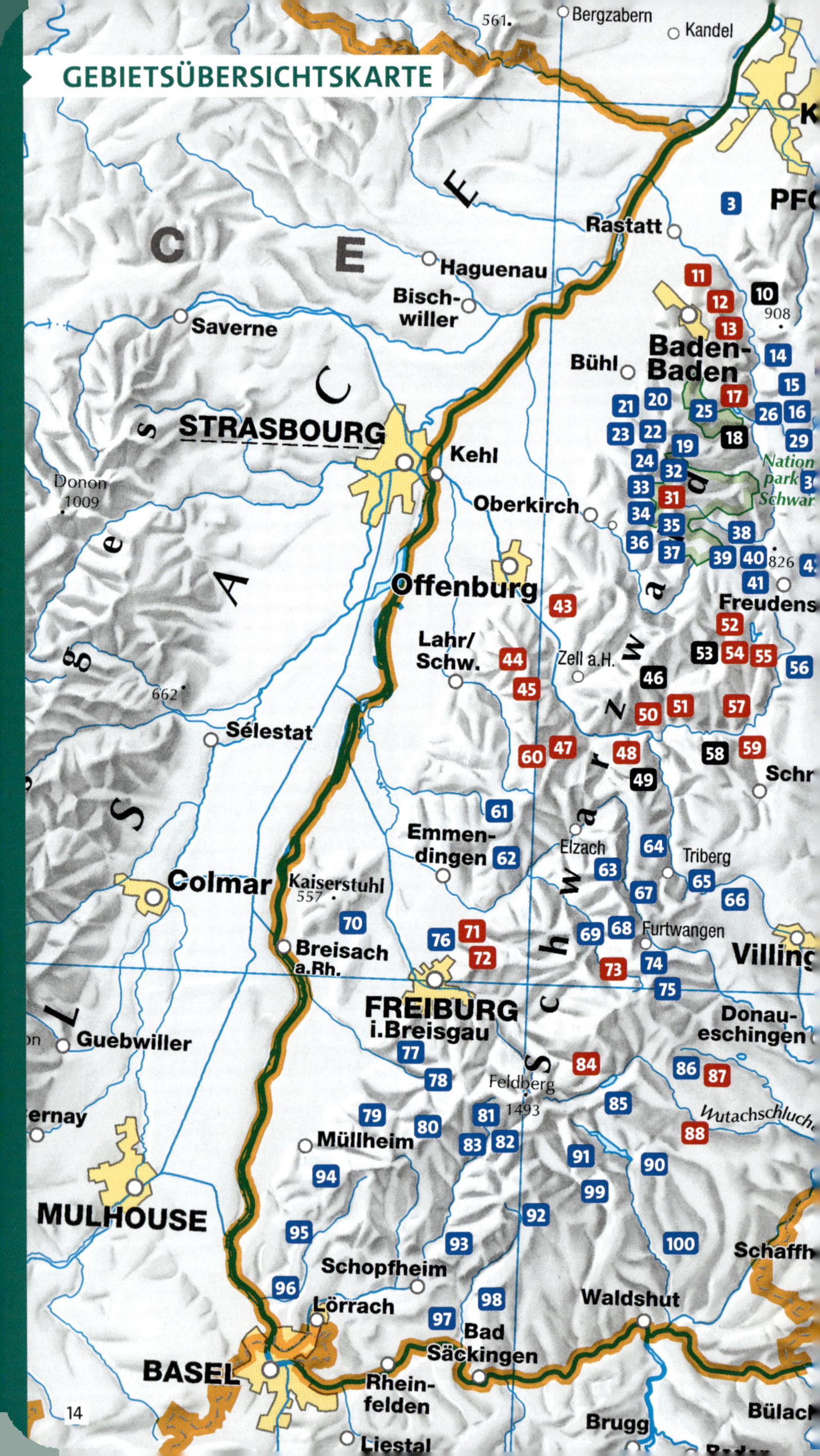

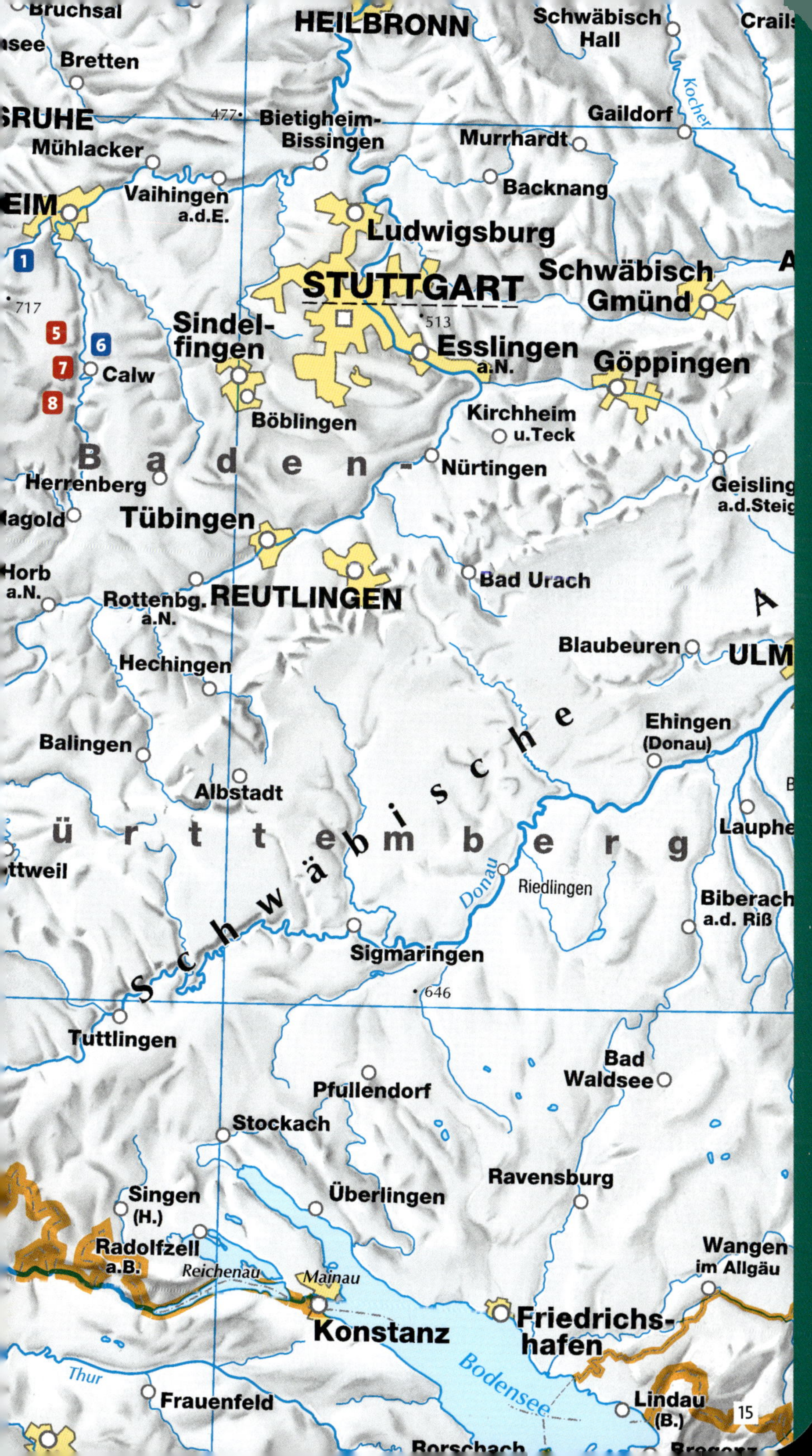

Bruchsal
Bretten
HEILBRONN
Schwäbisch Hall
Kocher
Gaildorf
Bietigheim-Bissingen
Murrhardt
Mühlacker
Vaihingen a.d.E.
Backnang
Ludwigsburg
STUTTGART
Schwäbisch Gmünd
Sindelfingen
Esslingen a.N.
Göppingen
Calw
Böblingen
Kirchheim u.Teck
Nürtingen
Herrenberg
Tübingen
Horb a.N.
Rottenbg. a.N.
REUTLINGEN
Bad Urach
Blaubeuren
ULM
Hechingen
Ehingen (Donau)
Balingen
Albstadt
Lauphe
Donau
Riedlingen
Biberach a.d. Riß
Sigmaringen
Tuttlingen
Bad Waldsee
Pfullendorf
Stockach
Ravensburg
Singen (H.)
Überlingen
Radolfzell a.B.
Reichenau
Mainau
Wangen im Allgäu
Konstanz
Friedrichshafen
Thur
Bodensee
Frauenfeld
Lindau (B.)
Borschach
Baden-Württemberg
Schwäbische Alb

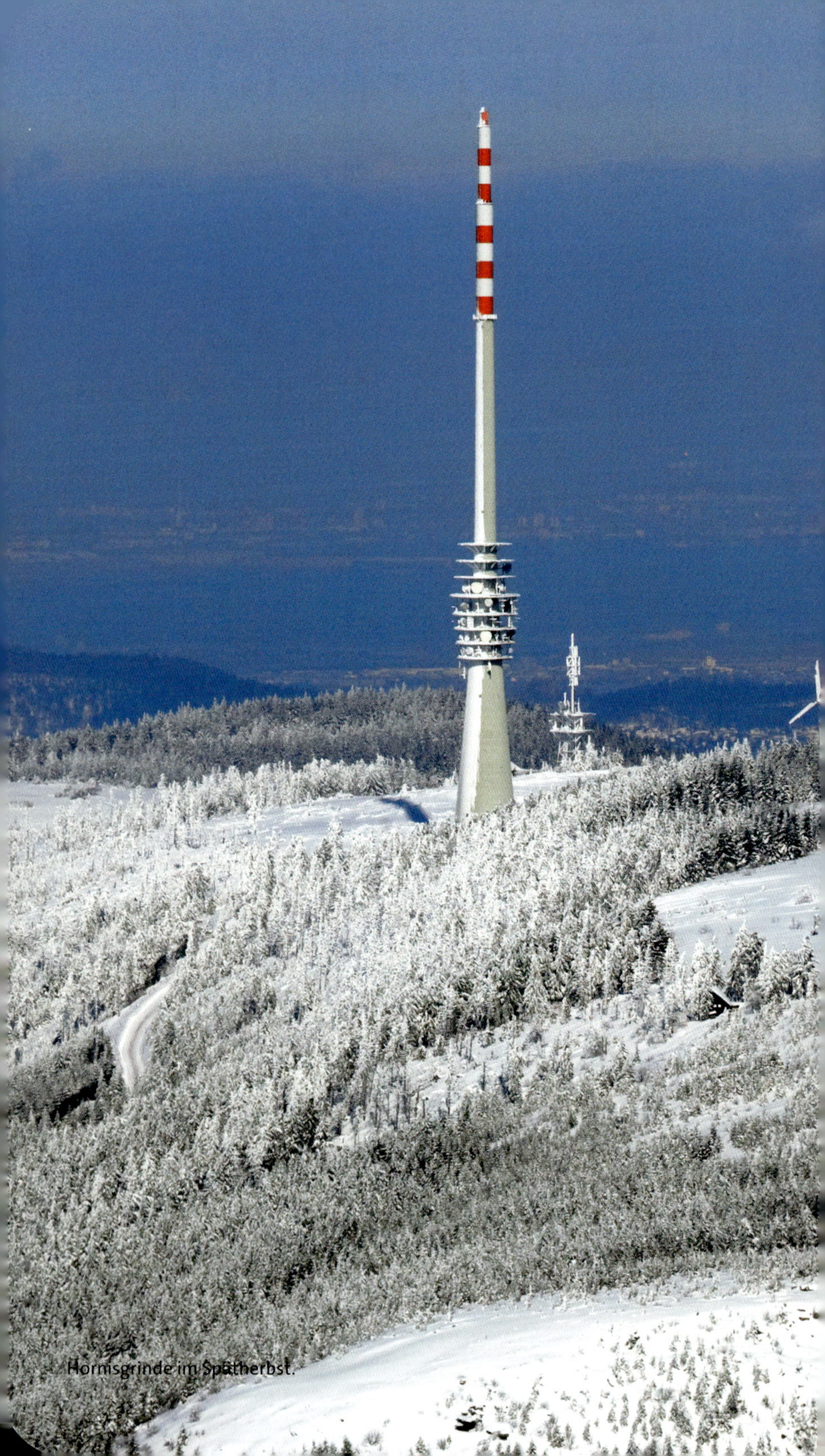

Hornisgrinde im Spätherbst.

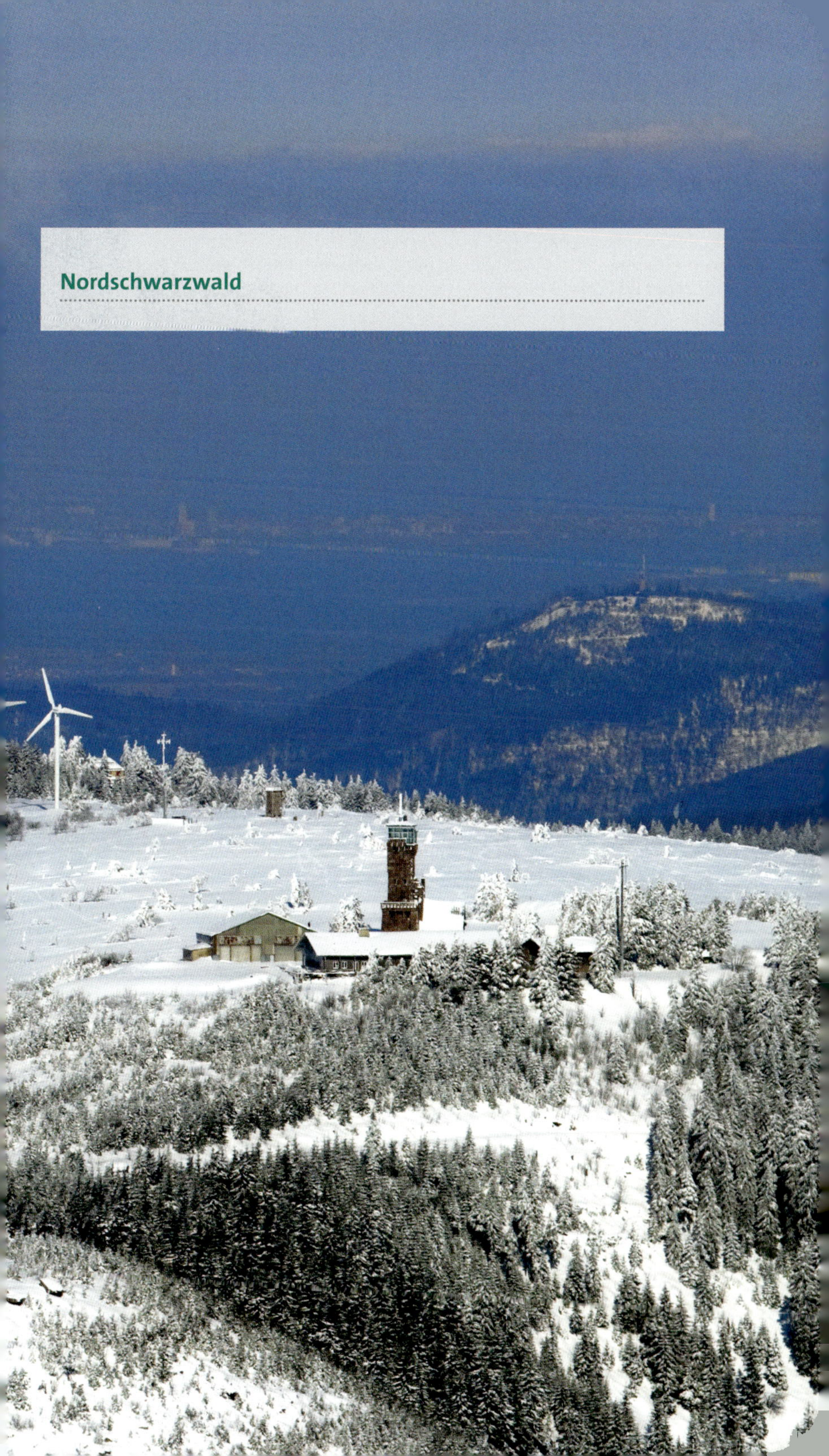

Nordschwarzwald

PFORZHEIM – NEUENBÜRG

Auftakt des legendären Westweg-Fernwanderwegs

  12 km 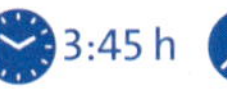 3:45 h  229 hm 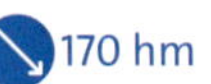 170 hm  886

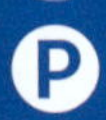
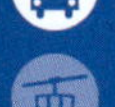
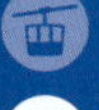

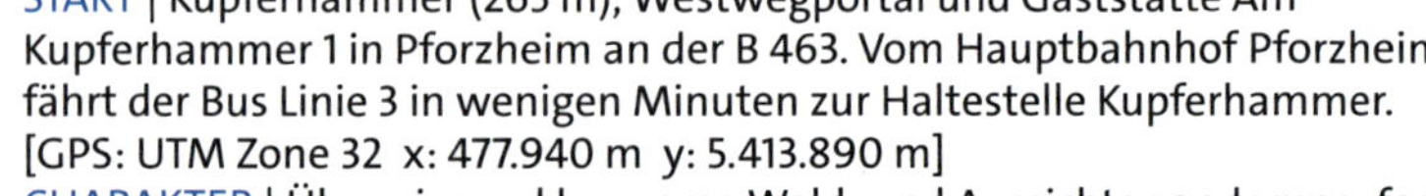

START | Kupferhammer (265 m), Westwegportal und Gaststätte Am Kupferhammer 1 in Pforzheim an der B 463. Vom Hauptbahnhof Pforzheim fährt der Bus Linie 3 in wenigen Minuten zur Haltestelle Kupferhammer. [GPS: UTM Zone 32 x: 477.940 m y: 5.413.890 m]

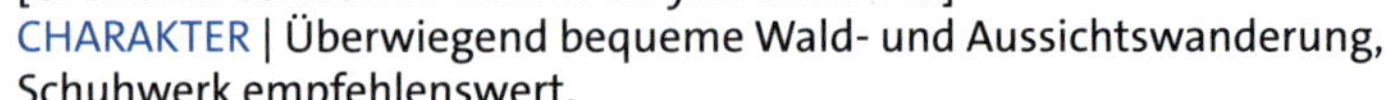

CHARAKTER | Überwiegend bequeme Wald- und Aussichtswanderung, festes Schuhwerk empfehlenswert.

Schloss Neuenbürg

Hauptattraktion der im Renaissancebau von Schloss Neuenbürg untergebrachten regionalgeschichtlichen Sammlungen zur Flößerei, zur Ortsgeschichte usw. ist das begehbare Theater „Das kalte Herz“. Nach der gleichnamigen Schwarzwald-Erzählung von Wilhelm Hauff bietet es kunstvoll inszenierte Einblicke in die Kulturgeschichte der Region. Der Schlosspark ist ein von Mauern umgebener, sonniger Ort mit Schneeglöckchen, grüner Wiese und Parkbänken. Funde am Schloss deuten auf eine Besiedlung des Bergs seit Hallstatt und La Tène, wobei schon in der La-Tène-Zeit jene Mähgeräte produziert wurden, die ab 1803 als „Neuenbürger Sensen“ in ganz Mitteleuropa abgesetzt wurden.

Vom Westweg-Portal „Goldene Pforte“ an der Gaststätte „Kupferhammer“ in Pforzheim führt die Auftaktetappe des Westwegs zum Neuenbürger Schloss. Diese „Talvariante“ des Westwegs wird von den meisten Wanderern besser angenommen als die weiterhin existierende alte Höhenvariante, die mit einer

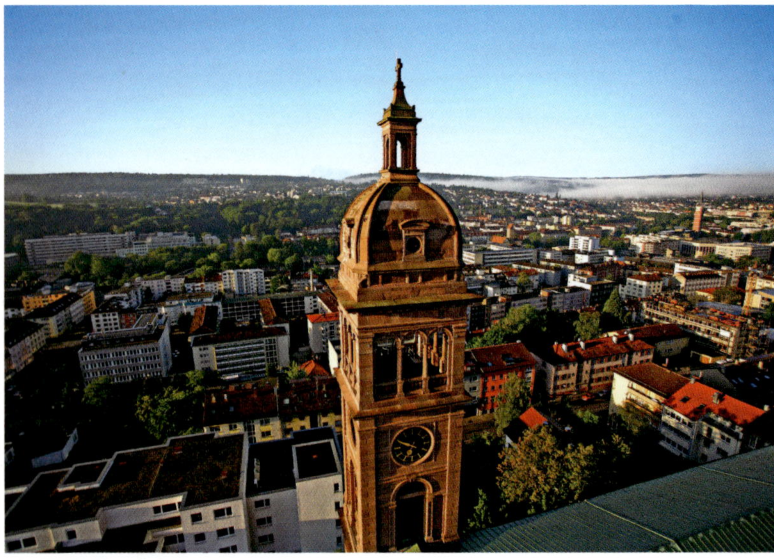

Blick auf Pforzheim.

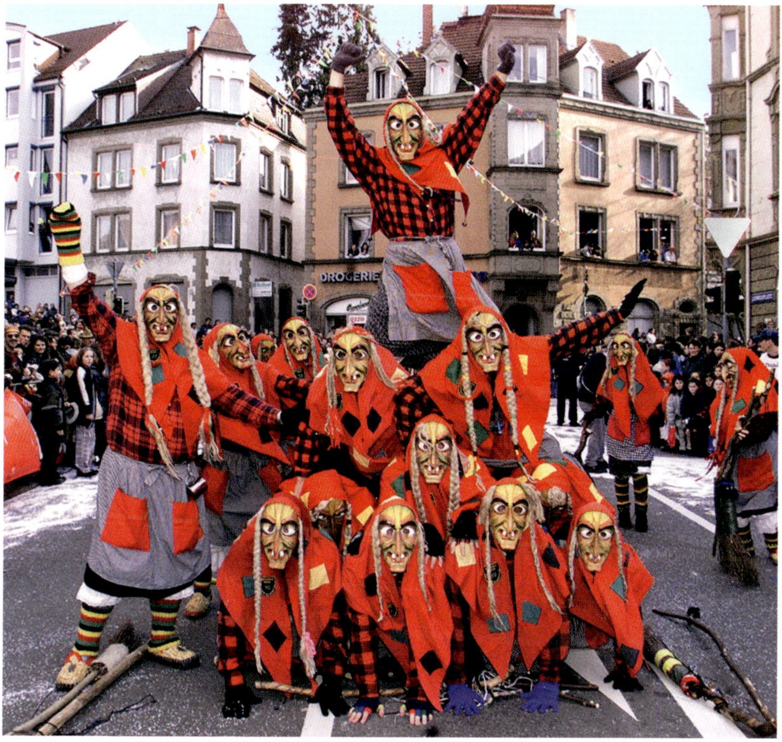

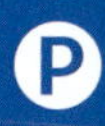
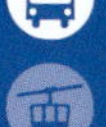

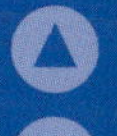
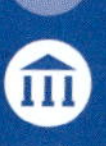

Buntes Treiben in Pforzheim.

langwierigen Durchquerung des Stadtteils Birkenfeld verbunden ist. Beiden Varianten folgt auch der Europäische Fernwanderweg 1. Vom Markt in Neuenbürg fährt der Bus zurück nach Pforzheim.

Vom Westweg-Portal „Goldene Sonne" an der **Gaststätte Kupferhammer** 01 führt der mit dem Zeichen „rote Raute" markierte Westweg südwärts in die Buchenwälder über der Nagold hinauf und wechselt bald rechts auf den Kuhweg. Dieser führt zur Huchenfelder Hauptstraße auf dem Hämmerlesberg: längs der Straße kurz geradeaus, bis der Westweg hinter der **Ruine Hoheneck** 02 links abzweigt und sich in den Pforzheimer Stadtteil **Dillweißenstein** 03 senkt, an der B 463 kurz rechts zur Ampel, dann links hinab zur Nagold und nach Überqueren des Flusses vor der Ampel scharf links in den Wald an einer Schutzhütte vorbei, die nächste scharf rechts hinauf zur Bahnlinie, nach Queren der Gleise am Parkplatz vorbei und dahinter links am Dillsteiner Kirchhof entlang, bis am **Sonnenberg** 04 nahe der gleichnamigen Gaststätte der Wald und der Buntsandstein-Schwarzwald erreicht sind.

Bald nach Passieren des Tornadosteins und des Arboretum Dillweißenstein erreicht der Westweg am **Unteren Enzsteg** 05 die Varianten-Verzweigung. Hier verzweigt sich der Westweg in die alte Höhenvariante (Fluss überqueren) und die Talvariante. Die Talvariante folgt dem schattigen Enzweg flussaufwärts zur **Grösselbachfurt** 06. Der Bach wird auf großen Trittsteinen überquert, dann geht es weiter am Waldrand enzaufwärts auf dem Pionierweg, an dem die Eberhard-Essich-Hütte zur Rast einlädt. Wenig später erreicht der Westweg die **Neuenbürger Eisenbahnbrücke** 07. Auf einem Steg ist hier der Bahnhof Neuenbürg auf der gegenüberliegenden Flussseite erreichbar, doch wir folgen weiter dem Westweg. Er erreicht den Bergsattel der Enzschleife und folgt dem Rücken auf der Hinteren Schlosssteige zum **Schloss Neuenbürg** 08 auf einem Umlaufberg über dem Enztal. Ein über 200 Jahre alter Buchenwald be-

1

deckt weite Teile des Schlossbergs, an der romantischen Schlosssteige steht die im Kern frühgotische Georgskirche (1557) mit gotischen Wandmalereien. Der im Mittelalter angelegte Friedhof an der Georgskirche zählt zu den

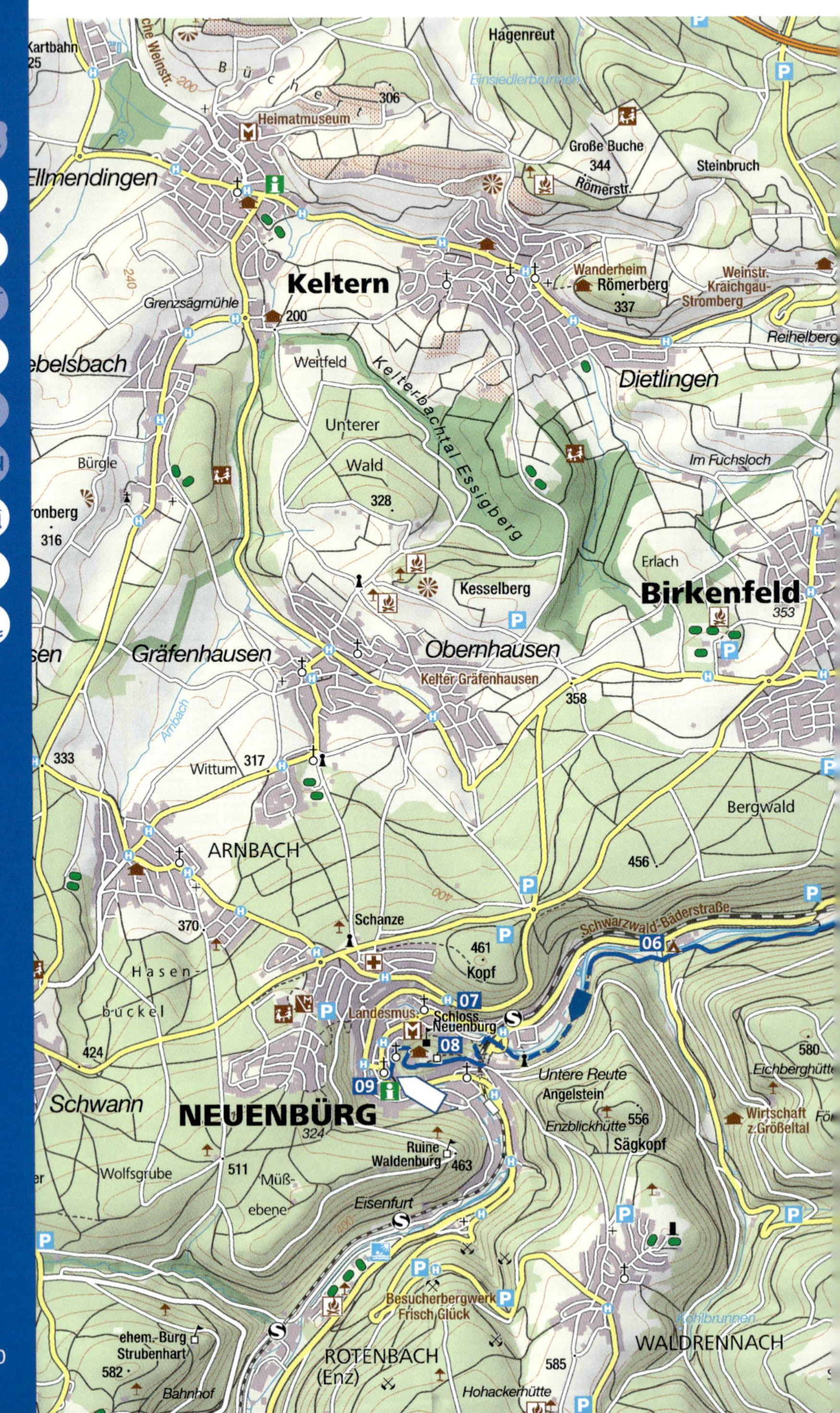

schönsten Stellen hoch über der Stadt; der älteste Grabstein datiert von 1412. Auf der Vorderen Schlosssteige leitet der Westweg hinab zur Stadtkirche und zum Marktplatz im historischen Zentrum von **Neuenbürg** 09.

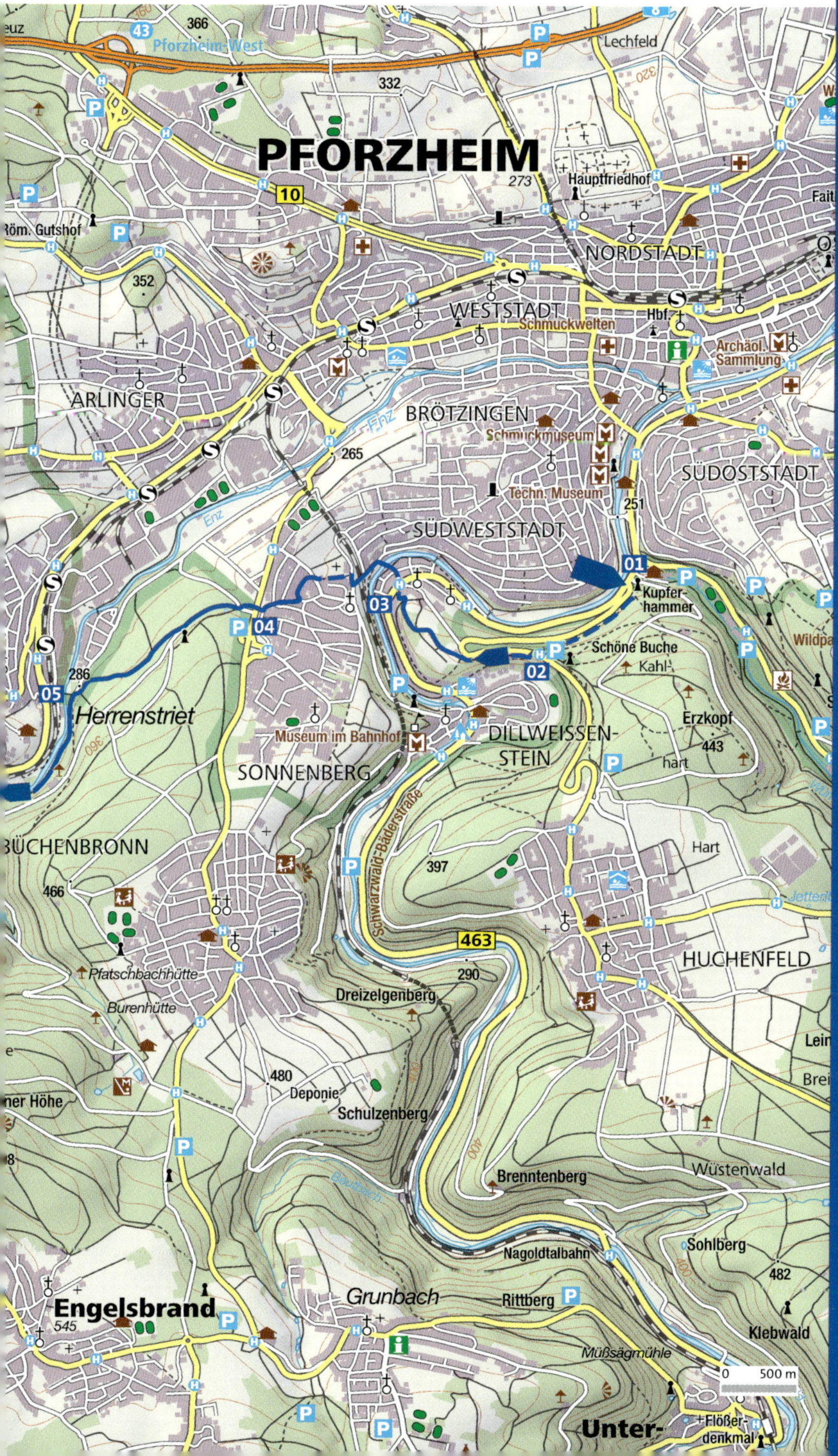

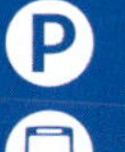
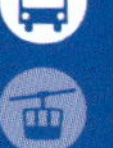

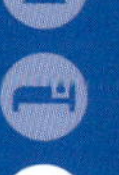

NEUENBÜRG – SCHWANNER WARTE – DOBEL

Westweg vom Enztal auf die Schwarzwaldhöhen

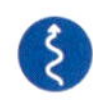 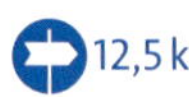 12,5 km  3:30 h 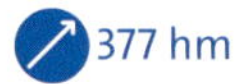 377 hm 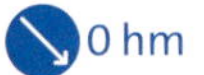 0 hm 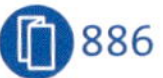 886

START | Neuenbürg, Markt (323 m), dort Bushaltestelle; alternativ Bahnhof Neuenbürg.
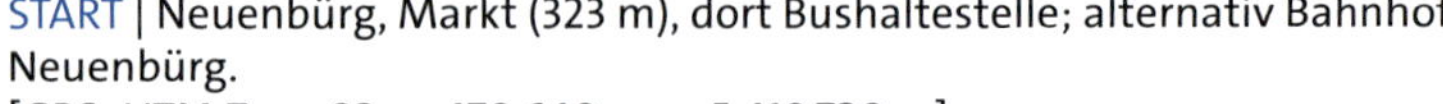
[GPS: UTM Zone 32 x: 470.640 m y: 5.410.720 m]
CHARAKTER | Durchgehend bequeme Forstwege.

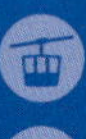
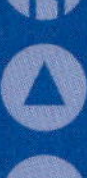
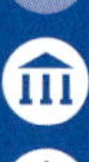

Von der Schlossstadt Neuenbürg im Enztal führt der Westweg auf die aussichtsreichen Nordschwarzwaldhöhen. Vom Höhen-Kurort Dobel zwischen Enz, Eyach und Alb fährt der Bus zurück nach Neuenbürg.

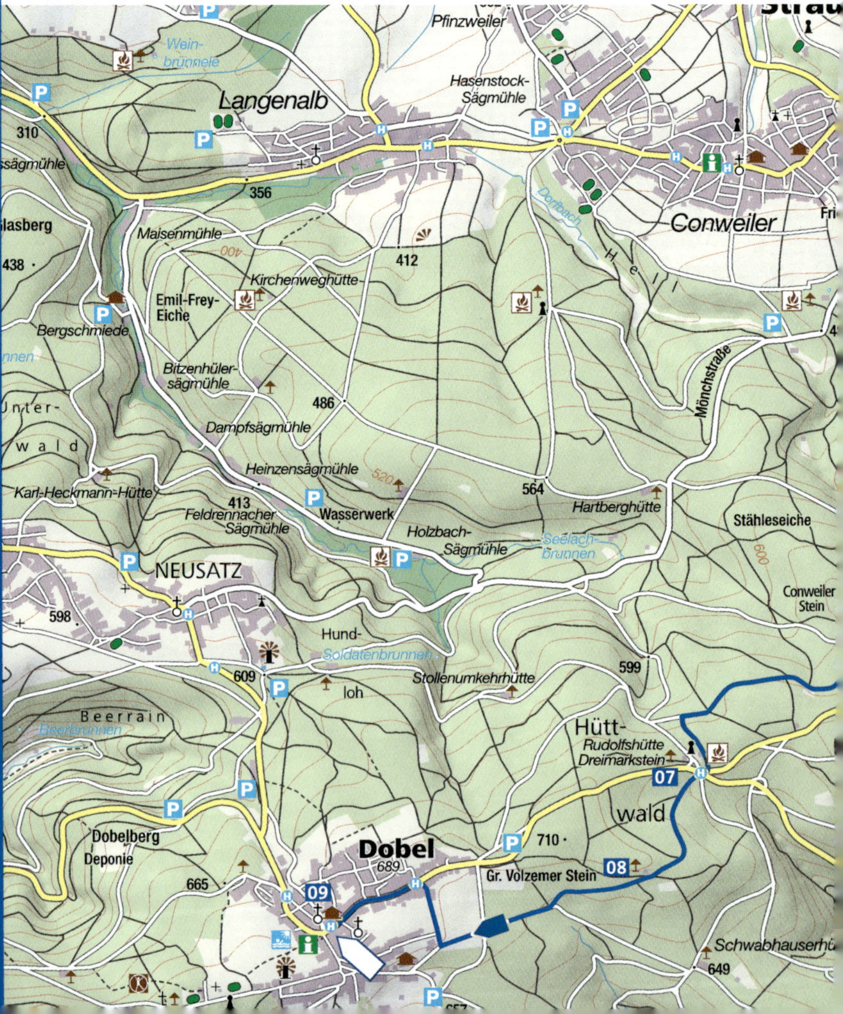

▶ **Neuenbürg** 01 liegt im Naturpark Schwarzwald Mitte/Nord am Fuß eines 80 m aus dem Enztal aufragenden Umlaufbergs (Schlossberg), auf dem die Grafen von Calw-Vaihingen im 12. Jh. die namensgebende „neue Burg" errichten ließen. Der von Fachwerkbauten umgebene Marktplatz der ehemaligen Bergbaustadt (Besucherbergwerk „Frischglück“) und der nahe Kirchplatz vor der klassizistischen Stadtpfarrkirche (1788) liegen zu Füßen des Schlosses. Zwischen Markt- und Kirchplatz findet jeden Samstag der große Wochenmarkt mit landwirtschaftlichen Produkten aus der Region statt.

Vom Markt führt der mit dem Zeichen rote Raute markierte Fernwanderweg Westweg zur Enz, überquert den Fluss auf der Hirschbrücke und folgt der Hafnersteige aufwärts an den Rand des einstigen Galgen- und heutigen Wohngebiets **Hochgericht** **02**, dort links Am Ziegelrain, immer wieder mit weiter Aussicht, dann im Wald hinauf zum Wohngebiet **Buchberg** **03**, wo sich die Westweg-Tal- und die Höhenvariante am Abenteuerspielplatz wieder vereinigen. Die rote Westweg-Raute folgt der Oberen Straße ortsauswärts in den Wald und trittt hinter den letzten Bäumen an den Rand des Höhendorfs Schwann und wendet sich links zum Aussichtsturm **Schwanner Warte** **04** in den Wiesen am Segelflugplatz oberhalb von Straubenhardt. Die Schwanner Warte zählt zu den besten Aussichtspunkten am Nordrand des Schwarzwalds, an Mittsommer leuchtet hier das Sonnwendfeuer des Schwarzwaldvereins in die Täler. Der Aussichtsturm bietet einen einmaligen Blick über die Nordschwarzwaldvorberge hinweg auf den Kraichgau, zum Stromberg und zum Odenwald sowie über die Ober-

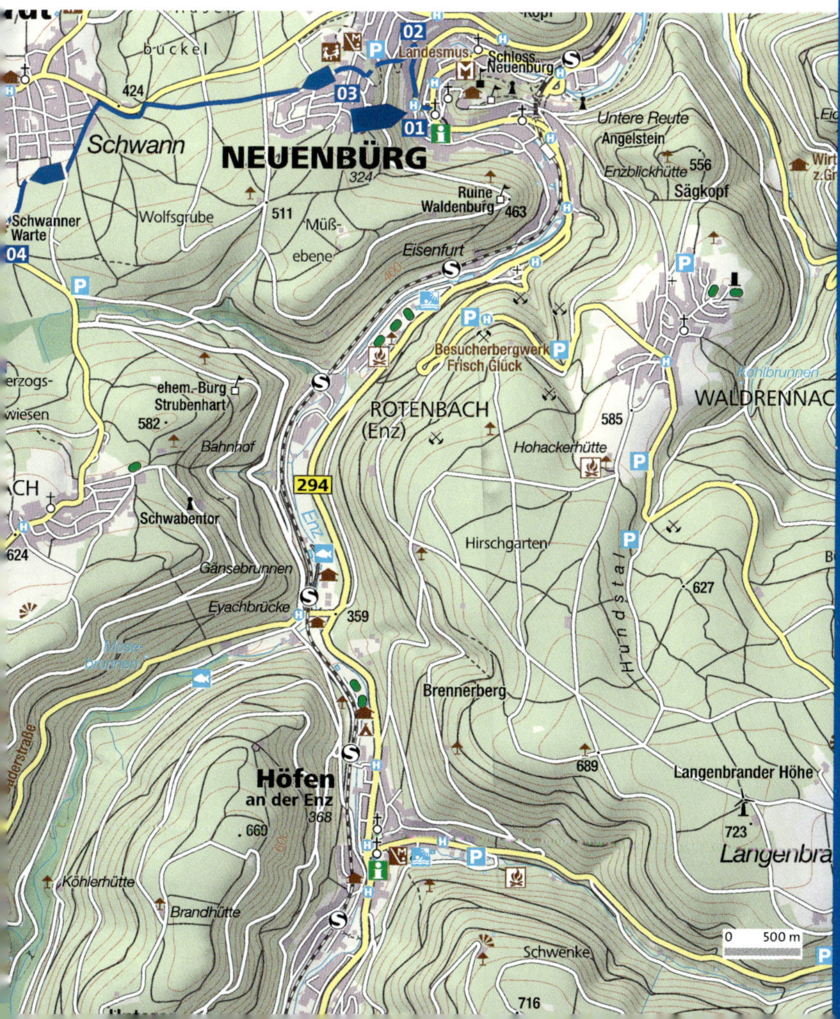

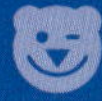
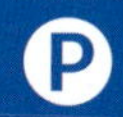

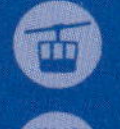
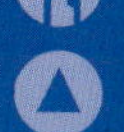

Höhenort Dobel

Der heilklimatische Kurort Dobel auf einer Hochfläche zwischen Alb und Eyach blickt auf eine mehr als 200-jährige Tradition als „Sommerfrische" zurück, 1799 war der alemannische Dichter Johann Peter Hebel Feriengast, 1960 erfreute sich die spanische Königin Sophia an den weiten Nordschwarzwald-Ausblicken. Das „Sonnentor Dobel" am Sonnenwegle ist das Dobler Westweg-Portal, es informiert am Kurpark über den Verlauf des Höhenwegs und bildet zugleich eine Westweg-Stempelstelle (wer an neun Westweg-Portalen gestempelt hat, darf sich ein Geschenk abholen). Der Dobler Wasserturm an der Höhenstraße oberhalb des Sonnwegles fungiert als Aussichtsturm, der Schlüssel ist in der Kurverwaltung erhältlich.

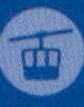
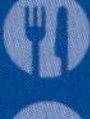
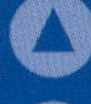
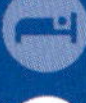

rheinebene hinweg zum Pfälzerwald und zu den Vogesen.

An der Schwanner Warte taucht der Westweg wieder in den Wald ein und folgt einem ansteigenden Forstweg südwärts, nach Unterqueren der Stromleitung öffnet sich die Lichtung mit den **Herzogswiesen** 05. Hier versammelten sich 1367 Adelige, um Graf Eberhard den Greiner von Württemberg im Wildbad zu überfallen und ihm ihre Territorialforderungen zu präsentieren. An der Verzweigung **Bücherweg** 06 beim Conweiler Stein, einem felsenmeerartig verwitternden Buntsandsteinfelsen, ist der Aufstieg fast geschafft, und an der Bushaltestelle am **Dreimarkstein** 07 quert der Westweg an der Rudolfshütte die Landstraße nach Dobel.

Durch die Schwarzwaldwälder leitet der Westweg weiter zum Buntsandsteinfelsen **Volzemer Stein** 08 und erreicht dann den Höhenort Dobel. In den Wiesen am Ortsrand wendet sich der Westweg rechts zur Bushaltestelle Waldklinik (Verbindung zurück nach Neuenbürg) und folgt der Straße ortseinwärts ins Zentrum von **Dobel** 09.

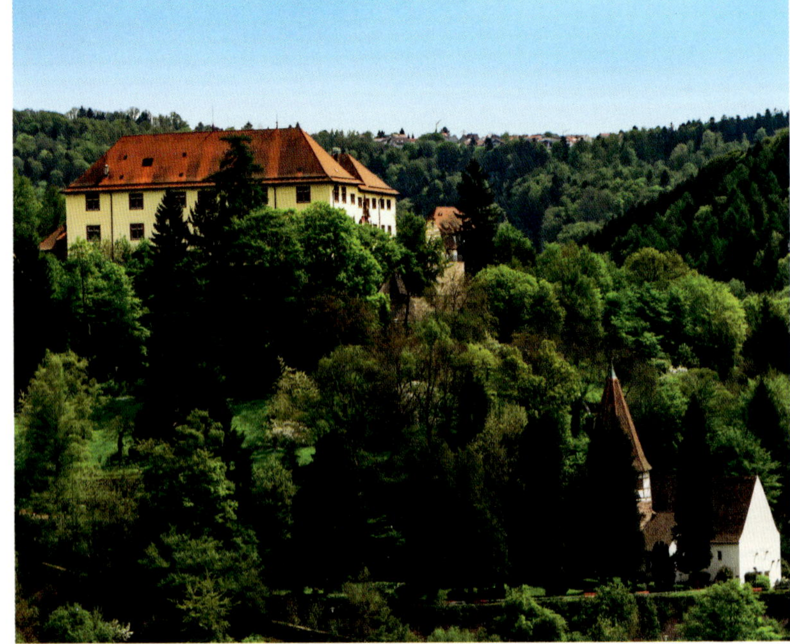

Ansicht vom Schloss Neuenbürg.

BAD HERRENALB – MARXZELL – ETTLINGEN

Durch das naturschöne Albtal

  19 km 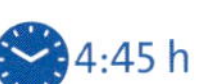 4:45 h 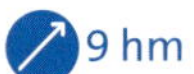 9 hm 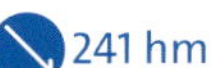 241 hm  886

START | Bad Herrenalb (365 m), Bahnhofsplatz; Endstation der Albtalbahn S 1 Karlsruhe – Ettlingen – Bad Herrenalb; daneben Parkplatz an der Siebentäler-Therme.
[GPS: UTM Zone 32 x: 458.810 m y: 5.405.570 m]
CHARAKTER | Durchgehend bequeme Forstwege.

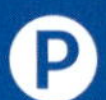

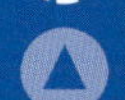
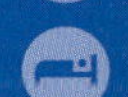
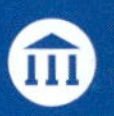

Frauenalb

Die imposanten Ruinen des Benediktinerinnenklosters Frauenalb bilden den Rahmen für klassische Konzerte im Albtal, zur Einkehr lädt der Landgasthof „König von Preußen" ein.

Die erste Klostergründung fand 1180/85 durch Graf Eberhard III. von Eberstein und seine Mutter Uta statt. Nach der Gründung dieses Klosters „Frauenalb" wurde das wenige Kilometer talaufwärts gelegene Zisterzienserkloster Alba in „Alba dominorum" (Herrenalb) umbenannt. Wiedergegründet wurde das Kloster 1631, der habsburgische Architekt Franz Beer errichtete ab 1696 die Konventsgebäude, sein Landsmann Peter Thumb die 1733 geweihte Klosterkirche. Nach der Säkularisation (1802) versteigerte die Gräfin von Hachberg das Kloster an private Investoren, die in den Spätbarock- und Rokokogebäuden Fabriken einrichteten, bald standen nur noch Ruinen. Um ein weiteres Verkommen der Anlage zu verhindern und die Ruinen zu sichern, wurde 1960 die „Stiftung Frauenalb" gegründet.

Der Albtalweg des Schwarzwaldvereins folgt dem namensgebenden Fluss vom Kurort Bad Herrenalb in die Schlossstadt Ettlingen. Dank der Albtal-S-Bahn lässt sich die auch als „Graf-Rhena-Weg" ausgeschilderte Wanderung an mehreren Bahnhöfen abkürzen. Die Albtalbahn fährt zurück zum Ausgangspunkt in Bad Herrenalb, ein besonderes Erlebnis ist die Fahrt mit dem dampflokbespannten Museumszug.

▶ **Bad Herrenalb 01** ist heiklimatischer und Thermalkurort im oberen Albtal. Der Ort entstand als Siedlung des nach dem Fluss benannten Zisterzienserklosters „Alba", das Graf Berthold III. von Eberstein und seine Frau Uta 1149 stifteten (lateinisch Alba dominorum: Alb der Herren = Herren-Alb). Das reichsfreie Kloster fiel 1497 an Württemberg, woraus eine Zwitterstellung zwischen Baden (Regierungsbezirk Karlsruhe) und Württemberg (Landkreis Calw) resultiert. 1954 erhielt die Siebentälerstadt das Prädikat „heilklimatischer Kurort", und nach der Erbohrung einer Sulfat-Thermalquelle in 600 m Tiefe wurde aus Herrenalb „Bad Herrenalb".

Vom Bahnhof der Kurstadt führt die Bahnhofstraße über die Alb, dahinter zweigt der Wanderweg links ab und folgt dem Fluss an der Siebentäler-Therme vorbei abwärts am Rand der Schweizerwiese in den Ortsteil Kullenmühle, dort links auf der Bernbacher Straße über die Bahnlinie und am **Albtalbahn-Haltepunkt Kullenmühle 02** vorbei und ans linke Ufer der Alb. Hinter der Linkskurve am Ortsende scharf rechts ab, kurz bergauf und oben geradeaus auf dem Graf-Rhena-Weg im Wald mit schönen Aussichtsstellen zu den Ruinen von **Kloster Frauenalb 03**, wo der Landgasthof König von Preußen

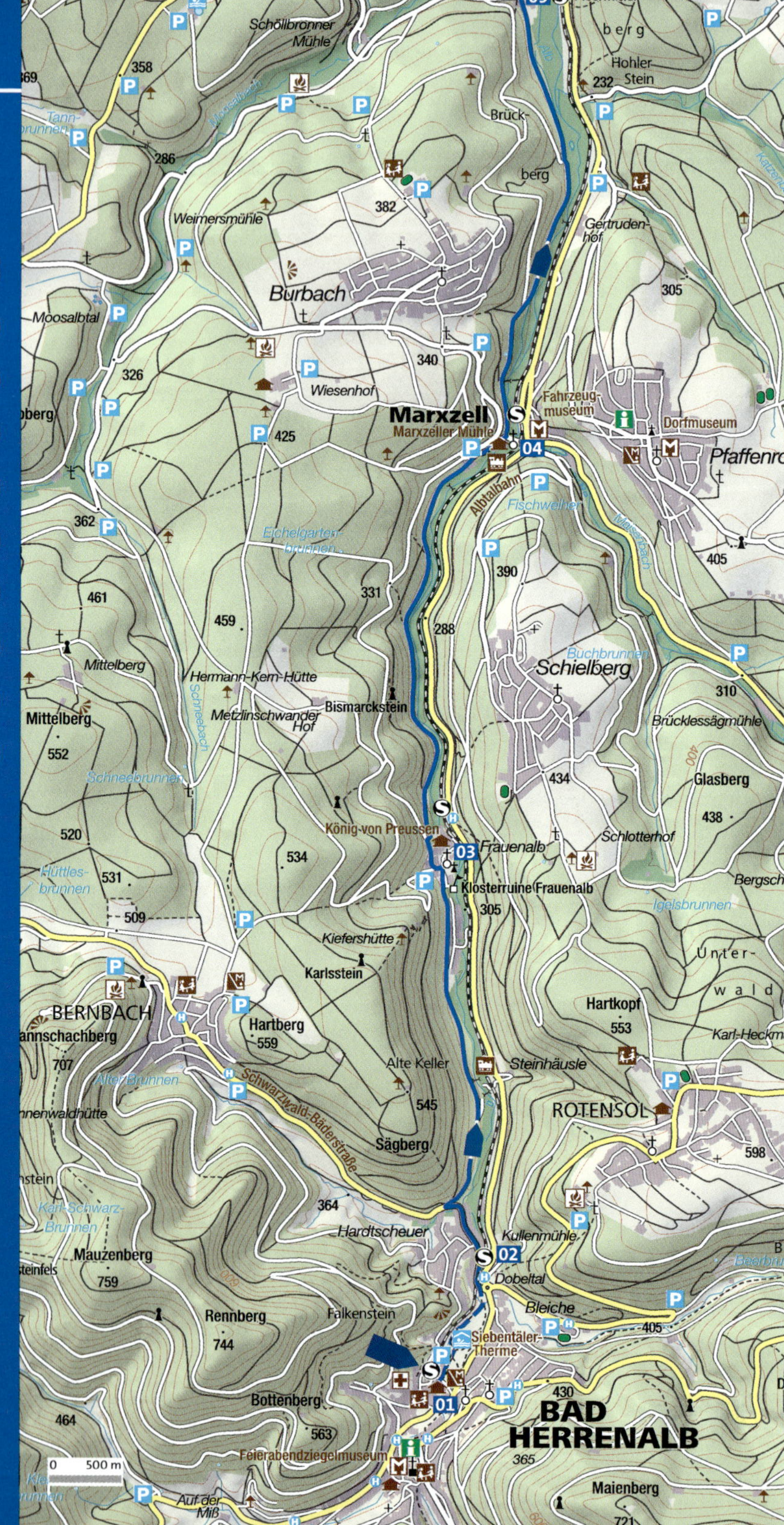

Marxzell
Burbach
Pfaffenro
Schielberg
Frauenalb
Klosterruine Frauenalb
BERNBACH
ROTENSOL
BAD HERRENALB
Fischweier
Schöllbronner Mühle
Weimersmühle
Wiesenhof
Fahrzeug-museum
Dorfmuseum
Marxzeller Mühle
Albtalbahn
Bismarckstein
König-von Preussen
Hermann-Kern-Hütte
Metzlinschwander Hof
Mittelberg
Kiefershütte
Karlsstein
Hartberg
Alte Keller
Steinhäusle
Sägberg
Hartkopf
Glasberg
Schlotterhof
Brücklessägmühle
Schwarzwald-Bäderstraße
Hardtscheuer
Kullenmühle
Dobeltal
Bleiche
Siebentäler-Therme
Falkenstein
Rennberg
Mauzenberg
Bottenberg
Feierabendziegelmuseum
Maienberg
Grafenstein
Auf der Miß
0 500 m

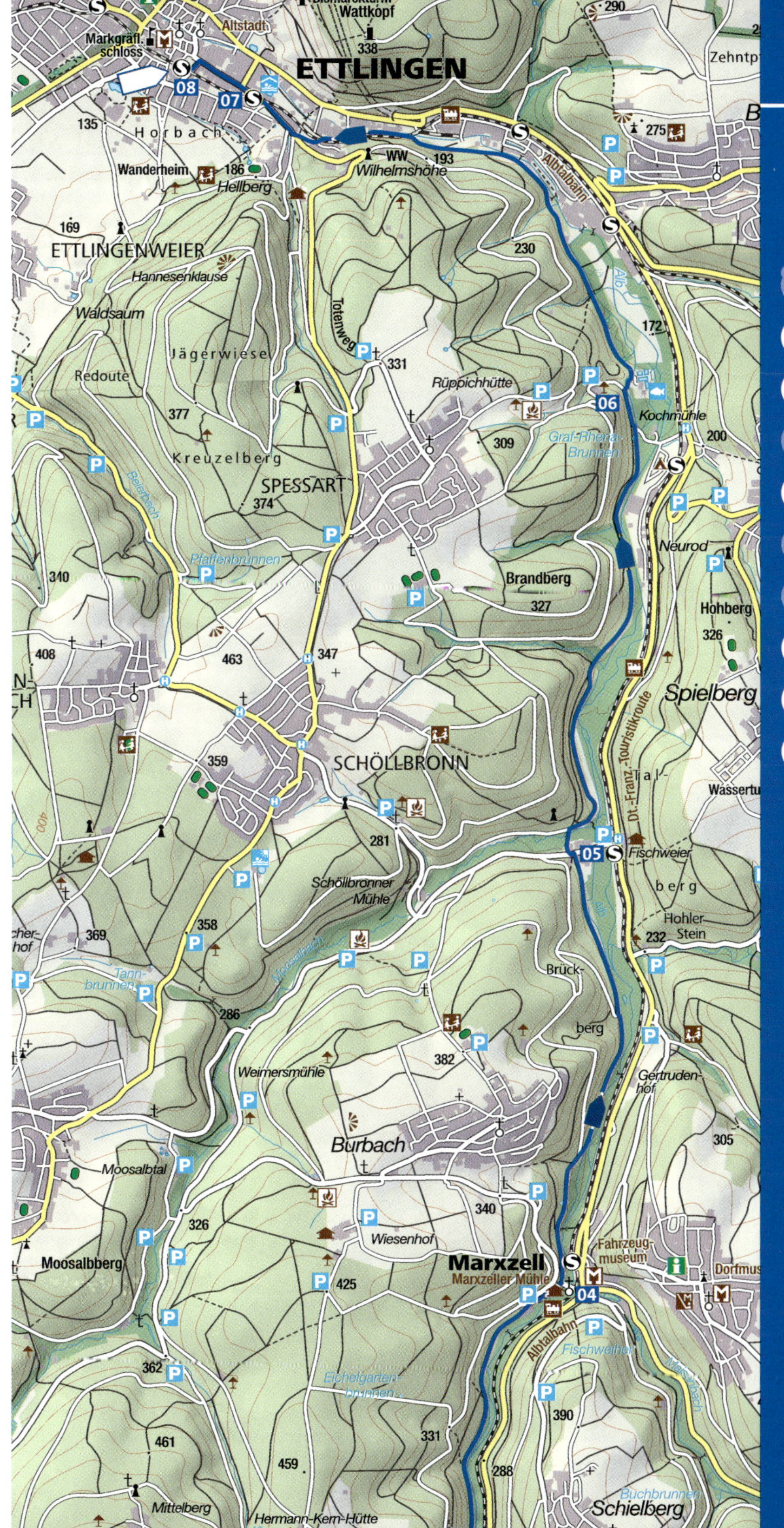
ETTLINGEN
Markgräfl. schloss
Altstadt
Wattkopf
338
Horbach
135
Wanderheim
186
Hellberg
Wilhelmshöhe
193
Albtalbahn
290
275
Zehntp
169
ETTLINGENWEIER
Hannesenklause
Waldsaum
Totenweg
230
Alb
172
Jägerwiese
Redoute
331
Rüppichhütte
Kochmühle
200
377
Kreuzelberg
SPESSART
374
309
Graf-Rhena-Brunnen
Beierbach
Pfaffenbrunnen
Neurod
310
Brandberg
327
Hohberg
326
408
463
347
Spielberg
Dt.-Franz.-Touristikroute
359
SCHÖLLBRONN
Tal-
Wassertu
281
Fischweier
berg
Schöllbronner Mühle
Hohler Stein
358
232
369
Moosalbach
Tannbrunnen
286
Brück-
berg
382
Weimersmühle
Gertrudenhof
Burbach
305
Moosalbtal
340
326
Wiesenhof
Fahrzeugmuseum
Marxzell
Marxzeller Mühle
Dorfmus
Moosalbberg
425
Albtalbahn
Fischweier
362
Eichelgartenbrunnen
390
461
331
459
288
Buchbrunnen
Mittelberg
Hermann-Kern-Hütte
Schielberg
08
07
06
05
04

Museumsbahn im Albtal

Die dampflokbespannten Museumszüge der Albtalbahn fahren von Mai bis Oktober ein- bis zweimal monatlich sowie an Nikolaus zwischen Ettlingen und Bad Herrenalb. Der extra mitgeführte Gepäckwagen transportiert kostenlos Fahrräder. Die Albtalbahn wurde 1897 als Schmalspurbahn gebaut, um Karlsruhe mit dem Hinterland und den Erholungsgebieten im Albtal zu verbinden. 1957 wurde die Strecke auf Normalspur umgebaut.

zur Einkehr einlädt. Vom Kloster geht es aufwärts dem Wald zu, nach 50 m rechts und kurz weiter bergauf, an der Gabelung rechts bergab, dann immer längs der Alb in Richtung Marxzell. An der Serpentinenkurve der Hauptstraße Marxzell – Burbach kurz rechts hinab nach **Marxzell** **04**, wo jenseits der Alb das Vier-Sterne-Hotel Marxzeller Mühle

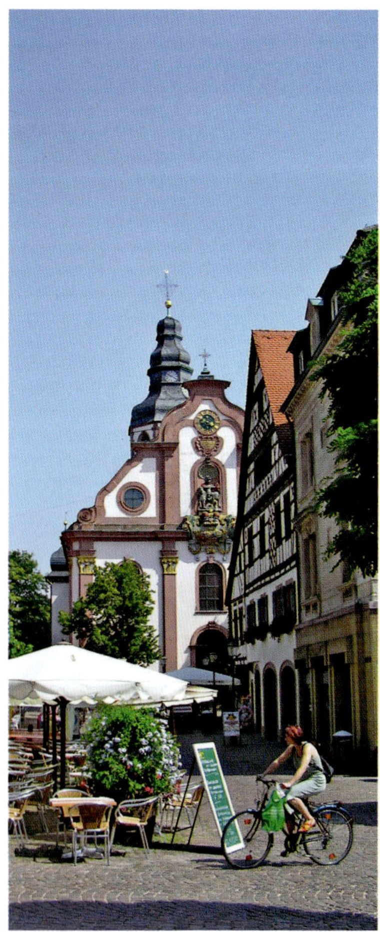

Ettlingen, Marktplatz.

zur Einkehr und das Fahrzeugmuseum Marxzell zur Oldtimer-Besichtigung einladen.

Der Graf-Rhena-Weg verlässt die Straße schon vor der Alb links und folgt dem Fluss und den ihn begleitenden Wiesen auf einer Forststraße. An der ersten Straße, im Moosalbtal, ist rechts das nahe **Hotel Fischweier** **05** ausgeschildert beim gleichnamigen Albtalbahn-Haltepunkt, während der Albtalweg der Moosalbtalstraße kurz links folgt, rechts auf einem Wirtschaftsweg die Moosalb überquert und dann seine angenehme Route im unteren Waldrandbereich längs der Albtalwiesen fortsetzt. In den Wiesen an der **Kochmühle** **06** bei der Graf-Rhena-Quelle besteht die Möglichkeit, rechts zum Albtalbahnhof Etzenrot-Neurod zu wandern. Der Albtalweg hingegen setzt seinen Wald- und Wiesenkurs talabwärts nach Ettlingen fort. Hier wechselt er relativ bald auf den Weg zwischen Bahnlinie und Fluss und mündet am Freibad Albgaubad an der Bahnhaltestelle **Ettlingen-Albgaubad** **07** in die Schöllbronner Straße; sie führt geradeaus zum Stadtgarten, wo sich links der **Stadtbahnhof Ettlingen-Stadt** **08** befindet; hier kann man die Besichtigung von Ettlingen beginnen und mit der Albtalbahn zurück nach Bad Herrenalb fahren. Schloss Ettlingen ist eine Vierflügelanlage, die nach der Zerstörung durch die Franzosen (1689) ihre heutige Gestalt 1728–33 unter der badischen Markgräfin Sibylla Augusta erhielt. Die Schlosskapelle (1732/33) fungiert als Konzertsaal, darunter im Rahmen der alljährlich im Sommer veranstalteten Ettlinger Schlossfestspiele. Darüber hinaus beherbergt das Schloss das Karl-Hofer-Museum, das Karl-Albicker-Museum und das Albgau-Museum.

HÖFEN AN DER ENZ – WILDBADER KOPF – BAD WILDBAD

Aussichtsreich über den Eiberg

 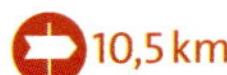 10,5 km 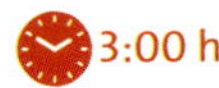 3:00 h  348 hm 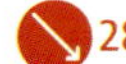 287 hm 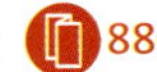 886

START | Höfen an der Enz (366 m), S-Bahn-Haltestelle an der Bahnhofstraße in Höfen an der Enz; S-Bahn S 6 Pforzheim – Bad Wildbad.
[GPS: UTM Zone 32 x: 469.230 m y: 5.405.160 m]
CHARAKTER | Überwiegend bequeme Wald- und Aussichtswanderung.

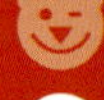

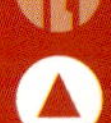

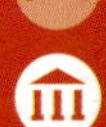

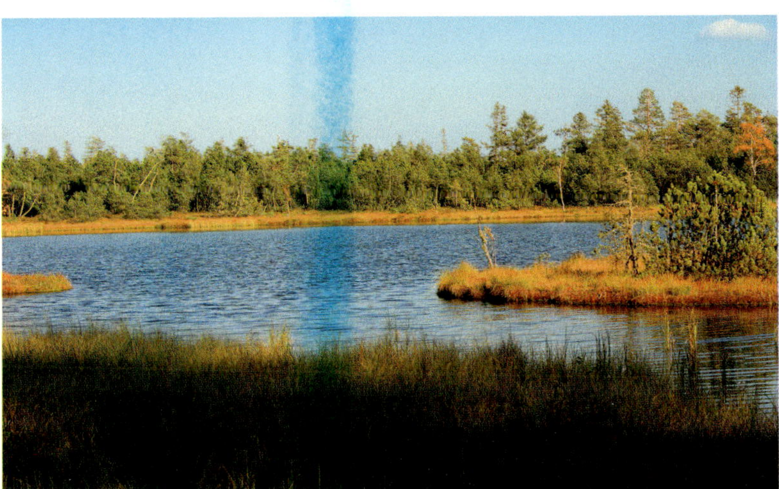

Ein Wildsee in der Nähe von Bad Wildbad.

Von Höfen im Enztal führt diese Waldwanderung mit hervorragenden Ausblicken über den Eiberg zum Wendenstein und durch das romantische Rennbachtal in den Kurort Bad Wildbad. Von dort fährt die S-Bahn im Stunden- bzw. Halbstundentakt zurück.

▶ Vom **S-Bahnhof Höfen an der Enz** 01 leitet die Markierung blaue Raute kurz in Fahrtrichtung Pforzheim talauswärts, quert die Bahngleise Am Eiberg und folgt einem Serpentinenpfad den Hang hinauf zum Wald, wo der **Sitzbankweg** 02 auf der bewaldeten Hangschulter des Eibergs über dem Enztal links weiterführt zum Sägberg. Gleich darauf wechselt die blaue Raute auf einer Stufenanlage wieder auf den Sitzbankweg, der nun stetig Höhe gewinnt im Waldhang, am Plattenkopfweg scharf rechts zum Franzosenbuckel, dort scharf links weiter zur **Sitzbankhütte** 03. Die blaue Raute führt rechts weiter zum Stephanswasen und Richtung Spitzhütte, kurz vor dieser Schutzhütte ist links auf dem Buschweg die **Kreuzsteinhütte** 04 ausgeschildert, an der man ebenfalls gut rasten kann; hinter den namensgebenden drei Kreuzen befindet sich der Gallbrunnen, bei dem die verschwundene Eiburg vermutet wird.

Von der Kreuzsteinhütte leitet der Kreuzsteinweg westwärts weiter im Wald und trifft an der **Verzweigung Forstmeisters Gfäll** 05 wieder auf den mit der blauen Raute markierten Wanderweg. Dieser folgt dem Forstweg Wildbad-Dobler-Sträßle abwärts durch den Wald, an der Wegekreuzung Posthäusle geradeaus zur Verzweigung Hohe Dohle. Hier verlassen wir die blaue Raute und folgen dem Kopfweg

Heilbad Bad Wildbad

Bad Wildbad, Thermalheilbad und Luftkurort, liegt im Großen Enztal an der Schwarzwald-Bäderstraße im Naturpark Schwarzwald Mitte/Nord. Die 33 bis 37° warmen Thermalquellen werden seit dem Mittelalter genutzt. Im 19. Jh. begann der Aufstieg des Orts zum mondänen Kurbad im württembergischen Schwarzwald. Das Königliche Kurtheater (1865/93) wurde 2005 im Rahmen der seit 1989 veranstalteten Belcanto-Opera-Festspiele „Rossini in Wildbad" wiedereröffnet. Schon im Mittelalter war das Wildbad wegen seiner Thermalquellen ein viel besuchter Kurort. Als sich Graf Eberhard der Greiner von Württemberg 1367 nach einem Jagdunfall im Wildbad erholte, wurde er wegen Territorialstreitigkeiten von den umliegenden Landesherren festgesetzt; der Graf geriet in arge Bedrängnis, konnte sich jedoch mit Hilfe eines Knechts durch Flucht retten. Ludwig Uhland verarbeitete das Ereignis in der Ballade „Der Überfall im Wildbad" (1815) und lässt den Rauschebart ins Wildbad reiten, „wo heiß ein Quell entspringt, / Der Sieche heilt und kräftigt, der Greise wieder jüngt".

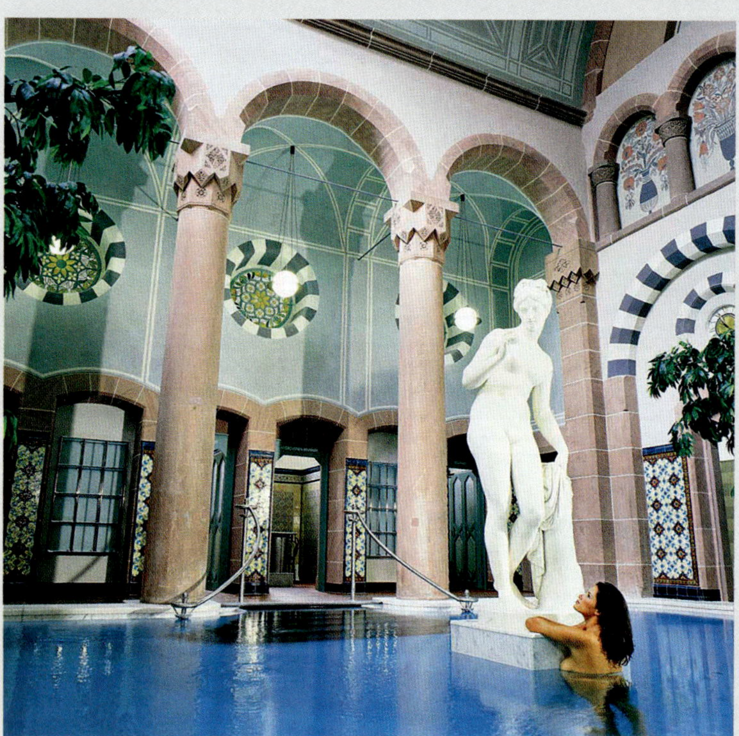

Die Halle des Palais Thermal in Bad Wildbad.

rechts zum aussichtsreichen **Wildbader Kopf** 06; dort bietet die Wetterfahnenhütte einen herrlichen Blick auf Bad Wildbad, den Sommerberg und die Schwarzwaldhöhen. Der Weihnachts-Orkan „Lothar" fegte 1999 den Wald von diesem Ausläufer des Eibergs, 2002 wurde die Wetterfahnenhütte eingeweiht.

Nach der Rast geht es auf einem steilen Serpentinenpfad, dem Zickzackpfad, abwärts im Hang, bis der Zickzackweg an der aussichtsreichen **Paulinenhöhe** 07 aus dem Wald tritt und wieder auf die Markierung blaue Raute trifft. Noch ist der Abstieg nicht zu Ende. Von der Paulinenhöhe führt die blaue Raute auf der Stufenanlage Himmelsleiter durch den aussichtsreichen Steilhang. An der Verzweigung Paulinenstraße muss man sich entscheiden: Links unten befindet sich der S-Bahnhof Bad Wildbad am Bahnhofsplatz, die blaue Raute jedoch führt rechts in das Kurzentrum, wo sich der **Endbahnhof Bad Wildbad Kurpark** 08 der Enztalbahn befindet.

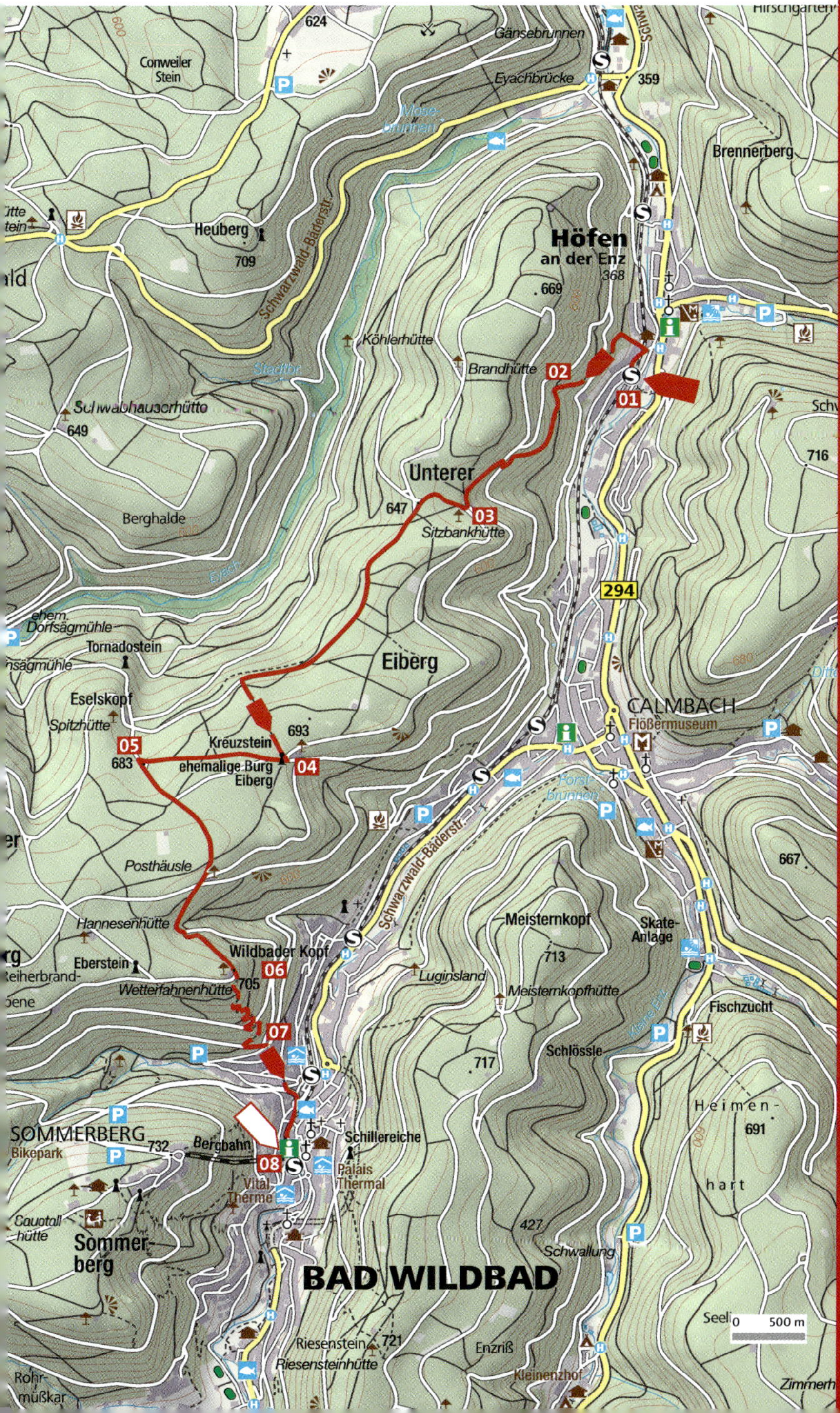

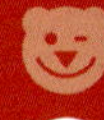
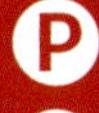

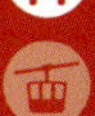
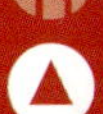
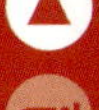

BAD LIEBENZELL – MONBACHTAL – MONAKAM

Naturerlebnis wildes Monbachtal

  9,5 km 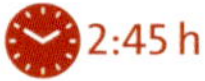 2:45 h 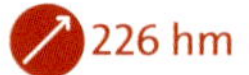 226 hm 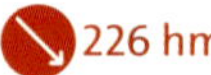 226 hm  886

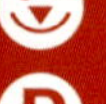

START | Bahnhof Bad Liebenzell (313 m), Bahnhofstraße 14; Nagoldtalbahn Pforzheim – Bad Liebenzell – Calw.
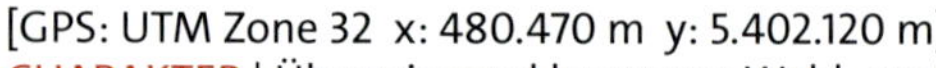
[GPS: UTM Zone 32 x: 480.470 m y: 5.402.120 m]
CHARAKTER | Überwiegend bequeme Wald- und Aussichtswanderung, nur im Monbachtal sind festes Schuhwerk und Trittsicherheit gefragt.

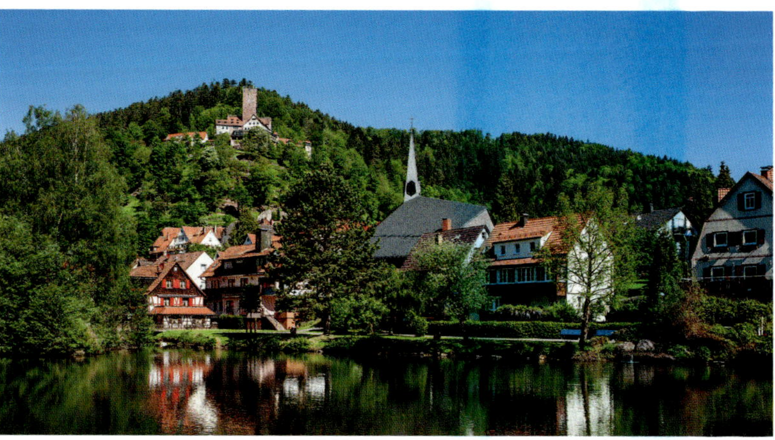

Das liebliche Bad Liebenzell.

Das Monbachtal ist eine wildromantische Kaskadenschlucht bei Bad Liebenzell. Der Anmarsch dieser als Naturerlebnis-Tour ausgeschilderten Runde erfolgt auf dem Fernwanderweg Ostweg im Nagoldtal.

▶ Vom **Bahnhof Bad Liebenzell** 01 geht es auf der Bahnhofstraße kurz flussaufwärts an den Parkplätzen vorbei, dann rechts auf dem Kurhausdamm über die Nagold, an deren Ufer die schwarzrote Raute des Fernwanderwegs Ostweg die Route talabwärts Richtung Pforzheim weist. Am Ortsausgang liegt die Ferienanlage „Regenbogen", dahinter überquert der Ostweg auf der **Markgrafenbrücke** 02 die Nagold und wechselt in den bewaldeten Hang oberhalb der Bahnlinie. Oberhalb der **Monbachsied-**

Burg Liebenzell

Die Ruine der Burg Liebenzell (467 m) thront auf einem Felsen über dem Nagoldtal und ist mit ihrer mächtigen, 3 m dicken Schildmauer und dem quadratischen Bergfried, der als Aussichtsturm dient, ein Wahrzeichen der Stadt. Errichtet wurde die Burg um 1200 vom Grafen von Calw als Schutzburg für das Kloster Hirsau. Im 14. Jahrhundert soll ein tyrannischer Burgherr vom Turm gestürzt worden sein. Ab den 1950er Jahren entstanden an der Ruine die Gebäude des heutigen „Internationalen Forums Burg Liebenzell", einer Tagungsstätte für politische Jugend- und Erwachsenenbildung.

lung 03 beginnt das wildromantische Tal, das wegen seiner Schönheit und Ursprünglichkeit unter Naturschutz steht. Der Bach tost über mächtiges Blockwerk, bildet Kaskaden und kleine Wasserfälle, in beckenartigen Höhlungen im Gestein sammelt sich teichartig Wasser, und über weite Strecken ist das Tal von artenreichem Laubwald überdacht. Der mit der Ostweg-Raute markierte Pfad führt mehrfach auf Steinen durch das Bachbett und kann nach starken Regengüssen unpassierbar sein. Bis 1888 war das zuweilen klammartig enge Tal unzugänglich, dann legte der Liebenzeller Verschönerungsverein einen Wanderpfad an; bis heute führt der Pfad mehrfach auf Steinen durch das Bachbett: Nach starken Regengüssen kann er unpassierbar sein.

Mitten im Tal befindet sich ein Jugendzeltplatz, gleich darauf lädt die **Rolf-Hammann-Hütte 04** mit Grillstelle zur Rast ein. An der **Monbachbrücke 05** endet der wilde Schluchttalabschnitt, und die Wandermarkierung gelbe Raute führt rechts hinauf in den Höhenort **Monakam 06**, am Ortsrand lädt der Biergarten „endlich oben!" zur Einkehr ein.

Nach Queren der Liebenzeller Straße schlängelt sich die gelbe Raute durch stille Nebenstraßen, die nach Hase, Dachs, Fuchs, Igel und anderen Schwarzwaldtieren benannt sind, leitet dem Wald zu und folgt dem Monakamer Kirchweg hinab zum **Waldfriedhof 07** und weiter steil hinab ins Nagoldtal. Der Name Beutelsteinweg bezieht sich auf das Naturdenkmal Beutelfels: eine 10 m hohe Buntsandsteinfelswand mit Überhängen und höhlenartigen Nischen. Die sagenumwobenen Höhlungen haben dem Felsen den Namen „Mondloch" eingetragen. Entstanden sind sie vermutlich durch Auswaschung des Gesteins durch die Ur-Nagold vor Tausenden von Jahren. Der Beutelsteinweg mündet schließlich in die Schillerstraße, und dieser folgt die gelbe Raute zurück zum Ausgangspunkt am **Bahnhof Bad Liebenzell 01**.

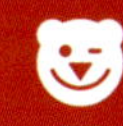
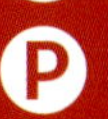

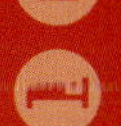
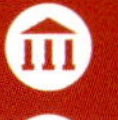

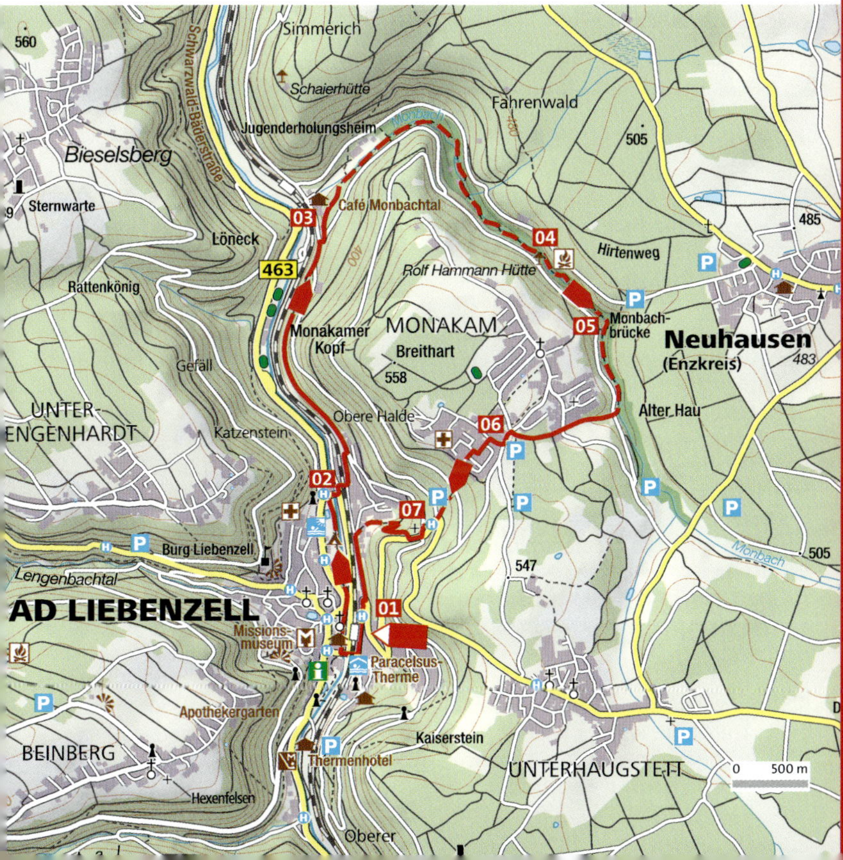

HIRSAU – ERNSTMÜHL – FUCHSKLINGE

Von Kloster Hirsau durch Wolfsschlucht und Fuchsklinge

 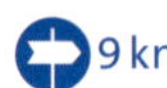 9 km 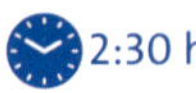 2:30 h 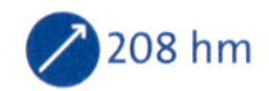 208 hm 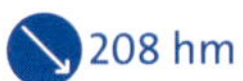 208 hm 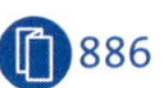 886

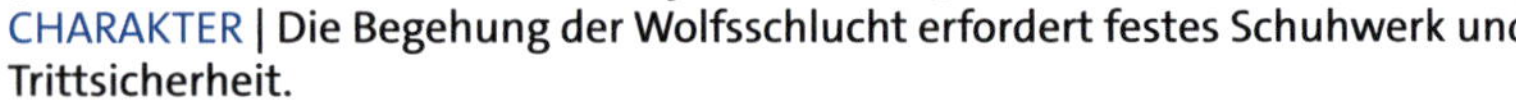

START | Kloster Hirsau (341 m), Parkplatz an der Wildbader Straße (B 296) im Calwer Stadtteil Hirsau.
[GPS: UTM Zone 32 x: 480.380 m y: 5.398.150 m]
CHARAKTER | Die Begehung der Wolfsschlucht erfordert festes Schuhwerk und Trittsicherheit.

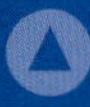

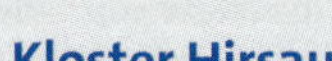

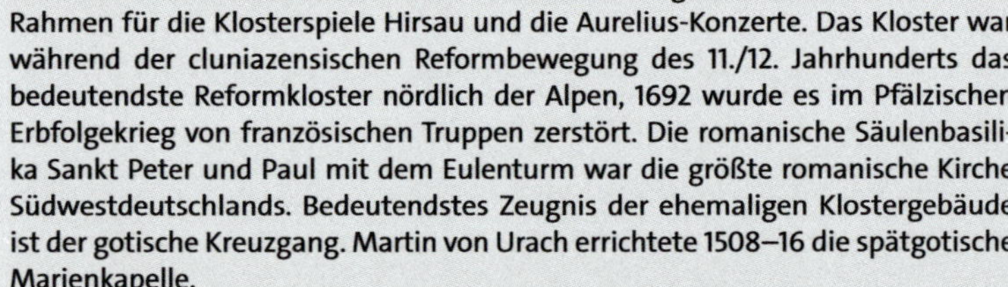

Kloster Hirsau

Die Ruinen des Benediktinerklosters Hirsau an der Nagold bilden im Sommer den Rahmen für die Klosterspiele Hirsau und die Aurelius-Konzerte. Das Kloster war während der cluniazensischen Reformbewegung des 11./12. Jahrhunderts das bedeutendste Reformkloster nördlich der Alpen, 1692 wurde es im Pfälzischen Erbfolgekrieg von französischen Truppen zerstört. Die romanische Säulenbasilika Sankt Peter und Paul mit dem Eulenturm war die größte romanische Kirche Südwestdeutschlands. Bedeutendstes Zeugnis der ehemaligen Klostergebäude ist der gotische Kreuzgang. Martin von Urach errichtete 1508–16 die spätgotische Marienkapelle.

In den Ruinen des zur Zeit der Renaissance 1586–92 errichteten Jagdschlosses der württembergischen Herzöge stand bis 1989 die von Ludwig Uhland besungene „Ulme zu Hirsau“: „Zu Hirsau in den Trümmern, / Da wiegt ein Ulmenbaum / Frischgrünend seine Krone / Hoch überm Giebelsaum...“

Die Wolfsschlucht bei Ernstmühl ist neben der Monbachschlucht die zweite faszinierende Fels- und Wasserfallschlucht im Nagoldtal. Sie ist steiler und wilder als die Monbachschlucht, ein urtümlicher Wanderpfad, an dem Stufen den Aufstieg erleichtern, führt hinauf Richtung Ottenbronn. Mit ihren mächtigen Felsbrocken und -platten, den Kaskaden und Strudeln sowie ihren moosigen, farnbewachsenen Steinen und Baumstümpfen ist die Wolfsschlucht ein Wanderziel insbesondere für fantasievolle Kinder. Die zweite Schlucht der Wanderung ist die Fuchsklinge; durch sie wurde im 19. Jahrhundert die württembergische Schwarzwaldbahn gebaut.

▶ Vom **Parkplatz am Kloster Hirsau** 01 geht es über die Wildbader Straße hinüber zu den eindrucksvollen Klosterruinen, die gelbe Raute weist oberhalb des Klostergeländes auf der Brudersteige zum **Conventrain** 02 hinauf und wechselt hier rechts in den aussichtsreichen Hang über der Nagold; das Wort Convent kommt aus dem Lateinischen und bedeutet Kloster, ein Rain ist der Rand eines Ackers oder Feldes. Das nächste Tal ist das des Lützengrabens. Steil folgt die gelbe Raute der Heerstraße durch die Brandhalde zur Bushaltestelle Ernstmühl, überquert links versetzt die Nagold und erreicht den Weiler **Ernstmühl** 03, der im ausgehenden 12. Jahrhundert als Zubehör des Klosters Hirsau erstmals erwähnt wird. Vom kleinen Ort an der Mündung des aus der Wolfsschlucht herausfließenden Brombachs führt die gelbe Raute steil aufwärts Richtung Wolfsschlucht und erreicht am Ernstmühler Berg den mit einer schwarzroten Raute markierten Fernwanderweg Ostweg. Dieser führt dann kurz rechts weiter Richtung Calw, bis an einer Stegbrücke der vor Ort als „Wolfsschlucht-Trail“ ausgeschilderte Pfad durch die **Wolfsschlucht** 04 beginnt. Er führt aufwärts über Stock und Stein, zuerst neben dem Bachlauf, dann auf Stufen, am Ende der Schlucht auf einem steilen Serpentinenpfad.

Oben geht es über die Straße, dahinter zeigt die gelbe Raute auf den bequemen **Steinweg** 05, einen breiten Forstweg, der in schönem Mischwald durch den Hang über der Nagold führt. Lange Zeit folgen wir dem Steinweg und lassen alle Verzweigungen außer Acht. Schließlich mündet der Steinweg in den **Überzwercher Weg** 06, dieser führt geradeaus weiter und senkt sich schließlich durch das steile Fuchsloch zur **Verzweigung Fuchsklinge** 07. Hier übernimmt die blaue Raute die Routenführung und folgt einem Pfad steil hinab zum Tälesbach und neben dem über Blockwerk tanzenden Bach abwärts zum **Restaurant Fuchsklinge** 08. Das Gasthaus ist an das ehemalige Bahnwärter-Häuschen angebaut; hier befand sich der Haltepunkt Fuchsklinge der württembergischen Schwarzwaldbahn von Calw nach Stuttgart. Hermann Hesse nimmt in verschiedenen seiner Werke Bezug auf die württembergische Schwarzwaldbahn und deren beeindruckende Bahndämme in Calw. Der Damm in einer Schleife bei Hirsau war mit einer Höhe von 64 Metern der damals höchste Bahndamm Europas.

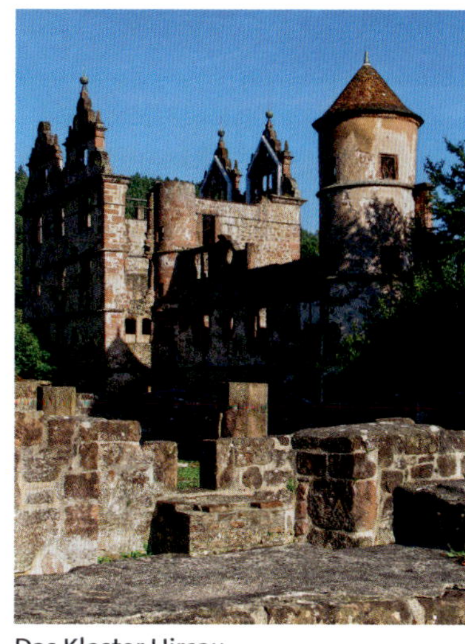

Das Kloster Hirsau.

Vom Gasthaus folgt die blaue Raute dem Bahnkörper auf der Waldstraße talwärts, wenn die Bahnlinie Richtung Calw kurvt, geht es geradeaus abwärts zum Bahnhof Hirsau der Nagoldtalbahn und zurück zum Ausgangspunkt am **Kloster Hirsau** 01.

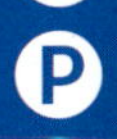

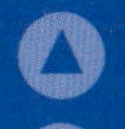
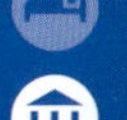

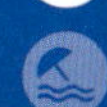

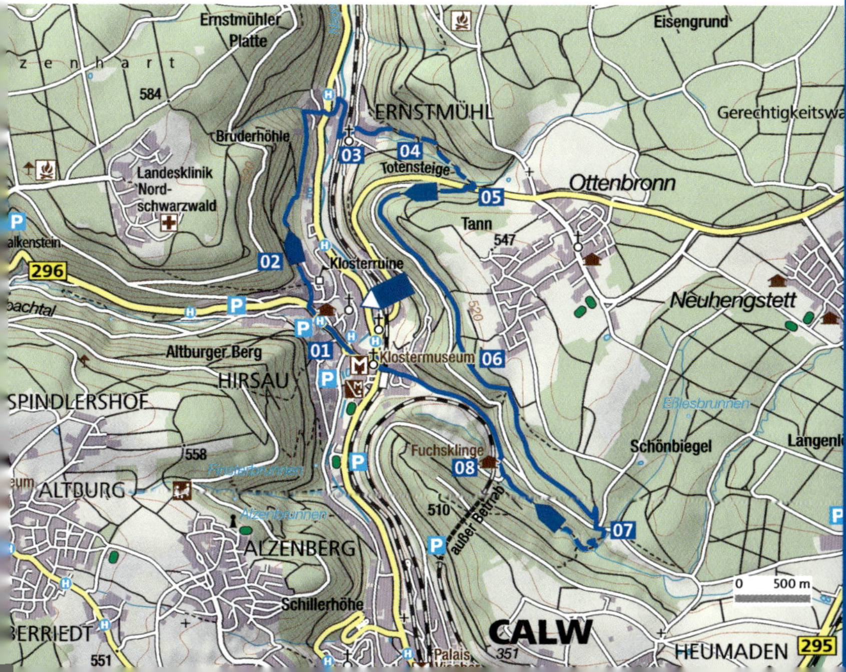

CALW – ALTBURG – HIRSAU

Tal- und Höhenrunde an der Hermann-Hesse-Stadt

 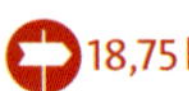 18,75 km 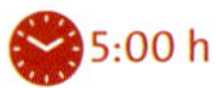 5:00 h 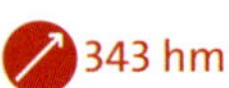 343 hm 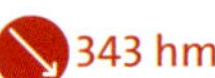 343 hm  886

START | Bahnhof Calw (330 m), Bischofstraße 10.
[GPS: UTM Zone 32 x: 480.980 m y: 5.395.770 m]
CHARAKTER | Überwiegend bequeme Wald- und Aussichtswanderung, nur im Rötelbachtal sind festes Schuhwerk und Trittsicherheit gefragt.

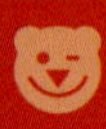
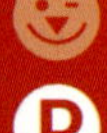

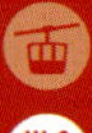
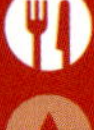
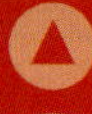

Calw – denkmalgeschützte Altstadt

Calw liegt im Nagoldtal am Übergang zwischen dem wiesenreichen Hecken- und Schlehengäu und den bewaldeten Bergen des nordöstlichen Schwarzwalds. Wahrzeichen der Altstadt mit ihren über 200 denkmalgeschützten Häusern ist die um 1400 auf dem Mittelpfeiler der ersten steinernen Nagoldbrücke errichtete spätgotische Nikolauskapelle. Das Hermann-Hesse-Museum am Marktplatz erinnert an den berühmtesten Sohn der Stadt, die Ruinen des Benediktinerklosters im Ortsteil Hirsau zählen zu den bedeutendsten romanischen Bauten in Schwaben. Nahezu die gesamte Innenstadt Calws genießt Denkmalschutz. Über 200 Gebäude sind geschützte Häuser des späten 17. Jahrhunderts. Der Stadtgrundriss geht auf die Zeit des 13. und 14. Jh. zurück, da nach allen Stadtbränden immer wieder auf den gleichen Grundmauern und Kellern neu gebaut wurde. Eine Reihe eindrucksvoller Fachwerkhäuser am Marktplatz, in der Lederstraße und in den winkeligen steilen Gassen vermitteln das Bild der mittelalterlichen Stadt.

Von der denkmalgeschützten Altstadt der Hermann-Hesse-Stadt Calw führt die Wanderung auf die aussichtsreichen Höhen über dem Nagoldtal, in dem als weiteres kulturelles Kleinod die romanischen Klosterruinen von Hirsau aufschauen lassen.

▶ Vom **Bahnhof Calw** 01 an der Nagoldtalbahn führt die Marktbrücke über den Fluss in die denkmalgeschützte Altstadt mit Hermann Hesses Geburtshaus am Marktplatz 6 und dem Hermann-Hesse-Museum am Marktplatz 30. Am Markt zweigt die Marktstraße talaufwärts ab zum Hermann-Hesse-Platz und setzt sich dort geradeaus als Badstraße fort, markiert mit der gelben Raute. An der Verzweigung gegenüber der Josefskirche wechselt die gelbe Raute rechts auf den **Teuchelweg** 02, der in sachtem Anstieg in die Wälder des Umlaufbergs **Rudersberg** 03 hinaufführt, zuletzt unter dem Namen Verlobungsweg. Vom Rudersberg führt die Rauten-Markierung in das naturschöne **Rötelbachtal** 04 und folgt dem schluchtartig eingetieften Bach aufwärts zum sagenumwobenen **Zavelsteiner Brückle** 05: hier kurz rechts und am **Parkplatz Tannenbusch** 06 links hinauf in den zum Calwer Stadtteil Altburg gelegenen Höhenweiler **Spesshardt** 07, wo man sich im Gasthof „Wiesental" stärken kann, ehe die gelbe Raute weiter bergan führt in das aussichtsreich gelegene Kirchdorf **Altburg** 08. Altburg erstreckt sich in einer Höhe von bis zu 650 m auf dem Enz-Nagold-Platte genannten Plateau zwischen den Flüssen, von den Höhen geht der Blick im Westen auf den Schwarzwaldkamm, der sich hinter dem Enztal abzeichnet, und nach Osten, wo jenseits des Nagoldtals Hecken- und Schlehengäu überblickt werden können, bei guter Sicht sieht man in Richtung Südosten die Schwäbische Alb. Vor der Martinskirche in der Ortsmitte geht es kurz links weiter auf der Schwarzwaldstraße und am Ortsrand schräg rechts durch das Buchgässle mit herrlichem Blick auf die Wälder des

Nordschwarzwalds, das Heckengäu und den Nordrand der Schwäbischen Alb mit den markanten Bergen Roßberg, Hohenzollern und Dreifaltigkeitsberg.

Am Waldrand führt der **Kirchweg** **09** geradeaus abwärts zur Gabelung **Steinernes Brückle** **10** im wildromantischen Schweinbachtal, durch das die gelbe Raute abwärts zu den Ruinen von **Kloster Hirsau** **11** führt. Vom Kloster senkt sich die Wildbader Straße zur Nagold, doch kurz vorher zweigt rechts der mit dem Zeichen rotschwarze Raute markierte Fernwanderweg Ostweg Richtung Calw ab. Er wechselt auf dem Altburger Weg an den Waldrand im Hang, überquert den **Schinderbach** **12** und mündet nach Verlassen des Waldes in den Hirsauer Wiesenweg. Diesem folgt der Ostweg stadteinwärts durch Inselgasse und Lederstraße, dann rechts durch die fachwerkhäuserflankierte Biergasse zum Marktplatz; auf der gegenüberliegenden Seite der Nagold liegt der Ausgangspunkt der Wanderung, der **Bahnhof Calw** **01**.

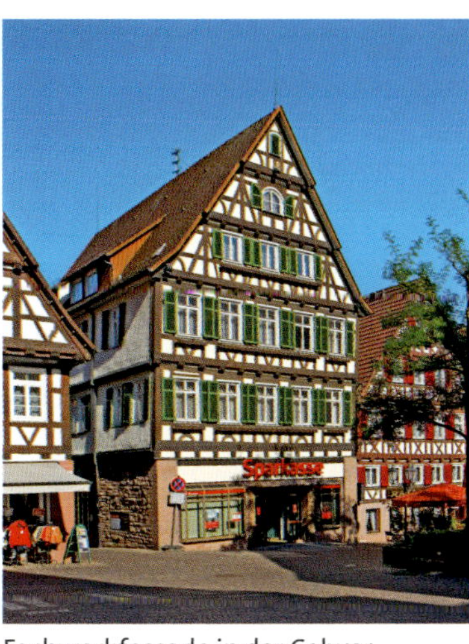

Fachwerkfassade in der Calwer Innenstadt.

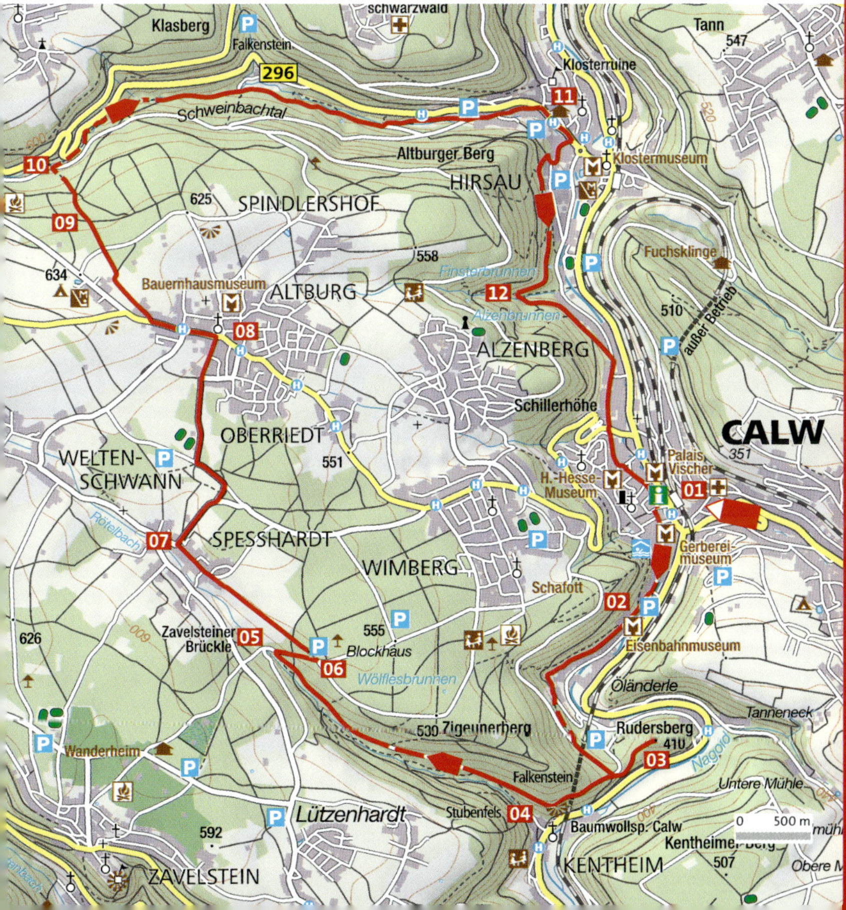

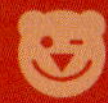
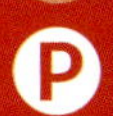

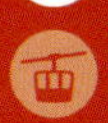

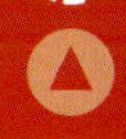
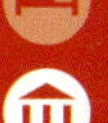

HOLZBRONN BILDHAUS – BAIERSBACH

Alpiner Pfad über der Nagold

 5,75 km 1:45 h 161 hm 161 hm 886

START | Bildhaus (529 m), Wanderparkplatz an der Straße vom Nagoldtal in Richtung der Calwer Ortsteile Holzbronn/Stammheim.
[GPS: UTM Zone 32 x: 481.890 m y: 5.390.700 m]
CHARAKTER | Festes Schuhwerk und Trittsicherheit sind auf dem alpinen Pfad empfehlenswert.

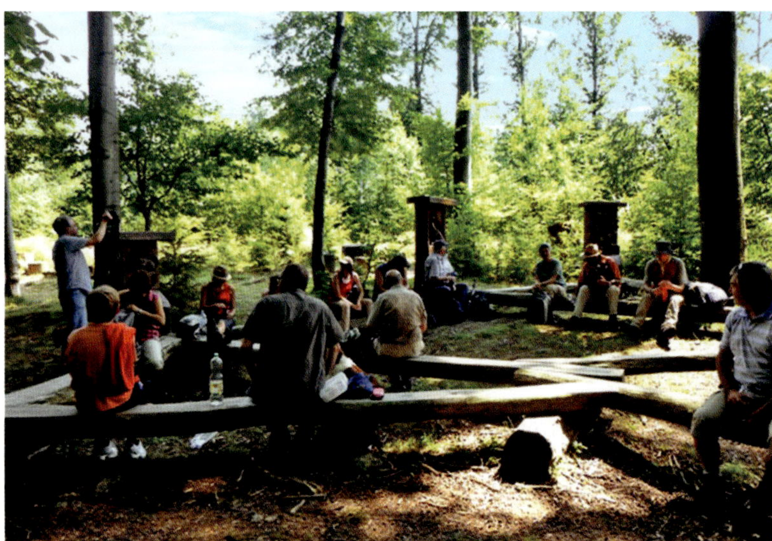

Im Nationalpark Schwarzwald.

Zwischen dem Nagoldtal und der lichten Landschaft des Heckengäus auf den Höhen stürzen die Bergflanken bis zu wandartig steil ab, Sturzbäche tosen durch „Klingen“ genannten Schluchten. Bei Holzbronn erschließt ein Naturerlebnispfad diese ansonsten weitgehend unzugängliche Wald-, Wasser- und Felswildnis.

▶ Das Höhendorf Holzbronn ist ein Stadtteil von Calw, gelegen auf einer Hochebene über dem Nagoldtal im Heckengäu am Ostrand des Nordschwarzwalds. Auf den Höhen ist es von überall her erkennbar an der „gelben Rübe“, dem pagodenartigen Jugendstilturm der lutherischen Bernhardskirche. Nördlich des Dorfs liegt der **Wanderparkplatz Bildhaus** 01 an der Straße vom Nagoldtal nach Stammheim, einen weiteren Calwer Höhenort. Vom Parkplatz führt die Hagebutten-Markierung des Gäurandwegs im Wald nordwärts zu den Baiersbachwiesen, wendet sich am Rand der Lichtung links und taucht dann wieder in den rauschenden Wald ein. An der Kreuzung mit dem **Hirschlochweg** 02 zeigt die Hagebutte rechts hinauf, überquert den Bach auf einer Stegbrücke und erreicht oben die Kreuzung im **Hirschloch** 03. Während die Hagebutte hier geradeaus in die lichte Gäulandschaft weiterführt, zweigt der mit einer blauen Raute markierte Wanderweg links ab. Der Florsackallee genannte Weg unterquert im Wald eine Stromtrasse und leitet im oberen Waldrandbereich unterhalb des Hofs Dicke entlang, die nächste Stromtrasse ist schon in Sicht, doch

Gäurandweg

Der Gäurandweg ist der Fernwanderweg am Übergang zwischen dem Nordschwarzwald und den Gäuen. Von Mühlacker im Enztal am Rand des Strombergs führt er 106 km durch die aussichtsreiche Hügel- und Terrassenlandschaft des Schlehen- und Heckengäus nach Schopfloch. Der vom Schwarzwaldverein betreute und mit dem Zeichen „Hagebutte in grüner Raute auf weiß“ markierte Weitwanderweg ist ein bequemer Weg, der mit Ausnahme der Nagoldtal-Durchquerung auf steile Passagen verzichtet und fast durchgehend fahrradfähigen Wegen und Nebenstraßen folgt. Sein hauptsächlicher Reiz besteht im Erleben einer hoch differenzierten Kultur- und Naturlandschaft, aus der scheinbar unscheinbare Dinge wie Dornhecken, Halbtrockenrasen noch nicht verschwunden sind. Was auf dem Gäurandweg neben dieser Kleinteiligkeit immer wieder begeistert, sind die Panoramen. Das Gäu ist eine waldarme, leicht hügelige Landschaft, in der schon niedrige Erhebungen weite Ausblicke ermöglichen, wobei Schwarzwald und Schwäbische Alb in wechselnden Perspektiven die Hauptakzente setzen.

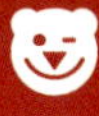
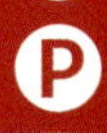
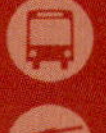
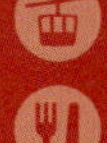
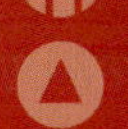
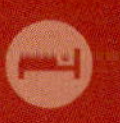

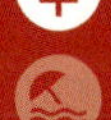

dann zweigt unvermittelt der **Alpine Pfad** **04** links ab, weiterhin markiert mit der blauen Raute. Über Stufen und auf Leitern führt der romantische Pfad an Felsen vorbei durch den Steilhang, immer wieder öffnen sich Blicke ins Nagoldtal, auf einem der Felsen thronte einst das Dickener Schlössle, längst ist es eine Ruine. Der mit der blauen Raute markierte Pfad unterquert schließlich doch die zweite Stromleitung und erreicht gleich darauf den **Totenweg** **05**. Hier verlassen wir die blaue Raute und folgen dem bequemen Totenweg unter der Stromtrasse her südwärts im Hang. Unterhalb des ehemaligen Dickener Schlössles schwingt der Totenweg dem Gelände folgend ostwärts ein, und wenn er sich im nächsten Prallhang wieder südwärts wendet, ist bald darauf der **Untere Baiersbach** **06** erreicht. Am über Blockwerk stürzenden Bach entlang führt der Pfad aufwärts und zurück zum **Hirschlochweg** **02**. Auf demselben Weg wie zu Beginn der Wanderung leitet die Hagebutte des Gäurandwegs zurück zum Ausgangspunkt, dem **Wanderparkplatz Bildhaus** **01**.

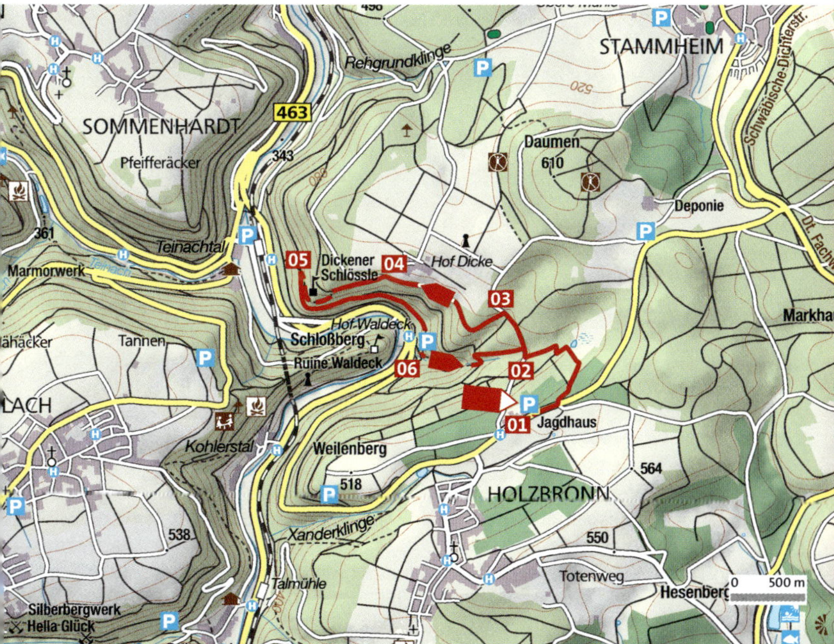

SOMMERBERG – GRÜNHÜTTE – SPROLLENHAUS

Durch das größte Schwarzwaldmoor

 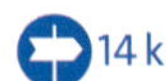 14 km  3:30 h  175 hm 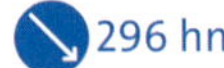 296 hm  886

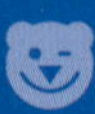

START | Bergstation (729 m) der Sommerbergbahn in Bad Wildbad. Die Talstation (420 m) befindet sich am Uhlandplatz.
[GPS: UTM Zone 32 x: 466.860 m y: 5.399.810 m]
CHARAKTER | Bequeme Waldwanderung, festes Schuhwerk ist empfehlenswert.

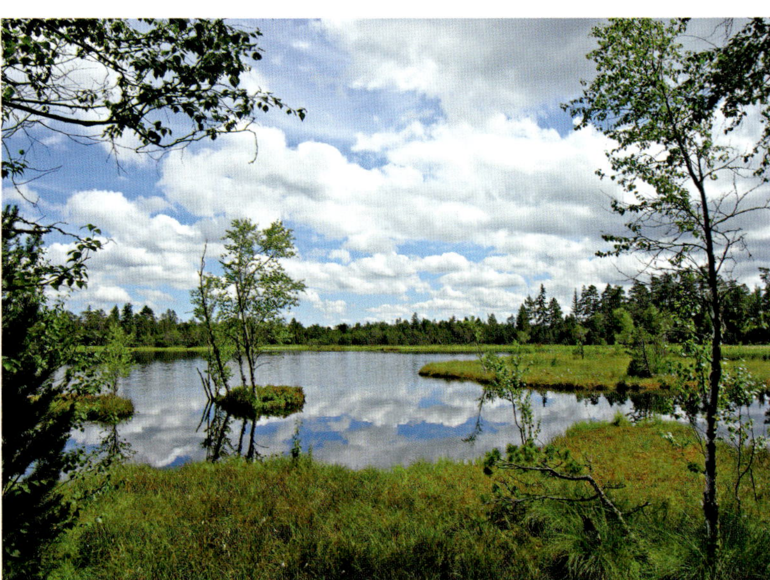

Wildseemoor.

Von der Bergstation der Sommerbergbahn führt diese Höhenwanderung zum Waldgasthaus Grünhütte und durch das Wildseemoor, das größte Hochmoor im Schwarzwald. Vom Erholungsort Sprollenhaus fährt der Stadtbus zurück nach Bad Wildbad.

▶ Der **Sommerberg** 01 ist der Hausberg von Bad Wildbad, die schon zu Kaisers Zeiten 1908 eröffnete Sommerbergbahn macht ihn zum wichtigen Ausgangspunkt für Wanderungen und Radtouren. Für die 300 Höhenmeter von der Talstation (420 m) über die Panoramastation bis zur Bergstation (729 m) benötigt die Standseilbahn weniger als zehn Minuten. Sie verkehrt täglich von 6.30 bis 22.30 Uhr im Sommer bzw. bis 19.30 Uhr im Winter zu jeder vollen und halben Stunde. Wer mit der Enztal-S-Bahn von Pforzheim aus anreist, steigt an der Haltestelle „Uhlandstraße/Sommerbergbahn" aus. Von der Terrasse an der Bergstation bietet sich ein eindrucksvolles Bild der Kurstadt im Großen Enztal und ihrer waldreichen Umgebung.

Von Sommerberg führt der Emmaweg in sachtem Anstieg zur Schutzhütte Saustallhütte, dort geht es links weiter zum nahen Peter-Liebig-Weg, der rechts zur nahen Schutzhütte an der Wegespinne

Bikepark am Sommerberg

Der Bikepark Bad Wildbad am Sommerberg über dem Großen Enztal ist ein Eldorado für Mountainbiker im Nordschwarzwald. Biker-X, Dual-Slalom, Freeride- und Downhill-Strecken – insgesamt neun Strecken aller Schwierigkeitsgrade – lassen sich kombinieren mit der Sommerbergbahn und zwei Skiliften, die ebenfalls Räder transportieren. Die Bikestation bietet Fahrtechnikkurse an und vermietet Bikes und Zubehör.

Fünf Bäume 02 weiterleitet. Hier übernimmt die rote Raute des Mittelwegs die Routenführung und folgt dem Alten Grünhüttenweg zum Laternenbuckel und über die Langenwaldebene zur autofreien **Waldgaststätte Grünhütte** 03 im Eulenloch – ein schöner Platz für eine Rast auf der Terrasse und in aussichtsreichen Wiesen.

Die rote Mittelweg-Raute steigt im Blockhauswald an und wendet sich dann oben links zur Schutzhütte **Weißensteinhütte** 04, bei der der Bohlensteg durch das unter Naturschutz stehende Wildseemoor beginnt. Das Wildseemoor auf der Hochfläche zwischen Bad Wildbad und Gernsbach ist das größte Hochmoor im Schwarzwald. Urtümliche Bannwälder mit eigenwilligen Baumgestalten umgeben das Moor, in dem zur Mittsommerzeit das Wollgras seinen weißen Haarbausch auswachsen lässt und im Herbst Moorpflanzen in leuchtendem Rot erstrahlen, die zwei größten Moorseen sind der Horn- und der namensgebende Wildsee. Auf der von Hochmooren und Wald bedeckten Buntsandsteinhochfläche, die jährlich bis zu 1800 mm Niederschlag empfängt, leben Pflanzengemeinschaften und Tiere, die nach der Eiszeit sonst nur in Skandinavien überlebt haben. Zwischen Legföhren und Birken führt ein hölzerner Begangsteig durch das Moor und gibt den Blick frei auf den von Schwingrasen umgebenen Wildsee und den kleineren Hornsee. Mitten durch das Moor, dessen Torfschicht bis zu 7,50 m dick ist, verläuft die Grenze zwischen Baden und

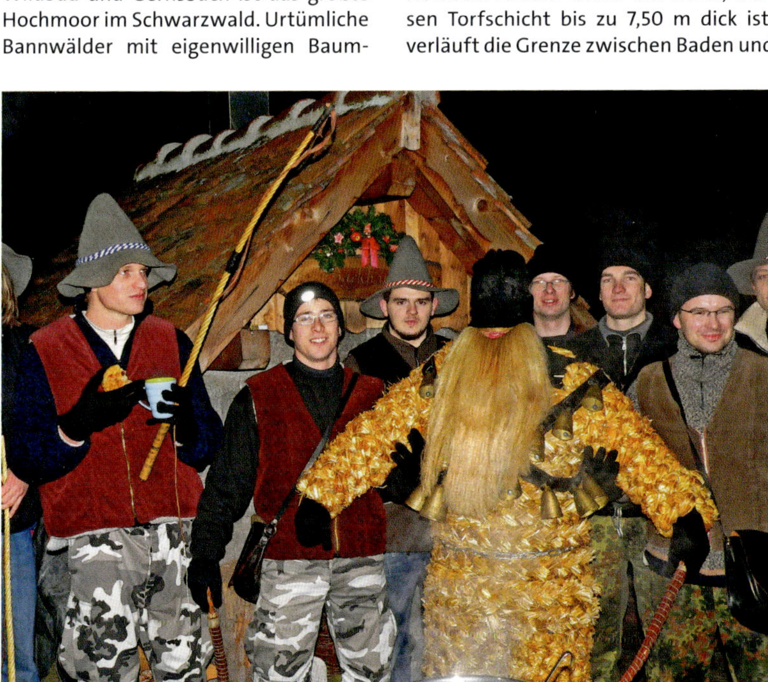

Pelzmärtle.

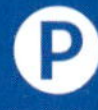

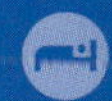

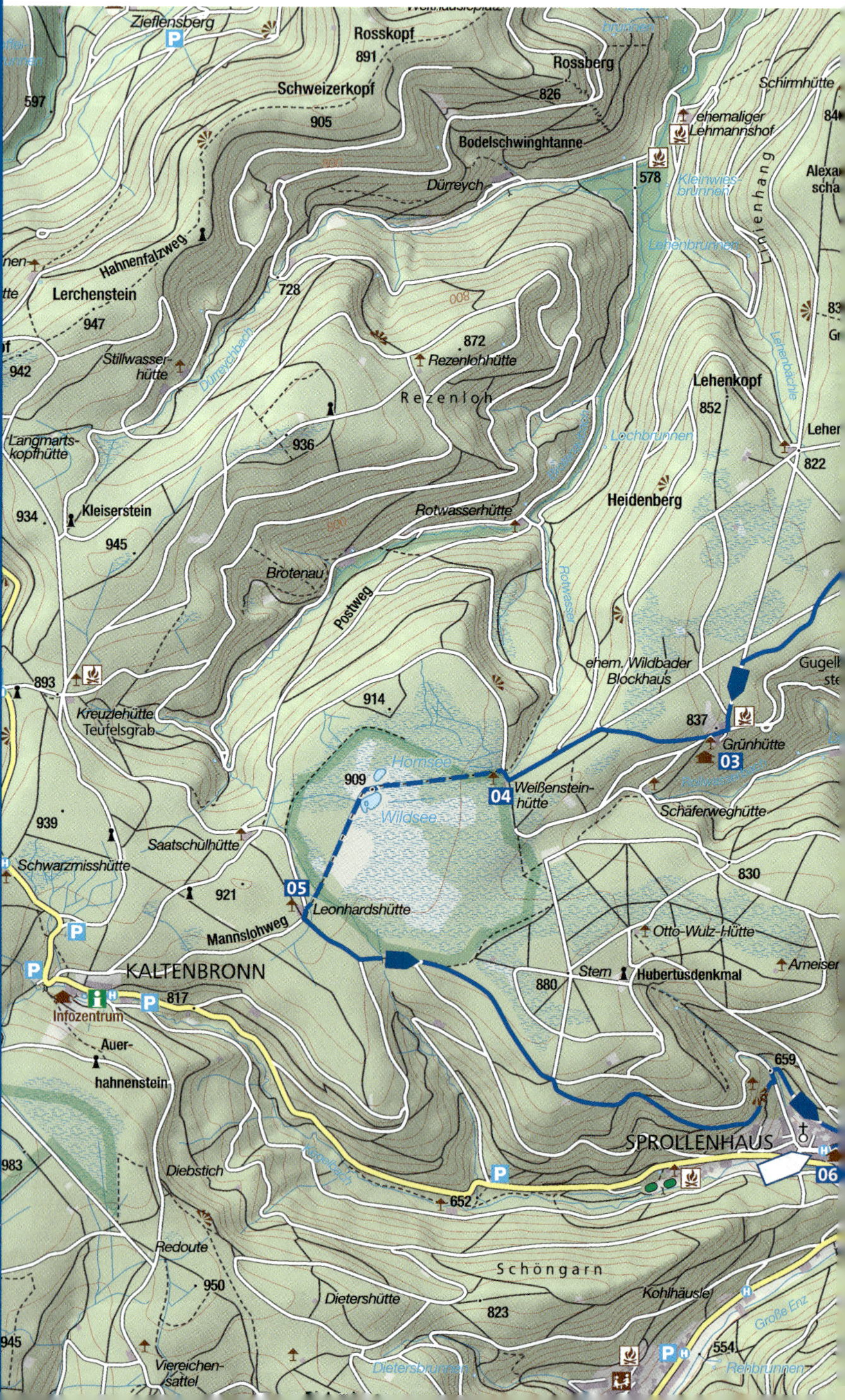

Württemberg, die Schutzwürdigkeit dieses Naturparadieses wurde schon früh erkannt. 1911 wurde auf württembergischer Seite ein „Bannwald" ausgewiesen, 1914 der badische und 1928 der württembergische Teil als Naturschutzgebiet ausgewiesen – damit ist das Wildseemoor das älteste Naturschutzgebiet in Baden-Württemberg. Nach Durchqueren des Moors zeigen an

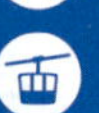

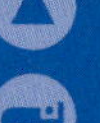
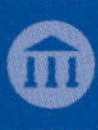

der Schutzhütte **Leonhardhütte** 05 die Richtungsschilder „Sprollenhaus“ links auf den Moosweg. Der mit dem Zeichen gelbe Raute markierte Waldweg senkt sich ins Kegelbachtal, wo kurz oberhalb der Mündung in die Große Enz der Erholungsort **Sprollenhaus** 06, ein Ortsteil der Kurstadt Bad Wildbad, erreicht ist. Beim Gasthof „Hirsch“ fährt der Bus zurück nach Bad Wildbad.

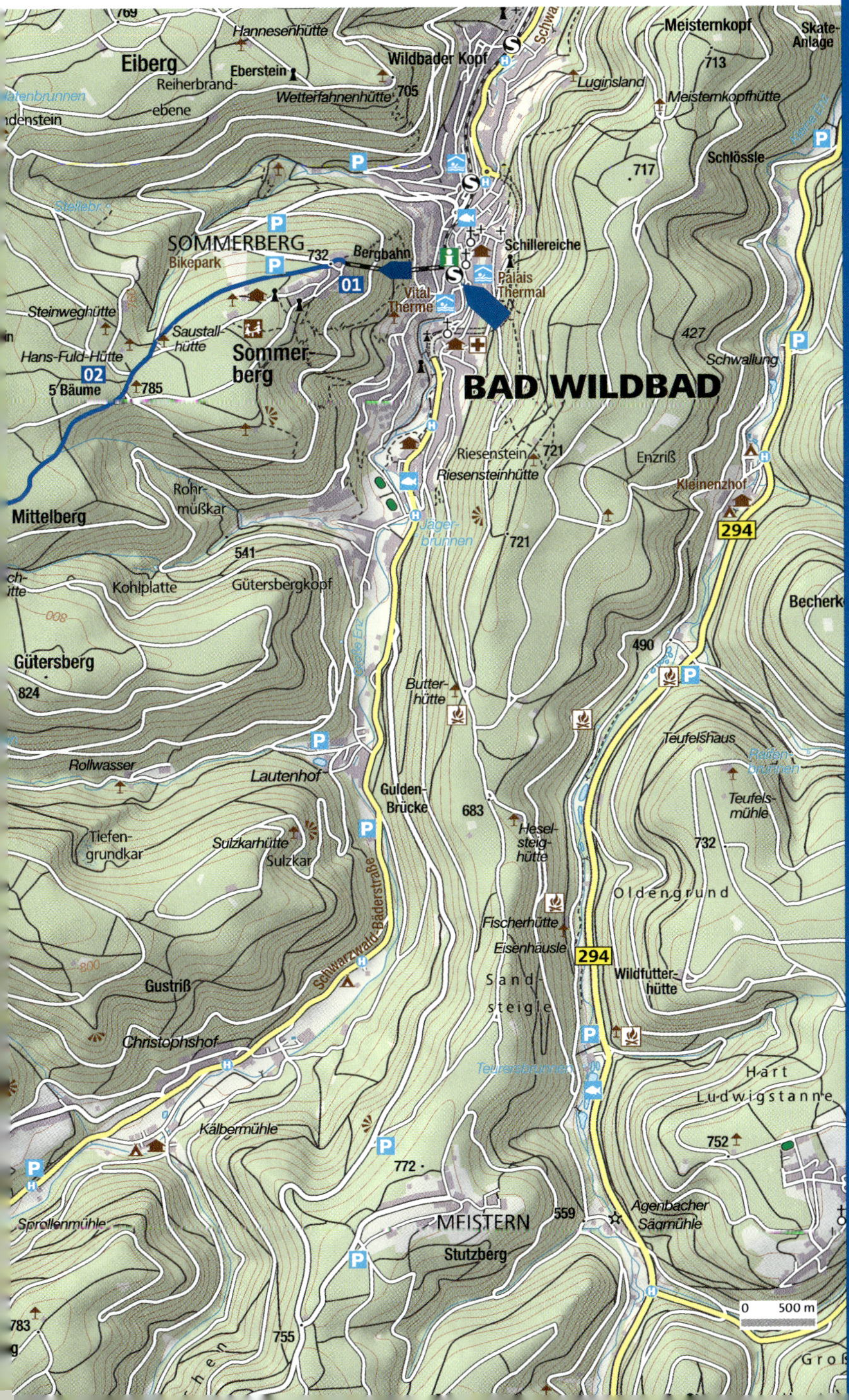

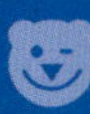
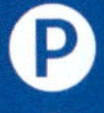

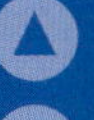
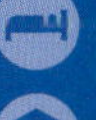

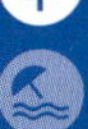

10

GERNSBACH – LOFFENAU – OBERTSROT

Östliche Gernsbacher Runde

 22,75 km 6:15 h  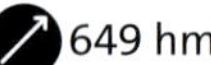649 hm 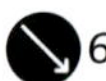619 hm 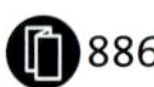886

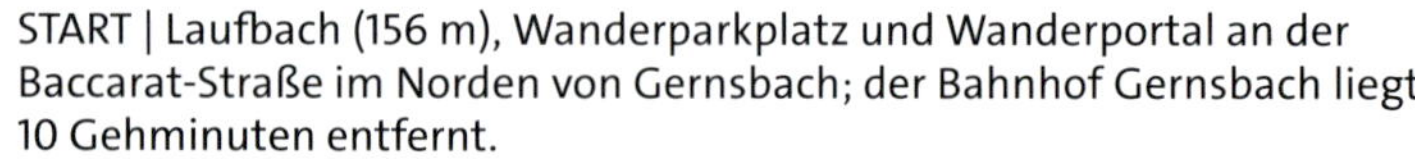

START | Laufbach (156 m), Wanderparkplatz und Wanderportal an der Baccarat-Straße im Norden von Gernsbach; der Bahnhof Gernsbach liegt 10 Gehminuten entfernt.
[GPS: UTM Zone 32 x: 451.910 m y: 5.402.780 m]
CHARAKTER | Wechsel aus bequemen Forst-, Wald- und Wiesenwegen sowie Pfaden mit zum Teil steilen Anstiegen.

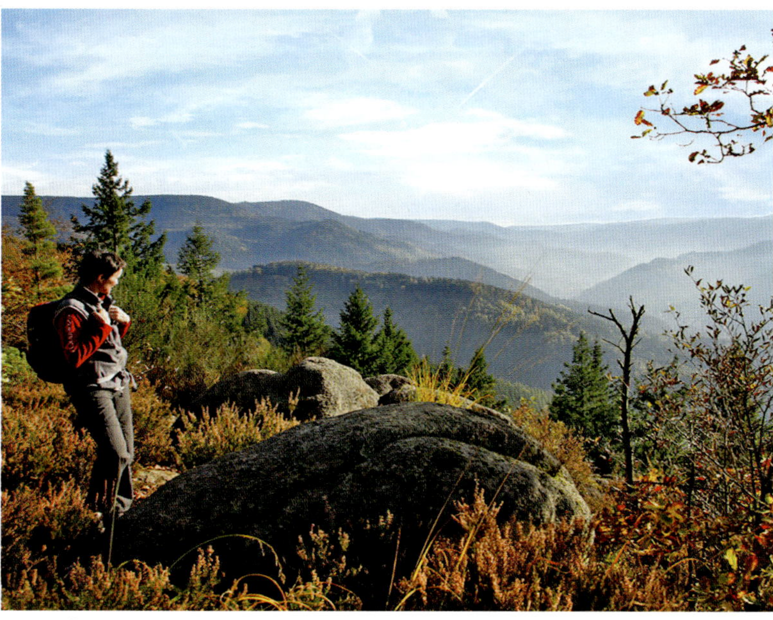

Murgtal.

Der Premiumwanderweg Gernsbacher Runde erschließt aussichtsreiche Höhen und idyllische Bachtäler rund um die Fachwerkstadt im Murgtal. Die erste Etappe verläuft östlich der Murg durch das Laufbachtal nach Loffenau und zu den Rockertfelsen.

▶ **Wanderparkplatz** und **Wanderportal Laufbach** **01** liegen am Nordrand des Stadtgebiets von Gernsbach an der Grenze zum Stadtteil Hörden von Gaggenau; die S-Bahnhöfe Gernsbach und Hörden sind in etwa gleich weit entfernt. Vom Parkplatz führt die mit der Ebersteiner Rose markierte Gernsbacher Runde im Laufbachtal aufwärts Richtung Loffenau. Als Wappensymbol der Grafen von Eberstein hat die Rose fast 1000 Jahre überdauert und findet sich in mehreren Stadt- und Gemeindewappen der Region wieder. Weiter oben verlässt der Wanderweg den kühlenden Wald, tritt in aussichtsreiches Wiesenland und erreicht kurz vor dem Kirchdorf Loffenau die Laufbachfälle in einer tief eingeschnittenen Sandsteinschlucht. Sehr sehenswert im Erholungsort **Loffenau** **02** sind die spätgotischen Fresken in der Heilig-Kreuz-Kirche. An der Kirche wendet sich die Gernsbacher Rund südwärts, erreicht beim Reiterstüble den

Waldrand und folgt ihm aussichtsreich am Rand der Wiesen Richtung Lautenbach. An der aussichtsreich gelegenen **Illertkapelle 03** wechselt die Runde vom breiten Forstweg auf einen schmalen Waldweg, der nach und nach steiler zu den wollsackverwitterten **Lautenfelsen 04** hinaufführt; hier fällt der Blick hinaus auf die Rheinebene und bis zu den Vogesen. Der Teufel soll die Granitbrocken einst in seiner Wut von der Teufelsmühle herabgeworfen haben, um den

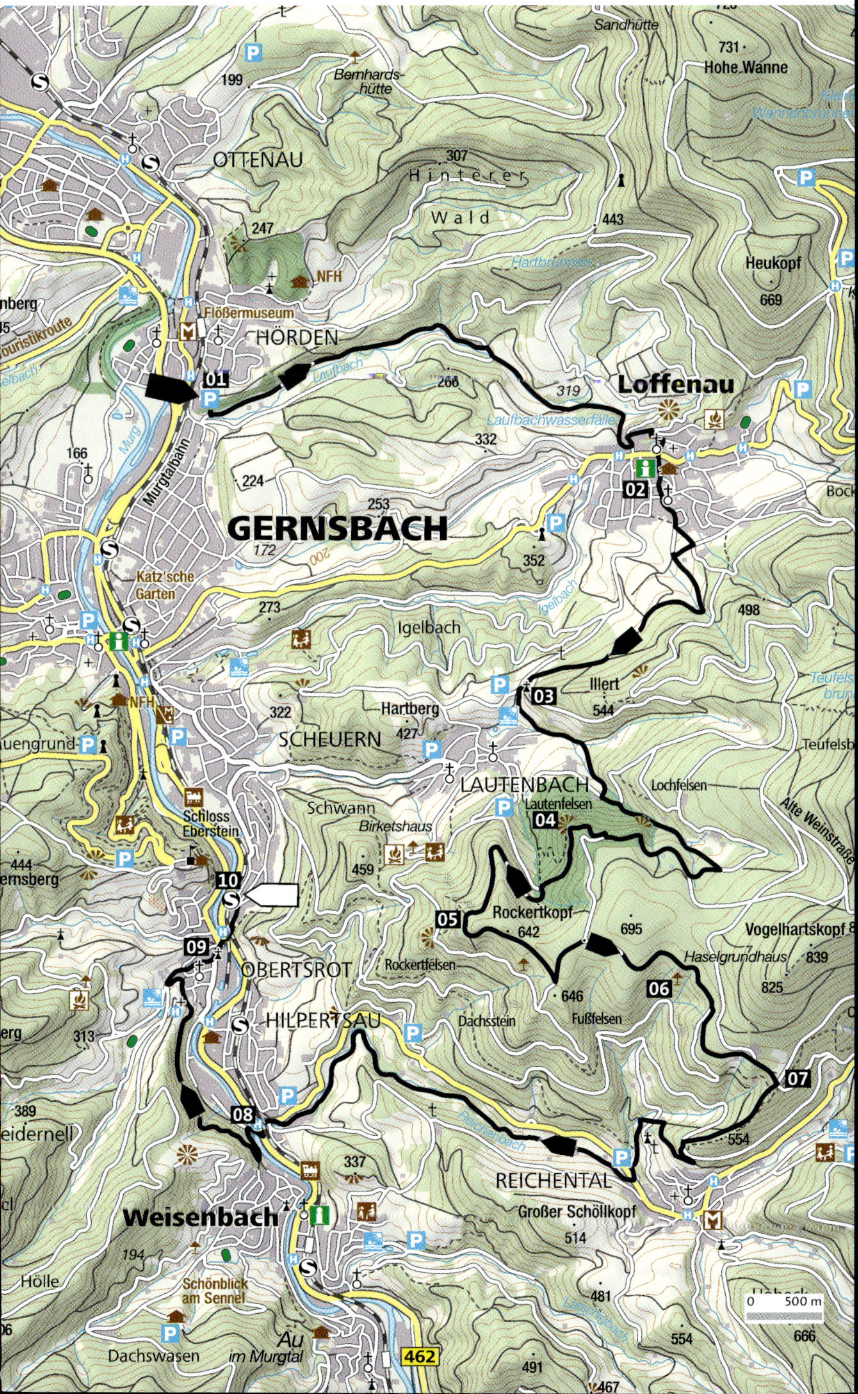

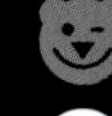
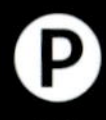
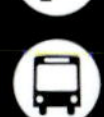
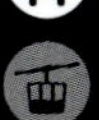
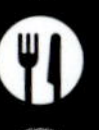
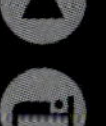

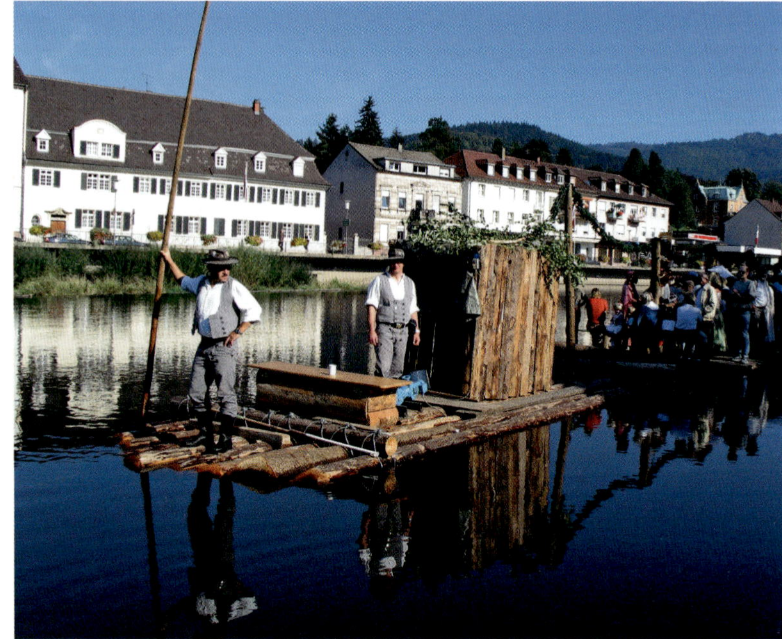

Gernsbach: Floßfest auf der Murg.

Bau der Illertkapelle zu verhindern. Der nächste aussichtsreiche Rastplatz ist die **Elsbethhütte 05** an den Rockertfelsen; Namensgeberin ist eine Gräfin von Eberstein, die als „Rockertweibel" bis heute hier umgeht, mit einer Suppenkelle in der Hand und Erde in den Schuhen, in der Abenddämmerung nach Männern Ausschau hält und, so sie einen Armen findet, ihm auf den Rücken springt.

An der **Haselgrundhütte 06** und am **Rastplatz Alte Eichen 07** vorbei senkt sich die Gernsbacher Runde an den Rand des idyllisch gelegenen Kirchdorfs Reichental und folgt dem Reichenbach talabwärts zur Mündung in die Murg in **Hilpertsau 08**. Nach Überqueren des Flusses leitet die Ebersteiner Rose im Gegenhang flussabwärts nach **Obertsrot 09**. Wenn die Gernsbacher Runde links Richtung Schwimmbad hinauf abzweigt, verlassen wir die Rose und folgen der blauen Raute rechts hinab durch die Dorfstraße zur Kirche und erreichen nach erneutem Überqueren der Murg die **S-Bahn-Haltestelle Obertsrot 10** an der Murgtalbahn.

Gernsbach – Fachwerkstadt im Murgtal

Fachwerkhäuser, Brunnen, Sonnenuhren und verwinkelte Gassen prägen die historische Altstadt des Luftkurorts Gernsbach, die „Perle des Murgtals". Das Alte Rathaus (1617/18, Restaurant) mit Volutengiebel-Prunkfassade am Marktplatz ist ein herausragendes Beispiel der Renaissance-Architektur im Nordschwarzwald. Errichtet wurde es als Privathaus des Murgschiffers Johann Jakob Kast, dem die Flößerei derartige Gewinne bescherte, dass er das Haus mit Silberplatten decken lassen wollte; der Legende zufolge erschien ihm ein Engel im Traum und riet ihm, das Geld für soziale Zwecke zu verwenden, woraufhin der brave Murgschiffer seinen Reichtum in eine Armenstiftung gab. Markante Teile der mittelalterlichen Stadtmauer sind die Liebfrauenkirche (der im 13. Jh. errichtete Westturm ist Teil der Stadtmauer), die 1764–84 auf der Stadtmauer errichtete Zehntscheuer und der Storchenturm (1449).

WOLFSSCHLUCHT – HOHENBADEN – ALTEBERSTEIN

Über den Battert bei Baden-Baden

  11 km 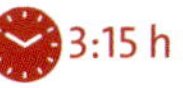 3:15 h 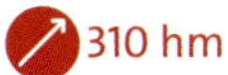 310 hm  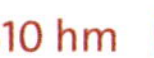 310 hm  886

START | Wolfsschlucht (370 m), Bushaltestelle und Parkplatz am Hotel „Wolfsschlucht" an der Abzweigung der Ebersteinburger Straße in Baden-Baden im Stadtteil Ebersteinburg.
[GPS: UTM Zone 32 x: 446.820 m y: 5.402.650 m]
CHARAKTER | Die passagenweise steilen Auf- und Abstiege erfordern Kondition, die wurzelig-felsigen Pfade verlangen festes Schuhwerk.

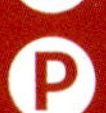

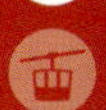

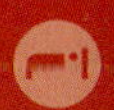

Die von artenreichen Laubmischwäldern bestandenen Felsen des Battert, in dessen Südostflanke in der Nähe von Teufels- und Engelskanzel drei Quellbäche der Oos entspringen, bilden mit 568 m eine der aussichtsreichsten Landmarken rund um die Heilquellen von Baden-Baden. Seit keltischer Zeit trägt die Hochfläche des Batterts eine Ringwallanlage, auf dem Westpfeiler des weitläufigen Felsmassivs stehen die malerischen Ruinen des Alten Schlosses Hohenbaden, die bis zu 60 m hohen Türme und Massivwände aus verkieseltem Porphyrkonglomerat des Batterts bilden den bekanntesten Klettergarten im Nordschwarzwald.

▶ Von der **Bushaltestelle Wolfsschlucht** 01 am gleichnamigen Hotel in Ebersteinburg geht es am Parkplatz entlang kurz abwärts Richtung Baden-Baden, bis halbrechts der Fußpfad Richtung Engelskanzel bergauf abzweigt (nicht den breiten Hungerbergweg nehmen!). Der schmale Weg führt durch einen Eichenwald mit Felsgruppierungen zur Engelskanzel, wo sich ein schöner Ausblick auf die gegenüberliegenden Höhen bietet. Die fromme Legende von dieser Felskanzel, auf der ein Engel den Menschen guten Willens predigte, während sich auf der anderen Seite des Tals die Teufelsanbeter versammelt hatten, ist auf einem Fresko von Jakob Götzenberger im Wandelgang der Baden-Badener Trinkhalle dargestellt. Wenige Minuten später geht es links weiter auf dem Furtwänglerweg Richtung Altes Schloss, und kurz nach Queren des Badner Wegs zweigt der mit dem Zeichen blauer Ring markierte Ebersteinburg-Rundwanderweg rechts zur **Unteren Batterthütte** 02 ab. Hier wechselt der Rundweg links auf den Unteren Felsenweg im Südhang des Battertmassivs. Der Weg führt im Bann der Felswände und -türme durch einen Tannen-, Eichen-, Buchen-, Ulmen- und Ahornbergwald mit bis zu 350 Jahre alten Baumriesen, in der 55 Meter hohen Wand sind Felskletterer zu sehen.

Der Untere Felsenweg endet dann am **Alten Schloss Hohenbaden** 03, dort wendet sich der Ebersteinburg-Rundwanderweg nach rechts hinauf zum Aussichtspavillon auf der Ritterplatte, wo sich ein beeindruckender Blick über Baden-Baden und das Oostal hinweg bis zur Hornisgrinde öffnet. Von der Ritterplatte leitet der Rundwanderweg weiter aufwärts „Auf die Felsen", schlängelt sich über die Felsentreppe und erreicht die Batterteiche, deren Alter auf 600 Jahre geschätzt wird. Während die standortfremden Flachwurzler-Fichten vom Orkan Lothar zu Hunderttausenden umgelegt wurden, trotzte die Batterteiche lässig dem Orkan. Gleich darauf erreicht der Rundwanderweg die **Obere Batterthütte** 04; hier lohnt der ausgeschilderte Abstecher über die Felsenbrücke zur Badner Wand mit herrlichem Blick auf Baden-Baden und die Schwarzwaldhöhen.

Von der Oberen Batterthütte senkt sich der Obere Felsenweg Richtung Untere Batterthütte und Ebersteinburg. Am Wegrand sind die Spuren einer kelti-

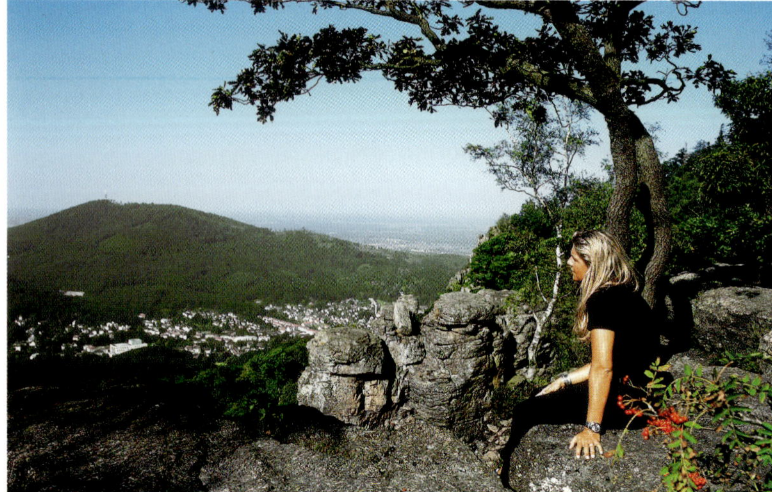

Battert.

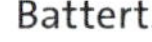

schen Ringburg aus der Zeit um 400 v. Chr. zu sehen; diese Heidenmauer umschließt die lang gestreckte Battertkuppe in einer Höhe von 565 m, ist etwa 800 m lang und 200 m breit. Die Ringmauer ist heute durchschnittlich einen Meter hoch, ihre oft mächtigen Steine sind lose aufgesetzt. Nach der Art des Mauerwerks und nach den dortigen Funden vermutet man, dass Kelten um 400 vor Christus die Ringburg anlegten.Von der **Unteren Batterthütte** 02 folgt der blaue Ring dem ebenen Bienenwaldweg kurz Richtung Ebersteinburg und wechselt dann links auf den Franzosenweg, der sich – zuletzt Hilsbrunnenstraße – nach **Ebersteinburg** 05 senkt.

An der Durchgangsstraße Ebersteinburger Straße geht es kurz links, dann halbrechts (Brunnenlinde) und hinauf zur **Burgruine Alteberstein** 06, der aussichtsreiche Bergfried kann erstiegen werden. Die aus Haupt- und Vorburg bestehende hochmittelalterliche Burg Alteberstein wurde ab 1100 auf einem steil nach Nordwesten abfallenden Felsen oberhalb des Dorfs Ebersteinburg als Sitz der Grafen von Eberstein errichtet. 1282 kaufte Markgraf Rudolf I. von Baden, der mit Kunigunde von Eberstein verheiratet war, die Anlage. Ab dem 16. Jh. verfiel sie. Heute beherbergt das Gemäuer eine Gaststätte, der Bergfried aus dem 13. Jh. ist als Aussichtsturm begehbar. Von der Burgruine leitet der blaue Ring am Sport- und Festplatz vorbei durch die Zimmerhardtstraße und zweigt nach Passieren des Friedhofs vor den ersten Häusern links zur

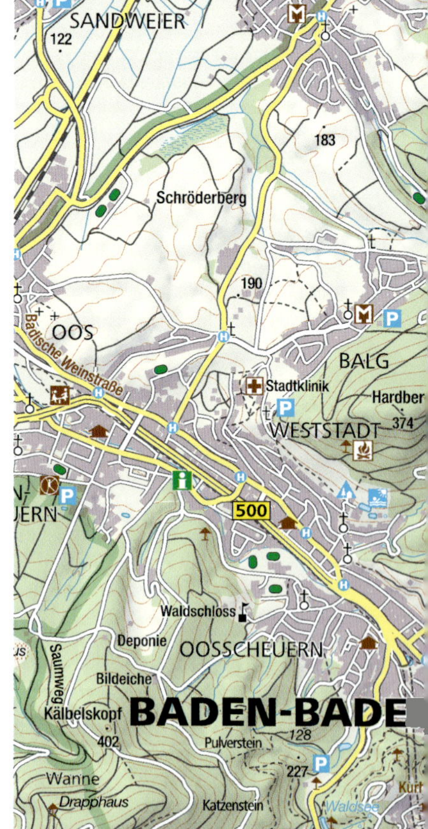

Altes Schloss Hohenbaden

Auf dem Westpfeiler des Battertmassivs oberhalb von Baden-Baden erheben sich die Ruinen des in rotem Buntsandstein erbauten Alten Schlosses, der einstigen Hauptburg der Markgrafen von Baden. Der markgräfliche Zähringer Hermann II. ließ hier ab 1102 die Burg Hohenbaden errichten und nannte sich 1112 nach ihr „von Baden". Von der romanischen Oberburg sind u. a. der Bergfried mit Schildmauer und Wachhaus sowie ein kleiner Palas, ein Zwinger und das Haupttor erhalten. Der Bergfried bietet eine exzellente Aussicht auf Baden-Baden, die Baden-Badener Berge und über die Oberrheinebene hinweg zu den Vogesen. Markgraf Bernhard I. († 1413) ließ die gotische Unterburg mit dem spätgotischen Palas („Bernhardsbau") errichten und machte die Burg zum Hauptsitz der Markgrafen. Markgraf Jakob I. († 1453) ließ die Anlage durch das „Jakobsbau" genannte Wohngebäude erweitern. Als die Residenz der Markgrafen 1479 aus Hohenbaden in das Neue Schloss verlegt wurde, erhielt die Anlage ihren heutigen Namen: Altes Schloss. Kurz vor 1600 zerstörte ein Brand das Alte Schloss, das nicht wieder aufgebaut wurde und bis zum Beginn der Romantik verfiel; seit 1800 werden die Ruinen baulich gesichert.

Aussichtskanzel Verbrannter Felsen an der **Lukashütte 07** ab. Hier öffnet sich eines der schönsten Murgtalpanoramen. Vom Verbrannten Felsen führt der blaue Ring weiter durch die Wolfsschlucht und erreicht am **Hotel Wolfsschlucht 01** wieder den Ausgangspunkt.

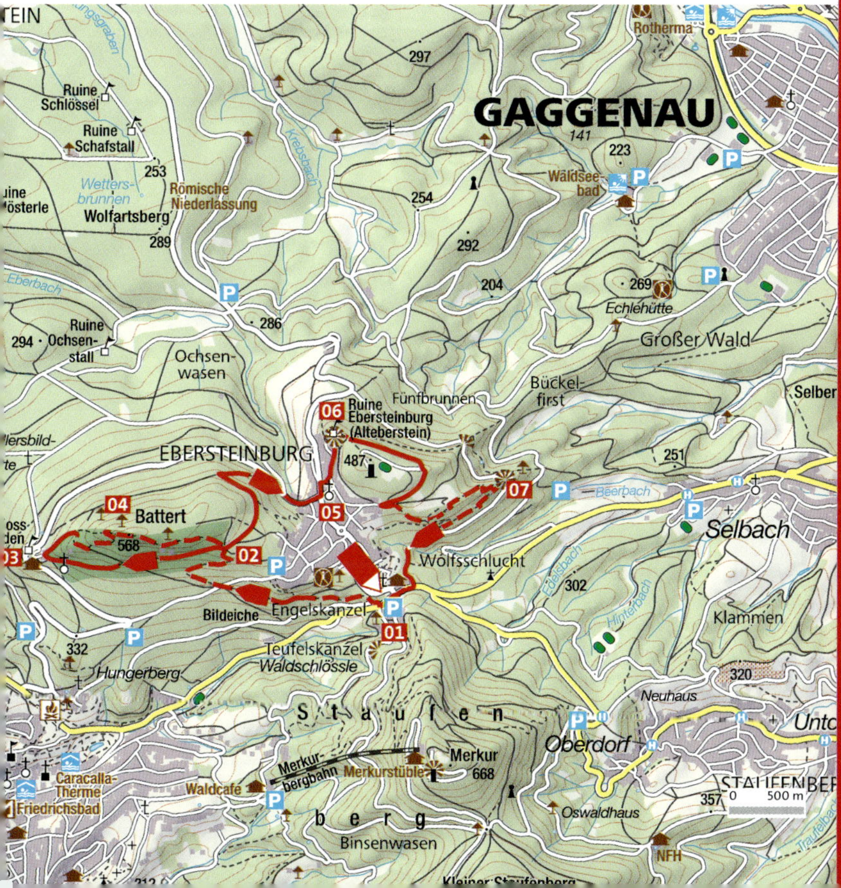

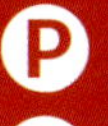
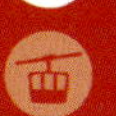

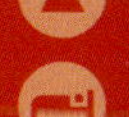
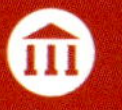

OBERTSROT – MERKUR – GERNSBACH

Westliche Gernsbacher Runde

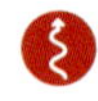 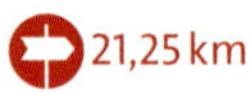 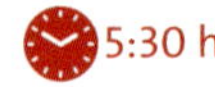 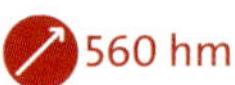 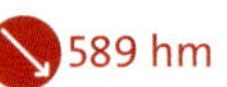 

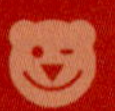

START | Obertsrot (186 m), Parkplatz und Haltestelle der Murgtalbahn im Gernsbacher Stadtteil Obertsrot an der Obertsroter Landstraße (Bundesstraße 462), von der hier die Markgraf-Berthold-Straße auf die Bergseite des Bahnhofs abzweigt.
[GPS: UTM Zone 32 x: 451.480 m y: 5.401.070 m]
CHARAKTER | Wechsel aus bequemen Forst-, Wald- und Wiesenwegen sowie Pfaden mit zum Teil steilen Anstiegen.

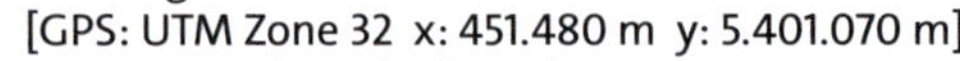

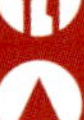

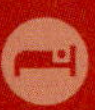

Der Gernsbacher Sagenweg, das Panorama auf dem Merkur und der Abstieg über aussichtsreiche Bergwiesen in die Fachwerkstadt Gernsbach im Murgtal sind Höhepunkte im Westen der Gernsbacher Runde.

▶ Das Kirchdorf **Obertsrot** 01 im Murgtal ist ein Stadtteil von Gernsbach. Vom Bahnhof der Murgtalbahn geht es auf der Sebastian-Gruber-Brücke über den Fluss ins eigentliche Dorf, wo die Wandermarkierung blaue Raute von der Kirche aufwärts führt, durch die Obertsroter und dann die Dorfstraße im Tal des Götzenbachs. Ein großer Parkplatz befindet sich am Beginn der Straße Am Schwimmbad, hier taucht auch die Ebersteiner Rosen-Markierung der Gernsbacher Runde auf. Am **Schwimmbad Obertsrot** 02 vorbei führt die Rose aufwärts, wendet sich am Waldsaum rechts und leitet durch Streuobstwiesen mit Blick zum Schloss Eberstein zur in herrlicher Aussichtslage stehenden **Antoniuskapelle** 03.

In den Wiesen nimmt der Wanderweg Kurs auf das Schloss, in dem man fürstlich tafeln kann, schwingt jedoch an der **Verzweigung Ochsenkopfweg** 04 kurz vor dem Schloss links hinauf in den sagenumwobenen Wald. Die Tafeln des Gernsbacher Sagenwegs berichten an der Erzgrube von den Zwergen aus dem Gernsberg, weitere Tafeln berichten Erbauliches und Schauerliches, während der Weg zwischen alten Bäumen zur Amandaschau, zum Jägerplatz und zur Saulachkopfhütte führt und schließlich

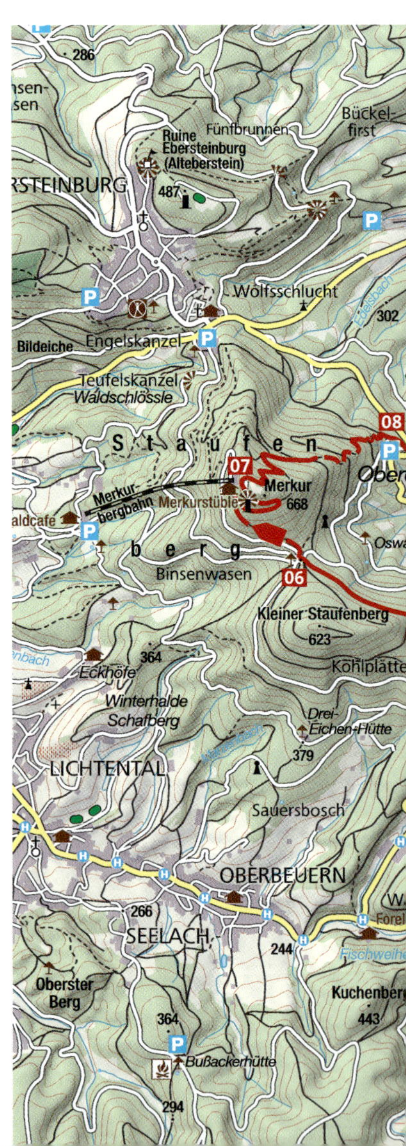

den Höhenrücken mit dem **Ausflugsrestaurant Nachtigall** 05 am Müllenbild erreicht. Hier kann man sich stärken für den Aufstieg im Wald zur **Binsenwasenhütte** 06 und zum Gipfel des **Merkur** 07, wo ein Aussichtsturm großartige Rundschau gewährt und das Merkurstüble zu einer weiteren Vesper einlädt.

Hat man den aussichtsreichen Berg erklommen, ist der Abstieg ein Kinderspiel. Auf dem Zickzackweg geht es durch die steile Merkur-Flanke zum **Parkplatz** am **Nassmissweg** 08, dort mit exzellenten Murgtalausblicken links weiter am Waldrand und an der **Wegekreuzung Galgeneck** 09 vorbei in einer weit ausholenden Schleife zum aussichtsreichen **Lieblingsfelsen** 10 im gleichnamigen Naturschutzgebiet über dem Stadtteil Hörden. An diesem rötlich gefärbten Felsen hat sich eine besondere Kräuter- und Pflanzenwelt entwickelt – ein Paradies für Insekten. Die Murg hat im Bereich des Lieblingsfelsens einen Prallhang geschaffen und so den Felsen herausmodelliert. Löcher im Gestein stammen aus den Zeiten der Flößer. In den Löchern wurden Baumstämme verankert, welche die Flöße zurückhalten sollten; Hörden war ein Zwischenlagerplatz zur Blütezeit der Flößer im 19. Jahrhundert.

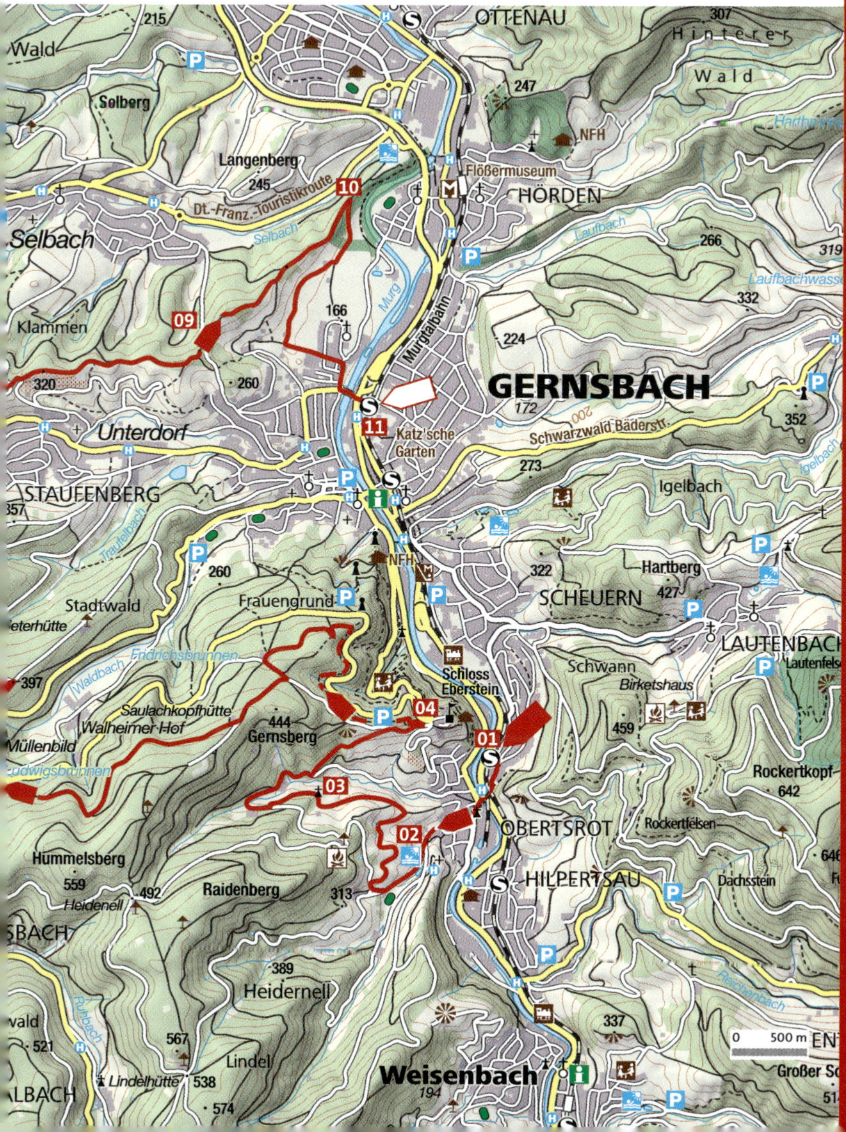

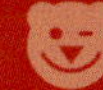

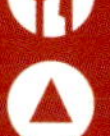
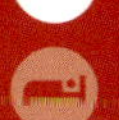

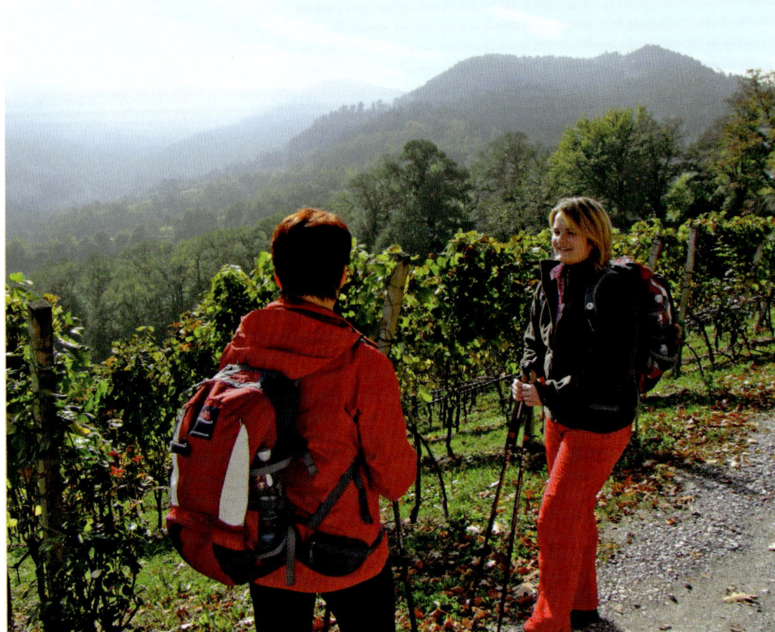

Gernsbacher Runde.

Am Lieblingsfelsen winkelt die Gernsbacher Runde südwärts ab in den Wiesen und trifft beim Rehazentrum auf den Langen Weg. Er leitet hinab nach Gernsbach im Murgtal, nach Überqueren des Flusses ist der **Bahnhof Gernsbach** **11** erreicht. Dort endet die Gernsbacher Runde, und die Bahn bringt uns zurück zum Ausgangspunkt in Obertsrot.

Holztrift an der Murg

Gasthäuser mit „Schiff"-Namen und Flurnamen wie „Murgschifferschaftswald" erinnern an die Bedeutung der Holztrift im Nordschwarzwald. Holz als Roh- und Energiestoff prägte jahrtausendelang das Leben. Holz war der Grundstoff für jedes Feuer, jeder Wagen, jedes Fass und jedes Schiff wurde aus Holz gefertigt, auch die meisten Häuser konnten ohne Holz nicht gebaut werden. Bis zum Aufkommen der Eisenbahn während der industriellen Revolution waren Bäche und Flüsse die Haupttransportwege zur Versorgung des Unterlandes mit Brenn- und Bauholz, auch die Enz und der Neckar. Während die in den Bergwäldern geschlagenen Baumstämme auf Flüssen geflößt werden konnten – die Stämme wurden zu Flößen („Gestören") zusammengebunden –, mussten sie in den Bergen einzeln in die schmalen Bachläufe geworfen werden. Da die steinigen Bergbäche oft zu wenig Wasser führten, wurden viele Karseen durch einen Damm aufgestaut, das gestaute Wasser dieser „Wasserstuben" wurde während der Holztrift in kurzer Zeit abgelassen. Auf diese Weise entstand ein Hochwasserschwall, der es ermöglichte, den Bächen genügend Wasser für die Trift zuzuführen. An den weiter unten gelegenen Sammelstellen wurden die Stämme aus dem Wasser geholt und zu Flößen zusammengebunden. Neben den Flößern gab es ab dem 15. Jh. als Großunternehmer die „Schiffsherren". Wichtige Handelsplätze und Sitz von Schifferschaften wurden Gernsbach an der Murg, Calw an der Nagold und Pforzheim am Zusammenfluss von Enz, Nagold und Würm.

OBERTSROT – HEIDENELL – ROTE LACHE

Auf den Spuren der Nordschwarzwald-Zwerge

 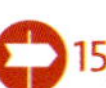 15,25 km  4:15 h  650 hm  650 hm 886

START | Obertsrot (186 m), Parkplatz und Haltestelle der Murgtalbahn im Gernsbacher Stadtteil Obertsrot an der Obertsroter Landstraße (Bundesstraße 462), von der hier die Markgraf-Berthold-Straße auf die Bergseite des Bahnhofs abzweigt.
[GPS: UTM Zone 32 x: 451.480 m y: 5.401.070 m]
CHARAKTER | Wechsel aus bequemen Forst-, Wald- und Wiesenwegen sowie Pfaden mit zum Teil steilen Anstiegen.

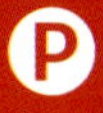

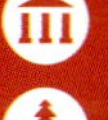
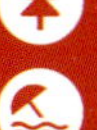

Die Zwerge vom Gernsberg begleiten den Aufstieg vom Murgtal zu Schloss Eberstein und zur Heidenell-Hütte, ehe das Ausflugsrestaurant Rote Lache hoch über dem Tal zur Einkehr einlädt, und in den rauschenden Wäldern der Abstieg zum Schwimmbad von Obertsrot beginnt, wo man diese herrliche Rundwanderung mit einem Sprung ins kühlende Wasser verbinden kann.

▶ Vom **Bahnhof Obertsrot** 01 der Murgtalbahn geht es dann auf der Sebastian-Gruber-Brücke über den Fluss in das Kirchdorf Obertsrot. Beim Überqueren der Murg schweift der Blick auf

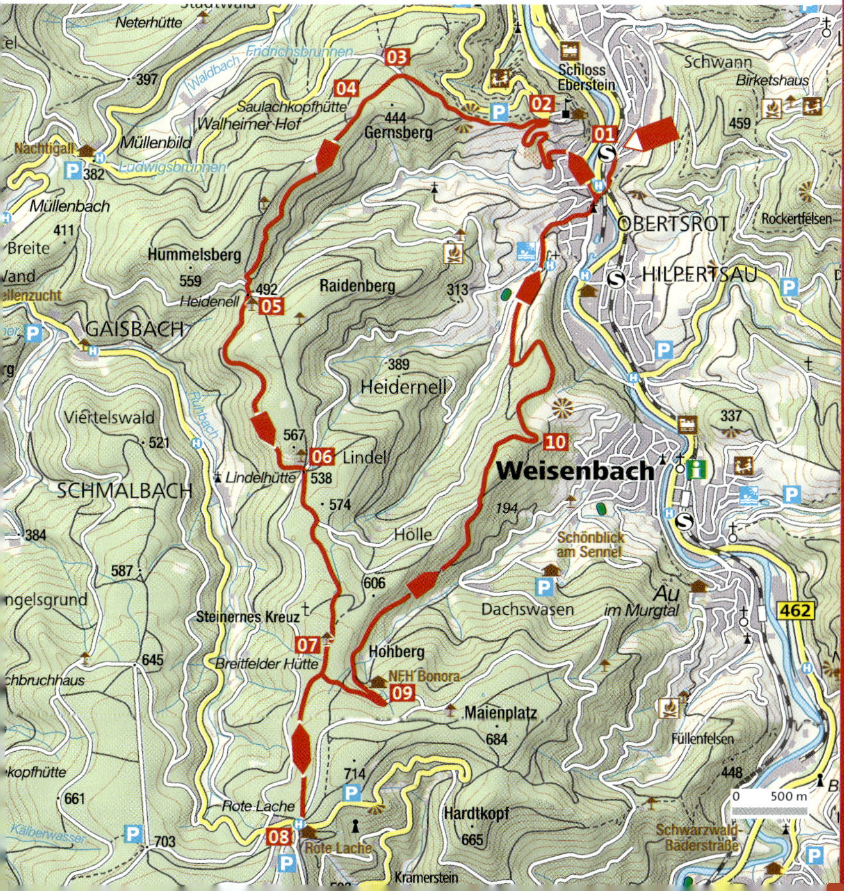

Schwarzwälder Schinken

Schwarzwälder Schinken ist ein knochenloser geräucherter Rohschinken, der nach alter Tradition im Schwarzwald hergestellt wird. Zur Herstellung wird der Schinken zuerst trocken gepökelt und mit Knoblauch, Koriander, Pfeffer und Wacholder gewürzt. Anschließend wird er in speziellen Räucherkammern kalt über frischem Tannen- und Fichtenholz geräuchert, was ihm sein charakteristisches, kräftiges Aroma und eine typische schwarzbraune Schwarte verleiht. Ganze Schwarzwälder-Schinken-Stücke bleiben bei richtiger Lagerung über Monate hinweg haltbar. Sie sollten hängend in einem kühlen und trockenen Raum, nicht im Kühlschrank, sondern am besten in einem Leinenbeutel aufbewahrt werden.

die imposant gelegenen Weinberge und Schloss Eberstein, in dessen Höhlen früher die Zwerge vom Gernsberg gehaust haben sollen. Von der Brücke führt die Obertsroter Straße kurz flussabwärts, bis die Anliegerstraße Am Schlossberg links abzweigt und durch einen Weinberg sowie an einem baumkundlichen Lehrpfad entlang zum **Schloss Eberstein** 02 hinaufführt. Dort öffnet sich ein weiter Blick auf das Murgtal, und die Schlossschänke mit Platanenterrasse lädt zu einer gemütlichen Rast ein.

Vom Schloss folgt der mit Weintrauben markierte Ortenauer Weinweg aufwärts zum Ochsenkopfweg und zum Zehntacker im sagenumwobenen Wald, Tafeln des Gernsbacher Sagenwegs berichten von den Unterirdischen aus dem Gernsberg. An der **Verzweigung Jägerplatz** 03 wendet sich der Ortenauer Weinweg links zur **Saulachkopfhütte** 04. Dort übernimmt die Markierung blaue Raute die Routenführung und führt im Wald geradeaus zur **Hütte am Heidenell** 05; hier sollen mit den Unterirdischen im Bunde stehende Heiden einen Hof bewirtschaftet und unter einer Eiche den Götzen schauerliche Opfer dargebracht haben.

Die blaue Raute folgt dem Waldweg weiter zur **Lindelhütte** 06 und zur **Breitfelder Hütte** 07; von dieser Hütte ist es nicht mehr weit auf dem Breitfelder Weg zum **Hotel Rote Lache** 08.

Von der Roten Lache geht es auf dem Breitfelder Weg wieder Richtung **Breitfelder Hütte** 07, wo der ausgeschilderte Abstieg Richtung Obertsrot beginnt. Die gelbe Raute führt vorbei am **Naturfreundehaus Bonora** 09 durch den Hang über dem Geißbach zum **Steineneck** 10 und zum Schwimmbad Obertsrot am oberen Rand des Kirchdorfs **Obertsrot** 01.

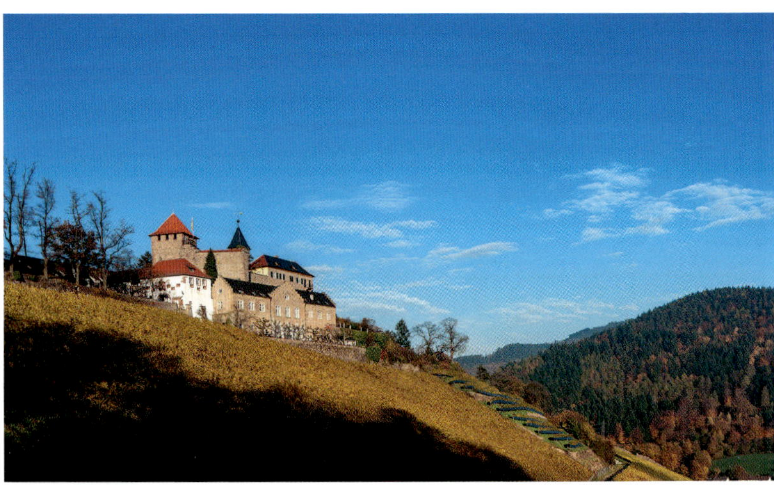

Hoch oben thront Schloss Eberstein.

KALTENBRONN – HOHLOH – KREUZLEHÜTTE

Aussichtsturm mit Alpenblick

 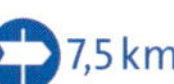 7,5 km 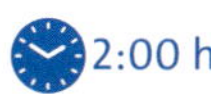 2:00 h 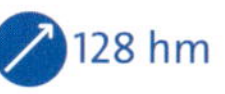 128 hm 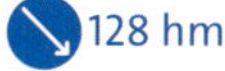 128 hm  886

START | Kaltenbronn (881 m), Bushaltestelle und Parkplatz am Skizentrum Gernsbach-Kaltenbronn.
[GPS: UTM Zone 32 x: 458.070 m y: 5.395.080 m]
CHARAKTER | Die leichte Waldwanderung folgt im Bereich des Wildseemoors „auf eigene Gefahr" zu begehenden Bohlenwegen – Vorsicht Rutschgefahr!

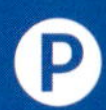

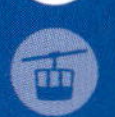
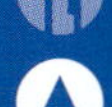

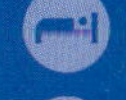

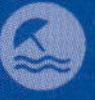

Durch das Waldschutzgebiet Kaltenbronn geht es hinauf zum Moor-Naturschutzgebiet Hohlohsee und zum Hohlohturm, auf dem der Blick an klaren Tagen bis zu den Alpen schweift.

Der Weiler **Kaltenbronn** 01 zwischen Wildseemoor und Hohloh ist ein bekanntes Wintersportzentrum. Der Ortsteil der Stadt Gernsbach liegt ebenso wie das Wildseemoor auf dem Höhenrücken zwischen den Tälern von Murg und Großer Enz, das Informationszentrum im Historischen Rasthaus an der Passstraße vom Enz- ins Murgtal dokumentiert Schönheit und Gefährdung der umgebenden Moore und Bannwälder. Vom Seelochparkplatz führt der mit dem Zeichen „rote Raute" markierte Mittelweg im Tal des Kegelbachs aufwärts durch das Natur- und Waldschutzgebiet Kaltenbronn. Viele Farn- und Blütenpflanzen haben hier ein Rückzugsgebiet gefunden, darunter der fleischfressende Sonnentau, auch das Auerhuhn fühlt sich in diesem Gebiet wieder heimisch. Nach zweimaligem Überqueren des Bachs erreicht der Mittelweg die Hochmoore rund um den **Großen Hohlohsee** 02.

Vom Hohlohsee folgt der Mittelweg weiter dem Bohlenweg, der wenig später wieder in einen Waldweg über-

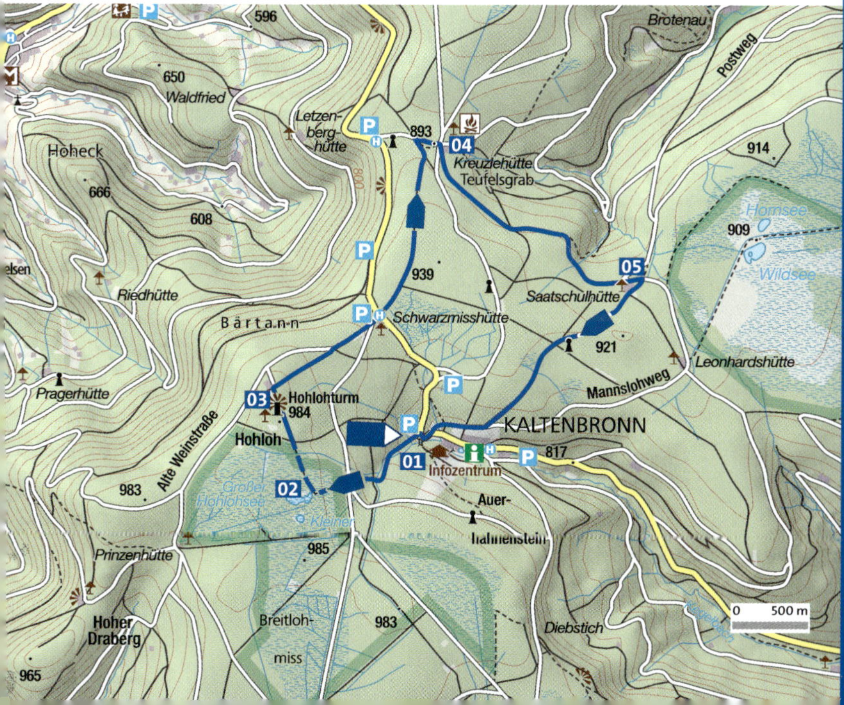

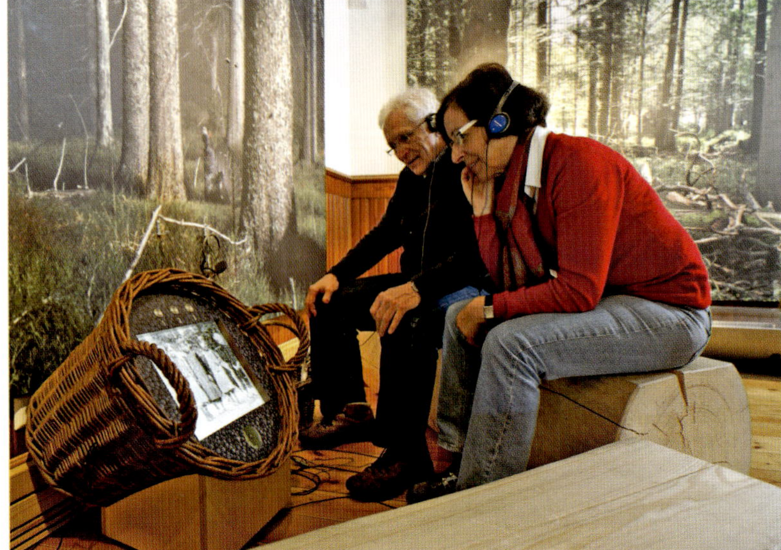

Infozentrum Kaltenbronn.

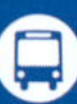
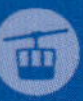

geht und dann den 1887 errichteten **Hohlohturm** 03 erreicht. Der erste hölzerne Aussichtsturm an dieser Stelle wurde bereits 1856 errichtet, 1887 folgte der 20 m hohe Steinturm, der 1968 auf 28,6 m aufgestockt wurde, da ihn die Wipfel der Bäume überwuchsen. Dieses Problem haben die Orkane Wiebke und Lothar gelöst und weite Flächen auf der Murgtalseite des Steilhangs rasiert. Auch der Westweg und der Europäische Fernwanderweg 1 führen zum Hohlohturm. Vom Hohlohturm senkt sich der ebenfalls mit dem Zeichen „rote Raute" markierte Westweg ostwärts zum Parkplatz Schwarzmiss, quert an der Übersichtstafel Mountainbike-Arena Murg-Enztal die Passstraße und führt im Wald geradeaus zur Wegespinne an der **Kreuzlehütte** 04.

Dort zweigt die „gelbe Raute" rechts Richtung Wildseemoor ab und trifft an der **Verzweigung Saatschulhütte** 05 am Rand des Wildseemoors wieder auf die rote Raute des Mittelwegs. Sie führt rechts zur Helenahütte und zurück zum Ausgangspunkt im **Wintersportzentrum Kaltenbronn** 01.

Moore und Torfmoose

Moore sind Feuchtgebiete, in denen der hohe Wasserüberschuss das massenhafte Wachstum Wasser speichernder Moose fördert; die abgestorbenen Reste dieser „Torfmoose" werden nicht von Mikroben abgebaut und zersetzt, sondern sie vertorfen. Unterschieden wird zwischen Nieder- und Hochmooren. Die nährstoffreichen Niedermoore werden durch Grund- und Oberflächenwasser gespeist, die Hochmoore ausschließlich über das nahezu nährstofffreie Regenwasser. Benannt sind Hochmoore nach der Hochwölbung im Zentrum. Wo die Feuchtigkeit am größten ist, wachsen die Torfmoose am raschesten, die Torfmoosdecke erhebt sich uhrglasförmig über die Randbereiche. Die Torfmoose, die auf den versauerten Böden gedeihen, können Wasser in einer Menge, die etwa dem 20-fachen ihres Gewichts entspricht, wie ein Schwamm aufsaugen und bilden zusammenhängende, geschlossene Polster. Da die Torfmoose ihre Nährstoffe von oben aus dem Regenwasser erhalten, benötigen sie keine Wurzeln zur Nahrungsaufnahme.

SCHWARZMISS – HOHLOH – TOTER MANN

Auf der Weinstraße zwischen Murg und Enz

 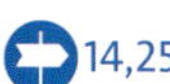 14,25 km 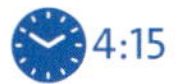 4:15 h 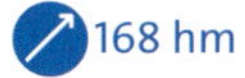 168 hm 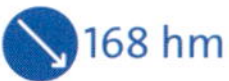 168 hm  886

START | Schwarzmiss (933 m), Parkplatz an der Passstraße von Gernsbach-Hilpertsau nach Bad Wildbad-Sporllenhaus.
[GPS: UTM Zone 32 x: 458.070 m y: 5.395.080 m]
CHARAKTER | Überwiegend bequemer Forstweg.

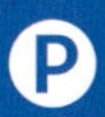

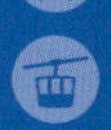
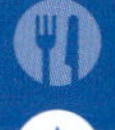

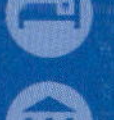

Die Alte Weinstraße ist seit dem Mittelalter der Nordschwarzwald-Höhenweg. Der im 12. Jahrhundert erstmals erwähnte Weg hat noch denselben autofreien Verlauf wie damals, als ihn das Reichenbacher Schenkungsbuch als „via communis quae ducit per silvam" bezeichnete: Gemeinschaftsstraße, die durch den Wald führt. Die heutige „Gemeinschaft" auf der Alten Weinstraße besteht darin, dass den Waldkamm zwischen den Tälern von Murg und Großer Enz der Radweg ebenso nutzt wie der Fernwanderweg „Mittelweg" des Schwarzwaldvereins.

▶ Die **Schwarzmiss** 01 ist die Passhöhe zwischen Gernsbach im Murg- und

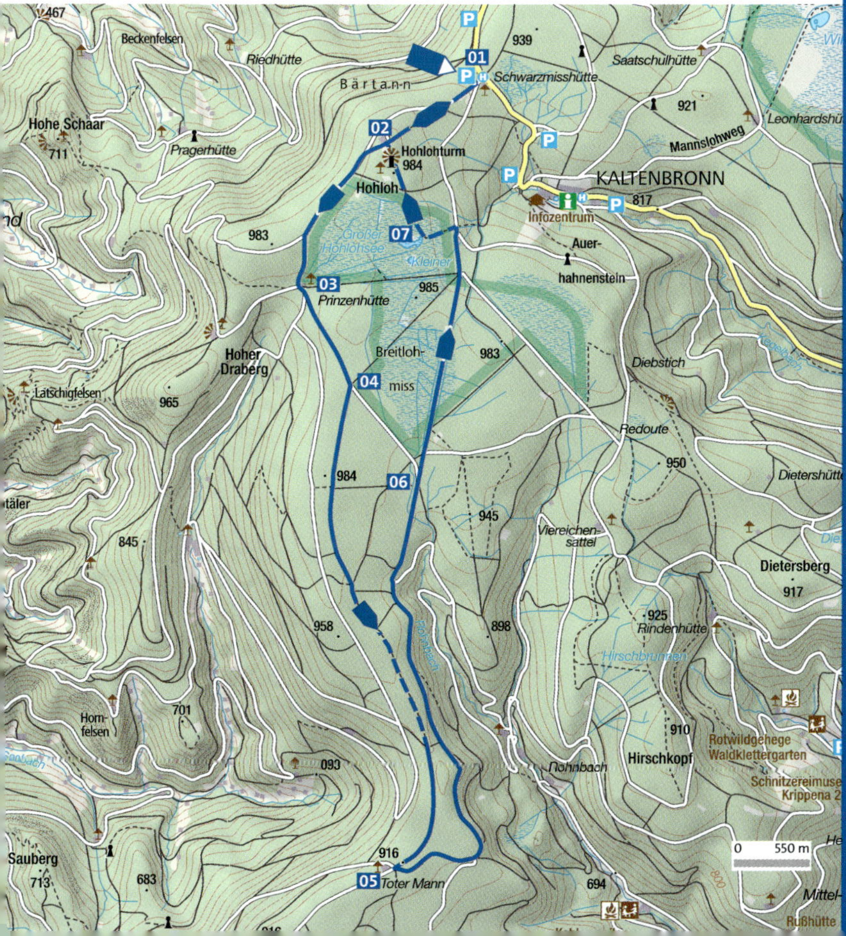

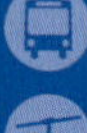
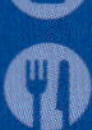

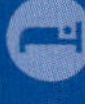
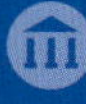

Fichte: häufigster Baum im Nordschwarzwald

Die Fichte ist der in Nord- und Mitteleuropa am häufigsten anzutreffende Waldbaum. Von einer Tanne unterscheidet sie sich durch ihre vierkantigen, spitzen, steifen Nadeln und ihren von den Zweigen herabhängenden (nicht aufrecht stehenden) Zapfen. Ihre natürliche Heimat sind die Alpen und die höheren Lagen der Mittelgebirge, wo sie allein oder mit der Lärche die Waldgrenze bildet. Von Sturm, Schnee und Eis gezeichnete Wetterfichten wachsen einzelstehend noch bis in eine Höhe von 2000 Metern. Wegen ihrer vielseitigen Verwendungsmöglichkeiten, ihrer Widerstandsfähigkeit und der großen Holzerträge, die sie liefert, wird sie auch standortfremd angebaut. Als wichtiger Wirtschaftsbaum nimmt sie mehr als 40 % der Waldfläche in Deutschland ein.

Bad Wildbad im Enztal. Die Parkplätze sind ganzjährig Ausgangspunkt für Erholungssuchende, Wanderer, Sommer- und Wintersportler. Benannt ist der Pass nach dem östlich benachbarten Hochmoor Schwarzmiss, in dem Quellbäche des zur Enz entwässernden Kegelbachs entspringen. Von den Parkplätzen geht es bergan zum nahen **Hohlohturm** 02 auf dem Hohloh, dem nördlichsten Schwarzwaldberg mit Alpenblick bei Inversionslage. Die flache Hohloh-Buntsandsteinkuppe bildet die höchste Erhebung der Stadt Gernsbach. Der Aussichtsturm bietet eines der umfassendsten Panoramen im Nordschwarzwald. Der Blick reicht von den Vogesen im Südwesten über den Pfälzerwald im Nordwesten, den Odenwald im Norden bis hin zu den Juraklippen der Schwäbischen Alb. Bei sehr guter Sicht sind auch der Feldberg und einige Gipfel der Schweizer Alpen am südlichen Horizont zu erkennen.

Vom Hohloh senkt sich der mit der roten Raute markierte Mittelweg zur Alten Weinstraße und folgt ihr südwärts im Wald. An der **Prinzenhütte** 03 verabschiedet sich der ebenfalls mit der roten Raute markierte Fernwanderweg Westweg westwärts ins Murgtal, während der Mittelweg südsüdostwärts zum **Breitlohmiss** 04 abfällt und vor diesem Moor nach Süden abwinkelt. Geruhsam zieht der Mittelweg nun durch die Wälder, überquert eine flache Kuppe und senkt sich dann zur Schutzhütte am **Hügel Toter Mann** 05. Wer nicht denselben Weg zurückwandern will, kann hier den Schildern des Schwarzwaldhöhenradwegs folgen. Er führt kurz ostwärts hinab und hält denn über dem Schlussbereich des Rohnbachtals nordwärts Richtung Hohloh auf einem breiten Forstweg. Sobald sich der Radweg eher links wendet und geradeaus der **Torfweg** 06 abzweigt, wandern wir auf dem Torfweg geradeaus in das Moor-Naturschutzgebiet hinein. In einer immer faszinierenderen Naturszenerie geht es zum **Hohlohsee** 07, an dem ein Bohlenweg vorbeiführt.

Vom Hohlohsee führt der Mittelweg zurück zum **Hohlohturm** 02, wo man noch einmal den Blick in alle Himmelsrichtungen schweifen lassen kann, dann beginnt der Abstieg zum nahen Ausgangspunkt am **Schwarzmisspass** 01.

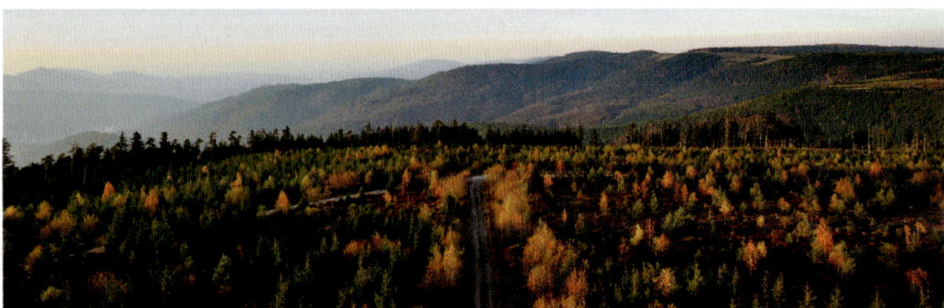

Eine herrliche Aussicht bietet sich vom Hohlohturm.

ENZKLÖSTERLE – KALTENBRONN – HOHLOH

Auf die Höhen über dem Tal der jungen Enz

  17,75 km  4:45 h  536 hm 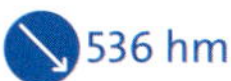 536 hm  886

START | Bushaltestelle Enzklösterle Adventure Golfpark (586 m) an der Freudenstädter Straße in Enzklösterle an der Abzweigung der Friedenstraße. Parkplätze befinden sich an der Friedenstraße und ihrer Verlängerung, der Gernsbacher Steige.
[GPS: UTM Zone 32 x: 461.330 m y: 5.390.770 m]
CHARAKTER | Neben bequemen Forstwegen auch Bohlenwege und Pfadpassagen, die festes Schuhwerk erforderlich machen.

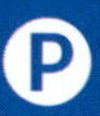

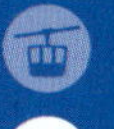

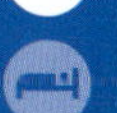
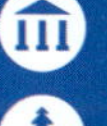

Schwarzwald-Bäderstraße

Die Schwarzwald-Bäderstraße verbindet als 270 km langer Wellness-Rundkurs die Nordschwarzwald-Heilbäder zwischen Pforzheim, Baden-Baden und Bad Rippoldsau-Schapbach. In den tief eingeschnittenen Tälern treten seit Jahrhunderten als heilkräftig bekannte Mineral- und Thermalquellen zu Tage: Bad Liebenzell und Bad Teinach im Nagoldtal, Bad Wildbad im Enztal, Bad Rotenfels bei Gaggenau im Murgtal, Bad Herrenalb und Waldbronn im Albtal, Bad Rippoldsau im oberen Wolftal und Baden-Baden an der Oos. Hinzu kommen Kurorte wie Neubulach mit Heilstollenkurbetrieb im alten Silberbergwerk und der Luftkurort Enzklösterle am Enzursprung.

Vom Luftkurort Enzklösterle am Enzursprung geht es hinauf in die wunderbare Hochmoorwelt auf dem Kaltenbronn und auf die Hohloh-Kuppe, deren Aussichtsturm eines der umfassendsten Nordschwarzwald-Panoramen bietet.

▶ **Enzklösterle** 01 ist Luftkurort und Wintersportzentrum am Enzursprung und an der Schwarzwald-Bäderstraße, hervorgegangen aus einem 1145 gegründeten „Klösterle" der Zisterzienser. Der Adventure Golfpark im Kernort ist eine über 3.000 m² große Minigolfanlage. Ebenfalls im Kernort befindet sich das Schnitzereimuseum Krippena 2000 mit einer Holz- und Krippenfigurenausstellung. Von der Bushaltestelle an der Freudenstädter Straße geht es auf der Friedenstraße ortseinwärts, ausgeschildert Richtung „Kurpark, Kurhaus, Tourismus-Info". Am Ende der Friedenstraße wechselt die Wandermarkierung blaue Raute geradeaus auf die Gernsbacher Steige Richtung Rindenhütte/Kaltenbronn. Der Weg steigt steil an, links unten im Tal befinden sich der Hochseilgarten und der Skihang, der Wanderweg taucht in den Waldhang, in dem die **Rindenhütte** 02 zum Verschnaufen einlädt.

Von der Schutzhütte folgt die blaue Raute dem teppichweichen Hirschtalweg an alten Grenzsteinen vorbei aufwärts, an der Verzweigung **Gernsbacher Steige** 03 geradeaus zum **Diebstich** 04 und hier auf einem fahrradfähigen Forstweg zum **Hühnerwässerle** 05, wo man auf dem fahrradfähigen Forstweg links zum Hohloh abkürzen kann, während die blaue Raute geradeaus zum **Wintersportzentrum Kaltenbronn** 06 weiterführt. Stellenweise bietet sich ein weites Panorama des Enztals und der Nordschwarzwaldberge. Auf dem Kaltenbronn kann man sich nach dem strammen Aufstieg im Gasthof stärken, wir verlassen die blaue Raute (die sich rechts nach Bad Wildbad wendet) und folgen der roten Raute des Fernwanderwegs Westweg links hinauf zum

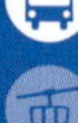

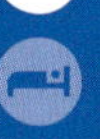

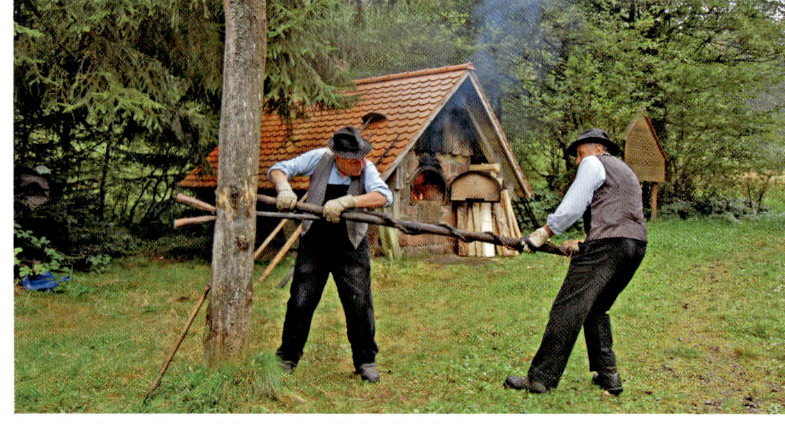

Das Wiedendrehen gehört zu den Flößertätigkeiten.

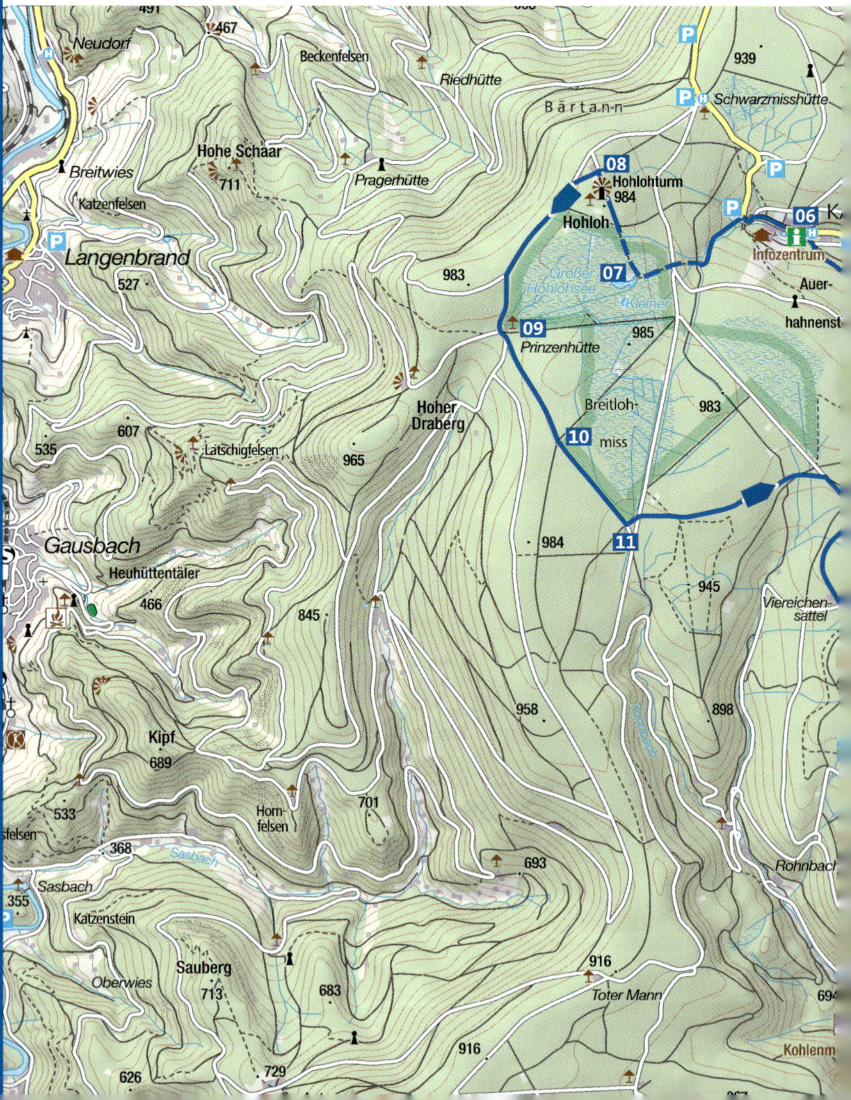

zauberhaften **Hohlohsee** 07, einem der Hochmoorseen auf dem Kaltenbronn.

Vom Moorsee führt die rote Westweg-Raute zum **Hohlohturm** 08, der eines der umfassendsten Panoramen im Nordschwarzwald bietet. Von der flachen Hohloh-Kuppe senkt sich der Westweg auf dem Höhenweg Alte Weinstraße zum Buchenloh am Rand der Hochmoor-Wildnis, gleich darauf lädt die **Prinzenhütte** 09 zur Rast ein. An der Prinzenhütte verabschiedet sich der Fernwanderweg Westweg westwärts ins Murgtal, während der ebenfalls mit der roten Raute markierte Fernwanderweg Mittelweg der Alten Weinstraße auf dem Höhenrücken südsüdostwärts zum **Breitlohmiss** 10 weiterfolgt. An dieser Stelle wechselt der Mittelweg auf einen Pfad, während wir dem fahrradfähigen Forstweg geradeaus abwärts folgen zur Wegespinne am **Torfweg** 11. Hier überqueren wir den Rohnbach und den Torfweg und folgen dem Forstweg ostwärts und am Ende rechts (gelbe Raute) zur **Viereichenhütte** 12. Von dieser Schutzhütte leitet die gelbe Raute im Wald weiter zum Viereichensattel und zur bekannten Verzweigung **Gernsbacher Steige** 03. Auf derselben Route wie beim Hinweg führt die blaue Raute zurück zum Ausgangspunkt im Luftkurort **Enzklösterle** 01.

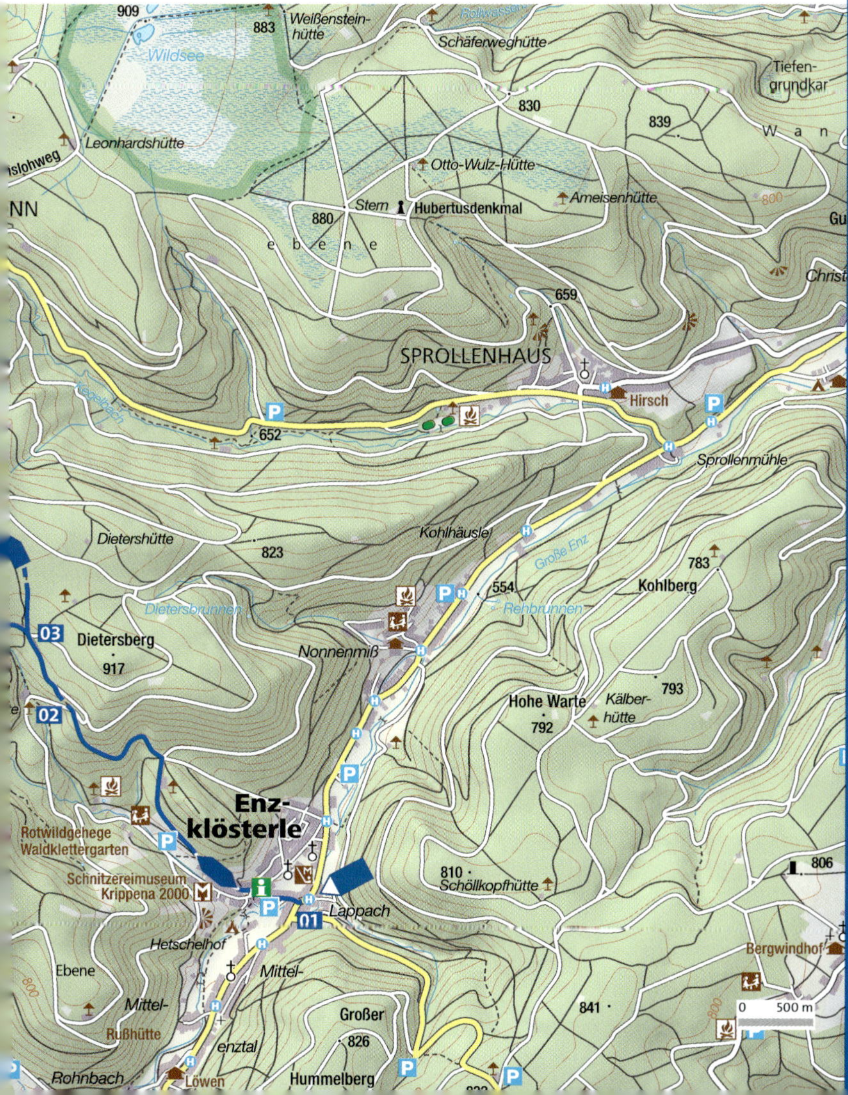

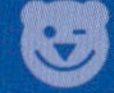
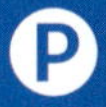

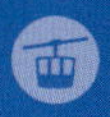

FORBACH – BADENER HÖHE – SAND

Westweg vom Murgtal auf den Nordschwarzwaldkamm

 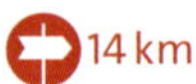 14 km 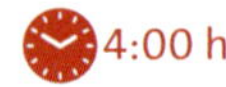 4:00 h 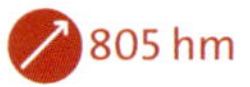 805 hm 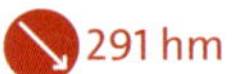 291 hm  886

START | Forbach-Gausbach (299 m), Bahnhof der Murgtalbahn an der Schifferstraße in Forbach; Anfahrt von der Bundesstraße 562 an der Murgbrücke.
[GPS: UTM Zone 32 x: 452.990 m y: 5.392.060 m]

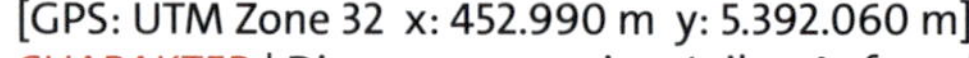

CHARAKTER | Die passagenweise steilen Auf- und Abstiege erfordern Kondition, die wurzelig-felsigen Pfade verlangen festes Schuhwerk.

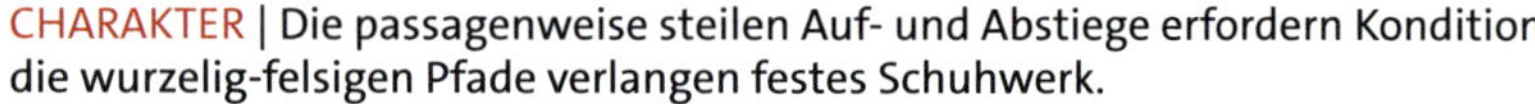

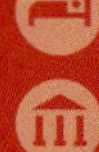

Von Forbach im Murgtal führt der Schwarzwald-Fernwanderweg Westweg zum größten See im Nordschwarzwald und zum Aussichtsturm auf der Badener Höhe. Nach dem Abstieg zur Sandkapelle an der Schwarzwaldhochstraße fährt der Bus zurück ins Murgtal.

Vom **Bahnhof Forbach** 01 der Murgtalbahn folgt die Westweg-Markierung rote Raute der Murg kurz aufwärts und überquert dann den Fluss auf der überdachten Holzbrücke. Durch den alten Ortskern geht es hinauf zum Waldrand, wo an der **Marienkapelle** 02 ein „Mittel-

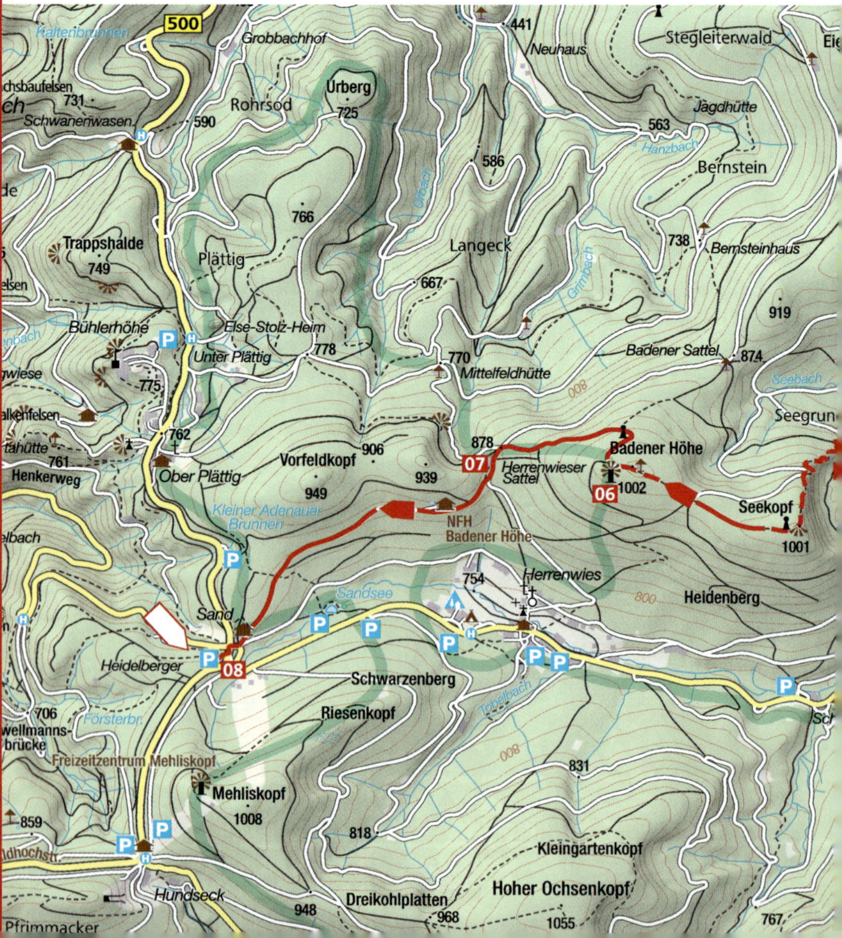

Badener Höhe

Die Badener Höhe zählt mit ihrem steinernen Aussichtsturm zu den markanten Erhebungen im Nordschwarzwald. Nordwärts dacht der bewaldete Bergstock ins Oostal ab, in seiner Ostflanke liegt der Herrenwieser See, See- und Schwarzenbach sind zum Schwarzenbachstausee aufgestaut, dem größten See im Nordschwarzwald. Der Gipfel trägt die Grenze zwischen der Kurstadt Baden-Baden und der Murgtalgemeinde Forbach; die Baden-Badener errichteten 1891 auf dem höchsten Punkt ihres Stadtgebiets den 30 m hohen Friedrichsturm. Der Weihnachtsorkan Lothar hat den Berggipfel weitflächig entwaldet, sodass es sich fast erübrigt, die Wendeltreppe des Aussichtsturms zu ersteigen.

punkt des Murgtals" ausgeschildert ist. Über den Wiesen des Frankenbachtals, eines alten Heuhüttentals, gewinnt der Westweg stetig an Höhe, ehe an der **Wegscheidhütte** 03 der Anstieg geschafft ist.

Vorbei am Johannisbrunnen leitet der Westweg nun hinab zum **Schwarzenbachstausee** 04, dem größten See im Nordschwarzwald; er speist das Pumpspeicherkraftwerk Forbach.

Der Westweg verlässt den Stausee an der Mündung des Seebachs und führt aufwärts neben dem rauschenden Seebach, der im **Herrenwieser See** 05 entspringt. Als einer der schönsten Karseen

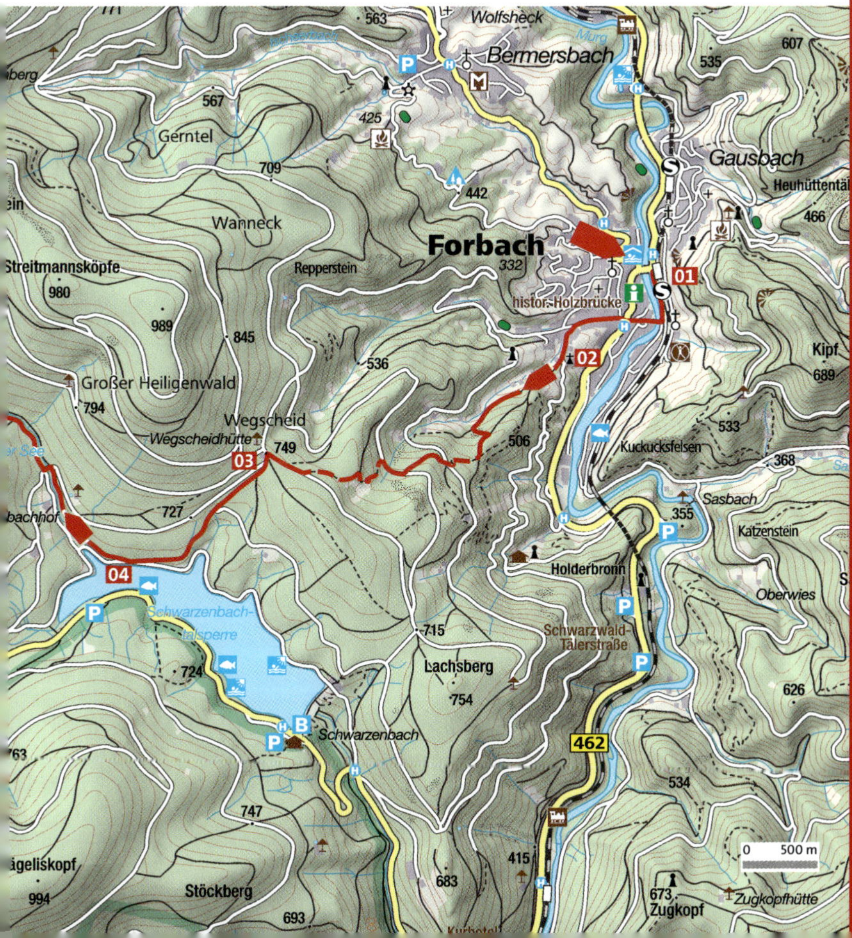

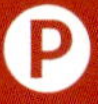

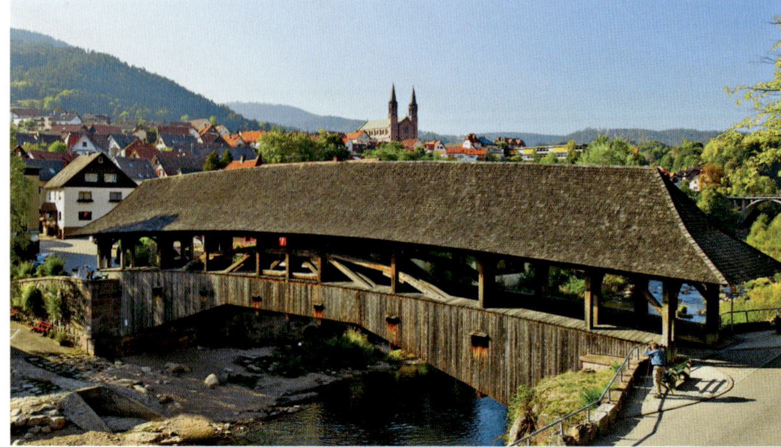

Holzbrücke in Forbach.

im Nordschwarzwald steht der Herrenwieser See als Naturdenkmal unter Schutz. Der bis zu 9,5 m tiefe See, auf dem im Mittsommer Seerosen ihre Blüten entfalten, liegt auf einer Höhe von 834 m und hat eine Fläche von 1,8 ha. Die Karwand, die ihn überragt, ist mit 170 m die höchste im Nordschwarzwald. An seinem Ostufer laden an der Abzweigung des Promenadenwegs Richtung Schwarzenbachtal eine Schutzhütte und Bänke zur Rast ein, während der Westweg auf einem steilen, felsigen Steig hinauf zum Zweiseenblick führt, einem Aussichtsfelsen mit Tiefblick auf den Herrenwieser See und den Schwarzenbachstausee. Der steile Steig endet oben am Bussemer-Stein, von dem der Westweg bequem zum Friedrichsturm, dem Aussichtsturm auf der **Badener Höhe 06**, weiterführt. Die Badener Höhe bildet mit 1002 m den höchsten Punkt des Stadtgebiets von Baden-Baden. Der 30 m hohe, im Jahr 1891 eröffnete Aussichtsturm bietet ein Panorama bis hin zu den Vogesen; benannt ist er nach Großherzog Friedrich I., der 1852–1907 das badische Land weise regierte.

Von der Badener Höhe führt der Westweg abwärts im Wald zum **Herrenwieser Sattel 07**, passiert wenig später das Naturfreundehaus Badener Höhe und erreicht schließlich die **Bushaltestelle Sand 08** bei der Sandkapelle an der Kreuzung der Schwarzwaldhochstraße mit der Straße von Bühl zur Schwarzenbach-Talsperre und ins Murgtal.

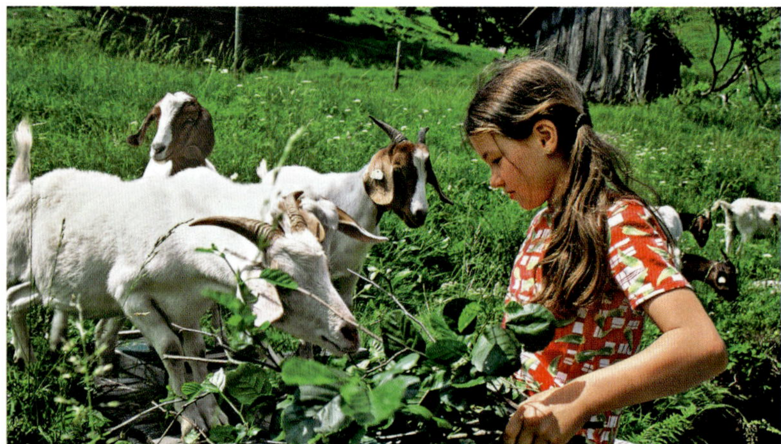

Auf dem Ziegenpfad.

FORBACH – RAUMÜNZACH – SCHÖNMÜNZACH

Wildeste Etappe der Murgleiter

 18,25 km  5:15 h 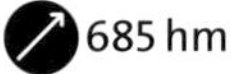 685 hm 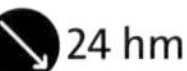 24 hm  886

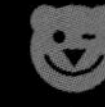
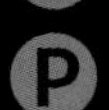
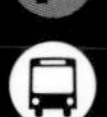
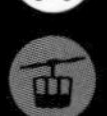
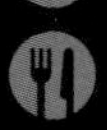
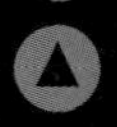
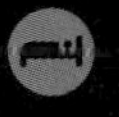
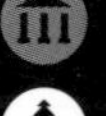

START | Forbach-Gausbach (300 m), Bahnhof der Murgtalbahn an der Schifferstraße in Forbach; Anfahrt von der Bundesstraße 562 an der Murgbrücke.
[GPS: UTM Zone 32 x: 452.990 m y: 5.392.060 m]
CHARAKTER | Die passagenweise steilen Auf- und Abstiege erfordern Kondition, die wurzelig-felsigen Pfade verlangen festes Schuhwerk.

Forbachs Kolonien im Wald

Für das ganze Tal der Raumünzach sind Waldnutzungen durch Harzer, Köhler, Pottaschebrenner und Hirten schon seit dem 16. Jahrhundert nachgewiesen. Die eigentliche Entstehung der Waldkolonien datiert ins 18. Jahrhundert. 1758 wurde als dritte Kolonie nach Herrenwies und Hundsbach Erbersbronn gegründet. Berichte von dieser frühen Ansiedlung erzählen von weit verstreuten Wohnungen an den Hängen und Bergen des Tals und von der großen Mühsal, mit der die Bewohner ihren Lebensunterhalt zu bestreiten hatten. Auch von einer ehemaligen Zollstelle für Waren, die aus der Ortenau und dem Straßburger Raum kamen, wird berichtet. Die verstreute Siedlungsstruktur lässt sich auch heute noch bei einem Blick auf die Landkarte erkennen. 1930 wurden die „abgesonderten Gemarkungen" Herrenwies, Hundsbach und Erbersbronn der Gemeinde Forbach zugeschlagen. Der Koloniestatus endete offiziell erst 1975.

Von Forbach im Murgtal führt der Murgleiter-Fernwanderweg hinauf zum Schwarzenbachstausee und über dem wildesten Abschnitt des Murgtals nach Schönmünzach, von wo die Murgtalbahn zum Ausgangspunkt zurückfährt.

▶ Vom **Bahnhof Forbach** **01** der Murgtalbahn geht es längs der Murg kurz aufwärts und auf der überdachten Holzbrücke über den Fluss. Die stilisierte M-Markierung der Murgleiter führt durch den alten Ortskern hinauf zum Waldrand, wo an der **Marienkapelle** **02** ein „Mittelpunkt des Murgtals" ausgeschildert ist. Über den Wiesen des Frankenbachtals, eines alten Heuhüttentals, erreicht der Westweg stetig an Höhe, bis sich die Murgleiter im **Haulerloch** **03** links wendet zum **Wasserschloss** **04**, hinter dem erneut ein kräftiger Zwischenanstieg wartet mit Ausblicken auf die „beeindruckenden" Rohre des Pumpspeicherkraftwerks mitten im Wald (Informationstafel). An der Mündung des Fürfelbachs erreicht die Murgleiter den **Schwarzenbachstausee** **05**, den größten See im Nordschwarzwald; er speist das Pumpspeicherkraftwerk Forbach. Nach einer kurzen Wegstrecke entlang des Sees führt die Murgleiter hinab zum **Grundablass** **06** am Fuß der 65 m hohen Staumauer und folgt dem Schwarzenbach talwärts. Kurz nach Passieren der Bushaltestelle Obere Fahlbrücke an der Landstraße wechselt die Murgleiter rechts hinauf über einen Bergrücken ins Raumünzachtal und erreicht dieses in der Waldsiedlung **Erbersbronn** **07**. Erbersbronn hat etwa 50 Einwohner und ist Standort einer der beiden Forbacher Campingplätze; auch ein regionaler Qualitätsrindfleischerzeuger hat hier seinen Sitz und trägt mit der Rinderbe-

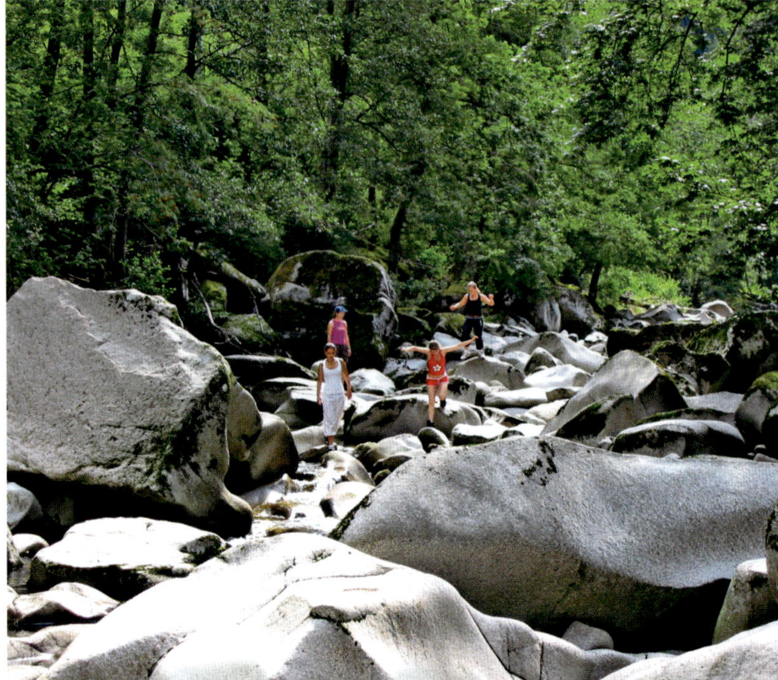

Murgtal bei Forbach.

weidung entscheidend zur Landschaftspflege im Bereich Erbersbronn bei.

Nach Überqueren der Raumünzach folgt die Murgleiter dem Tal oben im Hang Richtung Murg hinab, schwingt sich am **Kraftwerk Raumünzach 08** wieder in den bewaldeten Hang hinauf, während unten die Siedlung Raumünzach liegt. Die kleine Siedlung an der Mündung des gleichnamigen Bachs in die Murg ist dank des S-Bahnhaltepunkts ein rege frequentierter Ausgangspunkt für Wanderungen und Radtouren sowie bei niedrigem Wasserstand für „Flussbettwanderungen" im Felsenbett der Murg. Das ehemalige Schulgebäude beherbergt ein Pfadfinderzentrum. Vom Murg-Brückensteg bietet sich ein beeindruckender Blick auf die Felsformationen längs Raumünzach und Murg, in einem großen Steinbruch wird der Raumünzach-Granit abgebaut.

Die Murgleiter folgt nun lange Zeit dem Murgtal oben im Waldhang über der Murgtalstraße, an der **Verzweigung Kirschbaumwasen/Hornbach 09** geradeaus.

Im **School 10** ist der Endpunkt der Hangwanderung erreicht, und die Murgleiter führt hinab zum Bahnhof des Luft- und Kneippkurorts Schönmünzach **11**.

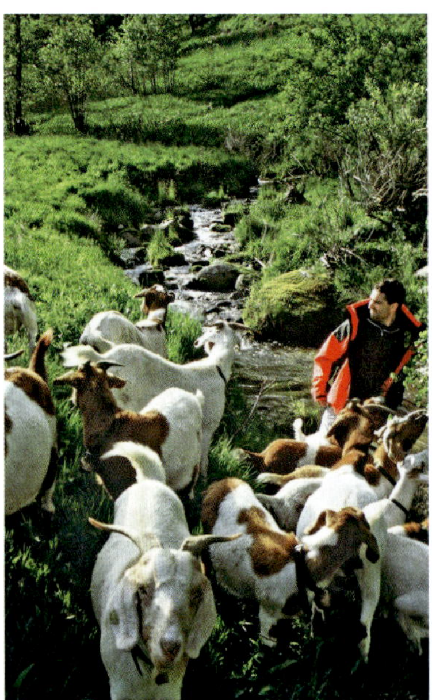

Forbach: Ziegenpfad.

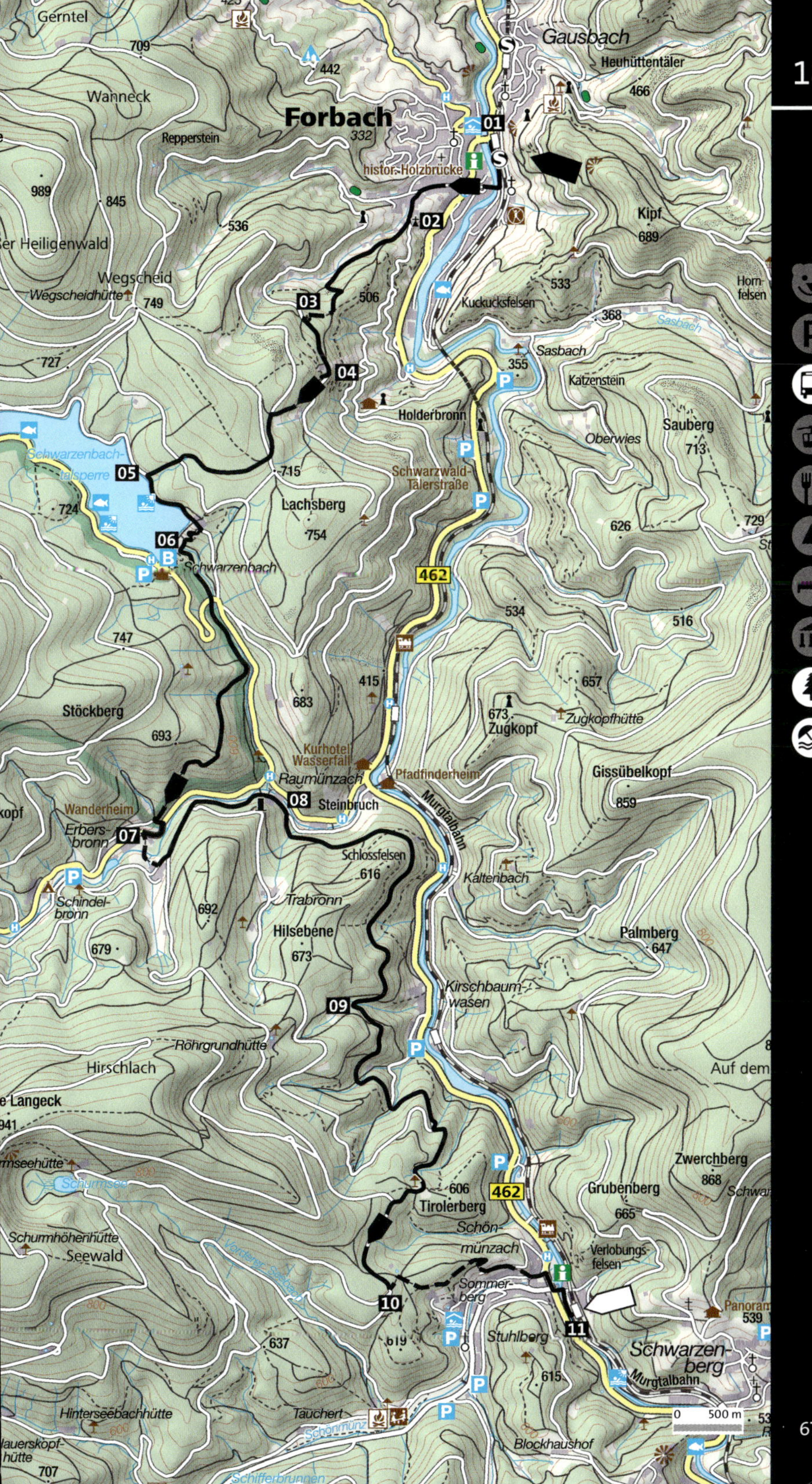

Gerntel
709
425
442
Wanneck
Forbach
332
Repperstein
Gausbach
Heuhüttentäler
466
01
histor. Holzbrücke
989
845
02
536
Kipf
689
Ber Heiligenwald
Wegscheid
Wegscheidhütte
749
03
506
533
Kuckucksfelsen
Horn-
felsen
368
Sasbach
Sasbach
355
727
04
Katzenstein
Holderbronn
Sauberg
713
Oberwies
Schwarzenbach-
talsperre
05
715
Schwarzwald-
Tälerstraße
724
Lachsberg
754
626
729
06
Schwarzenbach
462
747
534
516
415
657
683
673
Zugkopf
Zugkopfhütte
Stöckberg
693
Kurhotel
Wasserfall
Raumünzach
Pfadfinderheim
Gissübelkopf
859
Wanderheim
08
Steinbruch
Erbers-
bronn
07
Murgtalbahn
Schlossfelsen
616
Kaltenbach
Schindel-
bronn
692
Trabronn
Hilsebene
673
Palmberg
647
679
09
Kirschbaum-
wasen
Röhrgrundhütte
Hirschlach
Auf dem
Langeck
941
Schurmseehütte
Schurmsee
Zwerchberg
868
606
Tirolerberg
462
Grubenberg
665
Schön-
münzach
Schurmhöhenhütte
Seewald
Verlobungs-
felsen
Sommer-
berg
10
Panoram
539
11
637
619
Stuhlberg
Schwarzen-
berg
Murgtalbahn
615
Hinterseebachhütte
Tauchert
Schönmünz
0
500 m
Blockhaushof
Hauerskopf-
hütte
707
Hauerskopf
Schifferbrunnen

SAND – HORNISGRINDE – MUMMELSEE

Westweg über den höchsten Nordschwarzwald-Berg

 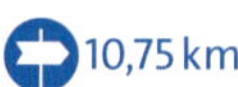 10,75 km 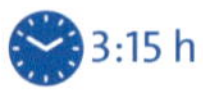 3:15 h 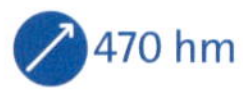 470 hm  254 hm  886

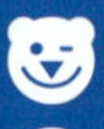

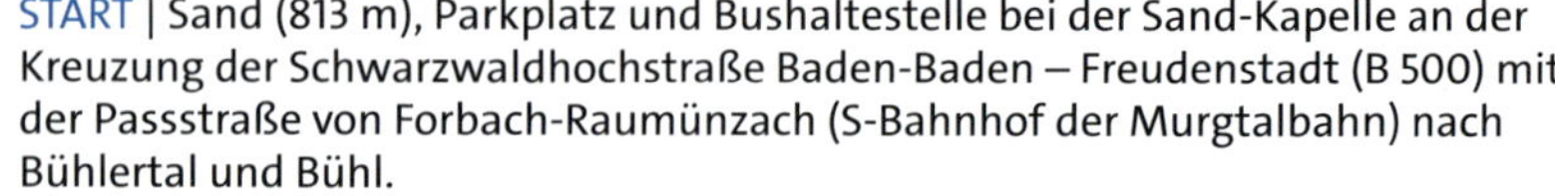

START | Sand (813 m), Parkplatz und Bushaltestelle bei der Sand-Kapelle an der Kreuzung der Schwarzwaldhochstraße Baden-Baden – Freudenstadt (B 500) mit der Passstraße von Forbach-Raumünzach (S-Bahnhof der Murgtalbahn) nach Bühlertal und Bühl.
[GPS: UTM Zone 32 x: 444.020 m y: 5.389.730 m]
CHARAKTER | Leichte Wald- und Panoramawanderung auf überwiegend bequemen Wegen.

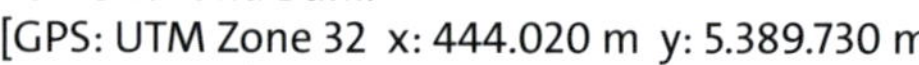

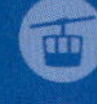

Hornisgrinde

Die Hornisgrinde ist der höchste Nordschwarzwaldberg mit weitem Ausblick über die Ortenau und das Rheintal hinweg zu den Vogesen sowie ostwärts über das Murgtal hinweg zur Schwäbischen Alb. Steil erhebt sich der stellenweise vermoorte, teilweise von artenreichen Bergwiesen, dann wieder von Wäldern bedeckte Gipfelrücken auf dem Grindenkamm zwischen Mummelsee, Biberkessel, Ochsenstall und Schwarzwaldhochstraße, weithin erkennbar am 206 m hohen, die Bergsilhouette prägenden Funkturm des Südwestrundfunks SWR. Die Bezeichnung „Grinde" weist darauf hin, dass das Gipfelplateau früher als Viehweide genutzt wurde und waldfrei ist, dementsprechend ausgezeichnet ist die Aussicht.

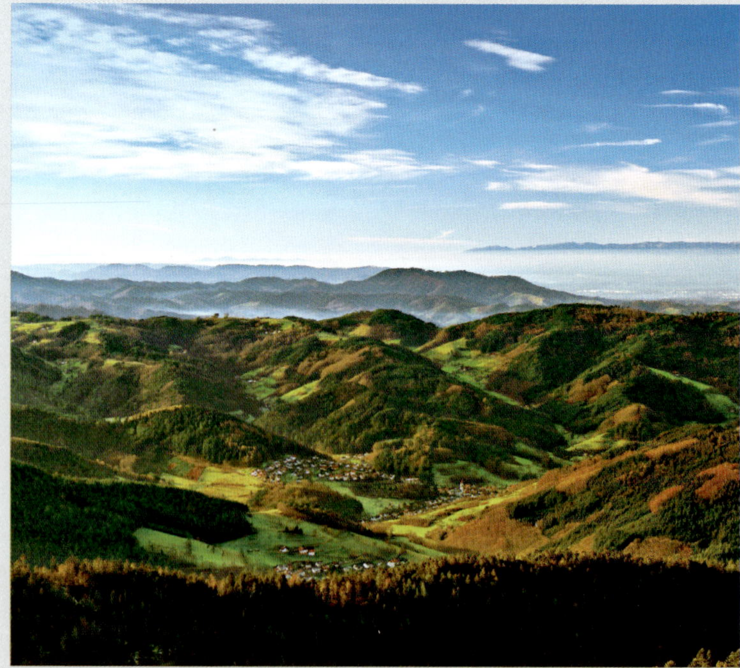

Hornisgrinde.

Der Fernwanderweg Westweg verbindet die Berge auf dem Grindenkamm des Nordschwarzwalds wie an einer Perlenkette: Jeder bietet ein herausragendes Panorama von den Vogesen bis zur Schwäbischen Alb, sogar bis zu den Alpen.

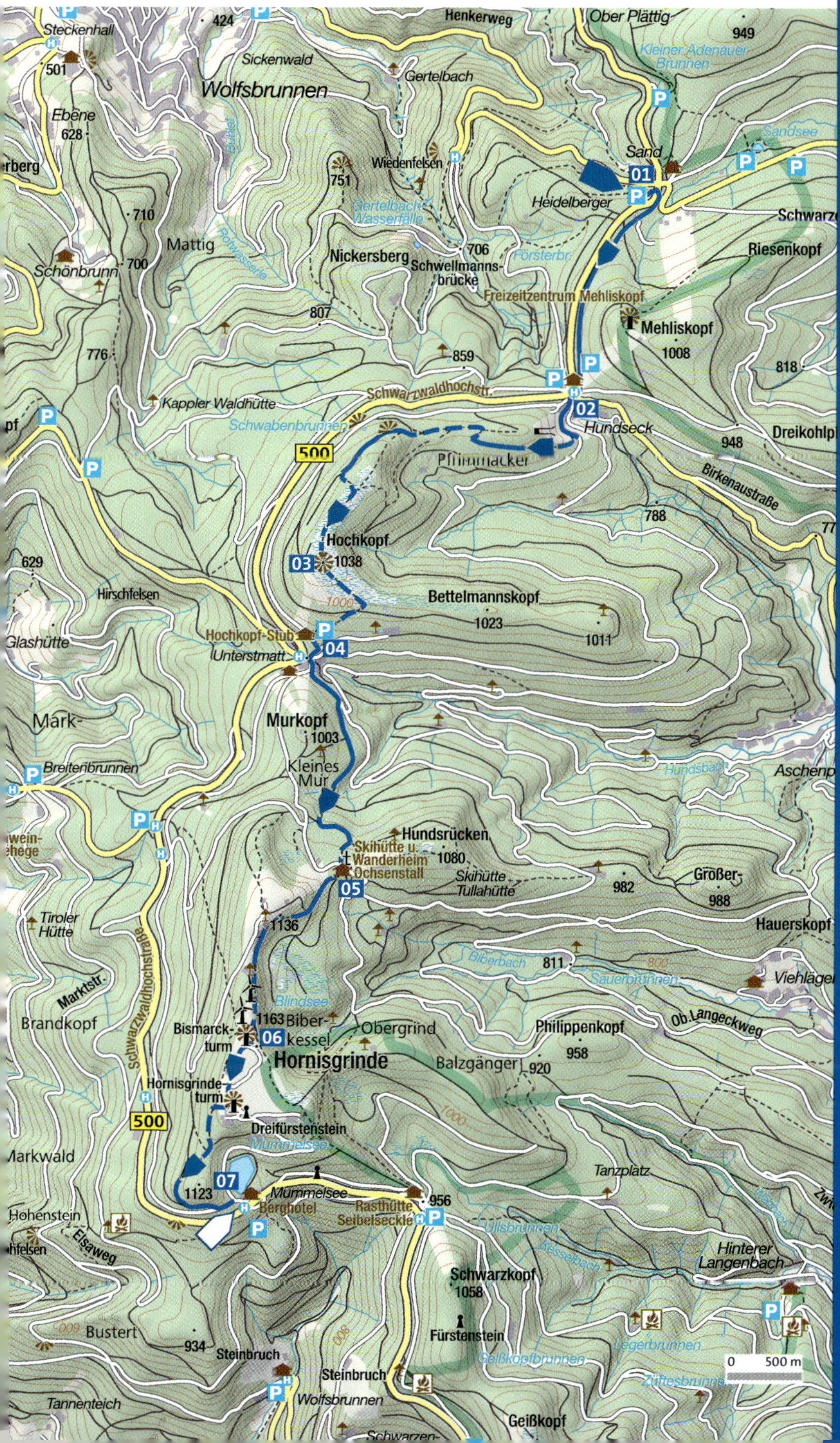

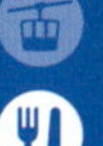

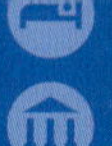

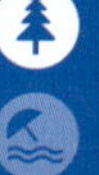

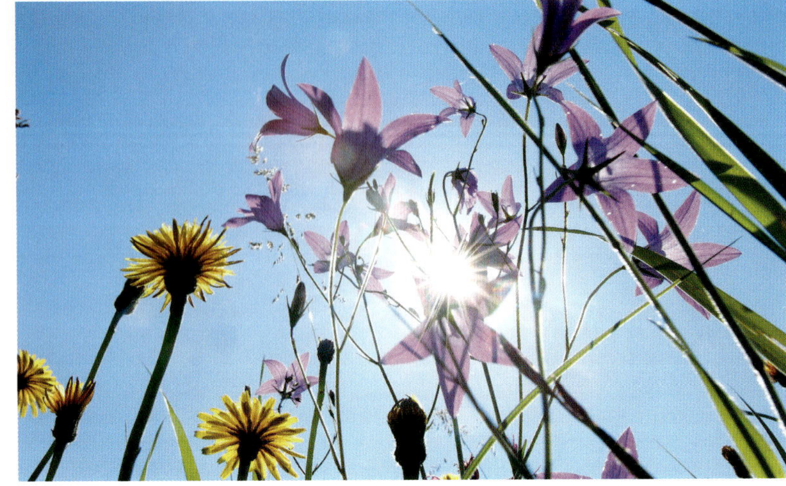

Blumenwiese an der Schwarzwaldhochstraße.

▶ Von der Ampelkreuzung zwischen der **Kapelle Sand** 01 und dem (ehemaligen) Kurhaus folgt der mit dem Zeichen rote Raute markierte Westweg der Schwarzwaldhochstraße im Hang des Mehliskopfs Richtung Freudenstadt. Es ist erstaunlich, dass ein „Premiumwanderweg" einer Bundesstraße folgt, anstatt zum Aussichtsturm auf dem Gipfel des Mehliskopfs zu führen. An der **Höhengaststätte Hundseck** 02 verlässt der Westweg die schöne Schwarzwaldhochstraße und führt an der Sprungschanze vorbei in das Schonwaldgebiet am Pfrimmackerkopf hinauf, wo er die aussichtsreiche Grindenregion erreicht. Die Bezeichnung „Grinde" weist darauf hin, dass das zum Teil vermoorte Gelände früher als Viehweide genutzt wurde und waldfrei ist: die teilweise vermoorten Grinden wurden früher als Viehweiden genutzt.

Auf dem **Hochkopf** 03 bietet sich ein Panorama der Nordschwarzwaldhöhen einschließlich der im Süden benachbarten Hornisgrinde, der höchsten Erhebung im Nordschwarzwald. Vom Hochkopf senkt sich der Westweg anfangs in Grindenvegetation, dann im Wald hinab zum **Skizirkus Unterstmatt** 04 an der Schwarzwaldhochstraße; in zwei Restaurants kann man hier einkehren. Überwiegend im Wald führt der Westweg nun wieder aufwärts im straßenabseitigen Hang des Muhrkopfs, passiert das von Bächen durchrieselte Quellgebiet des Hundsbachs und erreicht nach Durchqueren des Großen Holzes das autofreie Ski- und **Wanderheim Ochsenstall** 05, wo man sich erneut stärken kann, ehe der Schlussspurt auf die Hornisgrinde beginnt, die höchste Erhebung im nördlichen Schwarzwald.

Zunächst führt der Westweg an Anlagen der Windkraftindustrie vorbei, dann erreicht er am **Bismarckturm** 06 das noch naturbelassene Gipfelplateau. Damit jüngere Besucher nicht immer die Aufmerksamkeit auf die schöne Natur und die atemberaubende Aussicht richten müssen, wurden im weiteren Verlauf des Westwegs auf der Hornisgrinde eine pädagogisch wertvolle Kinderseilbahn und eine spaßige Schaukelanlage eingerichtet. An diesen Anlagen vorbei führt der Westweg südwärts in Richtung des Hornisgrindeturms, des zweiten Aussichtsturms auf der Hornisgrinde. Wer die 114 Stufen des Turms hinaufsteigt, sollte ein Fernglas dabei haben – es bietet sich eine gigantische Aussicht.

An der Verzweigung kurz vor dem Hornisgrindeturm winkelt der Westweg westwärts ab und schwenkt am Waldrand südwärts in die Wälder des Katzenkopfs ein. Während des Abstiegs kann man noch einmal dem Rauschen der Wälder lauschen, dann ist der **Mummelsee** 07 mit Berghotel und Bushaltestelle an der Schwarzwaldhochstraße erreicht.

BÜHLERTAL – WIEDENFELSEN – KOHLBERGWIESE

Gertelbach-Rundweg

 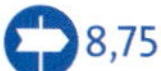 8,75 km  2:00 h 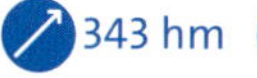 343 hm 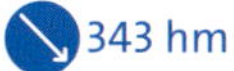 343 hm  886

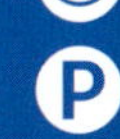
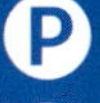

START | Gertelbach-Parkplatz (374 m) an der Gertelbachstraße am oberen Ortsrand des Luftkurorts Bühlertal.
[GPS: UTM Zone 32 x: 441.310 m y: 5.390.960 m]
CHARAKTER | Wasserfall-, Fels- und Aussichtswanderung auf Pfaden, Steigen und bequemen Wegen; festes Schuhwerk ist erforderlich.

Der Gertelbach-Rundweg leitet durch die faszinierende Wasserfall-, Schlucht- und Felslandschaft zwischen Bühlertal und Schwarzwaldhochstraße, beeindruckende Kaskaden wechseln mit imposanten Felsformationen, und immer wieder begeistern herrliche Ausblicke über Bühlertal und die Vorgebirgslandschaft bis weit ins Rheintal hinaus, für Speis und Trank sorgt die Ausflugsgaststätte Kohlbergwiese.

Vom **Gertelbach-Parkplatz** 01 führt die Markierung blaue Raute aufwärts im Wiedenbachtal und zweigt bald rechts in die **Gertelbachschlucht** 02 ab. Hier schlängelt sich der Pfad über Stege und Stufen, teils links, teils rechts des Gertelbachs. Vorbei am Rossgumpen, einer ehemaligen Pferdetränke, geht es hinauf zum Dreimärkerstein an den Gemarkungsgrenzen von Bühlertal (BHTL), Bühl (BHL) und Altschweier (ALW) und

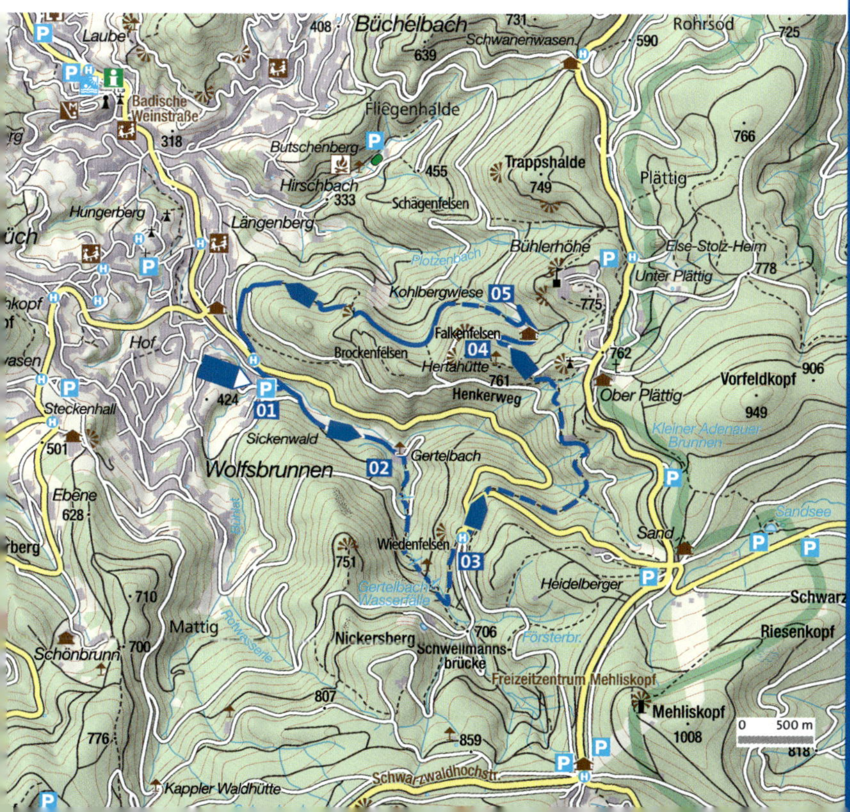

Gertelbachschlucht

Der Gertelbach hat zwischen der Schwellmannsbrücke und der Mündung in den Wiedenbach eine imposante Wasserfallschlucht geschaffen. Auf einer Länge von 1000 m überwindet er im Granit des Grundgebirges einen Höhenunterschied von über 200 m und bildet bis zu sieben Meter hohe Wasserfälle. Beiderseits der nur 5 bis 20 m breiten Schlucht ragen Granitwände auf, von denen durch Erosion zum Teil meterhohe Felsstücke herausgewittert und in die Schlucht gestürzt sind. Über dieses Geröll sucht sich der Gertelbach seinen Weg. Der markanteste anstehende Felsen ist der 10 m hohe Emilienfelsen; er weist die für den rötlich-grauen Bühlertalgranit typische Klüftung auf.

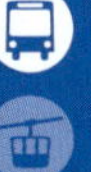

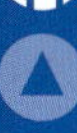

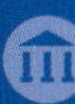

zur Gertelbachhütte, an der sich ein schöner Ausblick in den oberen Teil der Schlucht bietet. An der Hütte beginnt der schönste Teil der Klamm, Wasser stürzt über bemooste Granitblöcke, ab und zu lädt eine Sitzbank zum Verweilen ein. Oben an der Verzweigung Obere Gertelbachfälle geht es links weiter zum **Felsmassiv Wiedenfelsen** 03 mit Blick über Bühlertal und die Schwarzwald-Vorberge auf das Rheintal und bei klarem Wetter bis zu den Vogesen.

Vom Wiedenfelsen folgt der nun mit der gelben Raute markierte Gertelbach-Rundweg dem Paradiesweg hinauf und am Dresel-Felsen vorbei zur **Verzweigung Unter der Hertahütte** 04. Hier lohnt bei klarer Sicht der nur wenige Minuten dauernde Abstecher zum ausgeschilderten Rastpavillon Hertahütte im Falkenfelsen-Massiv. Das Granitmassiv entragt 80 m dem Steilhang, 1932 wurde es erstmals erklettert; der geländergesicherte Aussichtspunkt erhebt sich 45 m senkrecht aus dem Wald und bietet ein Panorama des Wiedenbachtals mit seinen Felsen und Schluchten sowie des von der Bühlot durchflossenen Luftkurorts Bühlertal und seiner Weinberge. An klaren Tagen schweift der Blick über die Rheinebene hinweg bis zu den Vogesen.

Der Gertelbach-Rundweg führt an der Verzweigung geradeaus zum nahen **Waldgasthaus Kohlbergwiese** 05 in idyllischer Alleinlage zwischen Bühlerhöhe und Falkenfelsen. Am Gasthaus beginnt der Abstieg, der Gertelbach-Rundweg bietet noch viele herrlicher Ausblicke, dann ist der **Gertelbach-Parkplatz** 01 wieder erreicht.

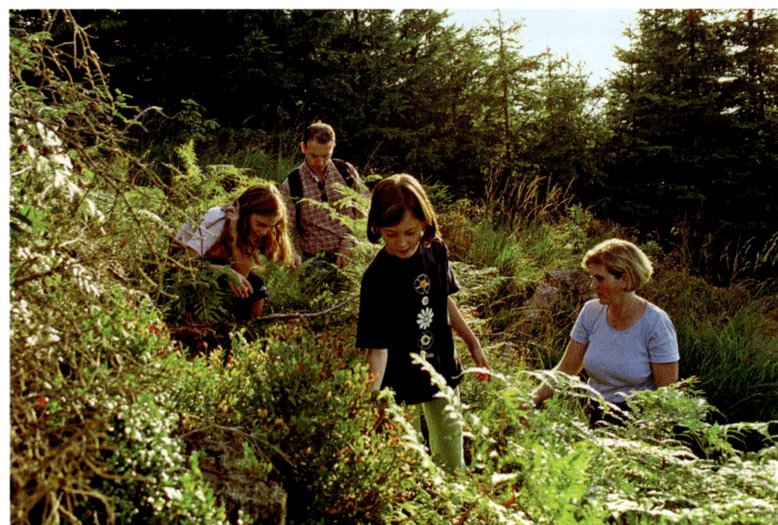

Familienwandern im Bühlertal.

BÜHLERTAL – ENGELSFELSEN

Auf dem Engelssteig durch die Weinberge

 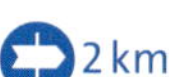 2 km  0:45 h 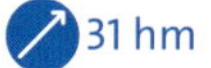 31 hm  31 hm  886

START | Bühlot-Bad (236 m), Parkplatz am gleichnamigen Freibad an der Hauptstraße in Bühlertal.
[GPS: UTM Zone 32 x: 440.040 m y: 5.393.010 m]
CHARAKTER | Festes Schuhwerk ist auf den Spuren der Winzer unbedingt erforderlich.

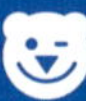
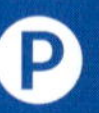

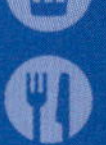
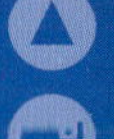
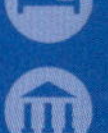

Rebenerziehung

Der Kammertbau ist die älteste Art der Rebenerziehung. Bis zum Aufkommen des Drahts wurden die Reben durch Holzgestänge „erzogen“, danach wurde der Kammertbau durch die heute übliche Drahtrahmenerziehung fast völlig verdrängt. Die Bezeichnung Kammert geht auf die Römer zurück, die diese Art der Erziehung hier heimisch machten. Die Wachsrichtung der Rebe wurde durch vier senkrecht angeordnete Pfähle mit aufgelegten Balken vorgegeben. Dieses kammerartige Gebilde, lateinisch „vinea camerata“ (Weinkammer), wurde namensgebend für den Kammertbau, der außer den eigentlichen „Kammern“ die unterschiedlichsten Formen der Erziehung umfasste – von der geschlossenen bis zur offenen Kammer, von der Einpfahlerziehung bis zur Pergola.

Der mit einem Engel markierte Engelssteig vom Lurtkurort Bühlertal auf den Engelsberg führt durch eine der steilsten Weinberglagen im Schwarzwald. Informationstafeln berichten vom mühevollen Steillagenweinbau, während der Blick bis zur Hornisgrinde und zu den Vogesen schweift. Im Vordergrund stehen die Themen Wein, Granit und Holz sowie Landschaftspflege und Naturschutz.

▶ Der Luftkurort Bühlertal liegt an den Gertelbach-Wasserfällen auf der Sonnenseite des Nordschwarzwalds inmitten von Weinbergen, Obstbaumwiesen und malerischen Felsszenerien. Der Name des 1301 erstmals erwähnten Orts bedeutet „Hügeltal“, ein Bühl ist ein Hügel, der steilste mit Reben bepflanzte Hügel ist der Engelsberg mit einer Neigung von bis zu 75°. Das **Bühlot-Bad** 01 ist ein beheiztes Familienbad mit sepa-

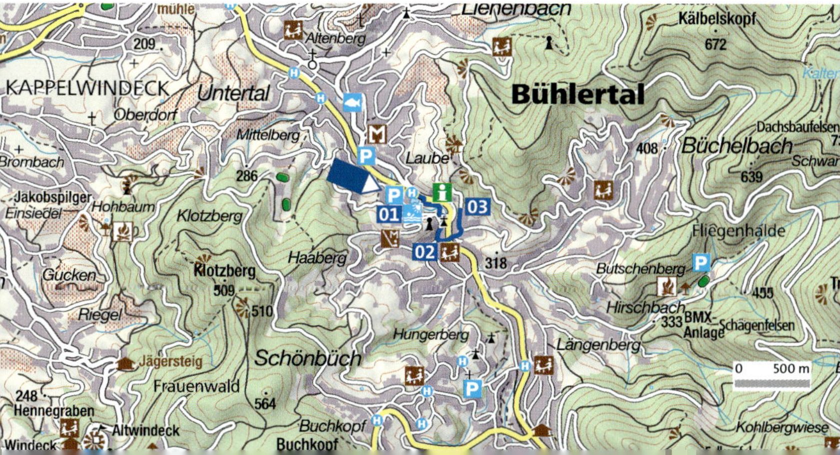

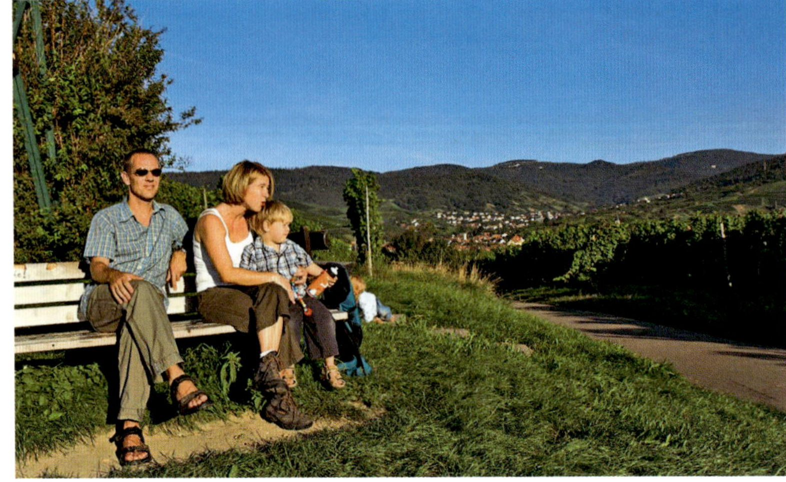
Rebenlandschaft im Bühlertal.

ratem Kinderplanschbereich, Tischtennis, Mutter-Kind-Bereich, Caféterrasse und Minigolfanlage zu Füßen des Engelsbergs. Vom Schwimmbad-Parkplatz an der Hauptstraße geht es kurz längs der Durchgangsstraße ostwärts und bei der Tourist-Information rechts ab. An der Tourist-Information beginnen die Informationstafeln des Engelssteigs, mit der Engel-Markierung geht es über die Bühlot und durch den Kurpark neben dem Fluss; die Bühlot, weiter unten Sandbach genannt, ist einer der Quellbäche der Acher.

Am **Bühlertal-Rathaus** 02 zweigt der Engelssteig links durch die Laubenstraße zurück zur Hauptstraße ab, folgt ihr kurz rechts, dann beginnt an der Verzweigung BT2 links auf der Grünwinkelstraße der steile Aufstieg in die Rebflur. Der Engelssteig ist zwar kurz, die Aussicht jedoch ist exzellent. Trockenmauern heißt eine der Lehrtafeln, Blick in vergangene Zeiten eine andere, die Wortfolge „Rebe lieche und Steckhuffe" wird ebenso erklärt wie die Einzelstockerziehung und eine Aussichtsplattform lädt zum Rasten und Schauen ein. Folgen Sie der Ausschilderung: Die Klettersteig-Variante darf nur von bergerfahrenen Wanderern in nüchternem Zustand begangen werden. Vom **Engelsberg** 03 geht es auf derselben Route wie beim Aufstieg zurück zum Ausgangspunkt am Bühlot-Bad in **Bühlertal** 01.

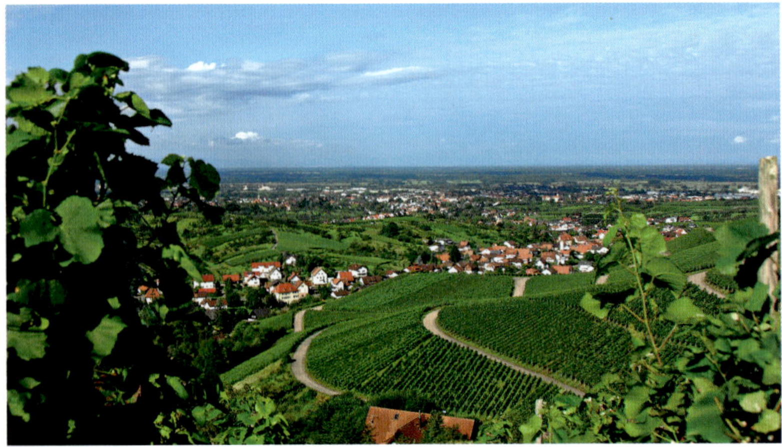
Schwarzwalddorf Bühlertal.

SAND – BADENER HÖHE – PLÄTTIG

Zum Brautstein-Panorama

  9,75 km  2:30 h 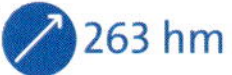 263 hm  263 hm  886

START | Sand (813 m), Parkplatz und Bushaltestelle an der Kreuzung der Schwarzwaldhochstraße Baden-Baden – Freudenstadt (B 500) mit der Passstraße von Forbach-Raumünzach (S-Bahnhof der Murgtalbahn) nach Bühlertal und Bühl.
[GPS: UTM Zone 32 x: 444.020 m y: 5.389.730 m]
CHARAKTER | Wald- und Panoramawanderung auf überwiegend bequemen Wegen; der Nordhangweg erfordert ein wenig Orientierungssinn.

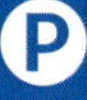

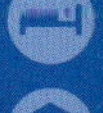

Der Aussichtsturm am Westweg auf der Badener Höhe bietet eine herrliche Rundschau, weniger bekannt ist der Brautstein, der eines der besten Nordschwarzwald-Panoramen überhaupt bietet.

▶ Von der Ampelkreuzung bei der **Kapelle Sand 01** führt der mit dem Zeichen rote Raute markierte Fernwanderweg Westweg am ehemaligen Kurhaus Sand vorbei zum Wald und folgt einem Forstweg Richtung „Badener Höhe". In kaum merklichem Anstieg geht es zum autofreien **Naturfreundehaus Badener Höhe 02**, wo der Blick über das Schwarzenbachtal hinweg zum Hohen Ochsenkopf im Nationalpark Schwarzwald sowie zum Mehliskopfturm und zu den Häusern von Herrenwies schweift.

Wenig später rückt vorübergehend der Aussichtsturm auf der Badener Höhe ins Blickfeld, dann erreicht der Westweg den **Herrenwieser Sattel 03**, wendet sich rechts, steigt ein wenig mehr an und erreicht den Aussichtsturm auf der **Badener Höhe 04**.

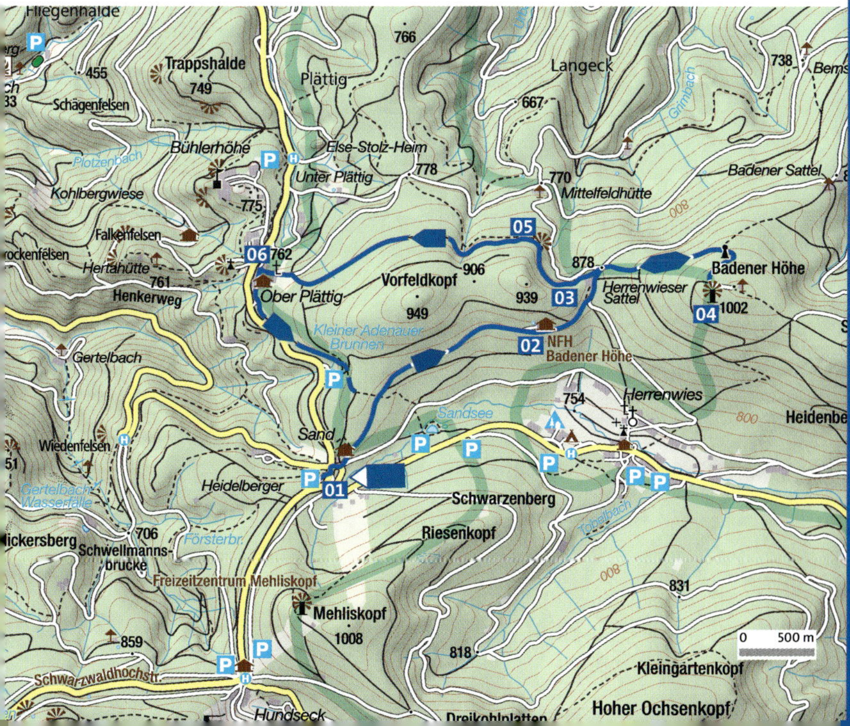

Badener Höhe mit Friedrichsturm

Die Badener Höhe zwischen Oos-, Murg- und Schwarzenbachtal zählt mit ihrem Aussichtsturm zu den markanten Erhebungen im Nordschwarzwald. Nach Norden zu dacht der dicht bewaldete Bergstock ins Oostal ab, in seiner Ostflanke glitzert der Herrenwieser See, unterhalb des Herrenwieser Sees ist durch Aufstauen von See- und Schwarzenbach die Schwarzenbachtalsperre entstanden, der größte See im Naturpark Schwarzwald Nord/Mitte. Über den Gipfel verläuft die Grenze zwischen der Kurstadt Baden-Baden und der Murgtalgemeinde Forbach, zugeordnet wird der Berg jedoch meist der Stadt im Oostal, da die Baden-Badener 1891 auf dem höchsten Punkt ihres Stadtgebiets den 30 m hohen Friedrichsturm eröffneten. Großherzog Friedrich I. war bei der feierlichen Eröffnung zugegen und genoss die Rundschau über den Schwarzwald und das Rheintal hinweg bis zu den Vogesen. Der Weihnachtsorkan Lothar fegte 1999 rund 0,5 Mio. Festmeter Holz hinweg, sodass es sich heute fast erübrigt, die Wendeltreppe des 2003 renovierten Aussichtsturms zu ersteigen. Auch in den Nordhängen hat Lothar Freiflächen mit imposanten Ausblicken auf die Baden-Badener Berge, die Felsen des Battert und die Bäderstadt im Oostal geschaffen. Neben dem Turm steht die Badener Hütte.

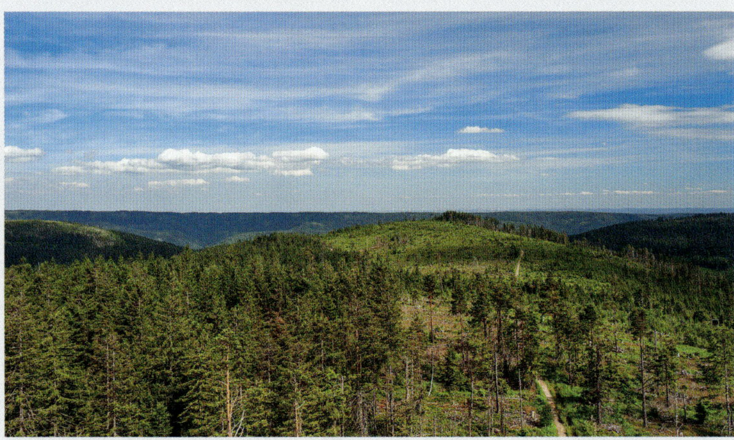

Wunderbare Aussicht vom Friedrichsturm.

Vom Aussichtsturm zurück zum **Herrenwieser Sattel** 03. Hier leitet die Markierung gelbe Raute im Wald weiter Richtung „Plättig“, bald auf einem schönen Hangpfad, der am **Brautstein** 05 eine überragende Aussicht auf Badener Höhe, Teufelsmühle, Bernstein, Mahlberg, die Baden-Badener Berge und die Vogesen bietet; eine Panoramasitzbank lädt zur Rast ein. Aussichtsreich führt die gelbe Raute weiter im Hang des Vorfeldkopfs und senkt sich dann hinab zum **Plättig** 06. Hier übernimmt wieder die blaue Raute die Routenführung. Sie wechselt auf einen Forstweg und führt oberhalb der Schwarzwaldhochstraße zurück zum Ausgangspunkt bei der **Kapelle Sand** 01.

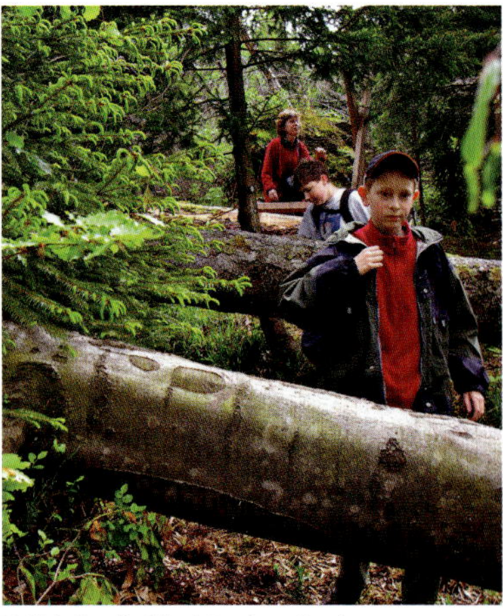

Wildnispfad bei Baden-Baden.

SAND – PLÄTTIG – WIEDENFELSEN

Wiedenfelsen-Rundweg

 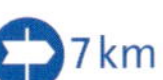 7 km 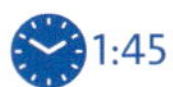 1:45 h 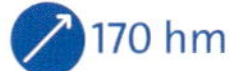 170 hm 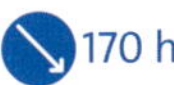 170 hm  886

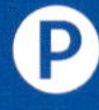

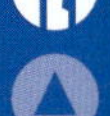
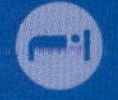
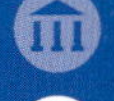

START | Sand (813 m), Parkplatz und Bushaltestelle bei der Sand-Kapelle an der Kreuzung der Schwarzwaldhochstraße Baden-Baden – Freudenstadt (B 500) mit der Passstraße von Forbach-Raumünzach (S-Bahnhof der Murgtalbahn) nach Bühlertal und Bühl.
[GPS: UTM Zone 32 x: 444.020 m y: 5.389.730 m]
CHARAKTER | Leichte Wald- und Panoramawanderung auf überwiegend bequemen Wegen.

Der Wiedenfelsen-Rundweg verbindet angenehme Waldwege mit Aussichtsfelsen, von denen der Blick bis zur den Vogesen schweift.

▶ **Sand** **01** ist eine zur Stadt Bühl gehörende Häusergruppe im Wald an der Schwarzwaldhochstraße, die hier von der Landstraße Bühl – Murgtal ge-

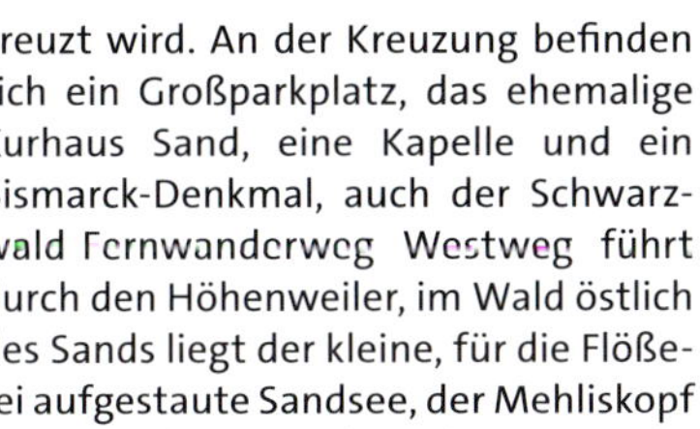

kreuzt wird. An der Kreuzung befinden sich ein Großparkplatz, das ehemalige Kurhaus Sand, eine Kapelle und ein Bismarck-Denkmal, auch der Schwarzwald Fernwanderweg Westweg führt durch den Höhenweiler, im Wald östlich des Sands liegt der kleine, für die Flößerei aufgestaute Sandsee, der Mehliskopf zählt zu den meistbesuchten Freizeit-

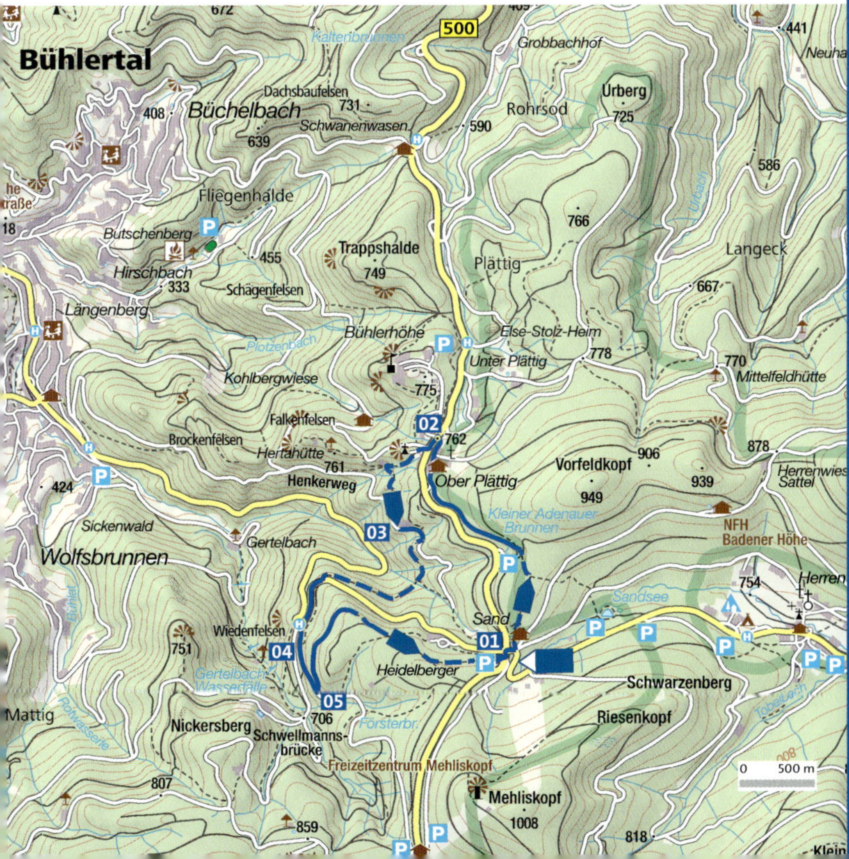

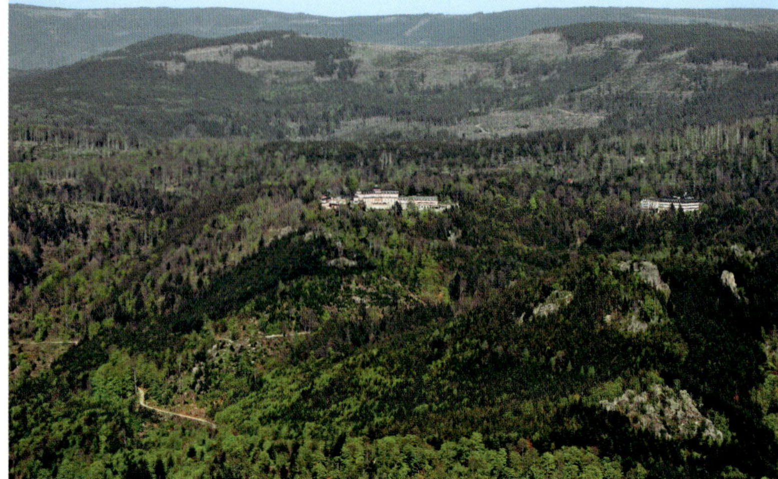

Bühlerhöhe.

bergen im Nordschwarzwald. Der Name Sand wird auf den Buntsandsteinboden zurückgeführt.

Von der Ampelkreuzung am Sand führt der mit dem Zeichen rote Raute markierte Westweg am ehemaligen Kurhaus Sand vorbei zum Wald und zweigt dort links ab Richtung „Plättig“, wobei nun die blaue Raute die Route weist. Der Weg führt durch den Wald oberhalb der Schwarzwaldhochstraße und quert die Bundesstraße am **Oberen Plättig-Bühlerhöhe** 02. Das komfortable Hotel war einst die Lieblingsresidenz von Bundeskanzler Konrad Adenauer, doch das Freizeitverhalten hat sich geändert, und wie beim Kurhaus Sand, in dem einst Kaiserin Sisi speiste, droht dem alten Gemäuer die Abrissbirne. Ein dauerhaftes Denkmal hat sich der erste Kanzler mit der Maria-Frieden-Kapelle gesetzt. Sie wurde 1959 auf Initiative Adenauers auf dem aussichtsreichen Marienfelsen errichtet; der Felsen gewährt Aussicht auf das Bühlertal und die Rheinebene.

Vom Parkplatz vor der Kapelle folgt die gelbe Raute kurz dem Kapellenweg und wechselt dann links auf einen Hangpfad, der zwischen den Bäumen gute Aussicht auf die Rheinebene bietet und schließlich in einen Forstweg führt; dieser leitet links hinauf zum **Paradiesweg** 03.

Hier leitet der Wiedenfelsen-Rundweg rechts weiter und senkt sich am Dresel-Felsen vorbei zum aussichtsreichen **Wiedenfelsen** 04 mit Imbisskiosk in einer Serpentine der Sandstraße. An der Spitzkehre der Sandstraße taucht der Rundwanderweg südwärts in den Wald ein, steigt sacht an, wendet sich an der **Verzweigung Streitweg** 05 links hinauf und leitet im Wald zurück zum Ausgangspunkt bei der **Kapelle Sand** 01.

Aussichtsreicher Wiedenfelsen

Der Wiedenfelsen ist ein bis zu 30 m hoch aufragendes Felsmassiv aus Bühlertalgranit. Er bietet einen hervorragenden Blick über Bühlertal und die Schwarzwald-Vorberge hinweg auf das Rheintal und bei klarem Wetter bis zu den Vogesen im Elsass. Der Felsen zeigt die für den Granit charakteristische Wollsackverwitterung längs der Klüftung und Ausbildung rundlicher Gesteinsblöcke. In den Sommermonaten öffnet beim Wiedenfelsen ein Kiosk, an dem man Erfrischungsgetränke kaufen kann, ehe man weiterwandert.

UNTERSTMATT – HOCHKOPF – HUNDSECK

Aussichtsreiche Hochkopf-Runde

  10,5 km 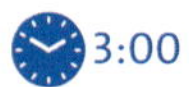 3:00 h 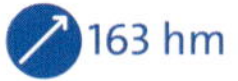 163 hm 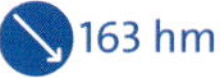 163 hm 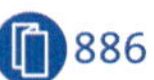 886

START | Unterstmatt (919 m), Skizentrum mit Gasthöfen und Parkplätzen an der Schwarzwaldhochstraße (Bundesstraße 500) oberhalb von Bühlertal.
[GPS: UTM Zone 32 x: 441.600 m y: 5.386.550 m]
CHARAKTER | Wald- und Panoramawanderung auf überwiegend bequemen Wegen.

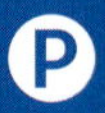

Der Hochkopf zählt zu den überragenden Aussichtsbergen an der Schwarzwaldhochstraße.

▶ Der **Skizirkus Unterstmatt** 01 liegt an der Schwarzwaldhochstraße in der Einsattelung zwischen Hoch- und Muhrkopf auf der Gemarkung der Stadt Bühl an einer Wasserscheide des Nordschwarzwald-Kamms: Westwärts fließt der Laufbach via Bühl dem Rhein zu, ostwärts entwässert der Hundsbach zur Murg; der Sattel liegt zudem an der Grenze zwischen dem Landkreis Rastatt (nördlich) und dem Ortenaukreis (südlich). Der Name leitet sich von einer Matte = Bergwiese ab, auf der das Vieh zur Mittagszeit ruhte (althochdeutsch untarn = Mittag). Im Süden der Unterstmatt lädt das Gasthaus „Große Tanne" zur Einkehr ein, unsere Wanderung führt nordwärts auf dem Fernwanderweg „Westweg" am Gasthaus „Hochkopf-Stub" vorbei aufwärts zur Verzweigung Mannheimer Weg. Bis zur Eröffnung der Schwarzwaldhochstraße gab es zwischen Unterstmatt und Hundseck nur diesen Fuß- und Wanderweg, der von der Sektion Mannheim des Schwarzwaldvereins im Jahr 1897 eingerichtet wurde; der Mannheimer Weg war jahrzehntelang Teil des Westwegs,

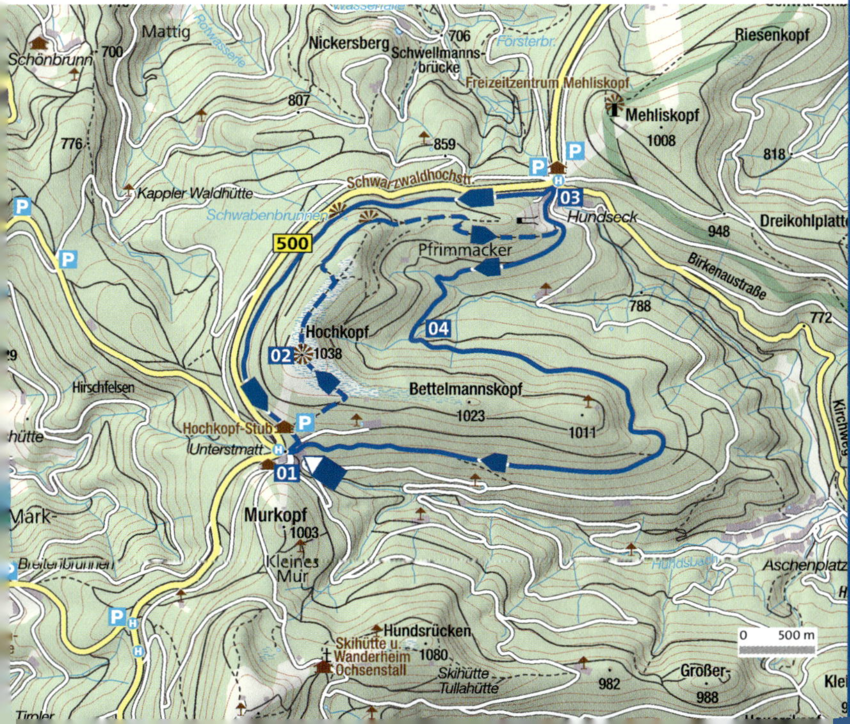

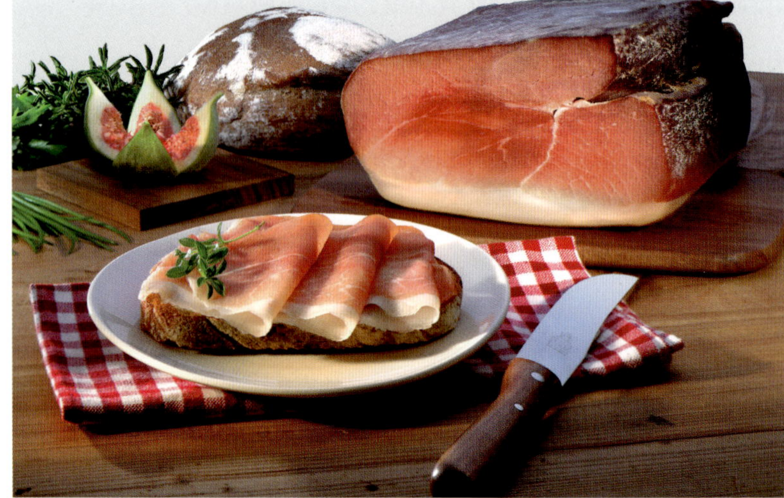

Schwarzwälder Schinken.

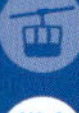

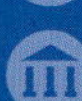

bis er wegen der Nähe zur Schwarzwaldhochstraße auf die Höhe verlegt wurde. Im Wald leitet die rote Rauten-Markierung aufwärts, tritt nach und nach in die aussichtsreiche Heide- und Grindenregion und erreicht den aussichtsreichen Gipfel des **Hochkopfs** 02. Hier bietet sich ein Panorama der Nordschwarzwaldhöhen einschließlich der im Süden benachbarten Hornisgrinde, der höchsten Erhebung im Nordschwarzwald.

Vom Hochkopf senkt sich der Westweg durch ein Schonwaldgebiet zum Pfrimmackerkopf, Tafeln der Forstbehörde informieren über den Sinn des Schonwaldgebiets. Der **Skizirkus Hundseck** 03 mit der gleichnamigen Höhengaststätte am Westweg ist ein Knotenpunkt von Wander- und Radwegen an der Schwarzwaldhochstraße, direkt im Norden erhebt sich der Mehliskopf mit dem Aussichtsturm. Von der Hundseck könnte man auf dem Mannheimer Weg zur Unterstmatt zurückkehren; diese Variante ist aussichtsreich, aber saisonal stark lärmbelästigt, da die Schwarzwaldhochstraße direkt unterhalb des Wanderwegs verläuft.

Die Alternative ist der im Osthang des Hochkopfs verlaufende Bettelmannshaldenweg. Mit der gelben Raute markiert, zweigt er oberhalb des Höhengasthauses an der Verzweigung Hundseck-Sprungschanze in den Hang ab. Nach Überqueren des **Gressbachs** 04 in dessen Quellgebiet schwingt er in den Hang des Bettelmannskopfs ein und führt ohne nennenswerte Auf- und Abstiege zurück zum Ausgangspunkt an der **Unterstmatt** 01.

Grinde

Die aussichtsreichen Grinden auf den Buntsandsteinböden des Nordschwarzwald-Kamms, der jährlich bis zu 2000 mm Niederschläge empfängt, entstanden ab dem ausgehenden Mittelalter durch (Brand-)Rodung. Die Bauern brannten in der Kammregion den wirtschaftlich kaum verwertbaren Wald, um Weidflächen für ihre kräftigen Tiere (Zugochsen, Stiere) zu gewinnen; zudem wurden die Grinden zur Futter- und Streugewinnung gemäht. Nach der industriellen Revolution wurde diese Wirtschaftsform unrentabel, und als der Grindenkamm unter Naturschutz gestellt wurde, standen die Grinden vor dem Aus. Da die bäuerliche Nutzung unterblieb, rückten weitflächig Legföhren auf die Grinden vor, Fichten, Birken und Ebereschen flogen an, der Wald eroberte die Grinden zurück.

SCHWARZENBACHTALSPERRE – HERRENWIES

Zwei-Seen-Tour über dem Murgtal

 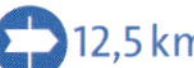 12,5 km  3:30 h 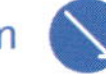 238 hm 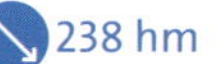 238 hm  886

START | Schwarzenbachtalsperre (670 m), Bushaltestelle und Parkplätze an der Staumauer in der Gemeinde Forbach an der Passstraße vom Murgtal zum Sand und nach Bühl.
[GPS: UTM Zone 32 x: 450.380 m y: 5.389.190 m]
CHARAKTER | Die passagenweise steilen Auf- und Abstiege erfordern Kondition, die wurzelig-felsigen Pfade verlangen festes Schuhwerk.

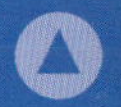
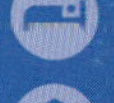

Diese herrliche Zwei-Seen-Wanderung führt von der Schwarzenbachtalsperre, dem größten Wassersportsee im Nordschwarzwald, zum idyllischen Herrenwieser See zu Füßen der höchsten Karwand.

▶ Vom **Parkplatz** an der **Schwarzenbachtalsperre** 01 beim Hotel „Schwarzenbach" geht es mit Blick auf die Badener Höhe über die Staumauer und dahinter links auf den Seeuferweg, auf dem die Markierung „gelbe Raute" die Route weist. An der **Verzweigung Stauseeufer** 02 übernimmt der zwischenzeitlich hereingewechselte Fernwanderweg Westweg die Routenführung. Die Markierung „rote Raute" verlässt den Stausee in der Bucht, in welcher der Seebach in den Stausee mündet, und führt aufwärts, bald neben dem rauschenden Seebach, zum **Herrenwieser See** 03. Als einer der schönsten Karseen im Nordschwarzwald steht er als Naturdenkmal unter Schutz. Der bis zu 9,5 m tiefe See, auf dem an Mittsommer Seerosen ihre Blüten entfalten, liegt auf einer Höhe von 834 m und hat eine Fläche von 1,8 ha. Die Karwand, die ihn überragt, ist mit 170 m die höchste im

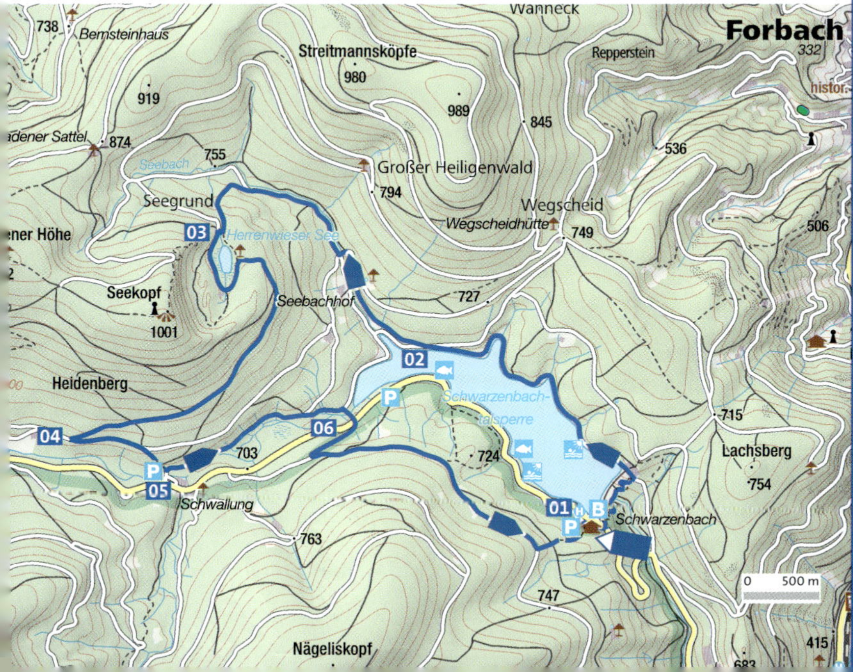

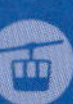
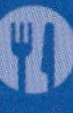
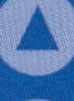

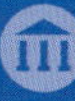

Schwarzenbachtalsperre

Die Schwarzenbachtalsperre ist der größte See im Nordschwarzwald und ein beliebtes Ausflugsziel mit Möglichkeit zum Baden, Surfen, Angeln, Rudern, Mountainbiken und Wandern. Die Talsperre staut das Wasser am Ostabhang des niederschlagsreichen Nordschwarzwald-Hauptkamms unterhalb von Mehliskopf und Badener Höhe. Der Schwarzenbach und der Seebach werden direkt gestaut, das Wasser der Bäche Biberach und Hundsbach wird per Stollen aus benachbarten Tälern zugeführt; zudem wird Wasser der Murg aus der Murgtalsperre Kirschbaumwasen in den Stausee gepumpt. Die Anlage dient dem Lastenausgleich in der Energieversorgung. Im Sommer locken das erfrischende Bad im See oder die Bootstour mit den Kindern, beim Hotel-Restaurant „Schwarzenbach" befindet sich an der Staumauer ein Bootsverleih. Imposant ist der Blick von der Sperrmauer in das darunterliegende Schwarzenbachtal sowie hinaus auf den See und hinauf zur Badener Höhe, auf die der Westweg führt. Die Staumauer befindet sich am Anfang des 6,5 km langen See-Rundwegs und ist Ausgangspunkt für ausgeschilderte Wanderungen und Radtouren ins Höhengebiet, z. B. zum Herrenwieser See und zum Zweiseenblick.

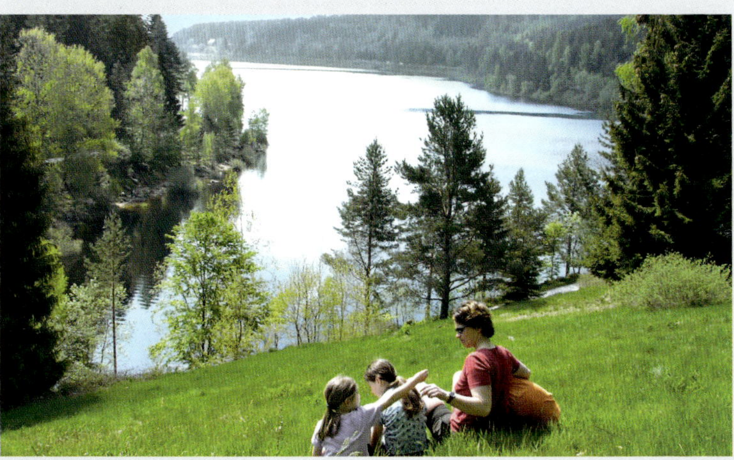

Schwarzenbachtalsperre.

Nordschwarzwald. An seinem Ostufer laden an der Abzweigung des Promenadenwegs Richtung Schwarzenbachtal eine Schutzhütte und Bänke zur Rast ein. Hier verlassen wir den See ostwärts und folgen dem Wanderweg in sachtem Abstieg zu einer Aussichtsstelle mit Blick auf die Schwarzenbachtalsperre und zum **Wanderheim Herrenwies 04** im Schwarzenbachtal. Hier übernimmt das Zeichen blaue Raute die Wegführung zurück zum Ausgangspunkt. Der Waldweg leitet hinab zur **Schwallung 05**, einem technischen Denkmal der Flößerzeit. Die fast 70 m lange und mehr als 20 m breite Staumauer war eine wichtige Einrichtung zum Flößen von Holz auf dem Schwarzenbach, sie wurde Mitte des 19. Jahrhunderts gebaut und ist ein beeindruckendes Zeugnis der früher für das Murgtal so bedeutenden Flößerei. Wenig später erreicht der Weg die **Verzweigung Schwarzenbachtalsperre 06**.

Hier verlässt die gelbe Raute den Schwarzenbach, führt nach Queren der Landstraße in den Wald hinauf und wendet sich oben im Hang links. Nach schöner Waldwanderung beginnt etwas unvermittelt der Abstieg zurück zum Ausgangspunkt, dem **Parkplatz** an der **Schwarzenbachtalsperre 01** beim Hotel „Schwarzenbach".

GOMPELSCHEUER – KALTENBACHSEE

Am Enzursprung

  12,75 km 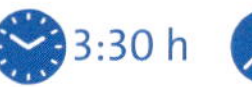 3:30 h 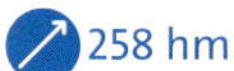 258 hm 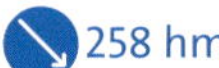 258 hm  886

START | Gompelscheuer, Enzquelle (670 m) an der Freudenstädter Straße im Ortsteil Gompelscheuer der Gemeinde Enzklösterle. Der Parkplatz Kaltenbach befindet sich am Kaltenbachweg direkt am Wanderweg.
[GPS: UTM Zone 32 x: 459.300 m y: 5.387.080 m]
CHARAKTER | Bequeme Forstwege.

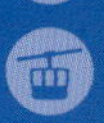
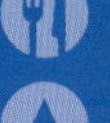
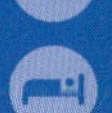
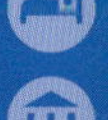

Schwarzwaldbäume für die Hochseeflotte

Als die Niederlande im 17. Jahrhundert zur Seemacht aufstiegen, nahm die Flößerei im Schwarzwald gigantische Ausmaße an. Für den Bau eines königlich-niederländischen Kriegschiffs wurden bis zu 4000 Eichenstämme benötigt. Entsprechend riesig waren die „Holländerflöße" aus dem Schwarzwald. Bis zu 400 m lang und bis zu 40 m waren diese gewaltigen Flöße, die von Mannschaften aus bis zu 500 Ruderknechten flussabwärts zum Rhein und auf dem Rhein bis Amsterdam getriftet wurden. Der Holzhunger ließ neue Berufszweige im Schwarzwald entstehen: Hauer, Fuhrleute, Arbeiter, die die Flüsse von Geröll befreiten, begradigten und Ufer befestigten, um auch die kleineren Wasserstraßen „floßbar" zu halten. Gleichzeitig wurde nahezu der gesamte Nordschwarzwald entwaldet. Die entwaldeten Areale wurden im 19. Jahrhundert nach dem Beginn geordneter Forstwirtschaft überwiegend mit Fichten aufgeforstet. In diesem Fichtenkleid haben auf einigen Inseln die ursprünglichen Laubwälder überlebt, z. B. bei St. Roman oberhalb des Kinzigtals steht ein prachtvoller Femelwald, der „seit unvordenklichen Zeiten" im Besitz der Allgemeinheit war und trotz der Nutzung des Holzes für Flößerei und Köhlerei heute noch den Eindruck eines naturnahen Waldes vermittelt.

Vom Enzursprung in Gompelscheuer geht es auf die waldreichen Höhen zwischen Enz- und Murgtal. Der Kaltenbach ist der höchste Quellbach der Enz, in der Flößerzeit wurde hier in der Stille der Wälder der Kaltenbachsee aufgestaut.

▶ Die in Stein gefasste Enzquelle befindet sich im Ortsteil **Gompelscheuer** 01, wo sich die beiden Quellflüsse Kaltenbach und Poppelbach zur Großen Enz vereinigen. Die Enzquelle ist Startpunkt des 115 km langen Enztal-Radwegs, der den größten linken Neckarzufluss und Namensgeber des Enzkreises bis zur Mündung in Besigheim begleitet. Die Markierung blaue Raute des Schwarzwald-Schönbuch-Wegs folgt dem Kaltenbach aufwärts und bleibt an der Verzweigung Flößerhaus dem Bachlauf treu. Vorbei am Parkplatz Kaltenbach geht es im Wiesen- und Waldtal aufwärts zum **Kaltenbachsee** 02; an diesem 1782 als Flößersee angelegten Schwallteich lädt eine Schutzhütte in der Stille der Wälder zur Rast ein. Der blau markierte Wanderweg überquert am Flößerteich den Kaltenbach, auch der Name der nächsten Verzweigung erinnert an die Flößerzeit.

An der **Lägerhalde** 03 verlässt der Wanderweg das Kaltenbachtal und gewinnt im bewaldeten Hang den Bergkamm zwischen Murg und Enz und erreicht die Alte Weinstraße, den historischen Höhenweg des Nordschwarzwalds. An der Wegekreuzung über dem Kaltenbachtal, dem höchsten Quellbachtal der Enz, steht die **Forstrat-Ebert-Hütte** 04. Die mit dem Zeichen rote Raute markierte Alte Weinstraße führt nordwärts

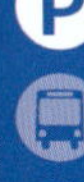
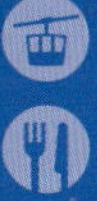
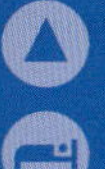
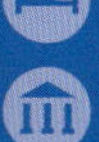

Richtung Hohloh, zwischendurch öffnen sich Blicke über das Murgtal hinweg zu den höchsten Höhen des Nordschwarzwalds.

An der **Verzweigung Kaltenbachhöhe** 05 besteht die Möglichkeit, Richtung Gompelscheuer abzukürzen, doch wir bleiben auf dem Höhenweg bis zum **Brunnen am Blockhaus Schramberg** 06. Hier verlässt ein weiterer mit der blauen Regional-Raute markierter Wanderweg den Kamm und leitet rechts hinab Richtung Gompelscheuer.

Am **Süßmiss** 07 nimmt der blau markierte Wanderweg den von der Kaltenbachhöhe herüberführenden abkürzenden Weg auf und senkt sich zur kleinen **Barongartenhütte** 08. Nun ist es nicht mehr weit, und die blaue Rauten-Markierung erreicht wieder das untere Kaltenbachtal und führt zurück zur Enzquelle in **Gompelscheuer** 01.

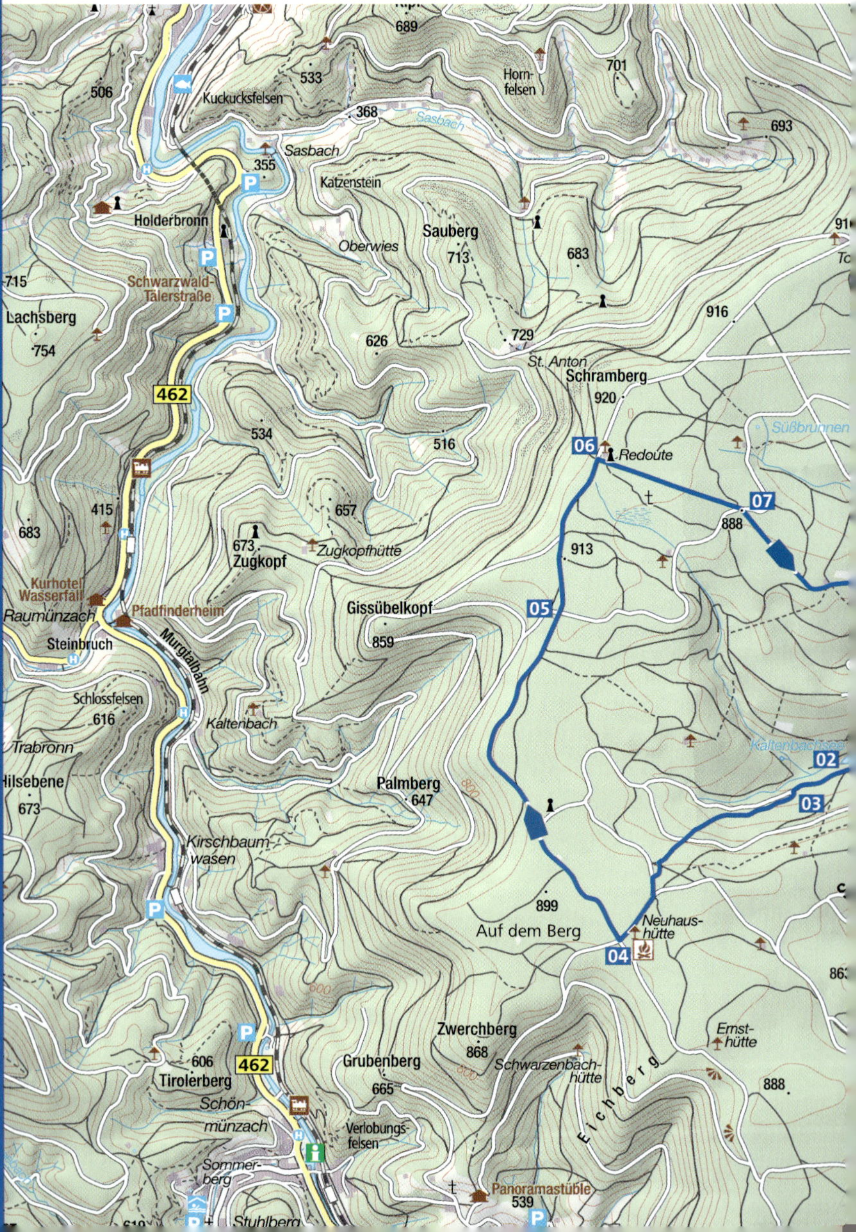

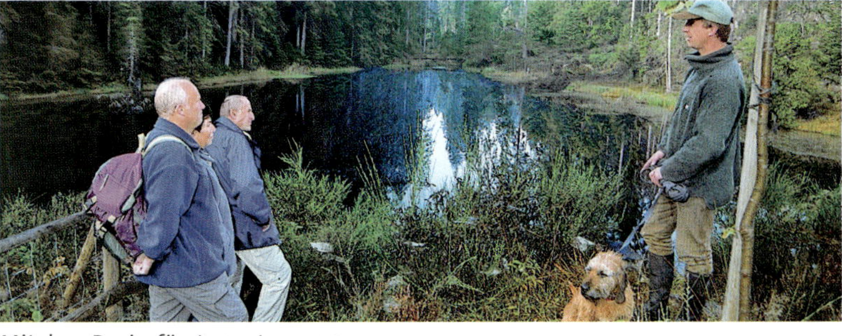

Mit dem Revierförster unterwegs.

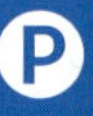

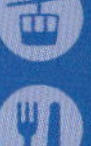
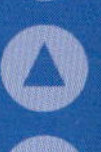
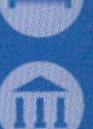

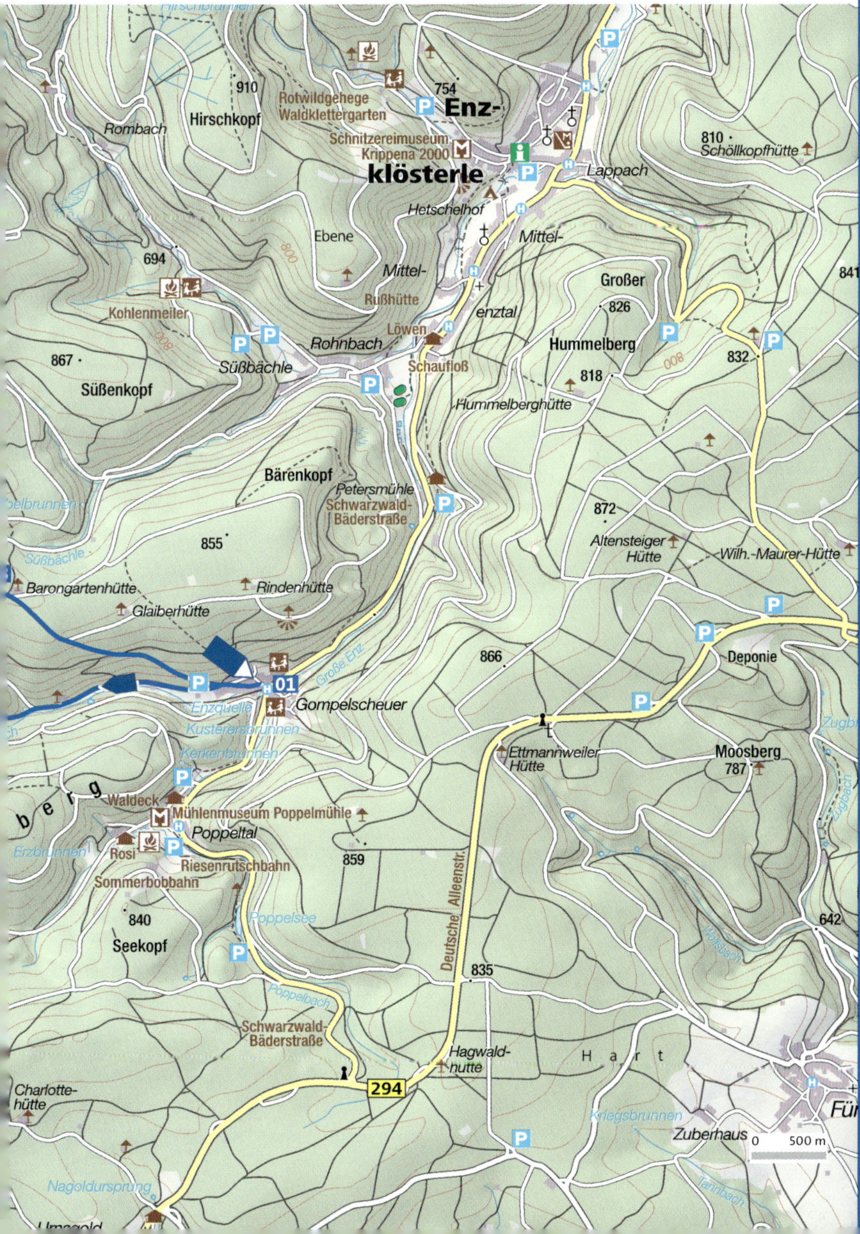

Rombach
Hirschkopf
910
Rotwildgehege
Waldklettergarten
754
Enz-
klösterle
Schnitzereimuseum
Krippena 2000
Lappach
810
Schöllkopfhütte
Hetschelhof
Ebene
694
Mittel-
Rußhütte
Mittel-
enztal
Großer
826
Hummelberg
818
841
832
Kohlenmeiler
867
Süßenkopf
Süßbächle
Rohnbach
Löwen
Schaufloß
Hummelberghütte
Bärenkopf
Petersmühle
Schwarzwald-
Bäderstraße
872
Altensteiger
Hütte
Wilh.-Maurer-Hütte
855
Barongartenhütte
Glaiberhütte
Rindenhütte
866
Deponie
01
Gompelscheuer
Enzquelle
Ettmannweiler
Hütte
Moosberg
787
Waldeck
Mühlenmuseum Poppelmühle
Poppeltal
Rosi
Riesenrutschbahn
Sommerbobbahn
859
840
Seekopf
Poppelsee
Deutsche Alleenstr.
835
642
Schwarzwald-
Bäderstraße
Hagwald-
hütte
Hart
294
Charlotte-
hütte
Zuberhaus
0 500 m
Nagoldursprung

27

KOHLSÄGEMÜHLE – ZINSBACHMÜHLE

Mühlentour im Zinsbachtal

  12 km  3:15 h 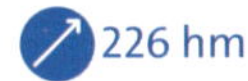 226 hm 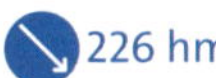 226 hm  886

START | Kohlsägemühle (472 m), Gaststätte und Wanderparkplatz im Zinsbachtal südwestlich von Altensteig.
[GPS: UTM Zone 32 x: 468.660 m y: 5.380.510 m]
CHARAKTER | Bequeme Forstwege.

Fachwerkidyll Altensteig

Der Luftkurort Altensteig an der Deutschen Fachwerkstraße zeichnet sich durch seine malerische mittelalterliche Stadtanlage an der oberen Nagold aus. Die Giebel aller Häuser im Nordhang sind südwärts ausgerichtet und werden überragt von der spätbarocken Kirche und zwei Schlössern. Das Alte Schloss beherbergt in den fünf Stockwerken des romanischen Wohnturms das stadtgeschichtliche Museum, der bergseitigen Wehrmauer sitzen die beiden Ecktürme „Himmel" und Hölle" auf. Stadtseitig des Alten Schlosses erhebt sich der ab 1610 errichtete Fachwerkbau des Neuen Schlosses.

Altensteig, Altstadt.

Wassermühlen und Windmühlen sowie aussichtsreiche Höhen und zwei liebliche Wiesentäler bilden die Kontraste auf dieser schönen Nordschwarzwald-Wanderung. Die Kohlsägemühle ist mindestens 400 Jahre alt und fügt sich harmonisch in die Schwarzwald-Landschaft ein. Im Blick ist auch der Windkraftindustriepark Simmersfeld, der größte Windkraftpark im Ländle.

▶ Seit 400 Jahren dreht sich das Mühlrad der **Kohlsägemühle** 01 im Zinsbachtal. Erstmals urkundlich erwähnt wird die nach dem Kohlbächlein benannte Wassermühle im Jahr 1614. Dieses Datum wird sowohl im Altensteiger Forstlagerbuch als auch im Dorfbuch von Garrweiler genannt, auf dessen Gemarkung sie steht. Die Kohlsägemühle, deren Rad mit Wasser aus dem Kohlbächlein, dem Dürrbach und dem Zinsbach zum Laufen gebracht wird, ist vermutlich viel älter. Von Anfang an war sie im Besitz mehrerer Waldbauern. Heute gehört sie 43 Teilhabern aus Garrweiler, Spielberg und Überberg, Grömbach, Wörnersberg und Edelweiler. 1964 errichteten die Teilhaber neben der Kohlsägemühle eine Gastwirtschaft samt Wohnung für den Säger und seine Familie.

Nach Queren der Kreisstraße bei der Gastwirtschaft führt die Wander-Markierung gelbe Raute im Dürrbachtal aufwärts, im rechten Talhang rauscht der Paschwiesenwald. An der Mündung eines Seitentals ändert der Bach seinen Namen in „Taubenteich", doch das Tal heißt weiter Dürrbachtal, und an der **Verzweigung Dürrbach** 02 geht es links hinauf und über die aussichtsreiche Höchst in den Höhenweiler **Wörnersberg** 03. Wörnersberg ist die kleinste Nordschwarzwald-Gemeinde, 235 Seelen leben zwischen Wiesen und Wäldern. 1364 wird Wörnersberg erstmals urkundlich erwähnt, 1487 wurde eine Kirche gebaut. Die ehemalige Wallfahrtskirche Unserer Lieben Frau mit romanischen und gotischen Elementen ist das prägende Element des Gemeindewappens.

Die gelbe Raute verlässt den Ort südwestwärts auf der kaum befahrenen Höhenstraße, diese taucht bald in den Wald ein, und an der ersten Verzweigung wechselt die gelbe Raute schräg links auf einen Forstweg, der sich im Hang des Höhenrückens zur **Baumplatzsteige** 04 senkt, dort links und wenig später rechts durch das Zinsbachtal; eine Plakette erinnert daran, dass hier am **Katzensteg** 05, einem alten Pilgerweg von Grömbach nach Pfalzgrafenweiler, die mittelalterliche Zinsbachkapelle mit Gasthaus und Pfründhaus stand. Vom Katzensteg über den Zinsbach folgt die gelbe Raute dem Katzensteig aufwärts im Hang zum Mariengarten, dem einstigen Standort der Wallfahrtskirche „Unserer lieben Fraun Zinßbach“. Oben wechselt die gelbe Raute am **Wanderparkplatz Vorderer Katzensteig** 06 links auf den Asphaltweg, verlässt ihn gleich darauf rechts auf dem Schwendeweg und erreicht am **Büchelesbrunnen** 07 den Fernwanderweg Ostweg. Die Ostweg-Markierung schwarzrote Raute führt links weiter zur **Zinsbachmühle** 08 im Zinsbachtal und leitet in den von Wald eingefassten Wiesen dieses Nordschwarzwaldtals bachabwärts. Am gegenüberliegenden Ufer lädt die **Zinsbachstube** 09 in der Reesenmühle zu einer weiteren Einkehr ein, in einem kurzen Abstecher erreichbar. Am Zinsbach entlang führt der Ostweg zurück zum Ausgangspunkt an der **Kohlsägemühle** 01 zu Füßen der Fachwerkstadt Altensteig.

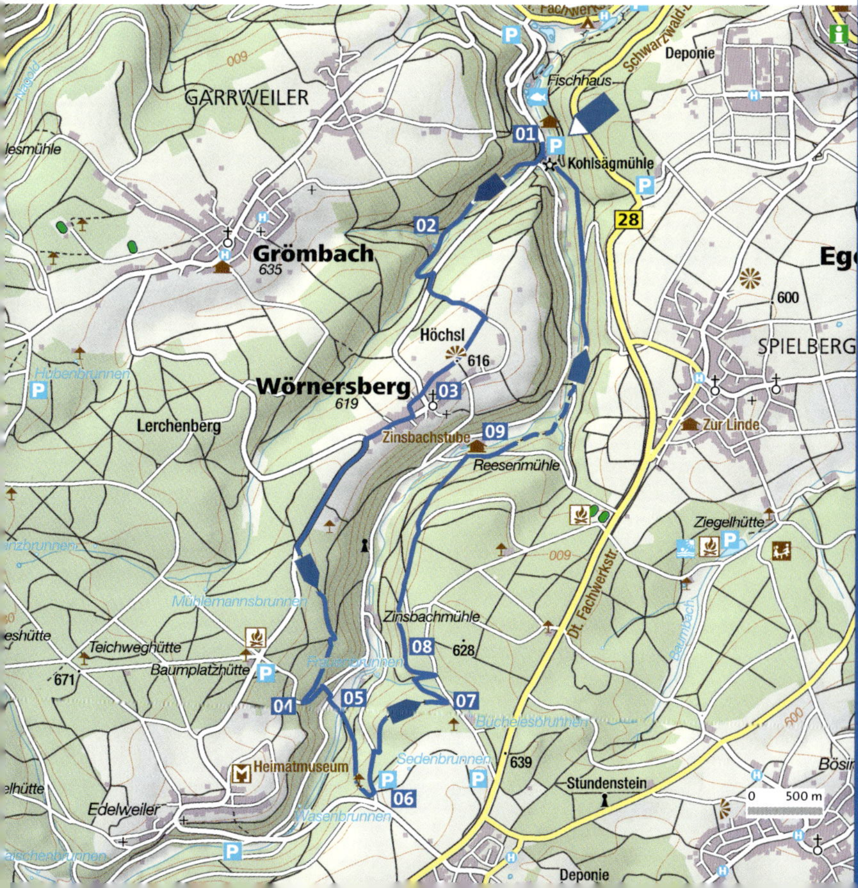

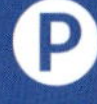

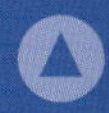

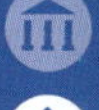
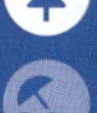

BESENFELD – POPPELTAL

Von den Höhen zum Seewald Freizeitpark

  11 km 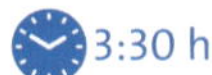 3:30 h 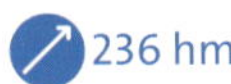 236 hm  236 hm  886

START | Besenfeld, Rathaus Alte Sonne (780 m), Parkplatz und Wanderwegetafel an der Wildbader Straße = Bundesstraße 294 nahe der Abzweigung der Nagoldtalstraße.
[GPS: UTM Zone 32 x: 457.360 m y: 5.382.850 m]
CHARAKTER | Bequeme Forstwege.

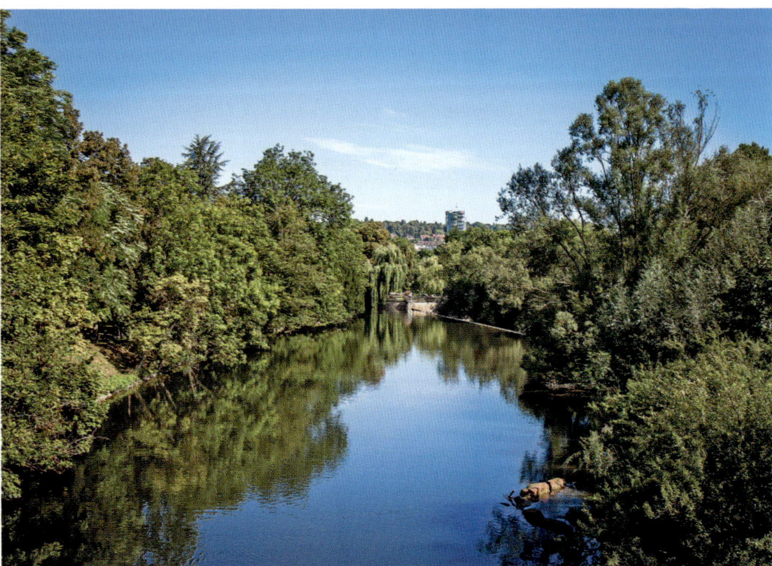

Unterwegs im Seewaldgebiet.

Erlebnisreich führt die Rundwanderung vom Höhenort Besenfeld zum Seewald Freizeitpark im Poppeltal und zuletzt zur Nagoldquelle.

▶ Vom **Rathaus Sonne** 01 im Gebäude des historischen Gasthofs „Sonne“ im Höhenort Besenfeld folgt der Wanderweg der Durchgangsstraße B 294 kurz ostwärts Richtung Nagold, bis die Markierung gelbe Raute an der Verzweigung Beim Schillinger links in die aussichtsreichen Wiesen abzweigt. Wenn der Weg am **Schlehwinkel** 02 den Wald erreicht, bietet sich noch einmal ein Panoramablick auf Besenfeld. Die Wälder werden auf den Karten unterschiedlich als „Obere Äcker“ und „Ober den Äckern“ bezeichnet; die erste Bezeichnung würde darauf hindeuten, dass die Äcker in vergangenen Jahrhunderten bis auf die Waldhöhe gereicht haben, „Ober den Äckern“ wäre ein Hinweis darauf, dass sich hier immer schon Wald oberhalb der Äcker befand. Nach einer der Waldbesitzerinnen ist die **Charlottenhütte** 03 benannt. Hier leitet die gelbe Raute links weiter auf dem Schäuflerweg; die Schäufler waren Tagelöhner, die in der Flößerzeit die Wege für die Waldbesitzer freihalten („schäufeln“) mussten. Am einst sumpfigen Gebiet Hohmisse vorbei führt der Waldweg zur **Verzweigung Spielbergweg** 04. Hier biegt der mit der gelben Raute markierte Wanderweg rechts ab Richtung Poppeltal. Der Name des **Wegedreiecks Äschental** 05 erinnert daran, dass hier

Seewald Freizeitpark Enzklösterle

Der Seewald Freizeitpark Enzklösterle im Ortsteil Poppeltal hat die längste Riesenrutschbahn Süddeutschlands. Mit einem Schlepplift geht es 1500 m bergwärts auf die Höhe des Seekopfs, dann in der Edelstahlrinne in Steilkurven zu Tal. Die Geschwindigkeit auf der Sommerrodelbahn kann selbst bestimmt werden. Die Poppelmühle ist als Schwarzwälder Eventgasthof auch durchs Fernsehen bekannt geworden: Waldweihnacht in der Poppelmühle, Biergarten-Erlebnis im Schwarzwald, Frühling im Schwarzwald – Mitarbeiter-Motivation in der Poppelmühle oder Winter-Olympiade ohne Winter – kein Problem in der Poppelmühle!

jahrhundertelang Äsche produziert wurde, das heißt Pottasche zur Glasherstellung. Bald darauf erreicht der Wanderweg das grüne Wiesental des Laubbachs; in ihm liegt an der Mündung des Poppelbachs der einstige Mühlenstandort und heutige Freizeitort Poppeltal. Nach Passieren des Cafés „Rosi" geht es an der **Verzweigung Poppeltal Gänsweide** 06 rechts hinauf an der Erlebnismühle Poppelmühle vorbei, und der Erlebnispark mit Riesenrutschbahn ist erreicht. Durch das Freizeit-Erlebnis-Gelände führt der mit der blauen Raute markierte Weg zum **Poppelsee** 07, einem Relikt aus der Flößerzeit. Mit dem Wasser des aufgestauten Poppelbachs wurde Scheiterholz geschwemmt und zudem künstliches Hochwasser für die Stammholzflößerei auf der Enz erzeugt.

Vom See folgt die blaue Raute dem Rotwässerle-Tal aufwärts, an der **Wegekreuzung Rotwässerle** 08 geradeaus und hinauf nach **Urnagold** 09 am Nagoldursprung; neben der Johanniskirche nahe der Nagoldquelle lädt das Gasthaus „Hirschen" zur Einkehr ein. Von Urnagold sind es nur wenige Minuten längs der Straße zurück zum Ausgangspunkt am **Rathaus Sonne in Besenfeld** 01.

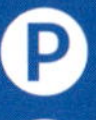

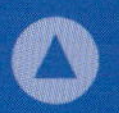
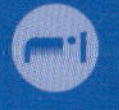

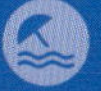

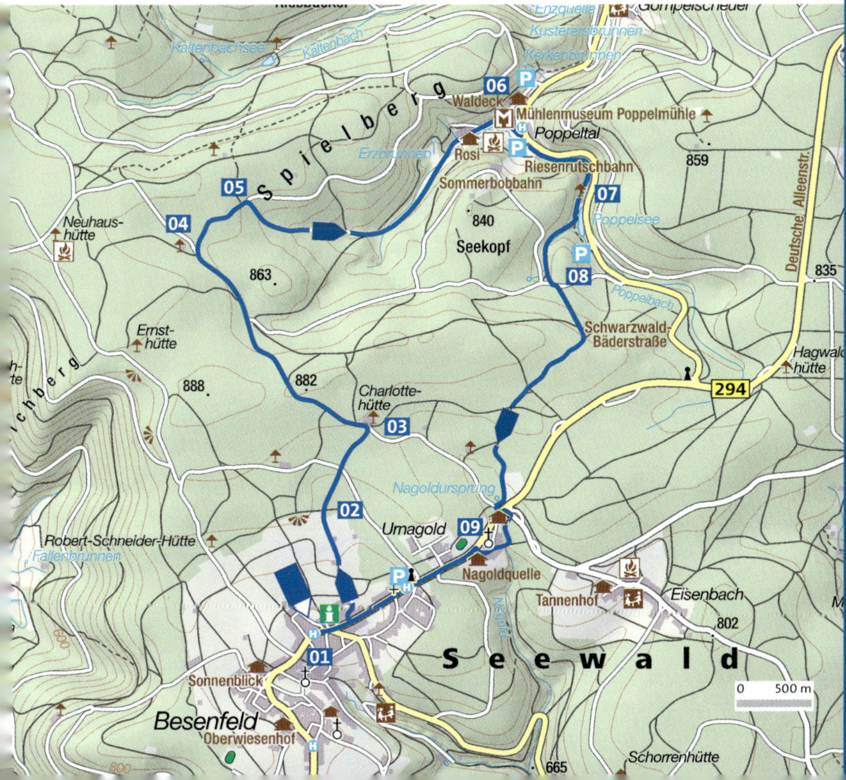

29

BESENFELD – STÜBERG – NEUHAUSHÜTTE

Murgtal- und Alpenblicke bei Besenfeld

  10,25 km  2:45 h 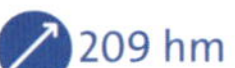 209 hm 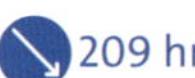 209 hm  886

START | Besenfeld, Rathaus Alte Sonne (780 m), Parkplatz und Wanderwegetafel an der Wildbader Straße = Bundesstraße 294 nahe der Abzweigung der Nagoldtalstraße.
[GPS: UTM Zone 32 x: 457.36 m y: 5.382.850 m]
CHARAKTER | Bequeme Forstwege.

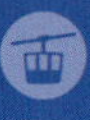

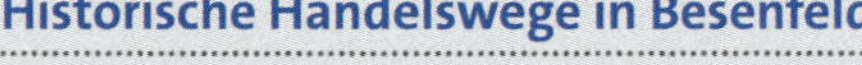

Historische Handelswege in Besenfeld

Das Höhendorf Besenfeld war ein bedeutender Knotenpunkt historischer Handelswege. Im Dorf mit den zahlreichen Brunnen trafen sich die Alte Weinstraße – der heute der Fernwanderweg Mittelweg folgt – und der von Pforzheim heraufführende „Erzweg". Auch von Nagold und Calw wurden Karren mit Waren bis nach Besenfeld hinaufgezogen. Mit dem Bau der Talstraßen im Murgtal und im Enztal (1831) endete die Bedeutung der Alten Weinstraße als mittelalterlicher Handelsweg zwischen Baden und Württemberg.

Die Bergwiesen beim Höhendorf Besenfeld am Ursprung der Nagold bieten weite Blicke über das Murgtal hinweg, bis zur Schwäbischen Alb und bei Inversion bis zu den Alpen.

▶ Besenfeld, der größte Teilort der Gemeinde Seewald, liegt auf einer offenen Hochfläche und ist seit altersher ein Verkehrsknotenpunkt der Verbindungsstraßen von Freudenstadt nach Pforzheim und vom Murgtal nach Nagold. Um das Jahr 1090 findet Besenfeld erstmals Erwähnung in einem Schenkungsbuch des Klosters Reichenbach als Stiftung eines Grundstücks „oberhalb von Besenfeld". Das Rathaus befindet sich im historischen Gebäude des Gasthofs „Sonne". Das **Rathaus Sonne** 01 ist der zentrale Ausgangspunkt von Wanderwegen im Höhendorf Besenfeld. Einer dieser Wege, der Brunnenweg, wird auch uns kurz begleiten. Schon am Beginn der Wanderung befinden sich drei Brunnen. Der Rathausbrunnen, daneben im Hinterhof ein Schachtbrunnen, eine einstige Zisterne sowie der Alte Rathausbrunnen mit der Knabenfigur „Besenfelder Bua"; an allen Brunnen sind Informationstafeln angebracht.

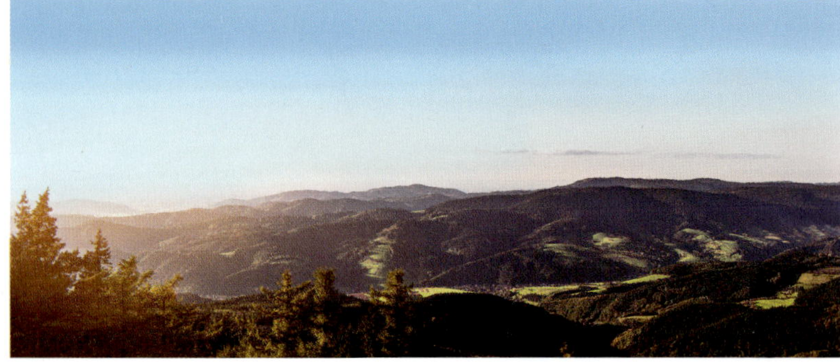

Immer wieder gibt es tolle Blicke über das Murgtal hinweg.

Der Wanderweg folgt der Durchgangsstraße B 294 westwärts Richtung Murgtal/Stüberg, quert an der Verzweigung Freudenstädter Straße den Fernwanderweg Mittelweg und verlässt die Straße am **Hotel Sonnenblick** 02 rechts.

Mit schönen Besenfeld-Ausblicken führt die blaue Raute durch die Wiesen hinauf zum **Stüberg** 03 am Waldrand und senkt sich nach Überschreiten des Höhenrückens Richtung Murgtal. Kurz nach Überqueren des Rückens zweigt die Markierung gelbe Raute an der **Verzweigung Steigberg** 04 rechts ab. Mit weiten Murgtalausblicken zieht der Weg durch die Hänge von Steigberg und Böhrenberg und trifft an der **Verzweigung Scheiterweg** 05 erneut auf die Markierung blaue Raute. Der Scheiterweg war noch im 19. Jahrhundert wichtig für den Holztransport vom Murg- ins Enz- und ins Nagoldtal.

Von der Verzweigung Scheiterweg leitet die blaue Raute aufwärts im Wald zur **Neuhaushütte** 06 = Forstrat-Ebert-Hütte an der Alten Weinstraße. Hier

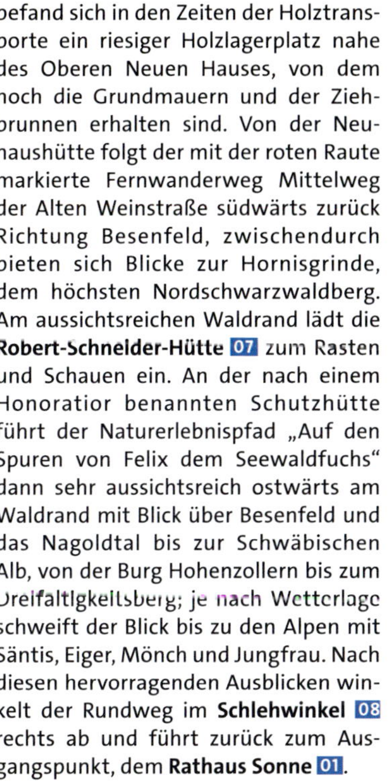
befand sich in den Zeiten der Holztransporte ein riesiger Holzlagerplatz nahe des Oberen Neuen Hauses, von dem noch die Grundmauern und der Ziehbrunnen erhalten sind. Von der Neuhaushütte folgt der mit der roten Raute markierte Fernwanderweg Mittelweg der Alten Weinstraße südwärts zurück Richtung Besenfeld, zwischendurch bieten sich Blicke zur Hornisgrinde, dem höchsten Nordschwarzwaldberg. Am aussichtsreichen Waldrand lädt die **Robert-Schneider-Hütte** 07 zum Rasten und Schauen ein. An der nach einem Honoratior benannten Schutzhütte führt der Naturerlebnispfad „Auf den Spuren von Felix dem Seewaldfuchs" dann sehr aussichtsreich ostwärts am Waldrand mit Blick über Besenfeld und das Nagoldtal bis zur Schwäbischen Alb, von der Burg Hohenzollern bis zum Dreifaltigkeitsberg; je nach Wetterlage schweift der Blick bis zu den Alpen mit Säntis, Eiger, Mönch und Jungfrau. Nach diesen hervorragenden Ausblicken winkelt der Rundweg im **Schlehwinkel** 08 rechts ab und führt zurück zum Ausgangspunkt, dem **Rathaus Sonne** 01.

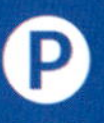

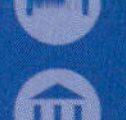

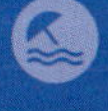

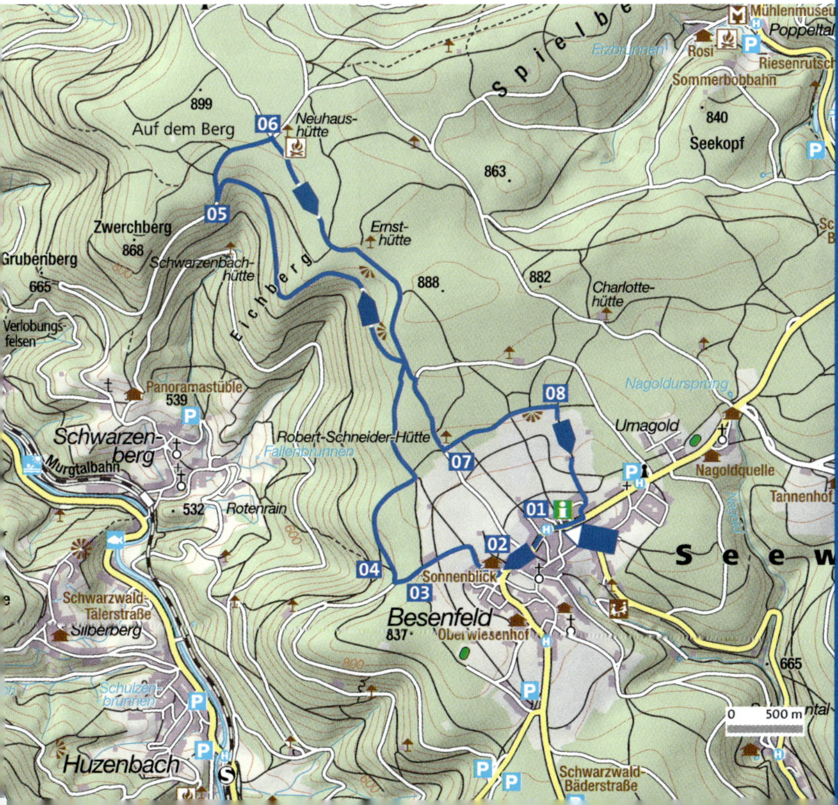

HUZENBACH – HUZENBACHER SEE

Zur Aussichtskanzel über dem Teichrosensee

  10,5 km 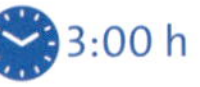 3:00 h 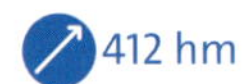 412 hm 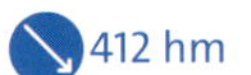 412 hm  886

START | Huzenbach, Seebachstraße (490 m), Parkplatz an der Murgtalstraße im Baiersbronner Ortsteil Huzenbach; der S-Bahn-Haltepunkt Huzenbach liegt außerorts 5 Gehminuten entfernt.
[GPS: UTM Zone 32 x: 454.780 m y: 5.381.900 m]
CHARAKTER | Bequeme Waldwege.

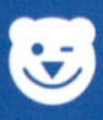

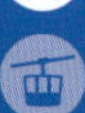
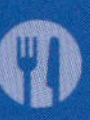
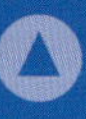

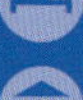

Huzenbacher See

Der Huzenbacher See ist ein 2,7 Hektar großer Karsee, den eine 160 Meter hohe Felswand überragt; wegen des außergewöhnlichen Pflanzenreichtums zählen der See, die Uferbereiche und die bewaldete Karwand, die wegen ihrer Steilheit und ihres Blockreichtums nicht bewirtschaftbar ist, aus botanischer Sicht zu den Kleinodien des Nordschwarzwalds. Die auffälligste Pflanze auf den aus Torfmoosen gebildeten Schwingrasen, die die Ufer säumen, ist das Wollgras. Wie andere Karseen wurde der Huzenbacher See in vergangenen Jahrhunderten als Schwallwasser für die Holztrift genutzt. Bei einer dieser Aufstauungen löste sich ein Teil des Schwingrasens vom Ufer, seither liegt er wie eine Insel auf dem Wasser. Der „Seeblick" an der geländergesicherten oberen Kante der Karwand bietet einen hervorragenden Tiefblick auf den waldumgebenen See mit seinen Schwingrasen, während sich am Horizont die bewaldeten Bergrücken des nordöstlichen Schwarzwalds jenseits des Murgtals zeigen.

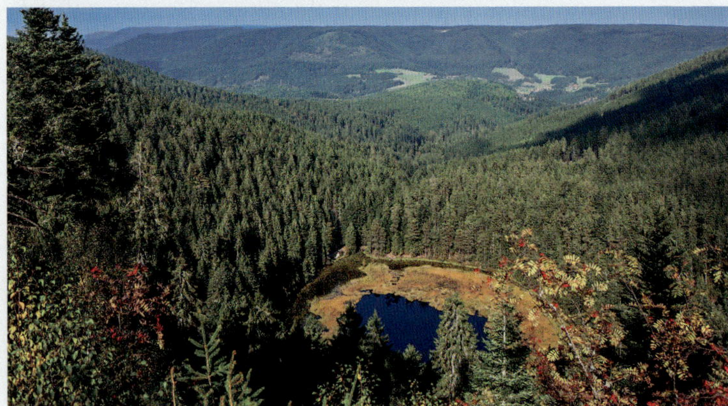

Tiefblick zum Huzenbacher See.

Der Huzenbacher See zählt insbesondere während der Teichrosenblüte von Ende Juni bis August zu den schönsten Wanderzielen im Nordschwarzwald.

▶ Das schöne Schwarzwald-Feriendorf **Huzenbach** 01 im Murgtal war einst die Heimat von Flößern, Köhlern und Waldgeistern. Hauptattraktion des Walddorfs ist der malerische Karsee Huzenbacher See; auch er wurde in vergangenen Jahrhunderten von den Waldgewerblern zur Holztrift genutzt. Beim Parkplatz zweigt die Seebachstraße in Richtung des weiträumig ausgeschilderten Huzenbacher Sees ab. Am Wassertretbecken vorbei führt der mit dem Zeichen gelbe Raute markierte Wanderweg aufwärts dem Wald zu, begleitet vom Plätschern des Seebachs. Zu Beginn ist das Tal offen und weit, schon bald rücken die Talflanken zusammen, und an die Stelle blumenreicher Wiesen treten Wälder. In der Flur Silberwald sollen sich hartnäckig Geister aufhalten, auch der Name „Teufelsmühle" erinnert daran; nahebei sprudelt der **Gitschenbrunnen** **02**. Am Brunnen überquert der Wanderweg den Seebach, es ist nun nicht mehr weit bis zum Ufer des **Huzenbacher Sees** **03**, in dem ein Heinzelmännchen spuken soll. Nach erneutem Überqueren des Seebachs leitet die stilisierte M-Markierung des Fernwanderwegs Murgleiter in recht steilem Anstieg auf einem Fels- und Wurzelpfad durch die Bergflanke nördlich des Sees aufwärts zur Verzweigung Dachsbau, dort wenden wir uns links zu den Sitzbänken am **Huzenbacher Seeblick** **04** am Rand der Hochfläche Kleemisse hoch über dem Huzenbacher See. An diesem überragenden Rastplatz geht es kurz geradeaus und an der Verzweigung

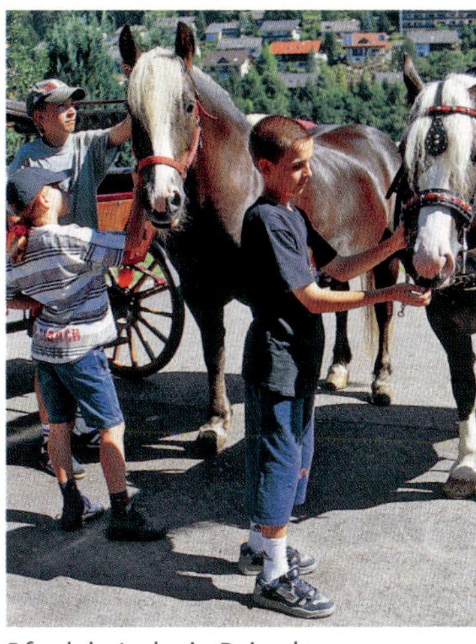
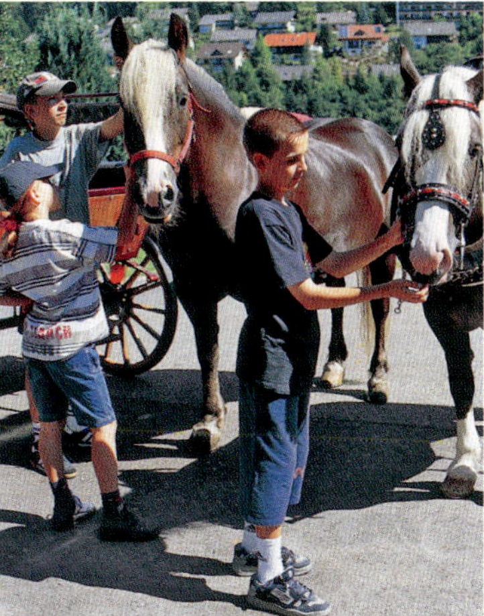

Pferdekutsche in Baiersbronn.

Kleemisse erneut geradeaus. Der Forstweg senkt sich im Rauschen der Wälder durch die Kleemisshalde, die Flanke des Seebachtals, Richtung Huzenbach. An der **Verzweigung Lieberg** **05** zeigt die gelbe Raute schräg rechts hinab zum Dobelwald, dort geht es nach links zum Heuweg und hier schräg rechts hinab und zurück zum Ausgangspunkt im Feriendorf **Huzenbach** **01**.

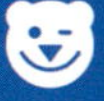
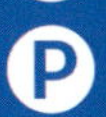

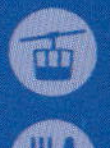
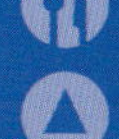
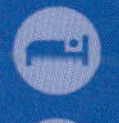

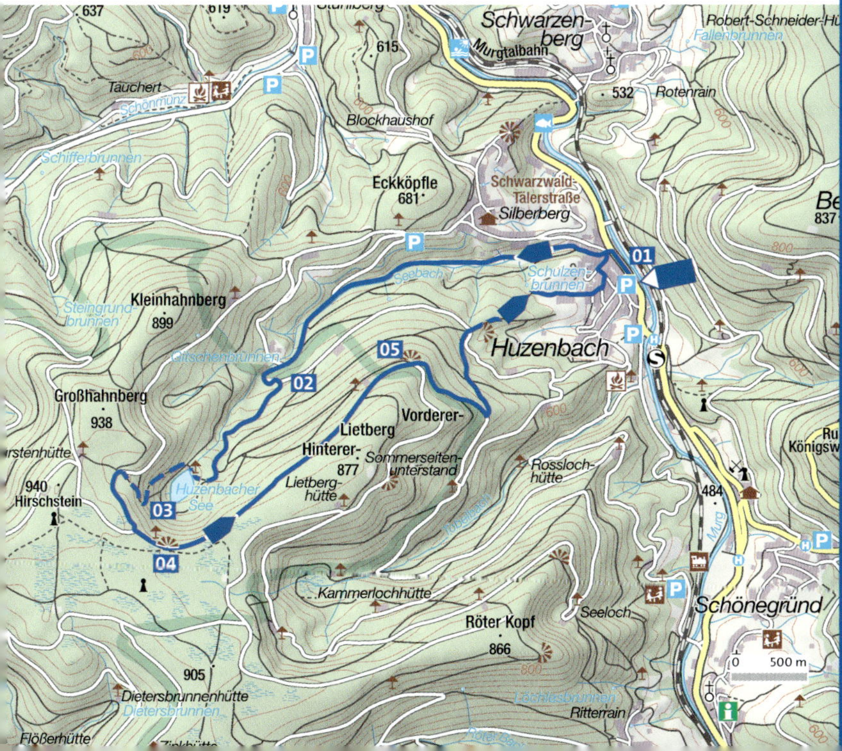

HINTERLANGENBACH – DARMSTÄDTER HÜTTE – SEIBELSECKLE

Baiersbronner Bannwald-Tour

  13,5 km  4:15 h 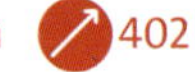 402 hm 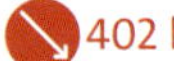 402 hm 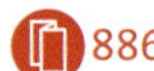 886

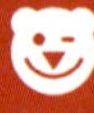

START | Hinterlangenbach (703 m), Waldparkplatz beim Hotel Auerhahn. [GPS: UTM Zone 32 x: 444.830 m y: 5.382.330 m]
CHARAKTER | Wald- und Panoramawanderung auf überwiegend bequemen Wegen; nur das Wildseewegle erfordert Trittsicherheit und festes Schuhwerk.

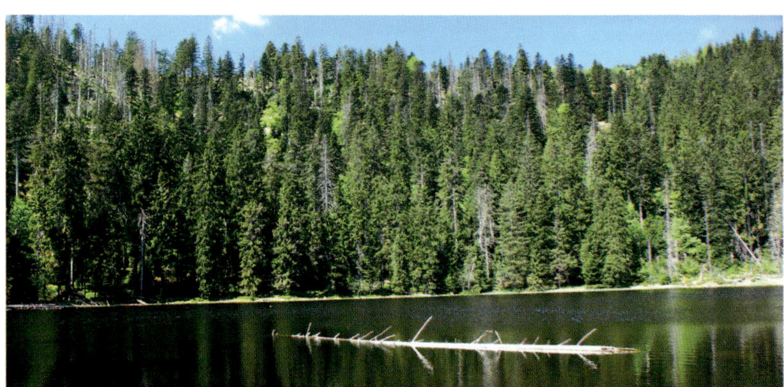

Am Wildsee.

Der Rundwanderweg vom Waldweiler Hinterlangenbach zum Wildsee und zur Darmstädter Hütte ist als einer der Baiersbronner Himmelswege mit einem Hirschen als Wegzeichen ausgeschildert. Die Bannwald-Tour führt auf die Hochmoorebene, bietet auf dem Westweg grandiose Ausblicke in die Rheinebene bis zu den Vogesen.

▶ Vom Wanderparkplatz beim Gasthof Adler im Waldweiler **Hinterlangenbach** 01 führt die Hirsch-Markierung des Baiersbronner Himmelswegs südwärts in den Wald hinauf, wendet sich auf dem **Allerheiligenweg** 02 kurz rechts, passiert die ehemalige Falzhütte und senkt sich dann hinab zur Schutzhütte am **Wildsee** 03. Zwölf Meter tief ist der Karsee, gespeist wird er durch Regenwasser, das in kleinen Quellnischen in der Karwand austritt; die braunrote Farbe kommt von den moorigen Böden, die Gerbstoffe ins Wasser abgeben, das Wasser ist sauer und nährstoffarm.

Vom Karsee führt der Wurzelsteig Wildseewegle durch die Karwand aufwärts, steil geht es hinauf in Baden-Württembergs ältestem Bannwald, einen Urwald, der seit fast 100 Jahren forstlich nicht mehr genutzt wird; abgestorbenes Holz bleibt einfach liegen, es bietet Wohnraum und Nahrung für Tiere und Schatten für Jungpflanzen, Humus bildet sich. An der Verzweigung Wildseewegle ist der Westweg erreicht. Dieser führt links zur Aussichtsstelle beim Eutinggrab über dem Wildsee, während der Baiersbronner Hirschen-Himmelsweg rechts weiterführt zur **Darmstädter Hütte** 04, einer rustikalen Wanderhütte mit Biergarten; für Westwegwanderer und Skiläufer bietet sie Übernachtungsmöglichkeit.

Vom Gasthaus senkt sich der Westweg zur Verzweigung Skilift Darmstädter Hütte und wendet sich hier rechts im Hang des Altsteigerskopfs. Sitzbänke laden am **Achertalblick** 05 ein, das Pa-

Baiersbronner Seensteig

Die Baiersbronner Bannwald-Tour ist passagenweise identisch mit dem Baiersbronner Seensteig. Der Seensteig zu den Karseen und höchsten Bergen des Nordschwarzwalds zählt als „Qualitätsweg Wanderbares Deutschland" zu den Top-Wanderwegen der Bundesrepublik. Der 84 km lange Rundkurs beginnt am Wander-Informationszentrum am Bahnhof Baiersbronn. Namensgeber sind die Seen am Steig: Sankenbach-, Ellbach-, Buhlbach-, Mummel-, Schurm- und Huzenbacher See, hinzu kommt am Eutinggrab der Tiefblick auf den Wildsee im Bannwald zu Füßen des Seekopfs. Vier bis fünf Tage dauert diese herrliche Tour.

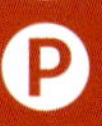

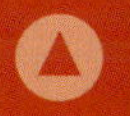
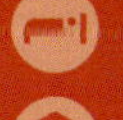

norama zu genießen, auch im weiteren Verlauf des Westwegs bieten sich immer wieder weite Rheintalausblicke. Das **Seibelseckle** 06 ist ein Alpin-Skizentrum mit Lift und Flutlichthang am Schwarzkopf. Der Wanderparkplatz, an dem auch mehrere Wanderwege und Loipen beginnen, liegt an der Schwarzwaldhochstraße (B 500) in der Einsattelung zwischen Hornisgrinde und Schwarzkopf, ein kleines Gasthaus lädt zur Brotzeit ein.

Im Hang der Hornisgrinde führt der Himmelsweg weiter zum Pommertsbrunnen und senkt sich zur Verzweigung Untergrinden und zur Schutzhütte **Brandhütte** 07. Hier beginnt der Abstieg zurück zum Ausgangspunkt im Waldweiler **Hinterlangenbach** 01.

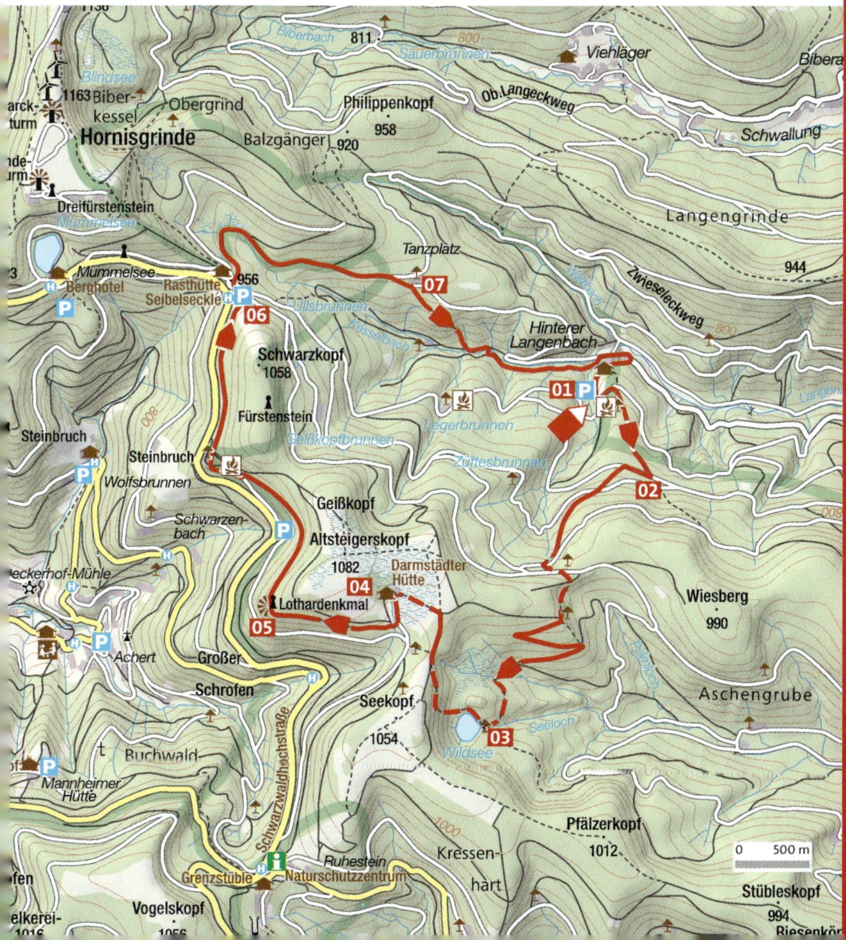

SEIBELSECKLE – MUMMELSEE – HORNISGRINDE

Über den höchsten Berg im Nordschwarzwald

  8,75 km  2:30 h  269 hm 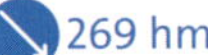 269 hm  886

START | Seibelseckle (953 m), Wanderparkplatz an der Schwarzwaldhochstraße (Bundesstraße 500).
[GPS: UTM Zone 32 x: 442.320 m y: 5.382.850 m]
CHARAKTER | Wald- und Panoramawanderung auf überwiegend bequemen Wegen.

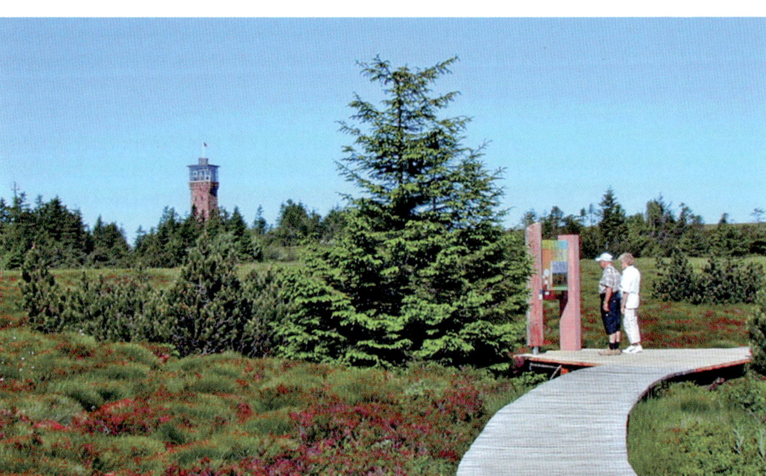

Blick von der Hornisgrinde nach Westen.

Die Hornisgrinde ist der höchste Nordschwarzwaldberg mit weitem Ausblick über die Ortenau und das Rheintal hinweg zu den Vogesen sowie ostwärts über das Murgtal hinweg bis zur Schwäbischen Alb.

▶ Das **Seibelseckle** 01 ist ein Alpin-Skizentrum mit Lift und Flutlichthang am Schwarzkopf. Der Wanderparkplatz, an dem auch mehrere Wanderwege und Loipen beginnen und der Westweg vorüberführt, liegt an der Schwarzwaldhochstraße (B 500) in der Einsattelung zwischen Hornisgrinde und Schwarzkopf, ein kleines Gasthaus lädt zur Brotzeit ein. Vom Seibelseckle führt der Westweg/Seensteig parallel zur Schwarzwaldhochstraße am Ecklesbrunnen vorbei im Wald hinauf zum **Mummelsee** 02. Wenn der Wanderweg das Ufer erreicht, gehen wir am Ufer rechts entlang weiter, um nicht sofort auf dem Reisebus- und Motorradparkplatz zu landen. Vom Berghotel Mummelsee leitet der Westweg weiter im Hang des Katzenkopfs, auf dieser Strecke eröffnen sich dem Wanderer immer wieder grandiose Aussichten, geschaffen von Stürmen. Schließlich erreicht der Westweg den **Hornisgrindeturm** 03, einen Aussichtsturm, an dem Tische und Bänke zum Rasten einladen. Die Bezeichnung „Grinde" weist darauf hin, dass das zum Teil vermoorte Gipfelplateau früher als Viehweide genutzt wurde und waldfrei ist. Frei schweift der Blick westwärts über das Rheintal hinweg zu den Vogesen und im Osten an klaren Tagen bis zur Schwäbischen Alb; auf der Ostseite findet sich hoch über dem Biberkessel ein Hochmoor, durch

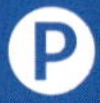
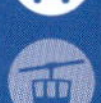

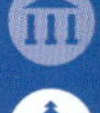

Mummelsee

Der Mummelsee (1029 m) in der Südflanke der Hornisgrinde ist der höchstgelegene und mit knapp 18 m tiefste Karsee des Schwarzwalds. Die Lage an der Schwarzwaldhochstraße mit Berghotel, Biergarten, Tretbootverleih und Souvenirläden macht ihn zu einem aus nah und fern gut besuchten Platz. Am Berghotel beginnt der 800 m lange Rundwanderweg um den See, in dessen Tiefe den Sagen zufolge Nixen, Zwerge und andere, „Mummeln" genannte, Wesen hausen. Das Wort „Mummel" bezieht sich zugleich auf die Teichrosen, die zur Mittsommerzeit ihre gelben Blüten entfalten und in Vollmondnächten im Reigen auf dem Wasser tanzen. Die Brüder Grimm haben in ihren „Deutschen Sagen" (1816) die wichtigsten Mummelsee-Sagen gesammelt, Eduard Mörike dichtete die Ballade „Die Geister am Mummelsee" (1829). Wie die meisten Karseen im Schwarzwald wurde der Mummelsee zu Beginn des 17. Jahrhunderts aufgestaut, damit durch Zufuhr von Schwellwasser die Holztrift auf der Acher besser bewerkstelligt werden konnte; 1738 jedoch zerbrachen die Stauvorrichtungen unter dem Druck des Wassers.

das vom zweiten Aussichtsturm, dem **Bismarckturm** 04, ein Bohlensteg führt.

Am Bismarckturm verlassen wir den Westweg. Am Ostrand der Gipfelverebnung führt ein Steinplatten- und später Bohlenweg durch das Hochmoor, am Wegrand stehen Naturlehrpfad-Informationstafeln und Sitzbänke. Schließlich taucht der Weg in den Wald ein und erreicht den **Dreifürstenstein** 05. Der Dreifürstenstein am Südostrand der Hornisgrinden-Gipfelverebnung ist einer der größten historischen Grenzsteine in Deutschland; die mit Wappen verzierten Grenzlinien der Markgrafschaft Baden, des Herzogtums Württemberg und des Fürstentums Straßburg gaben der gewaltigen Steinplatte aus dem Jahre 1722 ihren Namen.

Vom Dreifürstenstein folgt die gelbe Raute einem steinigen Weg im Wald abwärts in die weitgehend entwaldete Windwurfzone. Der Blick fällt hinab zum Ausgangspunkt am **Seibelseckle** 01, das auf zwei Routen erreichbar ist: Links hinab steil 1,5 km, geradeaus 2,2 km, beide Varianten sind mit der gelben Raute markiert.

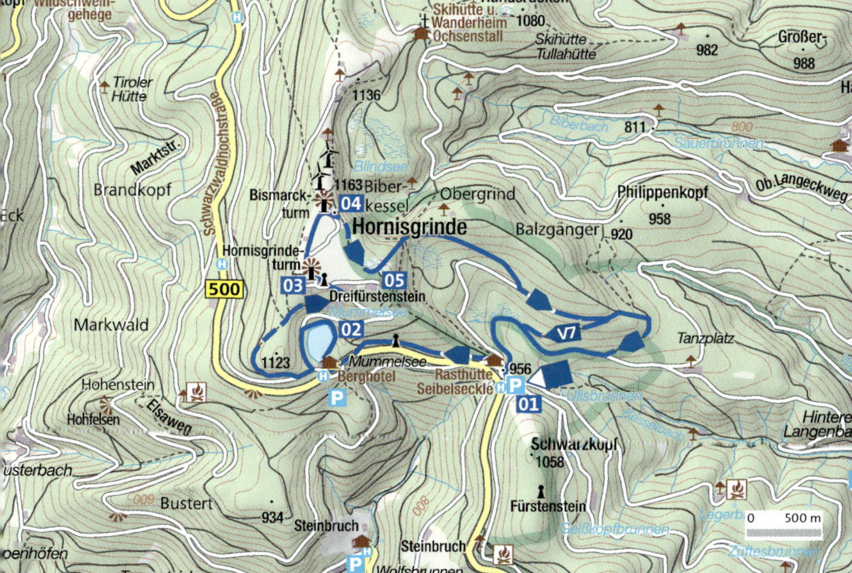

OTTENHÖFEN – EDELFRAUENGRAB – UNTERWASSER

Wasserfälle und Schwarzwaldmühlen

 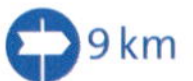 9 km 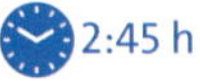 2:45 h 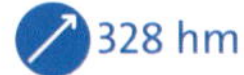 328 hm  328 hm 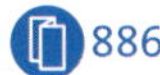 886

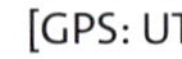
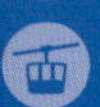

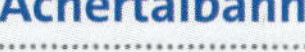

START | Ottenhöfen (296 m), Endbahnhof der Achertalbahn Achern – Ottenhöfen an der Straße Am Bahnhof.
[GPS: UTM Zone 32 x: 437.380 m y: 5.379.700 m]
CHARAKTER | Wechsel aus bequemen Forstwegen und wurzeligen, steilen Pfaden.

Achertalbahn

Die 1898 eröffnete Achertalbahn ist eine Nebenstrecke der Rheintalbahn. Von der Stadt Achern führt sie 11 Kilometer talaufwärts bis zum Endbahnhof im Luftkurort Ottenhöfen. An Sommersonntagen dampfte bis 2013 eine historische Eisenbahn mit Waggons der Jahrhundertwende und einer T-3-Lokomotive von Achern nach Ottenhöfen, sonst wird die Bahn im normalen Reise- und Güterverkehr mit Fahrradbeförderung betrieben. 2013 war die Achertalbahn der Star der Fernsehserie „Eisenbahn-Romantik".

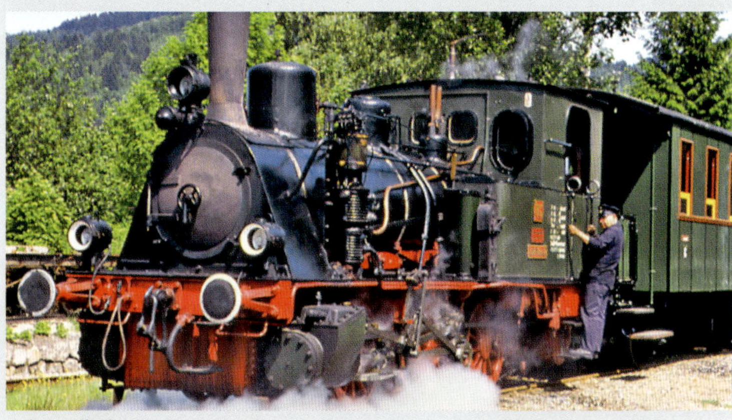

Achertalbahn.

Die Wasserfälle am Gottschlägbach und die Bauernmühlen von Unterwasser zählen zu den Höhepunkten der Rundwanderung in Ottenhöfen.

▶ Das Mühlendorf **Ottenhöfen** 01 ist Luftkurort im oberen Achertal und Endpunkt der 1898 eröffneten Achertalbahn. Vom Bahnhof führt der Forstweg am Kurgarten vorbei hinauf zur Allerheiligenstraße, wo sich an der Verzweigung Katholische Kirche die Wandertafel des Schwarzwaldvereins befindet. Hier zweigt die gelbe Raute links in die Albert-Köhlet-Straße ab und wechselt am Hildahain rechts versetzt an der Kirche vorbei aufwärts auf die Friedhofszufahrt Am Sauerberg, am Parkplatz übergehend in Schlossberg. Aussichtsreich zieht der Asphaltweg aufwärts zum **Schlosshof** 02 an der Ruine Bosenstein. Hier wohnte die Bosensteinerin, die Siebenlinge zur Welt brachte und sechs davon umbringen wollte, weshalb sie von ihrem edlen Mann zur Strafe bei lebendigem Leib eingemauert wurde.

Vom Schlosshof senkt sich die Obere Edelfrauengrab-Straße mit Blick auf den gigantischen Steinbruch Edelfrauengrab zum Wanderparkplatz Edelfrauengrab im Tal des Gottschlägbachs. Der Wanderweg folgt dem Bach zum namensgebenden **Wasserfall Edelfrauengrab 03**, einer vom Wasser ausgestrudelten Felshöhle. Hier wurde die Bosensteinerin eingemauert. An Strudeln und Kaskaden vorbei führt der wilde Wanderweg aufwärts, wechselt auf dem Romantischen Brückle die Bachseite und erreicht die **Verzweigung Gottschlägtal 04**. Hier wechselt die gelbe Raute südwärts auf einen steilen Serpentinenpfad, der sich in das aussichtsreiche Wiesenhochland schwingt und an den Häusern von Gottschläg vorbei zum **Wanderparkplatz Blöchereck 05** am 110er-Denkmal führt. Während der Blick bis hinauf zur Hornisgrinde schweift, führt die gelbe Raute zwischen den Häusern von Blöchereck westwärts, wechselt beim Rabenschrofen links Richtung Klausbach, senkt sich ins Unterwassertal und folgt dem schmalen Tal abwärts zur **Benz-Mühle 06**. Die namensgebende Benz-Mühle ist bekannt für ihre Bauernvesper mit selbst gebackenem Holzofenbrot, die eigenen Schnäpse und Liköre sowie den selbst gemachten Most; Wanderer erhalten auch ein kühles Bier, einen Schoppen Landwein oder alkoholfreie Getränke. Zwischen der Wassermühle und dem 450 Jahre alten, denkmalgeschützten Bauernhof gibt es einen Kinderspielplatz, ein Kleintiergehege und ein Biotop; die rustikale Gartenanlage bietet ca. 90 Sitzplätze, im Biotop befindet sich eine kleine Insel, die über eine Brücke zu erreichen ist und Gruppen bis zu 15 Personen zum Verweilen einlädt. Die gelbe Raute folgt der Straße Unterwasser weiter in den namensgebenden Weiler **Unterwasser 07**. Dort verlässt der Rundweg an der Bushaltestelle die Talstraße, überquert hinter den letzten Häusern die Unterwasser und passiert am Hasenwald das Naturerlebnisbad Ottenhöfen: Gäste erleben im chlorfreien Wasser des Naturerlebnisbades ein „ganz besonderes Badegefühl", finden tiefe Entspannung und haben „auch jede Menge Spaß". Die Wasserfläche von 2.500 Quadratmetern verteilt sich auf den separaten Spielbereich für Kleinkinder, Nichtschwimmerbecken sowie das Schwimmerbecken mit einer Länge von 33,33 m und dem angeschlossenen Sprungbecken mit einer Tiefe von 3,80 m.

Vom Hasenwald führt die gelbe Raute weiter talwärts und erreicht wenig später den Ausgangspunkt am Endbahnhof **Ottenhöfen 01**.

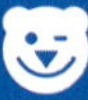

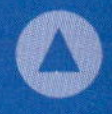
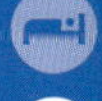

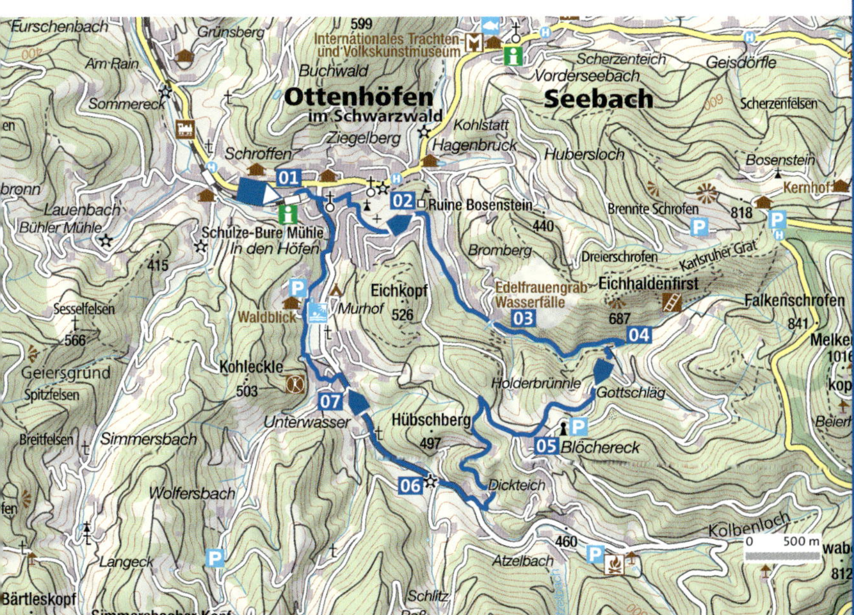

RUHESTEIN – WILDSEE – DARMSTÄDTER HÜTTE

Panorama am Grab des Ruhesteinvaters

 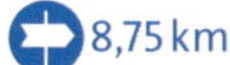 8,75 km  2:30 h  231 hm 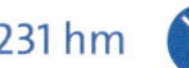 231 hm 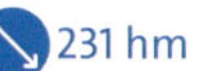 886 

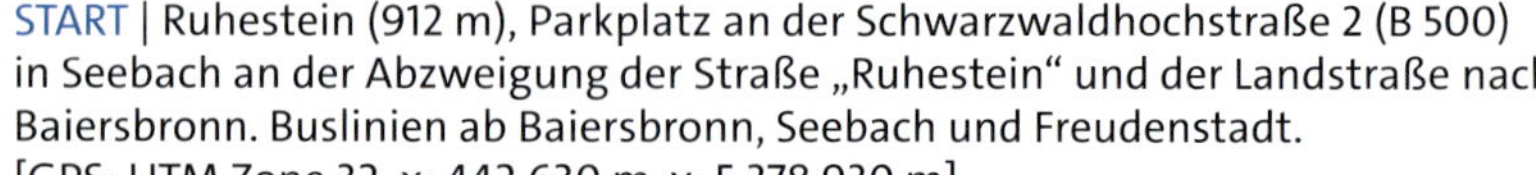

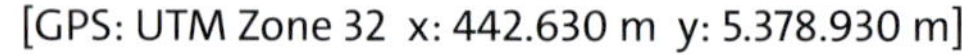

START | Ruhestein (912 m), Parkplatz an der Schwarzwaldhochstraße 2 (B 500) in Seebach an der Abzweigung der Straße „Ruhestein“ und der Landstraße nach Baiersbronn. Buslinien ab Baiersbronn, Seebach und Freudenstadt.
[GPS: UTM Zone 32 x: 442.630 m y: 5.378.930 m]
CHARAKTER | Wald- und Panoramawanderung auf überwiegend bequemen Wegen; nur das Wildseewegle erfordert Trittsicherheit und festes Schuhwerk.

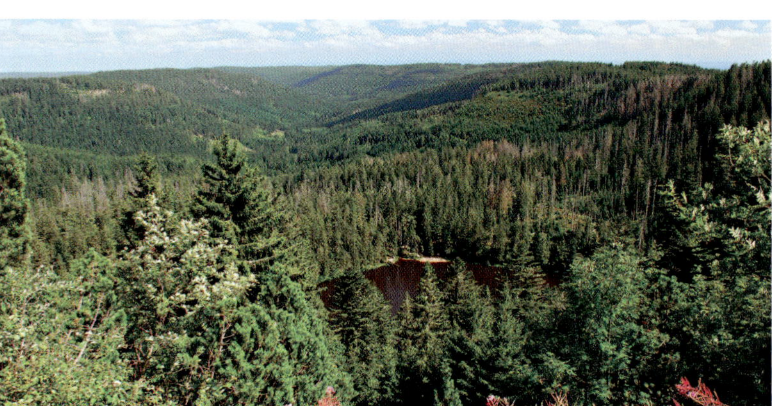

Eutinggrab: Blick auf den Wildsee.

Der Seekopf über dem Wildseekar zählt zu den naturschönsten Bergen im Nordschwarzwald. Über 100 m überragt den See die von Geröll und Felsblöcken bedeckte Karwand im Osten des Seekopfs. An ihrem oberen Ansatz befindet sich das Eutinggrab, die Urnengrabstätte von Julius Euting (1839–1913), Mitbegründer des Vogesenclubs und Vorsitzender des Verbands Deutscher Gebirgs- und Wandervereine 1900–08.

▶ Von den Parkplätzen am **Naturschutzzentrum Ruhestein** 01 führt der mit dem Zeichen rote Raute markierte Schwarzwald-Fernwanderweg „Westweg“ längs der Sesselifttrasse in aussichtsreichen Wiesen auf den Ruhesteinberg, wo sich die Bergstation des Ruhesteinlifts 1 befindet. Vom Ruhesteinberg leitet der Westweg im Bergwald geradeaus zur Verzweigung am Seekopf und erreicht wenig später das **Eutinggrab** 02. Hier fand der „Ruhesteinvater“ Julius Euting 1913 seine letzte Ruhestätte. Am Grab bietet sich eine hervorragende Aussicht auf den Wildsee.

Wenige Minuten später zweigt vom Westweg am Schilderstandort Wildseewegle das namensgebende Wegle rechts zum Wildsee ab. Gutes Schuhwerk und Trittsicherheit sind erforderlich, das Wegle führt durch den Bannwald, in dem keine Bewirtschaftung mehr erfolgt und jederzeit Totholz herabfallen kann. Ein wenig lässt das steile Wildseewegle erahnen, was für ein Urwald der Schwarzwald einst war. Auch der **Wildsee** 03 liegt in diesem als Totalreservat ausgewiesenen Bannwald des Naturschutzgebiets „Wilder See – Hornisgrinde“. Eine forstwirtschaftliche Nutzung unterbleibt völlig, durch natürliche Entwicklungsprozesse soll sich

Ein Tässchen Mokka für den Ruhesteinvater

Der Orientalist Julius Euting wurde am 11. Juli 1839 in Stuttgart geboren († 2.1.1913, Straßburg). Alljährlich an seinem Geburtstag wird an seinem Grab im Nordschwarzwald an alle Wanderer ein Tässchen arabischer Mokka ausgeschenkt als Zeichen deutsch-arabischer Freundschaft. Als „Abd el-Wahhab“ ritt der in 16 Sprachen ausgebildete Professor zu Pferd und auf Kamelen 2300 km durch Arabien. Über Fachkreise hinaus bekannt wurde er mit seinem „Tagebuch einer Reise nach Inner-Arabien“ (1896/1914, Reprint 2004). Ebenso wie er für eine Verständigung zwischen arabischer und westlicher Welt warb, setzte er sich nach dem Deutsch-Französischen Krieg für die Verständigung zwischen Deutschen und Franzosen ein. In der Gründung des Vogesenclubs (1872), der heute mehr als 30.000 Mitglieder hat, sah er einen adäquaten Weg. 1876–1912 war er Präsident dieses Wandervereins. Am Ruhestein beim heutigen Naturschutzzentrum legte er Wanderwege an. 1905 gestaltete der „Ruhesteinvater“ über dem Wildsee sein eigenes Grab am Westweg, dem Höhenwanderweg des Schwarzwalds.

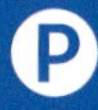

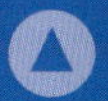

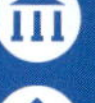

Baden-Württembergs ältester Bannwald in einen Urwald verwandeln. Ausgeschürft wurde die Hohlform, in der der 2,4 ha kleine und knapp 12 m tiefe See liegt, von einem Hängegletscher der Eiszeit.

Vom Wildsee führt die gelbe Raute nordwärts an der ehemaligen Falzhütte vorbei und leitet erneut durch das Bannwaldgebiet (Informationstafel), ehe sie wieder in den Westweg mündet und wenig später die ganzjährig bewirtschaftete **Darmstädter Hütte** **04** erreicht ist. Vom Berggasthaus senkt sich der Westweg zur Verzweigung Skilift Darmstädter Hütte. Hier verlassen wir den Fernwanderweg und folgen der gelben Raute auf dem Torfweg und dann dem Metaweg mit zuletzt beeindruckender Aussicht zurück zum Ausgangspunkt am **Ruhestein** **01**.

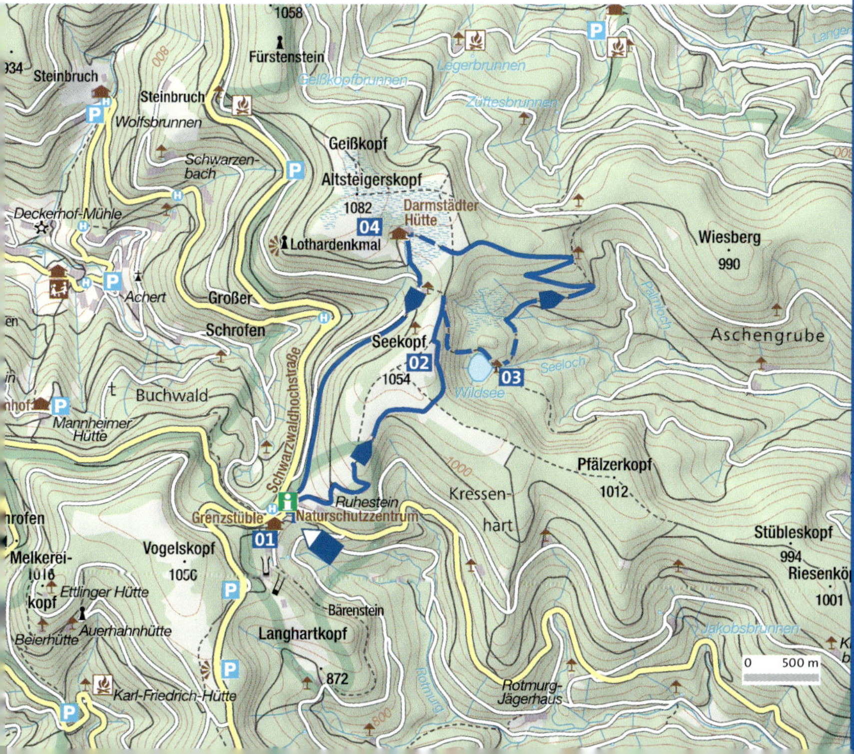

STEINMÄUERLE – SCHLIFFKOPF

Am Murgursprung

  7,25 km 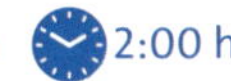 2:00 h 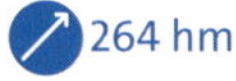 264 hm 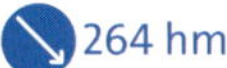 264 hm  886

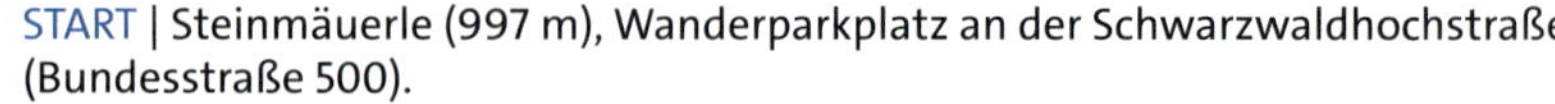

START | Steinmäuerle (997 m), Wanderparkplatz an der Schwarzwaldhochstraße (Bundesstraße 500).
[GPS: UTM Zone 32 x: 442.280 m y: 5.375.870 m]
CHARAKTER | Wechsel aus bequemen Forstwegen und wurzeligen, steilen Pfaden.

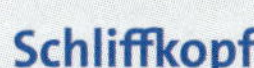

Schliffkopf

Der Schliffkopf (1055 m) im Nationalpark Schwarzwald ist ein von Eis, Frostsprengung und Wind geschliffener, von Grindenvegetation bedeckter Höhenrücken mit umfassendem Panorama in alle Himmelsrichtungen; in seiner Ostflanke entspringen die höchsten Quellbäche der Murg. Die Panorama-Orientierungstafel beim Gipfelkreuz benennt Berge und Orte im Blickfeld. Heideflächen, Legföhren, Hochmoore und Wälder prägen das Schliffkopf-Gebiet ebenso wie die Windwurfflächen am „Lotharpfad" und der Buhlbachsee. An der Schwarzwaldhochstraße lädt das Schliffkopfhotel zur Einkehr ein. Das Schliffkopfhotel ist ein Wellness- und Natur-Resort an der Schwarzwaldhochstraße; ein Wanderweg führt in 10 Minuten zum Gipfel. Nach der Wanderung kann man im Hallenbad, im beheizten Freibad mit Sonnendeck und in der Saunalandschaft entspannen.

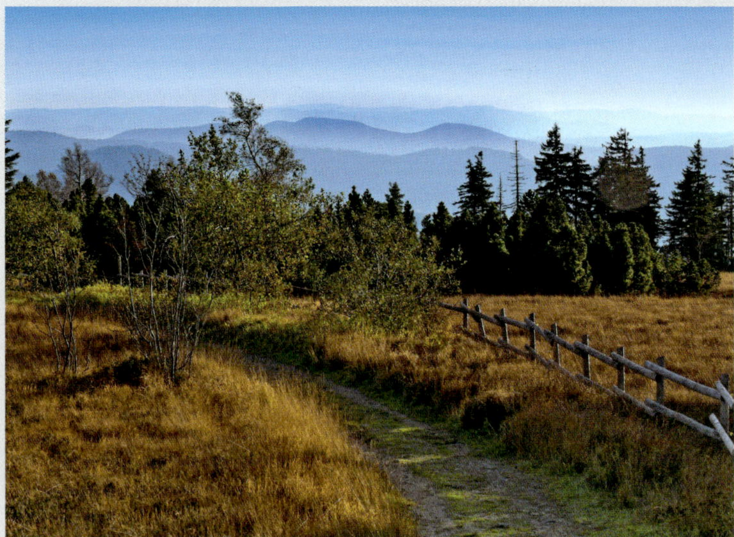

Naturschutzgebiet Schliffkopf.

Der Schliffkopf im Nationalpark ist der beste Aussichtsberg im Nordschwarzwald, in seinem Osthang entspringt die Murg.

▶ Der **Parkplatz Steinmäuerle** 01 an der Schwarzwaldhochstraße (Bundesstraße 500) ist eine wichtige Verzweigung am Rundwanderweg 1000-Meter-

Weg und am Fernwanderweg Westweg. Der Tausendmeterweg führt an einem Aussichtsgerüst vorbei zur Jakobshütte im Westhang des Schliffkopfs; wer einkehren will, folgt der Zufahrt zum Schliffkopfhotel und kann von dort aus zu Fuß in gut 5 Minuten auf den Schliffkopf wandern; der Westweg hingegen führt ohne Umwege hinauf zum Bergkreuz bei der Panorama-Orientierungstafel auf dem **Schliffkopf** **02**. Wenige Minuten später erreicht der Westweg beim Heldendenkmal des Schwäbischen Schneeschuhbunds eine zweite hervorragende Aussichtsstelle mit Blick Richtung Sonnenaufgang; wieder laden Sitzbänke zu aussichtsreicher Rast ein. Vom Heldendenkmal leitet der Westweg weiter durch die Grinde, derart aussichtsreich, dass vor dem Eintritt in den Wald noch einmal Panoramasitzbänke zu einem letzten Blick einladen. An der **Verzweigung Hübscher Platz** **03** verlässt die gelbe Raute den Westweg, leitet rechts hinab, taucht nach Queren der Schwarzwaldhochstraße wieder in den Wald ein und erreicht zwischen den Quellgebieten von Rot- und Rechtmurg die **Verzweigung Roter Schliff** **04**. Hier führt die gelbe Raute südwärts weiter zum Wolfigbrunnen am Ursprung der Wolfach, eines Quellbachs der Rechtmurg. Im Tal der Wolfach senkt sich der Wanderweg zur **Hubertushütte** **05**, verlässt hier das Tal rechts hinauf und wechselt im Hang des Langen Zinken ins Rechtmurgtal, wo er nach Überqueren des Bächle Tränkenteich an der **Verzweigung Rechtmurgwegle** **06** auf den Fernwanderweg Murgleiter trifft. Er führt zurück zum nahen Ausgangspunkt, dem **Wanderparkplatz Steinmäuerle** **01**.

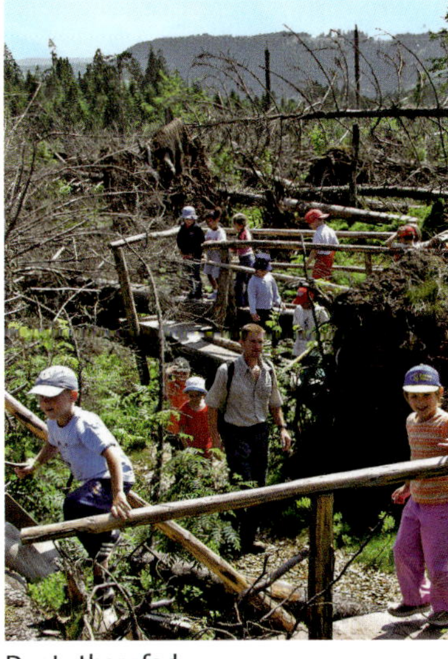
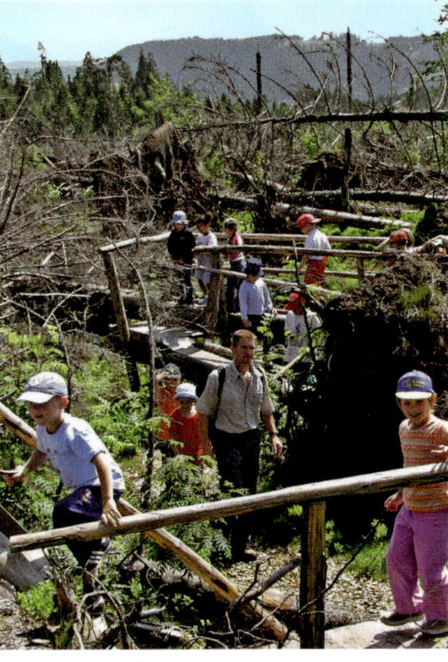

Der Lotharpfad.

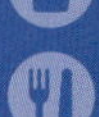

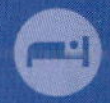
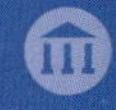

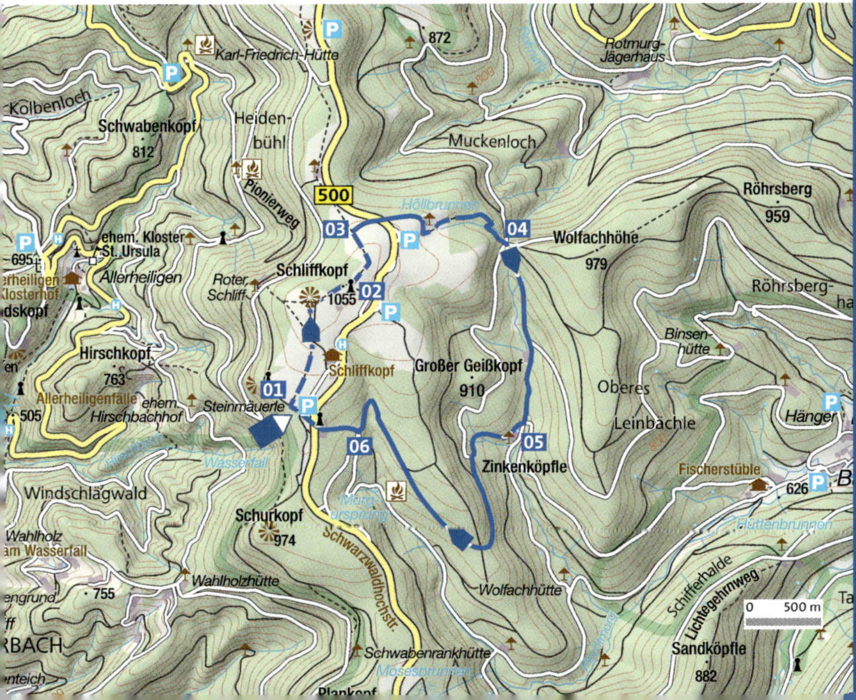

ZUFLUCHT – ROSSBÜHL – BUHLBACHSEE

Ortenau-Tiefblick und Karsee im Nationalpark Schwarzwald

  7,75 km 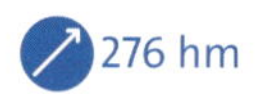 2:15 h 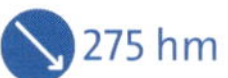 276 hm  275 hm 886

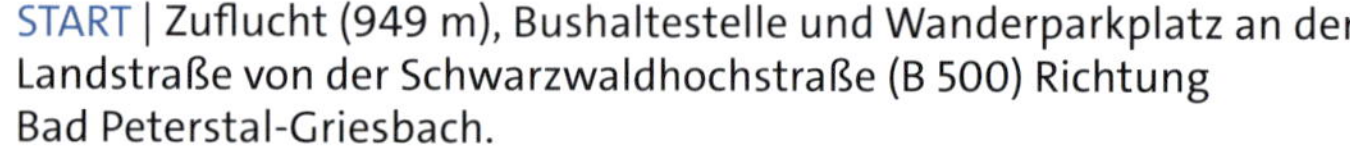

START | Zuflucht (949 m), Bushaltestelle und Wanderparkplatz an der Landstraße von der Schwarzwaldhochstraße (B 500) Richtung Bad Peterstal-Griesbach.
[GPS: UTM Zone 32 x: 494.040 m y: 5.420.410 m]
CHARAKTER | Wechsel aus bequemen Forstwegen und wurzeligen, steilen Pfaden.

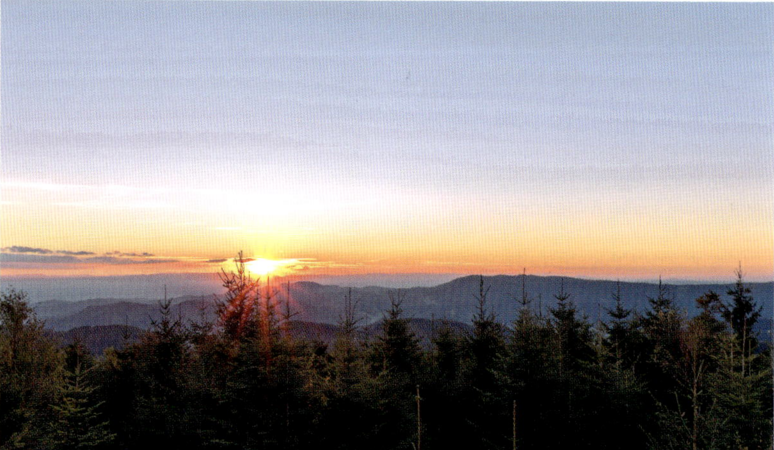

Sonnenuntergang im Nationalpark Schwarzwald.

Die **Zuflucht** 01 auf dem Bergrücken Kniebis ist der höchstgelegene Ortsteil des Kurorts Bad Peterstal-Griesbach im Renchtal. Die Zwei-Häuser-Siedlung an der Grenze zur Gemeinde Baiersbronn liegt an der Oppenauer Steige, einer Serpentinenstraße mit Steigungen von bis zu 18 %, und ist ein rege frequentierter Ausgangspunkt für Wanderungen und Mountainbiketouren sowie im Winter für Skiwanderungen am nahen Roßbühl gibt es einen Skihang mit Lift. Vom Wanderparkplatz führt der mit dem Zeichen rote Raute markierte Fernwan-

Buhlbachsee

Der Buhlbachsee ist ein Karsee im Nationalpark Schwarzwald. Der 2,7 ha große See liegt in einer von Gletschern ausgehobelten Nische in der Nordflanke des Grindenkamms; der Buhlbach ist ein Quellbach der Murg. Im 19. Jahrhundert wurde der im Lauf der Jahrtausende verlandete See zum Zweck der Holztrift aufgestaut, dabei löste sich der pflanzenreiche Schwingrasen vom vermoorten Untergrund und liegt seither als Insel auf dem Wasser. Ein besonders schönes Bild bietet der See, wenn auf dem Schwingrasen zur Mittsommerzeit das Wollgras flockt. Neben Wollgräsern wachsen auf dem Schwingrasen Torfmoose, Moosbeeren, Schwarze Krähenbeeren, Moor-Binsen und der Rundblättrige Sonnentau.

derweg Westweg über den aussichtsreichen Roßbühl, an dem sich ein Skilift und ein Gleitschirm-Startpunkt befinden. Der Roßbühl ist ein bedeutender Gleitschirmflug-Startplatz mit exzellentem Blick auf den Luftkurort Oppenau und die Ortenau. In der historischen Röschenschanze auf dem Roßbühl hat sich ein Hochmoor gebildet.

Vom Roßbühl senkt sich der Westweg zur **Verzweigung Schwarze Lache** **02** im Quellgebiet des Buhlbachs. Hier verlassen wir den Westweg und folgen der gelben Raute am Buhlbachursprung vorbei zur Schwarzwaldhochstraße, kurz nach Queren der Straße wendet sich die gelbe Raute im Wald links zur **Verzweigung Buhlbacher Läger** **03**. Rechts geht es weiter durch die feuchten Wälder an der Hahnenmisse, einem Moor, in dem das Spaltbächle entspringt.

Diesem kleinen Wasserlauf folgt die gelbe Raute abwärts bis zur Mündung in den Buhlbach an der **Verzweigung Spaltbächle** **04** nahe der Bärenteichhütte. Am Buhlbach entlang geht es steil aufwärts zur Verzweigung Buhlbachsee, von der der nahe **Buhlbachsee** **05** in einem kurzen Abstecher erreichbar ist.

Nach der Rast am Buhlbachsee, um den ein Rundweg führt, geht es zurück zur Verzweigung Buhlbachsee. Steil führt der Seensteig hinauf zum Wanderparkplatz Bärenteich an der Schwarzwaldhochstraße, quert die Straße und erreicht wenig später den Ausgangspunkt am **Wanderparkplatz Zuflucht** **01**.

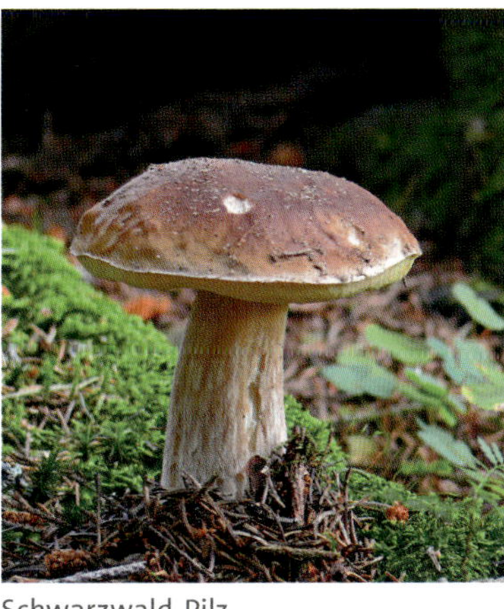

Schwarzwald-Pilz.

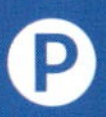

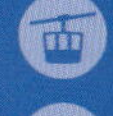
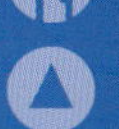
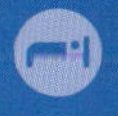

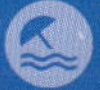

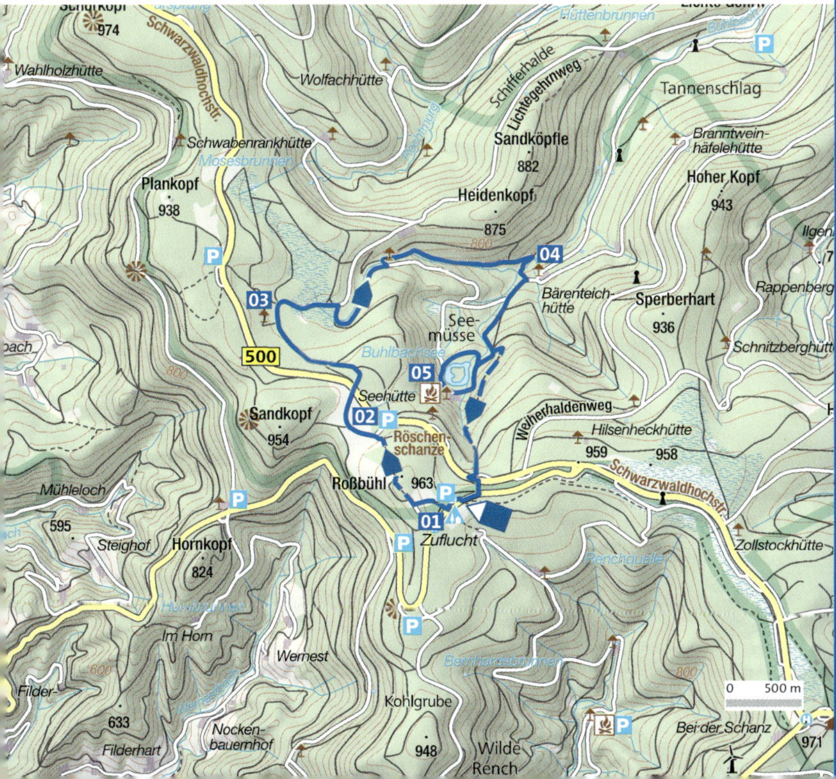

MITTELTAL WILDGEHEGE – ELLBACHSEE

Auf den Spuren der guten Geister vom Elfenbach

 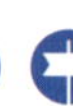 9,5 km 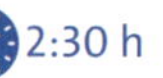 2:30 h 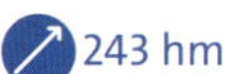 243 hm  243 hm  886

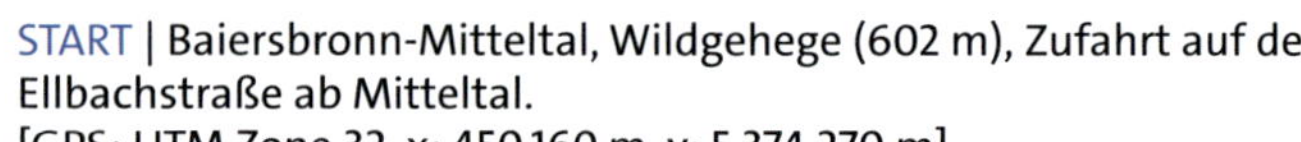

START | Baiersbronn-Mitteltal, Wildgehege (602 m), Zufahrt auf der Ellbachstraße ab Mitteltal.
[GPS: UTM Zone 32 x: 450.160 m y: 5.374.270 m]
CHARAKTER | Leichte Forstwege.

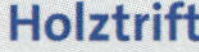

Holztrift

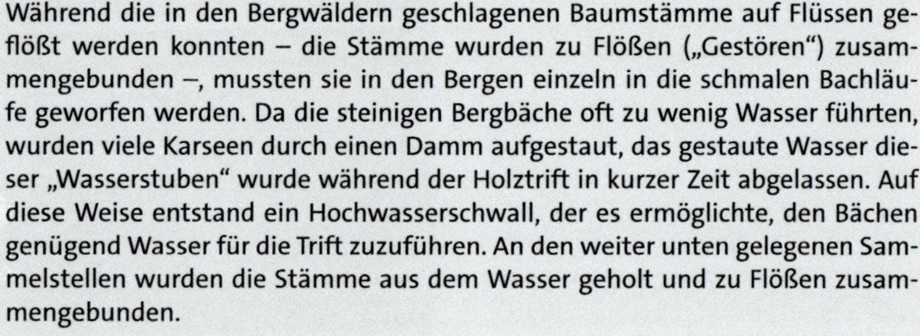

Während die in den Bergwäldern geschlagenen Baumstämme auf Flüssen geflößt werden konnten – die Stämme wurden zu Flößen („Gestören") zusammengebunden –, mussten sie in den Bergen einzeln in die schmalen Bachläufe geworfen werden. Da die steinigen Bergbäche oft zu wenig Wasser führten, wurden viele Karseen durch einen Damm aufgestaut, das gestaute Wasser dieser „Wasserstuben" wurde während der Holztrift in kurzer Zeit abgelassen. Auf diese Weise entstand ein Hochwasserschwall, der es ermöglichte, den Bächen genügend Wasser für die Trift zuzuführen. An den weiter unten gelegenen Sammelstellen wurden die Stämme aus dem Wasser geholt und zu Flößen zusammengebunden.

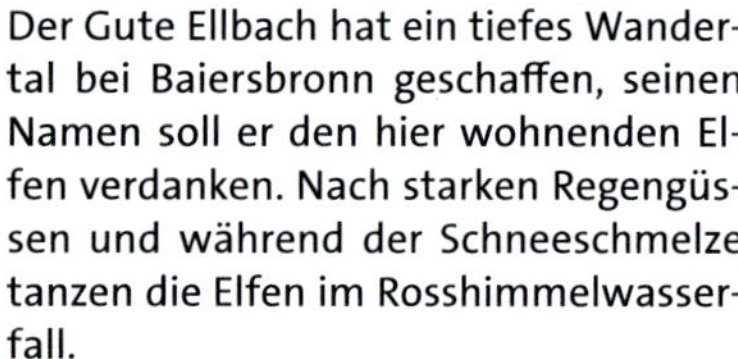

Der Gute Ellbach hat ein tiefes Wandertal bei Baiersbronn geschaffen, seinen Namen soll er den hier wohnenden Elfen verdanken. Nach starken Regengüssen und während der Schneeschmelze tanzen die Elfen im Rosshimmelwasserfall.

Der Luftkurort Mitteltal ist der größte Teilort der Gemeinde Baiersbronn. Das „Dorf der Quellen und Parzellen" liegt im oberen Murgtal an der Mündung des Ellbachs. Bei der Tourist-Information in der Ortsmitte verlässt die Ellbachstraße die Ruhesteinstraße und folgt dem Ellbach durch sein liebliches Wiesental. Wenn sich die Ellbachstraße bei der Anfahrt zum Wildgehege Mitteltal einer Brücke nähert – der Gutellbachbrücke –, ist zu sehen, wie sich zwei verschiedene Bäche zum Ellbach vereinigen: Von Westen kommt der Böse Ellbach oder Bösellbach aus seinem Tal geschossen, wir hingegen folgen dem Guten oder Gutellbach aufwärts zum Parkplatz am **Wildgehege Mitteltal** 01 am Waldrand, genauer gesagt in der Flur „Waldespracht". In Verlängerung der Anfahrtsrichtung führt der Baiersbronner Seensteig kurz südwärts und wechselt an der ersten Verzweigung links ans Ufer des Guten Ellbachs. Neben dem über Blockwerk spielenden Bach geht es im Wald bergan, bis an einer lieblichen Wiesenrodung an der Mündung des Kienbächles die **Ellbachhütte** 02 zur Rast einlädt.

Der Seensteig taucht wieder in den Wald ein und führt aufwärts, am nächsten Bachlauf öffnet sich erneut eine Wiesenlichtung, und wenn das Gelände zuletzt merklich mooriger wird, ist es nicht mehr weit bis zur Rasthütte am **Ellbachsee** 03. Der Ellbachsee ist ein Karsee in der Nordflanke des Kniebis-Bergrückens. Überragt wird der sagenumwobene Quellsee des Guten Ellbachs von einer 140 m hohen Karwand, in der viele urtümliche Tannen-Fichten-Wälder wachsen, während ihn zum Ausfluss hin sichelförmige Moränen flankieren. Das Wasser des Ellbachsees wurde früher als Schwallwasser zur Holztrift benutzt, heute ist der als Naturdenkmal ausgewiesene, nur 2 m tiefe See zum größten

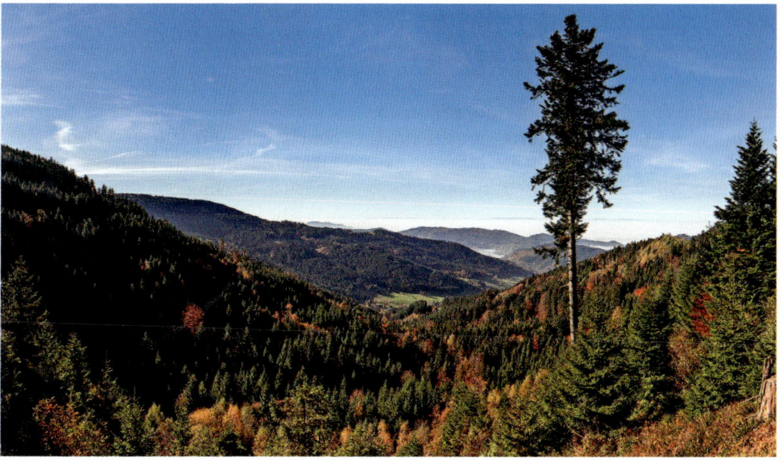

Einblicke ins liebliche Wiesental.

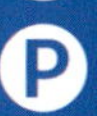

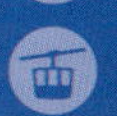
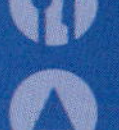
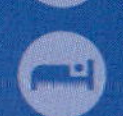

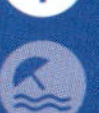

Teil von einem Schwingrasen bedeckt, die sichtbare Wasserfläche ist nur 0,5 ha groß.

Von der Hütte führt der nun mit einer gelben Raute markierte Rundweg westwärts durch die steile Seehalde zum **Rosshimmelwasserfall** 04. Bei trockener Witterung sucht man hier vergeblich nach einem rauschenden Wasserfall, doch während der Schneeschmelze tosen die Wasser durch den Rosshimmel und ergießen sich in den Ellbach. Der Wanderweg führt am sumpfigen Weihergebiet entlang und mündet nach Überqueren eines weiteren Ellbach-Quellbachs am **Oberen Gewölbe** 05 auf den Rückweg. Im Waldhang des Tannschachten folgt er dem Guten Ellbach talwärts, durchquert am Grüble zwischen Tannschachen und Ellbachkopf ein weiteres Quellgebiet, durch das viele kleine Bäche dem Guten Ellbach zurieseln, und erreicht wenig später wieder den Ausgangspunkt am **Wildgehege Mitteltal** 01.

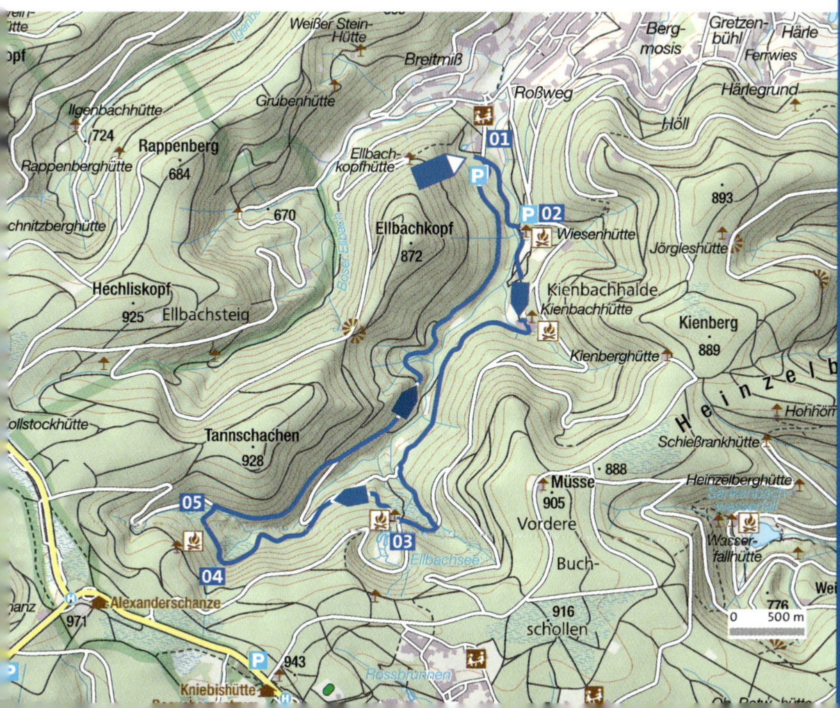

BAIERSBRONN – HESELBACH – SCHÖNMÜNZACH

Auf dem Murgtalwanderweg

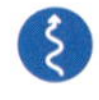  20,5 km 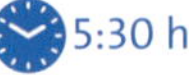 5:30 h 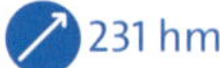 231 hm  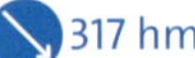 317 hm 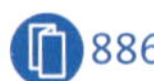 886

START | Baiersbronn, Bahnhof (546 m), Freudenstädter Straße 40; Murgtal-S-Bahn Rastatt – Baiersbronn – Freudenstadt.
[GPS: UTM Zone 32 x: 453.630 m y: 5.372.520 m]
CHARAKTER | Leichte Forstwege, passagenweise asphaltiert.

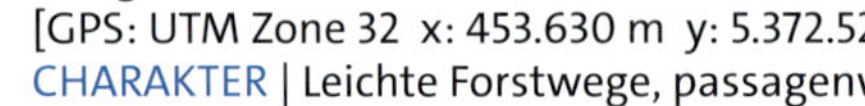

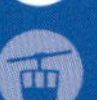

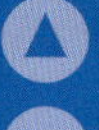
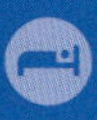

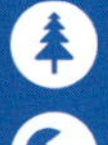

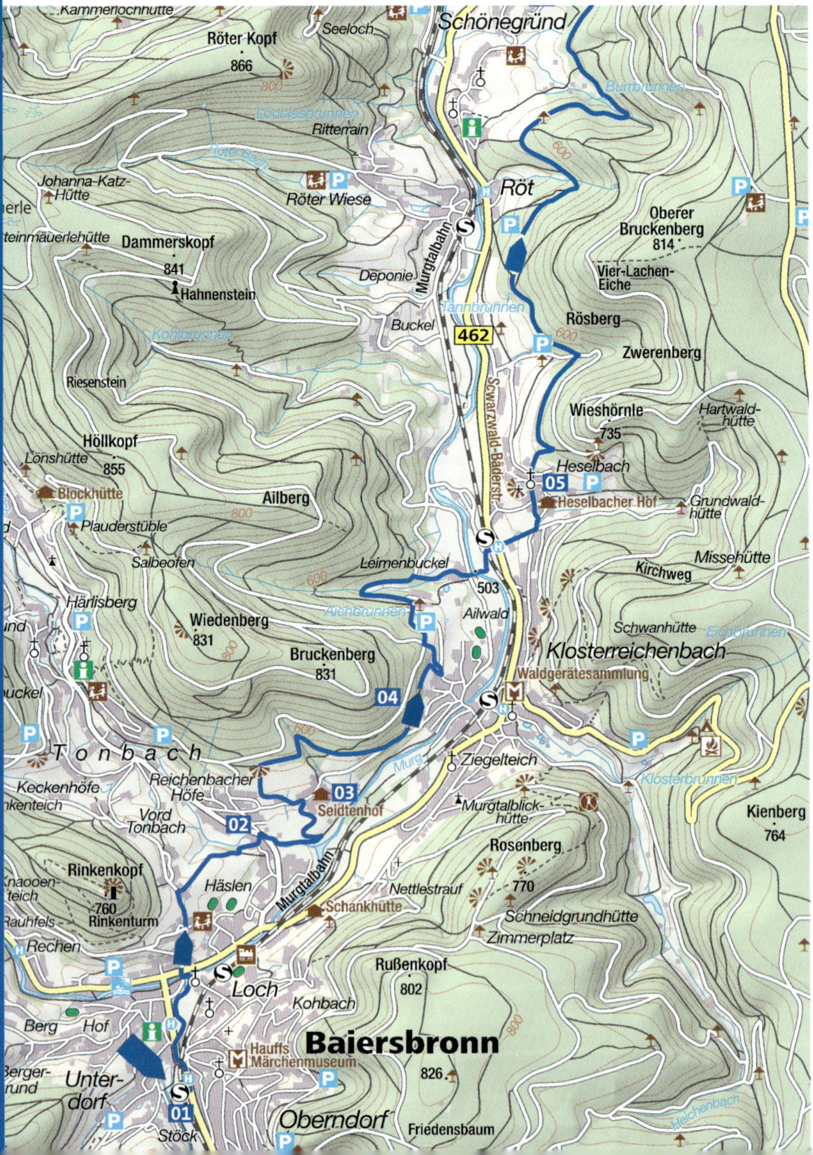

Der obere Abschnitt des Murgtals auf dem Gebiet der Gemeinde Baiersbronn ist ein typisches Schwarzwaldtal mit breiten Wiesengründen und früher vorwiegend landwirtschaftlich geprägten Dörfern. Vom Wanderzentrum Baiersbronn führt der Murgtalwanderweg mit viel Sehenswertem am Wegesrand aussichtsreich durch die Wiesenhänge über dem Tal nach Schönmünzach, dort fährt die S-Bahn zurück zum Ausgangspunkt.

▶ Vom **Wander-Informationszentrum Bahnhof Baiersbronn** **01** leitet die Markierung blaue Raute Richtung „Rinkenkopf“ am Forbach entlang abwärts durch den Kurpark Schelklewiesen, an dessen unterem Ende an der Mündung des Forbachs die Murg erreicht wird. Nach Überqueren der Murg geht es am Fuß des Rinkenkopfs geradeaus durch die Häslergasse und mit weiter Aussicht durch die Wiesen in den Ortsteil **Reichenbacher Höfe** **02** im Tonbachtal. Würde man im Tonbachtal aufwärtswandern, könnte man im Drei-Sterne-Restaurant „Schwarzwaldstube“ des Traditionshauses „Traube Tonbach“ speisen: 3 Sterne bei Michelin, 19 Punkte

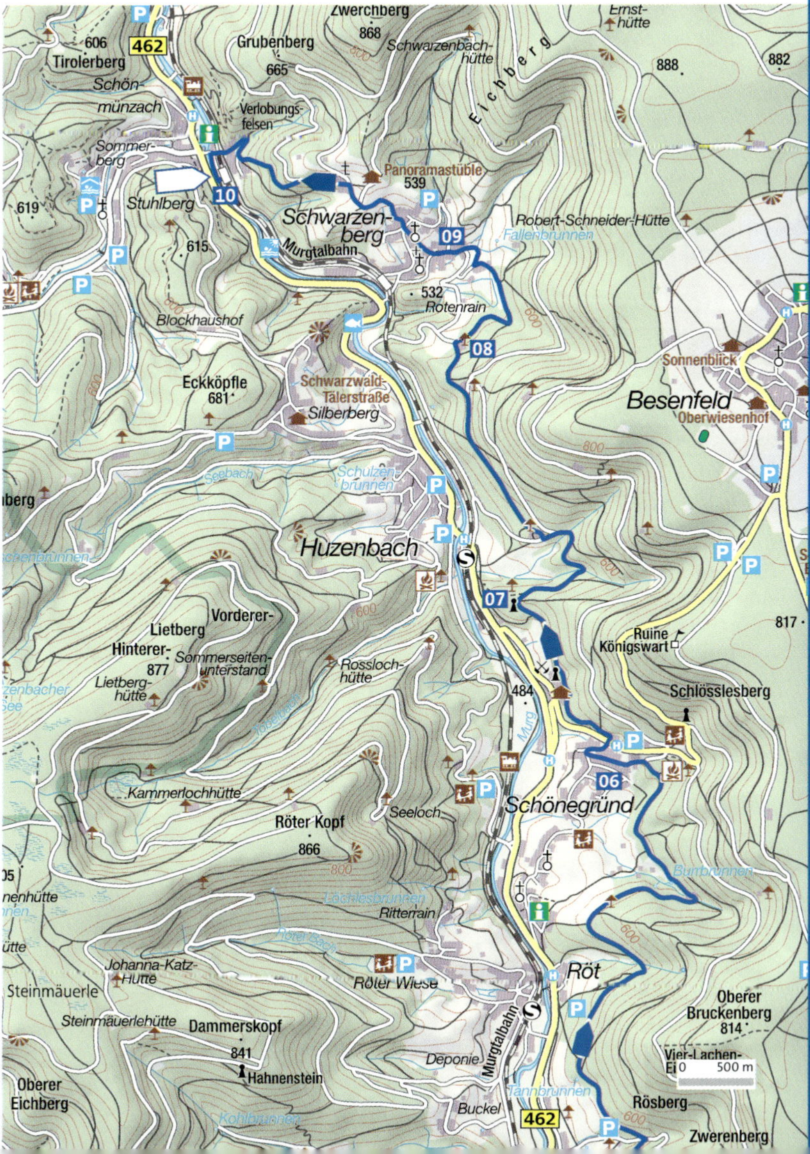

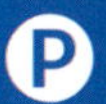

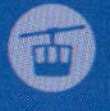

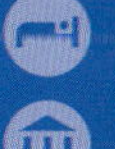

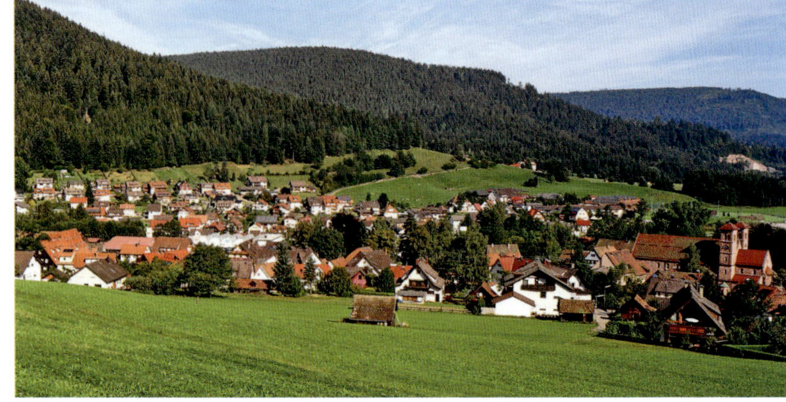

Schöne Aussicht auf Klosterreichenbach.

im Gault Millau, mehrfach „Bester Koch des Jahres“ und seit gut 15 Jahren die maximale Bewertung in allen deutschen Restaurantführern locken Gäste aus aller Welt in den 900-Seelen-Luftkurort Tonbach.

Nach Überqueren des Tonbachs steigt die blaue Raute in den Panoramawiesen an zum **Seidtenhof** 03, der mit seinem Bauernstüble zu einer zünftigen Brotzeit mit eigenen Hofprodukten einlädt. Der Seidtenhof aus dem Jahr 1555, der als Hofstelle aber schon im Jahr 1070 genannt wurde, war einst ein Lehenshof des Klosters in Klosterreichenbach und gehört zu den ältesten erhaltenen Höfen im Murgtal.

Vom Seidtenhof schwingt sich die blaue Raute in den aussichtsreichen Wiesen zum Wald hinauf und folgt dort dem Höfer Weg im Hang am Luftkurort Klosterreichenbach vorbei zur Überrain-Schutzhütte unter dem **Bruckenberg** 04 und auf dem Ailwaldweg geradeaus ins Ailbachtal. Rechts liegt das Wellness-Hotel Ailbachhof, während der Murgtalwanderweg links über den Ailbach führt und ihm hinab in die Wiesen des Murgtals folgt. Am Hof Leimenbuckel überquert er die Murg und führt am S-Bahn-Haltepunkt Heselbach vorbei in das Dorf **Heselbach** 05 im rechten Talhang; der „Heselbacher Hof“ lädt zur Einkehr ein. An der Heselbacher Hütte oberhalb der Bergwiesen taucht der Murgtalwanderweg wieder in den Wald ein, zieht oberhalb des Dorfs Röt vorbei und verlässt den Wald erst, wenn in **Schönegründ** 06 der Gasthof „Zum Löwen“ zu einer weiteren Brotzeit einlädt. Nach der Rast geht's weiter im Wald zur **Schlössleswald-Hütte** 07, wobei sich der Wanderweg meist in Waldrandnähe hält, damit man die schönen Ausblicke über das Murgtal genießen kann. Am **Mäder-Unterstand** 08 erreicht der Murgtalwanderweg das Wiesenland im Zielgebiet, am Rotenrain beginnt der Abstieg nach **Schwarzenberg** 09 und bald darauf ist der Bahnhof des Luft- und Kneippkurorts **Schönmünzach** 10 erreicht.

Kurort Baiersbronn

Der Luft- und Kneippkurort Baiersbronn an den Quellen der Murg und dem Nationalpark Schwarzwald ist die flächengrößte Landgemeinde Baden-Württembergs mit einer äußerst abwechslungsreichen Naturausstattung. Von den Wiesenfluren und Kirchdörfern des oberen Murgtals erstreckt sich das Gemeindegebiet hinauf zu den Schluchten, Wasserfällen und Karseen in der Flanke des Grindenkamms und gipfelt in der aussichtsreichen Hornisgrinde (1163 m), dem höchsten Nordschwarzwaldberg, sowie im Schliffkopf (1055 m), dem Namensgeber des größten Naturschutzgebiets im Nordschwarzwald.

BAIERSBRONN – STÖCKERKOPF

Auf den aussichtsreichen Hausberg von Baiersbronn

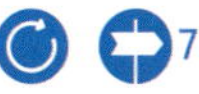  7 km 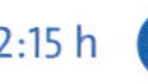 2:15 h 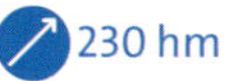 230 hm 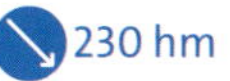 230 hm  886

START | Baiersbronn, Bahnhof (546 m), Freudenstädter Straße 40; Murgtal-S-Bahn Rastatt – Baiersbronn – Freudenstadt.
[GPS: UTM Zone 32 x: 453.630 m y: 5.372.520 m]
CHARAKTER | Leichte Forstwege, der Schlussanstieg zum Stöckerkopf macht dennoch festes Schuhwerk empfehlenswert.

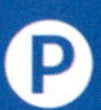

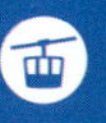

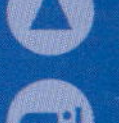
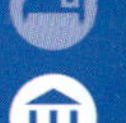

Vom **Wander-Informationszentrum Bahnhof Baiersbronn** **01** leitet die Markierung blaue Raute über den Mühlkanal und den Forbach zu den Stöckerwiesen, wo die Markierung gelbe Raute die Routenführung übernimmt. Auf dem Stöckerweg leitet sie aussichtsreich und recht steil aufwärts zum **Schnapsbrunnen** **02**. Gemütlich unter Tannen, mit einer einladenden Bank, Blick über Baiersbronn und mit im Wasser gekühlten Getränken, die gegen einen kleinen Unkostenbeitrag erhältlich sind, kann man hier verweilen, und manchen sieht man an, dass sie hier schon lange weilen und nie mehr auf den Stöckerkopf gelangen werden.

Ein Stück weit oberhalb unterquert der Wanderweg den Sessellift Stöckerkopf, erreicht an der Verzweigung Sohlberg den Waldrand und folgt einem Schotterweg links zur Schutzhütte **Stöckerkopfhütte** **03**, an der sich erneut ein erstklassiger Blick auf Baiersbronn und das Murgtal bietet. Gleich darauf beginnt der steile Aufstieg zur ganzjährig bewirtschafteten **Glasmännlehütte** **04** an der Bergstation des Sessellifts am Stöckerkopf.

Vom Stöckerkopf senkt sich der Wanderweg steil ins ausgeschilderte Sankenbachtal, an der **Verzweigung Wildgehege Sankenbach** **05** links zum

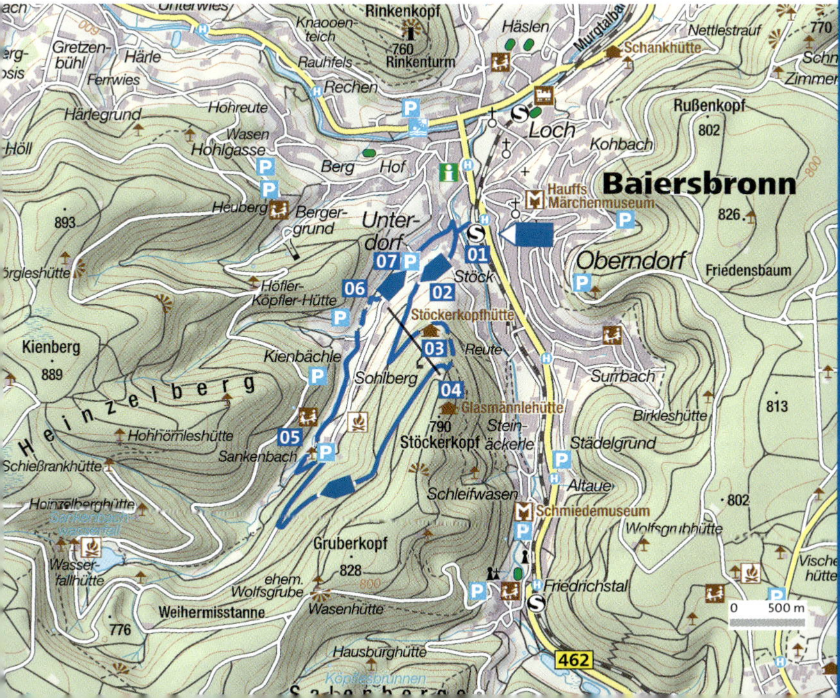

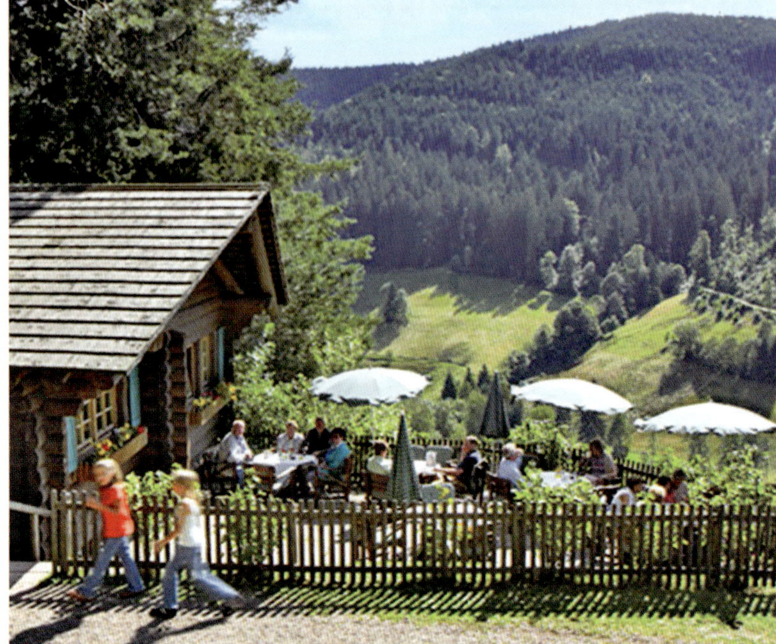

Vesperhütte bei Baiersbronn.

Spielplatzwegle und zum **Sankenbach-Brückle** 06, wo die bekannte Markierung blaue Raute wieder auftaucht. Wer ihr talaufwärts folgt, gelangt in wenigen Minuten zum Sankenbachsee und zu den Sankenbachfällen, während wir der blauen Raute talabwärts folgen. Bis zum **Gleitschirm-Landeplatz** 07 beim Parkplatz an der Talstation des Sessellifts folgt der Wanderweg dem Sankenbach, dann wechselt er auf die Sankenbachstraße und folgt ihr zurück zum Ausgangspunkt am **Bahnhof Baiersbronn** 01.

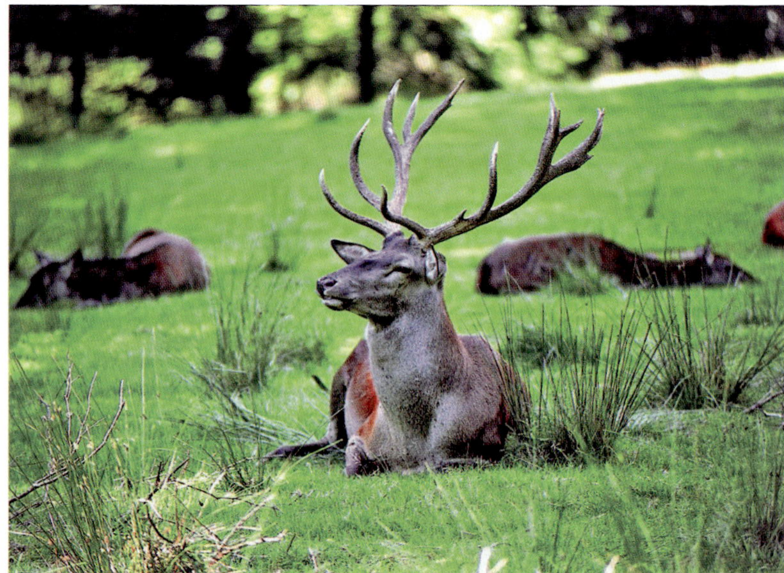

Freudenstadt, Wildgehege.

KLOSTERREICHENBACH – STOFFELSHÜTTE

Durch das romantische Reichenbachtal

 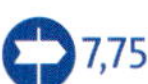 7,75 km 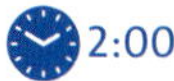 2:00 h 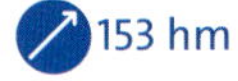 153 hm 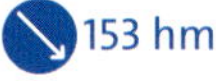 153 hm  886

START | Klosterreichenbach (522 m), S-Bahnhaltestelle und Parkplatz an der Bahnhofstraße im Baiersbronner Ortsteil Klosterreichenbach.
[GPS: UTM Zone 32 x: 455.720 m y: 5.375.080 m]
CHARAKTER | Leichte Forstwege.

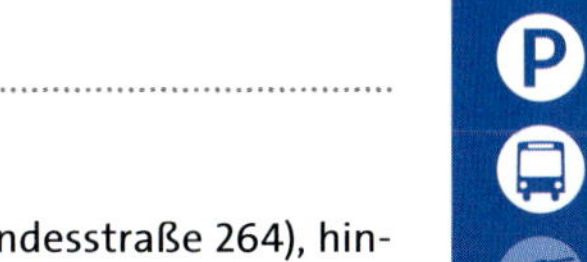

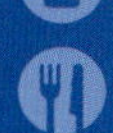

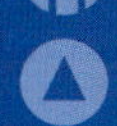

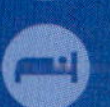

Von der romanischen Münsterkirche im Baiersbronner Luftkurort Klosterreichenbach geht es durch das stille Reichenbachtal hinauf in die Wälder, bis abends die Glocken der Kirche zum Gebet rufen – so wie in alten Zeiten, von denen die Informationstafeln des Erlebnispfads „Von Mönchen und Lehensbauern“ berichten. Die geschichtsträchtige Tour bietet viele Einblicke in das naturverbundene Leben der Mönche.

▶ Von der **S-Bahnhaltestelle Klosterreichenbach** 01 führt die Markierung blaue Raute durch den Kurgarten zur Murgtalstraße (Bundesstraße 264), hinter der die monumentale romanische Basilika steht. Die Tafeln des Lehrpfads „Von Mönchen und Lehensbauern“ berichten davon, wie die Mönche sich hier angesiedelt haben. Durch den Klosterhof leitet die blaue Raute weiter zum Schwimmbad, wo sich erneut ein großer Parkplatz befindet. Vom Schwimmbad führt die blaue Raute durch den Neuen Kurgarten zum Dornstetter Weg, der in sachtem Anstieg das Siedlungsgebiet verlässt und dem Wald zustrebt. Rechts oben befindet sich der Skilift Rosenberg, und wenn die blaue Raute

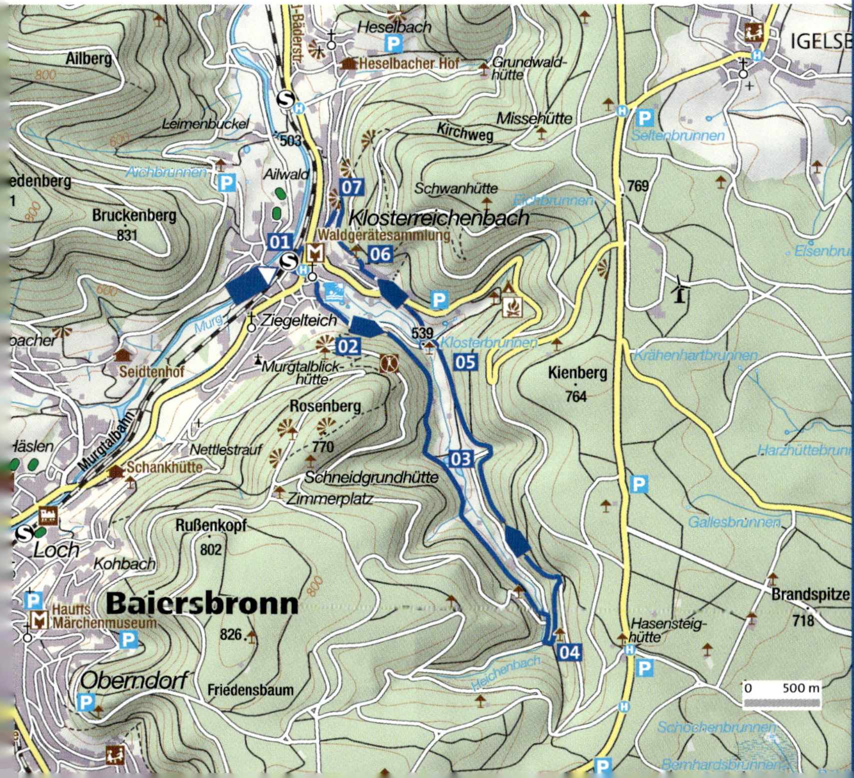

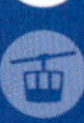
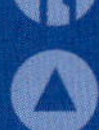
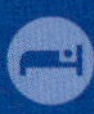

Luftkurort Klosterreichenbach

Die romanische Münsterkirche im Baiersbronner Luftkurort Klosterreichenbach mit altem Baumbestand und dem dahintergelegenen Kurgarten stammt aus den Zeiten, als der Nordschwarzwald urbar gemacht wurde. 1082 wurde Klosterreichenbach im Murgtal als erstes Priorat des Benediktinerklosters Hirsau gegründet. Heute bildet die Münsterkirche den Rahmen für klassische Konzerte. Der Erlebnispfad „Von Mönchen und Lehensbauern“ folgt den Spuren der ersten Siedler in den damals unendlichen Wäldern des Murgtals an der Mündung des Reichenbachs. 1595 besetzte Herzog Friedrich I. von Württemberg das Kloster, verjagte die ökologisch wirtschaftenden Mönche, führte die Reformation ein und war damit der oberste Herr der lutherischen Landeskirche. 500 Jahre später wurde südlich der Kirche ein benediktinischer Arzneipflanzengarten angelegt.

an der **Verzweigung Dornstetter Weg** 02 das Tal verlässt und rechts hinaufführt, wandern wir weiter geradeaus durch das Reichenbachtal, auf dessen Grund sich grüne Wiesen betten, während in den Hängen die Wälder stehen.

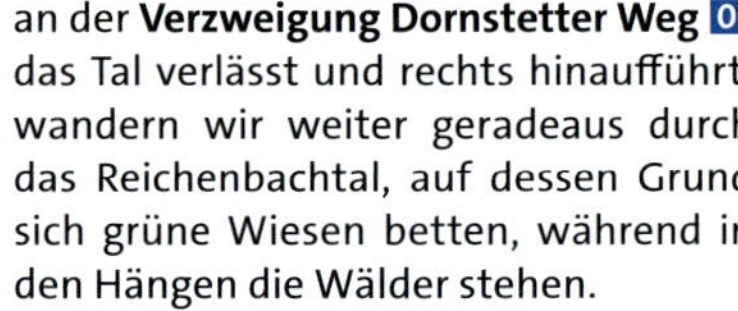

Der **Märtesweiher** 03 im Scheidgrund ist ein kleiner Stausee im Herzen des Tals, im Quellgebiet des Reichenbachs lädt die **Stoffelshütte** 04 zur Rast ein. Im gegenüberliegenden Hang führt die gelbe Raute zurück nach Klosterreichenbach; vorbei an der Hasensteige leitet der Weg durch den Alten Wald zum Aussichtspavillon bei der **Klosterquelle** 05, wo eine Informationstafel die historische Wasserversorgung erklärt. Auf dem Holzbohlenweg stapften die Mönche über die sumpfige Wiese und füllten aus der Quelle das Wasser zum Brauen des Klosterbieres ab. Wenig später verlässt der Weg das Tal, quert die Musbacher Straße und führt zum **Beckenberg** 06 am Waldrand hinauf; hier bietet sich ein exzellentes Panorama des Klosterdorfs im Murgtal.

Aussichtsreich folgt der Wanderweg dem Waldsaum zur **Verzweigung Kirchweg** 07, wo wieder die blaue Raute auftaucht. Sie führt links zurück zum Startpunkt am Kurgarten bei der **S-Bahnhaltestelle Klosterreichenbach** 01.

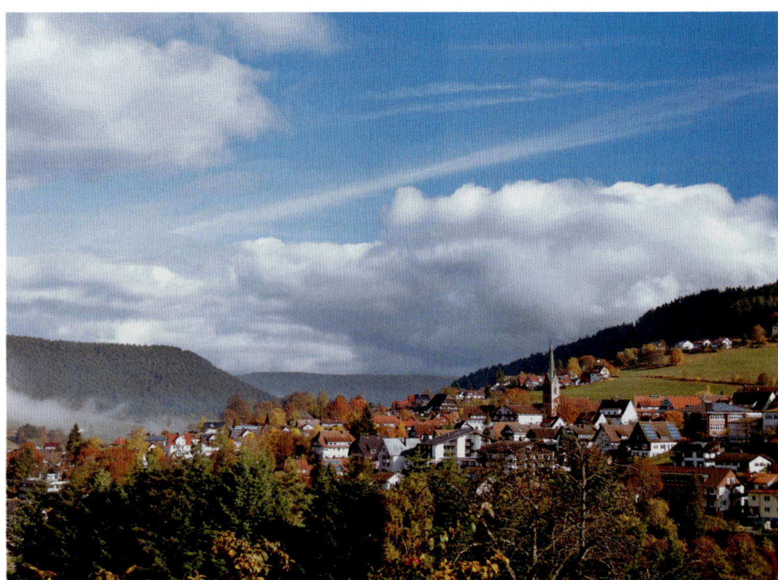

Ausblicke auf Baiersbronn.

FREUDENSTADT – KIENBERG – FRIEDRICHSTAL

Malerische Ausblicke auf Freudenstadt

 18,5 km 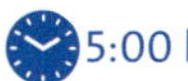5:00 h 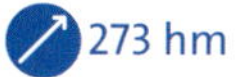273 hm 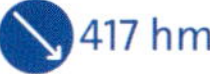417 hm 886

START | Tourist-Information Freudenstadt (727 m), Marktplatz 64. [GPS: UTM Zone 32 x: 456.520 m y: 5.368.000 m]
CHARAKTER | Wechsel aus bequemen Forstwegen und wurzeligen, steilen Pfaden.

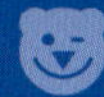

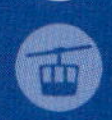

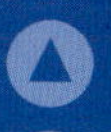
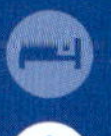

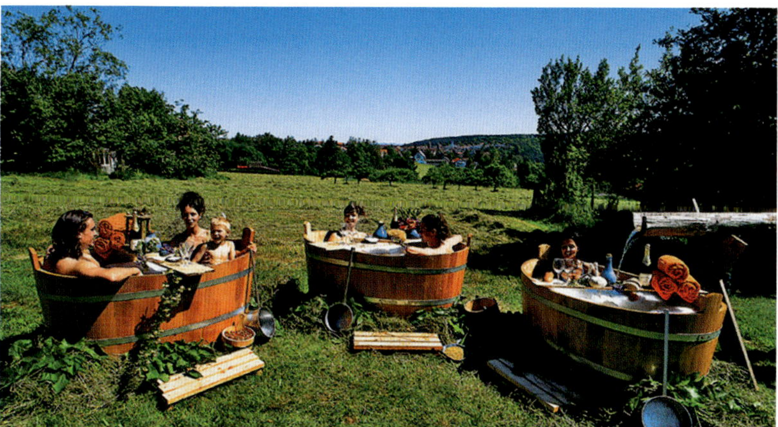

Badezuber im Gesundheitspark Freudenstadt.

Von Freudenstadt führt der Schwarzwald-Fernwanderweg Mittelweg über die bewaldeten Höhen und durch aussichtsreiche Feldfluren östlich über dem Murgtal. Von Friedrichstal fährt die Murgtalbahn nach Freudenstadt zurück.

▶ Freudenstadt auf einer Hochebene am Ostrand des Nordschwarzwalds ist die höchstgelegene Stadt Württembergs. Von der Stadt Baden-Baden führt die älteste Ferienstraße Deutschlands, die Schwarzwaldhochstraße, als Teil der Bundesstraße 500 bis zum **Marktplatz** 01; dieser gilt mit einer Fläche von 219 x 216 m als größter umbauter Marktplatz Deutschlands. Die Fernwanderwege Mittel- und Ostweg des Schwarzwaldvereins führen am Marktplatz vorbei, mitten auf dem Marktplatz befindet sich die Tourist-Information. Der Stadtbahnhof von Freudenstadt liegt wenige Gehminuten weiter nördlich. Der mit einer roten Raute markierte Mittelweg verlässt den Marktplatz westwärts auf der Talseite, weiters die Finkenbergstraße links und folgt der Gärtnerstraße im Hang über dem Forbach stadtauswärts. An der **Bässlerbrücke** 02 fällt der Blick ins Christophstal, hier verlassen wir den Mittelweg und folgen der gelben Raute über die Schömberger Straße hinweg und auf einem Serpentinenweg zum Gartengolf, wo die schwarzrote Raute des Ostwegs auftaucht und zum Friedrichsturm auf dem **Kienberg** 03 führt. Der Friedrichsturm im Naherholungsgebiet am Kienberg, dem Hausberg von Freudenstadt, bietet einen hervorragenden Blick auf die Altstadt, den östlichen Schwarzwald, ins Murgtal und Richtung Neckartal. Errichtet wurde der 25 m hohe Buntsandsteinturm 1899 anlässlich des 300-jährigen Bestehens der Stadt.

Vom Kienberg führt der Ostweg südwärts durch den Wald weiter, bis an der **Verzweigung Äußere Riviera** 04 die gelbe Raute rechts abzweigt zur

Marktplatz Freudenstadt

Der Freudenstädter Marktplatz ist mit einer Fläche von 216 x 219 m der größte in Deutschland. Seine Wasserfontänen und die umgebenden Arkaden bilden den Mittelpunkt der als „Idealstadt" der Renaissance konzipierten Residenz (1599) eines Staates, der neben dem Herzogtum Württemberg die Reichsgrafschaft Mömpelgard (Montbéliard) in Burgund umfasste. Bei der Grundsteinlegung der monumentalen Stadtkirche an der Südecke des Marktplatzes erhielt die Stadt ihren Namen: Freudenstadt. Nach dem Tod Herzog Friedrichs I. von Württemberg 1608 endete der Traum von der „Freudenstadt" als Residenz in der Mitte zwischen Nordwürttemberg und Mömpelgard. Nach der Zerstörung im Zweiten Weltkrieg wurde die Altstadt 1949–55 in der alten Anlageform wieder aufgebaut.

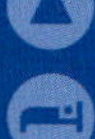
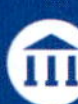

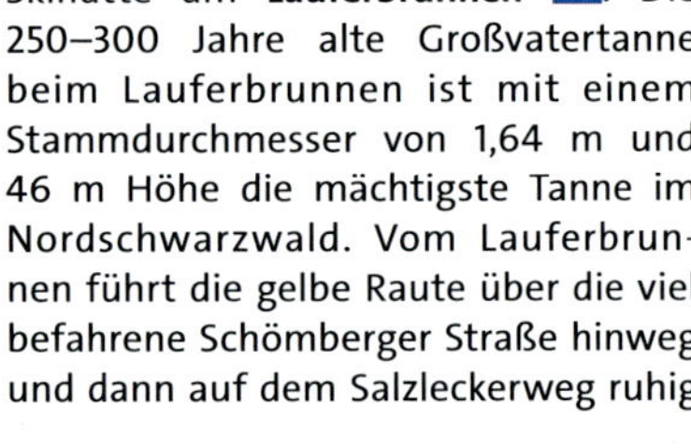

Skihütte am **Lauferbrunnen** 05. Die 250–300 Jahre alte Großvatertanne beim Lauferbrunnen ist mit einem Stammdurchmesser von 1,64 m und 46 m Höhe die mächtigste Tanne im Nordschwarzwald. Vom Lauferbrunnen führt die gelbe Raute über die viel befahrene Schömberger Straße hinweg und dann auf dem Salzleckerweg ruhig durch den Wald, bis an der **Eisernen Hand** 06 wieder die rote Raute des Mittelwegs aufleuchtet.

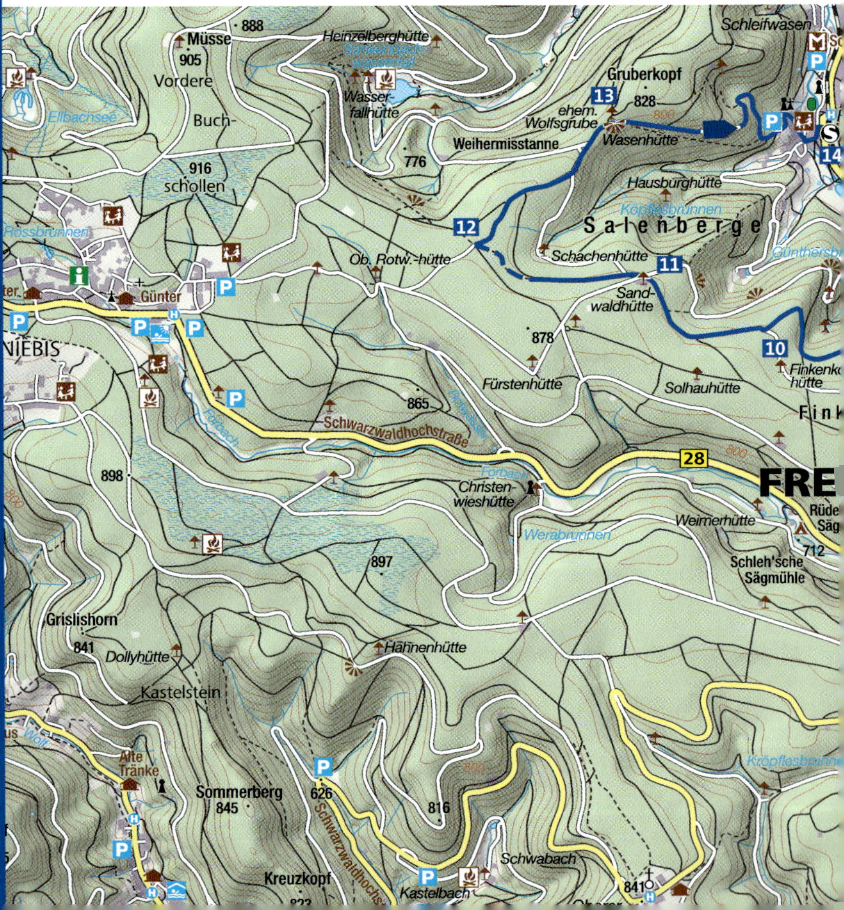

Wer am Wegweiser ohne Markierung kurz geradeaus wandert, genießt an der Forstmeister-Preu-Hütte einen weiteren Ausblick auf Freudenstadt. Von der Eisernen Hand folgt der Mittelweg einem Pfad abwärts zur Schutzhütte an der Agnesruhe und weiter hinab zur **Verzweigung Kohlweg** 07 beim Waldcafé Teuchelwald. Hier verlassen wir erneut den Mittelweg und folgen der gelben Raute links zur Schöneck, wo sich der Blick auf Marktplatz und Kirche öffnet, weiter bergab zum **Freibad Langenwaldsee** 08. Die gelbe Raute führt zwischen Hotel und Schwimmbad zur Bundesstraße 28. Auf dem Fußweg rechts der Straße geht es kurz rechts Richtung Freudenstadt bis zur Forbachbrücke bei der Adrionsmühle, hier queren wir die Bundesstraße und gelangen im Eichwald auf den Hofweg, der hinauf zur Alten Kniebissteige führt.

Nach Queren dieser alten Straße wartet der nächste herrliche Aussichtspunkt am **Wildgehege Bärenschlössle** 09. Das 1627 erbaute Bärenschlössle, unverkennbar mit seinem markanten Treppengiebel, beherbergt ein Restaurant.

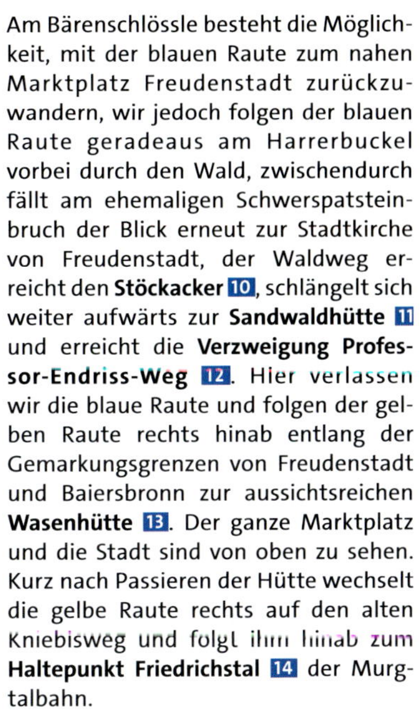

Am Bärenschlössle besteht die Möglichkeit, mit der blauen Raute zum nahen Marktplatz Freudenstadt zurückzuwandern, wir jedoch folgen der blauen Raute geradeaus am Harrerbuckel vorbei durch den Wald, zwischendurch fällt am ehemaligen Schwerspatsteinbruch der Blick erneut zur Stadtkirche von Freudenstadt, der Waldweg erreicht den **Stöckacker** 10, schlängelt sich weiter aufwärts zur **Sandwaldhütte** 11 und erreicht die **Verzweigung Professor-Endriss-Weg** 12. Hier verlassen wir die blaue Raute und folgen der gelben Raute rechts hinab entlang der Gemarkungsgrenzen von Freudenstadt und Baiersbronn zur aussichtsreichen **Wasenhütte** 13. Der ganze Marktplatz und die Stadt sind von oben zu sehen. Kurz nach Passieren der Hütte wechselt die gelbe Raute rechts auf den alten Kniebisweg und folgt ihm hinab zum **Haltepunkt Friedrichstal** 14 der Murgtalbahn.

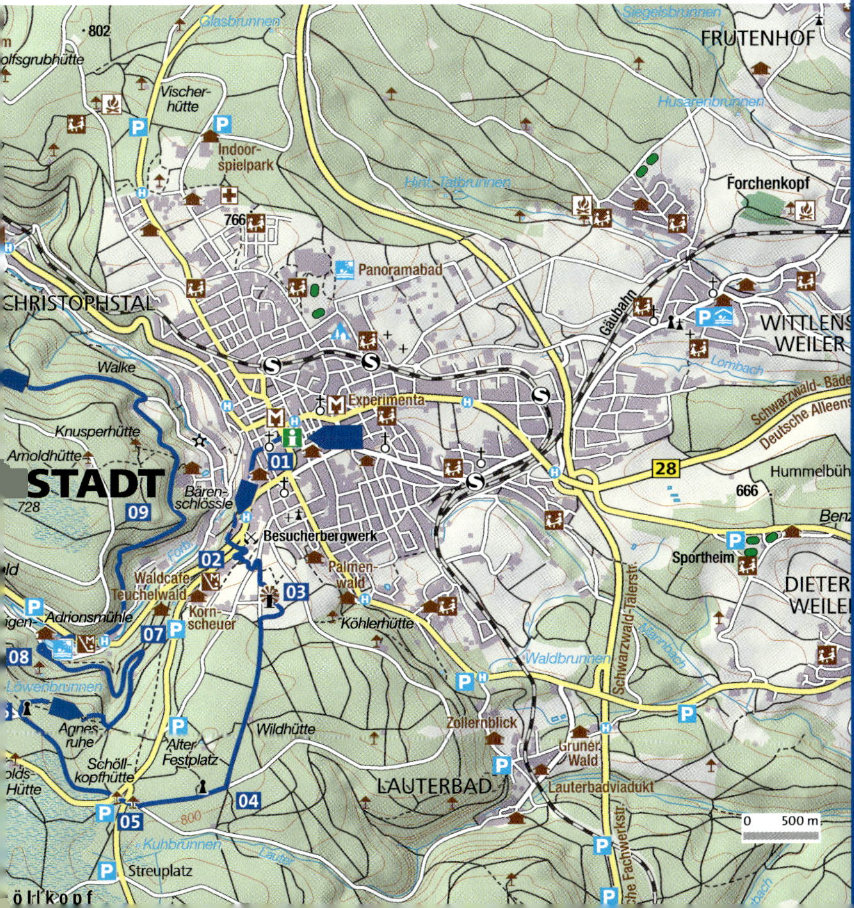

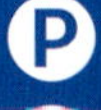

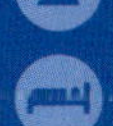

ERZGRUBE – SCHORRENTAL – GÖTTELFINGEN

Vom Nagoldsee durch die Nagoldaue

 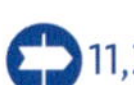 11,25 km 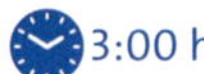 3:00 h 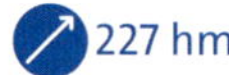 227 hm 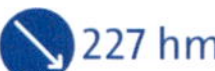 227 hm  886

START | Erzgrube, Seestraße (472 m), Gaststätte und Wanderparkplatz an der Straße im Nagoldtal von Altensteig nach Seewald im Ortsteil Erzgrube von Seewald.
[GPS: UTM Zone 32 x: 461.160 m y: 5.377.600 m]
CHARAKTER | Bequeme Forstwege.

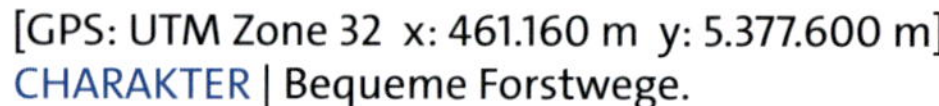

Nagoldtalsperre – Freizeitsee im Nagoldtal

Die 2,8 Kilometer lange und bis zu 250 Meter breite Nagoldtalsperre an der oberen Nagold ist ein beliebtes Naherholungsgebiet und einer der großen Wasserspeicher Baden-Württembergs. Sie dient dem Hochwasserschutz, senkt die Unterhaltskosten für den Fluss Nagold und sorgt für einen gleichmäßigeren Wasserstand auch in Dürrezeiten. Im Sommer ist der Stausee ein beliebtes Ziel für Surfer, Taucher und Segler, Baden ist im Vorsee erlaubt, dem Seerundweg folgt der alljährlich durchgeführte Nagoldseelauf (10 km). Pläne für den Bau einer Talsperre gab es schon zu Kaisers Zeiten, nachdem es immer wieder zu verheerenden Überschwemmungen an der Nagold gekommen war. 1965 erfolgte der erste Spatenstich zum Bau der Talsperre.

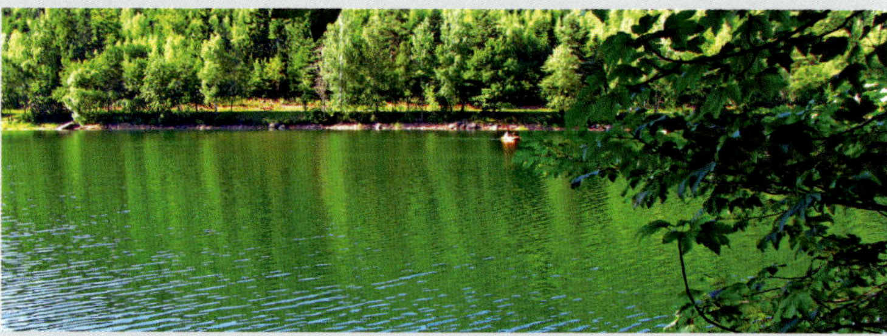

Freizeit am See.

Vom Nagoldsee geht es durch die artenreiche Nagoldaue aufwärts und in den Höhenort Göttelfingen, wo der Blick bis zur Schwäbischen Alb schweift.

▶ Der Ort **Erzgrube** 01 wurde um 1700 als Gasthaus für Flößer und Holzhauer gegründet, wuchs bald zu einer Ortschaft heran und ist heute ein Touristikmagnet an der Nagoldtalsperre mit mehreren gastronomischen Betrieben. Der Platz wurde gewählt, weil durch die Einmündung des Stutzbachs und anderer Nebenbäche die Nagold von hier aus reicher an Wasser und damit besser flößbar wurde. An der Einmündung wurde eine „Einbindstube“ für Flöße angelegt, die auf Nagold, Enz und Neckar bis zum Rhein und von dort bis nach Holland befördert wurden. 1911 wurde das letzte Floß in der Erzgrube abgelassen. Den Namen trägt der Ort vom Bergbau auf Eisenerz, der hier vielleicht schon seit dem Mittelalter betrieben wurde, wegen geringer Ergiebigkeit jedoch wieder eingestellt wurde.

Die Wander-Markierung blaue Raute folgt der Durchgangsstraße kurz talabwärts und wechselt dann links zur Mün-

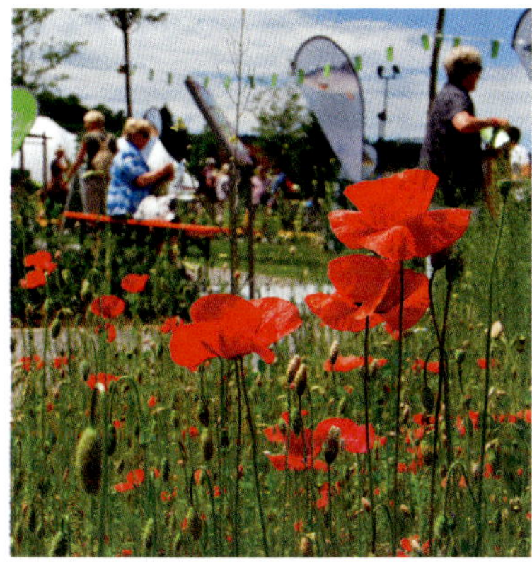

Bei Nagold.

dung der Nagold in die Nagoldtalsperre. Nach Überqueren des Flusses befindet sich am **Infozentrum Eisvogelpfad** **02** eine wichtige Verzweigung. Während die blaue Raute dem Seeufer rechts durch die Wälder weiterfolgt – eine sehr schöne Variante –, führt die gelbe Raute links hinauf zur Schernbacher Steige an der Straße, folgt der Straße kurz abwärts und zweigt dann rechts in die **Nagoldaue** **03** ab. Hier haben viele Pflanzen

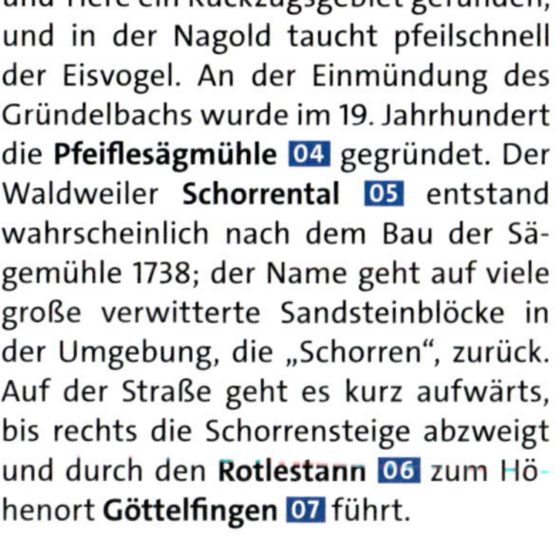

und Tiere ein Rückzugsgebiet gefunden, und in der Nagold taucht pfeilschnell der Eisvogel. An der Einmündung des Gründelbachs wurde im 19. Jahrhundert die **Pfeiflesägmühle** **04** gegründet. Der Waldweiler **Schorrental** **05** entstand wahrscheinlich nach dem Bau der Sägemühle 1738; der Name geht auf viele große verwitterte Sandsteinblöcke in der Umgebung, die „Schorren“, zurück. Auf der Straße geht es kurz aufwärts, bis rechts die Schorrensteige abzweigt und durch den **Rotlestann** **06** zum Höhenort **Göttelfingen** **07** führt.

Hier laden mehrere Gasthöfe zur Einkehr ein, und während die gelbe Raute am Waldrand südwärts führt, bieten sich stellenweise Ausblicke bis zur Schwäbischen Alb. Am **Hardtberg** **08** zweigt die gelbe Raute rechts ab, taucht wenig später in den Wald ein und führt zurück zum **Eisvogelpfad** **02** an der Nagoldtalsperre; hier kann man überlegen, ob man die Wanderung am Seeufer noch ein Stück weit verlängert, ehe es zurück zum Ausgangspunkt in **Erzgrube** **01** geht.

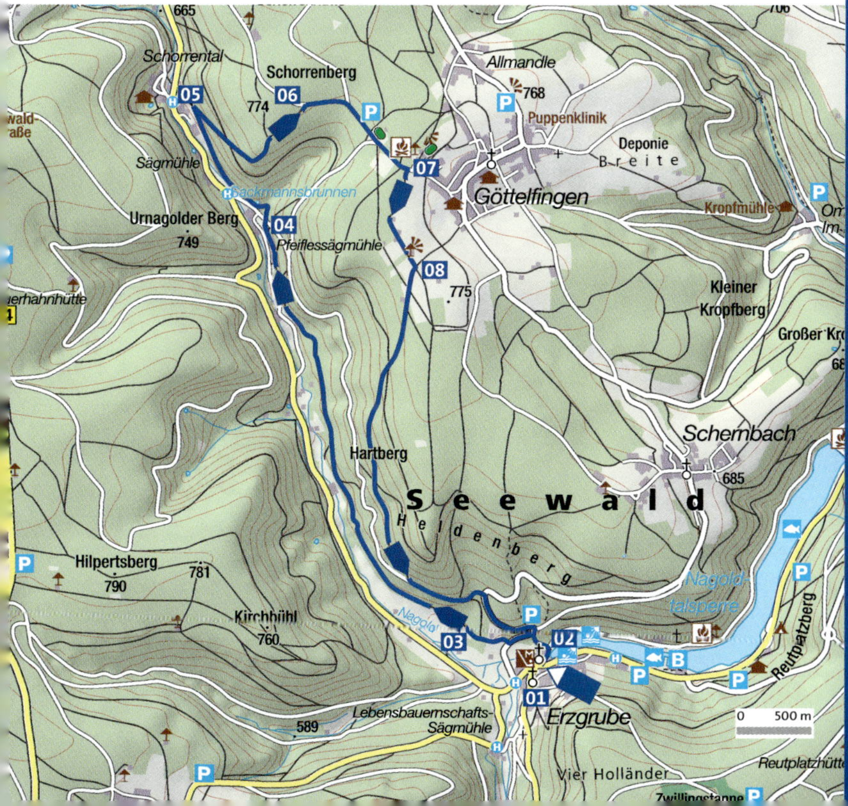

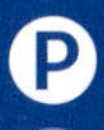
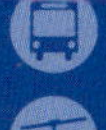
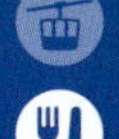
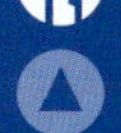
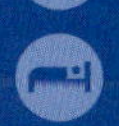
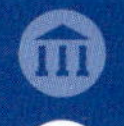

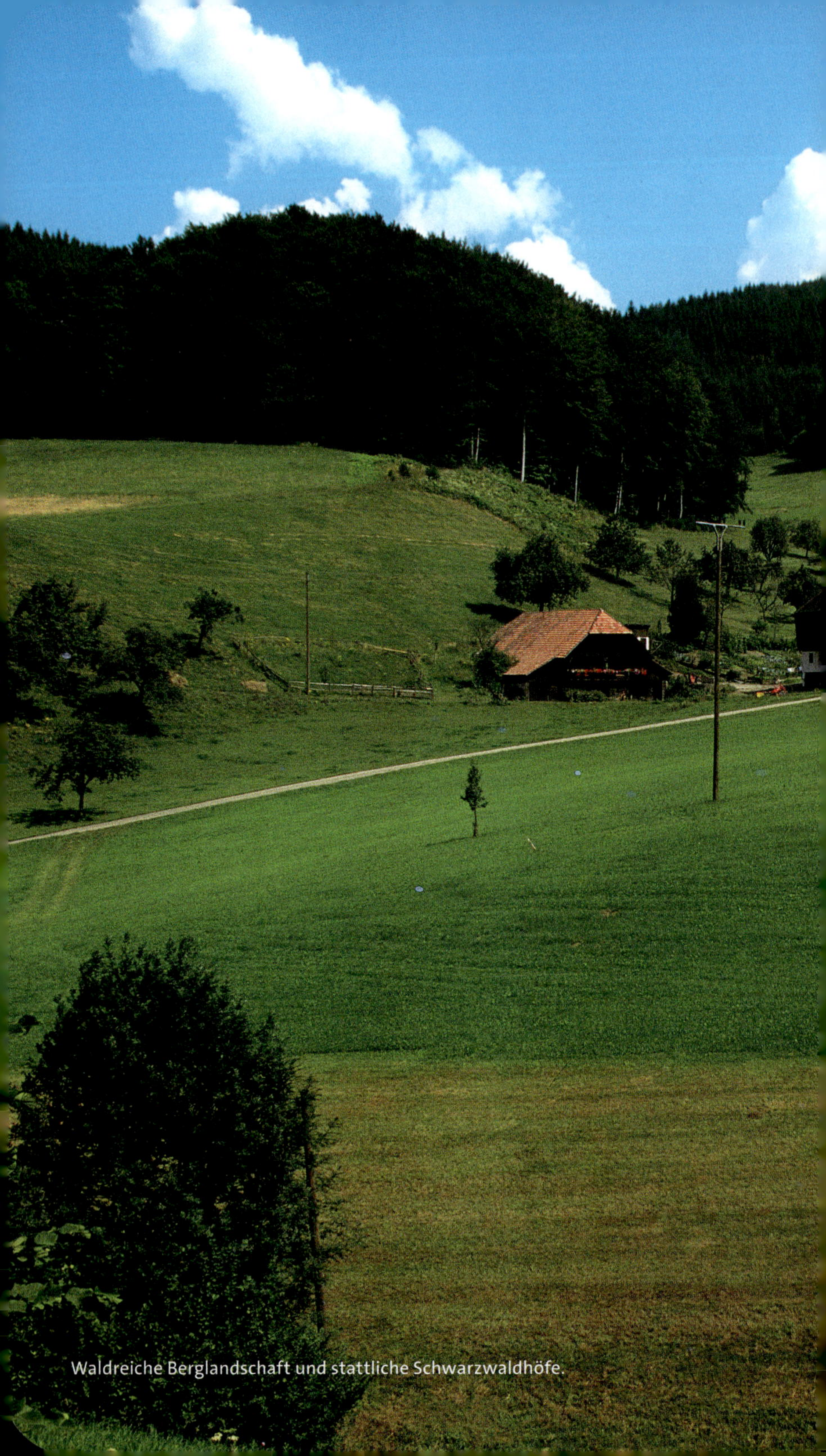

Waldreiche Berglandschaft und stattliche Schwarzwaldhöfe.

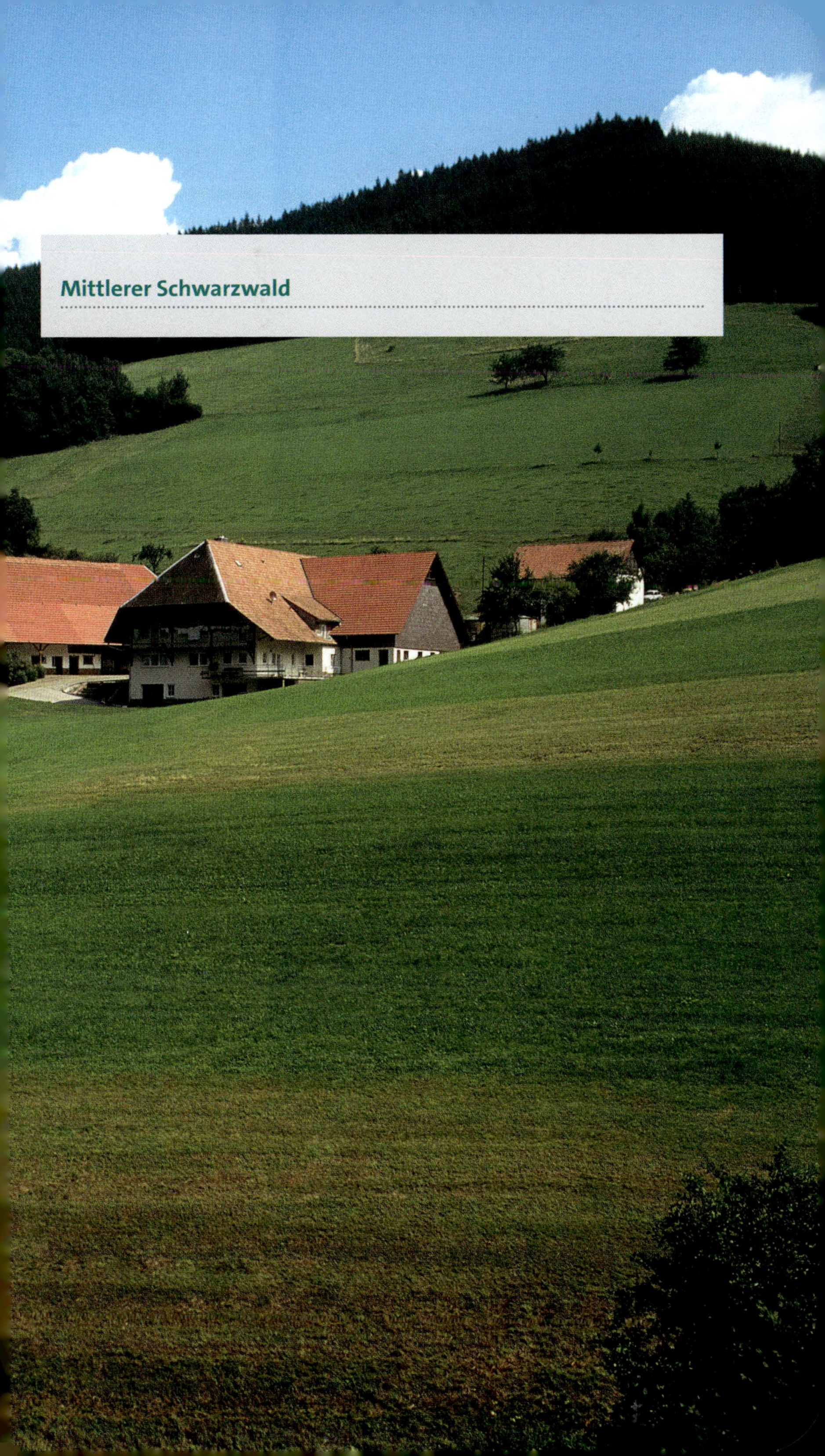

Mittlerer Schwarzwald

43

ORTENBERG UND GENGENBACH

Der Ortenauer Weinpfad im vorderen Kinzigtal

 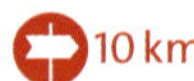 10 km 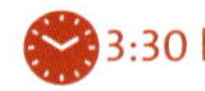 3:30 h  84 hm 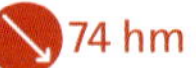 74 hm  879

START | Ortenberg; Parkmöglichkeit bei den Sportplätzen; Anfahrt von der B 33 Offenburg–Haslach/Hausach, Ausfahrt Ortenberg und nach Ortenberg, kurz vor Bahngleisen rechts abbiegen in die Straße Allmendgrün und nach rechts zu den Sportplätzen.
[GPS: UTM Zone 32 x: 423.596 m y: 5.366.142 m]
CHARAKTER | Streckenwanderung am Talhang; mehrere kurze Anstiege; durch Weinberge und Obstwiesen, kurze Abschnitte im Wald; auf Wirtschafts- und Waldwegen, mehrmals kurz auf Straßen.

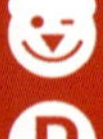

Gengenbach

In Gengenbach kann man im Tourismusbüro die Broschüre „Ein Rundgang durch Gengenbach" erwerben oder sich einer Stadtführung anschließen. Ein Flößermuseum im einstigen Bahnwärterhaus präsentiert sehr anschaulich die Flößerei auf der Kinzig und auf dem Rhein, während ein Narrenmuseum im Niggelturm auf sieben Stockwerken die 500 Jahre alte Tradition der Gengenbacher Fasnet dokumentiert.

Wo sich das im Unterlauf breite Tal der Kinzig zum Rheintal öffnet, steht das im 19. Jh. von einem Privatmann in romantisierendem Stil neu aufgebaute Schloss Ortenberg hoch über dem gleichnamigen Ort.

▶ Vom **Parkplatz** am Ortsrand von **Ortenberg** 01 gehen Sie auf den Ort zu, unterqueren die Bahngleise und halten sich rechts zur Hauptstraße. Ihr folgen Sie nach links, biegen nach 400 m rechts ab und steigen in der Straße Burgweg hinauf zum **Schloss Ortenberg** 02, in dem ein Weingut und eine Jugendherberge untergebracht sind.

Vor dem Schlosstor führt ein Weinbergweg weiter bergauf und mündet in den „Ortenauer Weinpfad", auf dem Sie nach rechts über den Weiler Büchen zu den wenigen Häusern von Ebersweier und über **Ohlsbach** 03 in das Straßendorf **Reichenbach** 04 gelangen. Nach kurzem Anstieg und durch Wald erreichen Sie eine Wohnsiedlung von Gengenbach und betreten schließlich durch das Obertor den historischen Kern der einstigen Freien Reichsstadt. Ein kurzer Abstecher nach rechts führt zur malerischen Engel- sowie Höllengasse mit blumengeschmückten Fachwerkhäusern. Um den

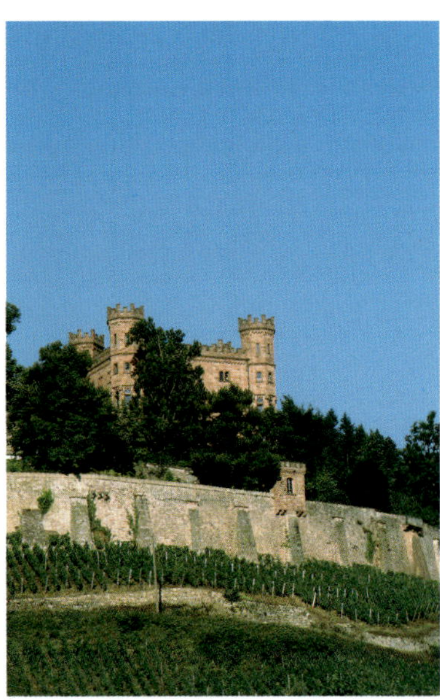

Schloss Ortenberg.

Allgemeine Informationen

Wegmarkierung: Ab Schloss Ortenberg blaue Rebe in roter Raute (Ortenauer Weinpfad).

Rückfahrt: Per Bus (Linie 7134/60) von Gengenbach, Haltestelle Bahnhofstraße, nach Ortenberg, Haltestelle Bahnhof; bis ca. 17 Uhr etwa alle halben Stunden, dann etwa stündlich.

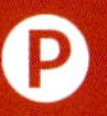

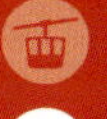

Marktplatz mit Stadtbrunnen gruppieren sich weitere Fachwerkhäuser, das klassizistische Rathaus und die einstige Klosterkirche St. Marien.

Am Rathaus folgen Sie nach rechts der Hauptstraße, biegen wenig später links ab zum **Bahnhof** 05 und kehren per Linienbus nach Ortenberg zurück.

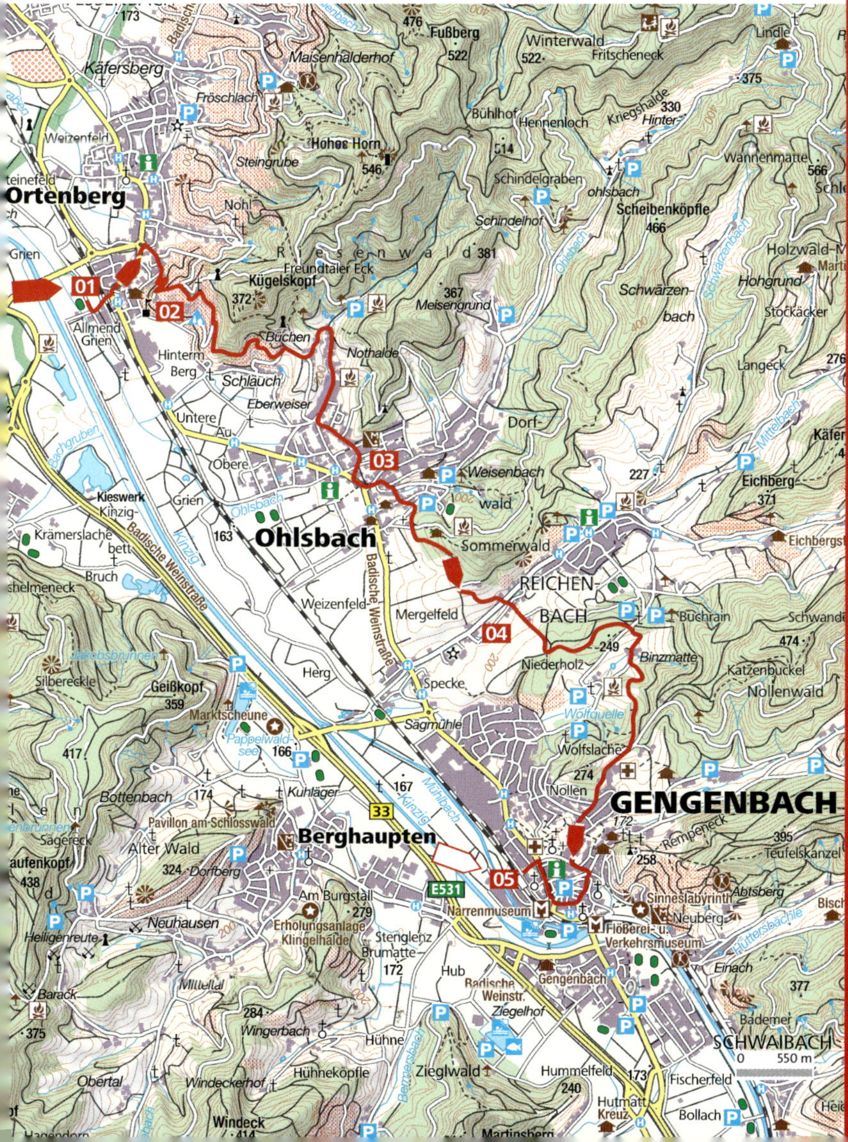

44 ZUR BURGRUINE HOHENGEROLDSECK

Aussichtspunkt zwischen Kinzig- und Schuttertal

 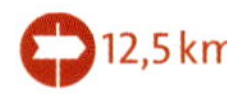 12,5 km 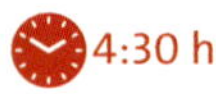 4:30 h 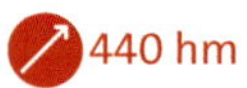 440 hm 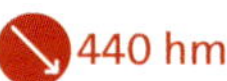 440 hm  880

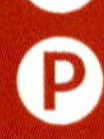
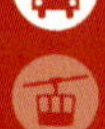
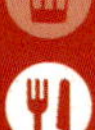
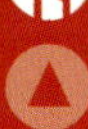

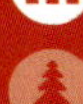

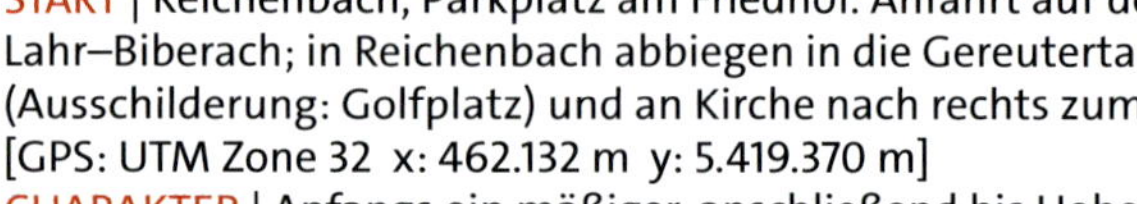
START | Reichenbach, Parkplatz am Friedhof. Anfahrt auf der B 415 Lahr–Biberach; in Reichenbach abbiegen in die Gereutertalstraße (Ausschilderung: Golfplatz) und an Kirche nach rechts zum Friedhof. [GPS: UTM Zone 32 x: 462.132 m y: 5.419.370 m]

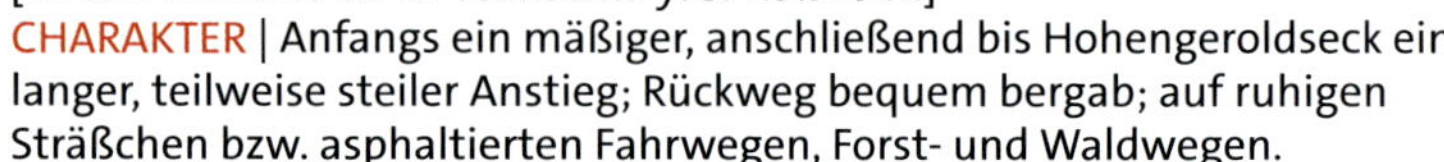
CHARAKTER | Anfangs ein mäßiger, anschließend bis Hohengeroldseck ein langer, teilweise steiler Anstieg; Rückweg bequem bergab; auf ruhigen Sträßchen bzw. asphaltierten Fahrwegen, Forst- und Waldwegen.

Hohengeroldseck

Die Mitte des 13. Jh. errichtete Höhenburg Hohengeroldseck, massiv gesichert durch zwei Mauerringe, war die Stammburg der Herren von Geroldseck, die im 12./13. Jh. reichen Besitz in der Ortenau erwarben, durch den Abbau von Silber im Kinzigtal ein wohlhabendes Geschlecht wurden und im 17. Jh. im Mannesstamm ausstarben. Die Zerstörung der Burg erfolgte 1688 durch Truppen des französischen „Sonnenkönigs“ Ludwigs XIV., der die Grenze Frankreichs gewaltsam zum Rhein vorschob und das rechtsrheinische Baden durch die Politik der „verbrannten Erde“ – Zerstörung der Dörfer, Städte und Burgen – gründlich ruinierte.

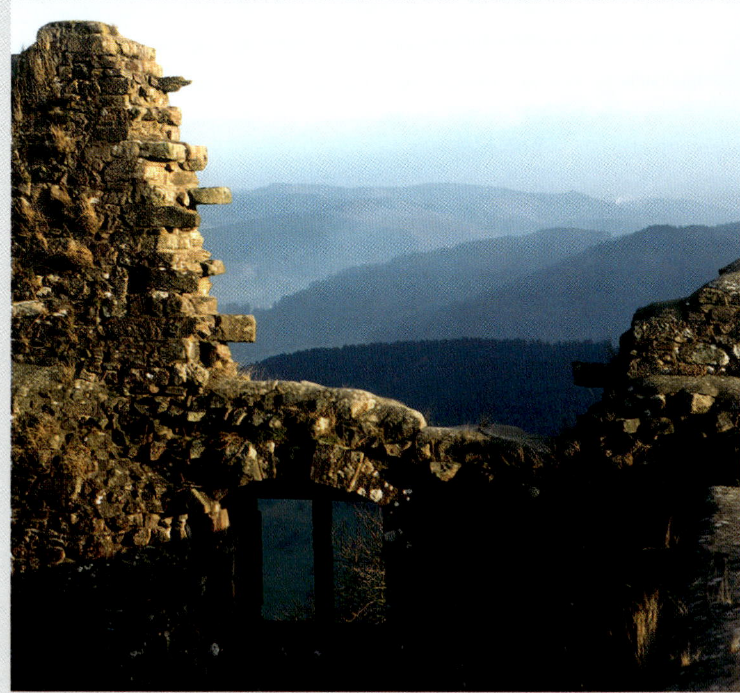

Die Burgruine Hohengeroldseck.

Schon von weitem sichtbar sitzt die mächtige Burgruine Hohengeroldseck auf einem Bergkegel nahe einer Passstraße zwischen dem Kinzigtal und dem Schuttertal.

Vom Parkplatz am **Friedhof** von **Reichenbach** 01 steigen Sie auf dem Kapellenweg am Westhang des Eichbergs an zu einer Kapelle am Waldrand und steigen am Eichberg-Nordhang in das enge Tal des Talbachs ab.

Das Sträßchen auf der Talsohle führt talaufwärts nach **Weiler** 02, und wenig später biegen Sie rechts ab. An einer kleinen Kläranlage folgen Sie einem

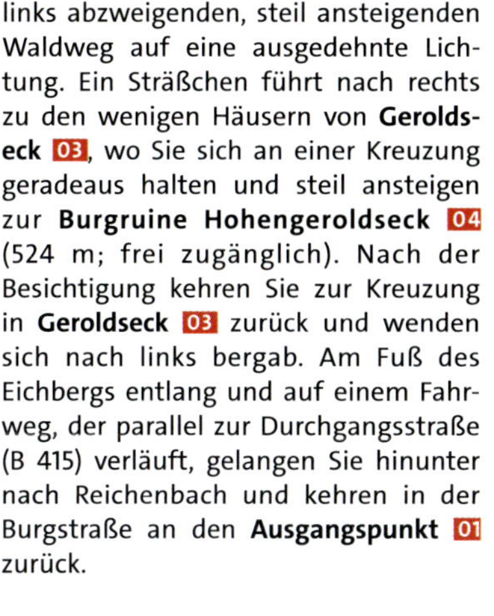

links abzweigenden, steil ansteigenden Waldweg auf eine ausgedehnte Lichtung. Ein Sträßchen führt nach rechts zu den wenigen Häusern von **Geroldseck** 03, wo Sie sich an einer Kreuzung geradeaus halten und steil ansteigen zur **Burgruine Hohengeroldseck** 04 (524 m; frei zugänglich). Nach der Besichtigung kehren Sie zur Kreuzung in **Geroldseck** 03 zurück und wenden sich nach links bergab. Am Fuß des Eichbergs entlang und auf einem Fahrweg, der parallel zur Durchgangsstraße (B 415) verläuft, gelangen Sie hinunter nach Reichenbach und kehren in der Burgstraße an den **Ausgangspunkt** 01 zurück.

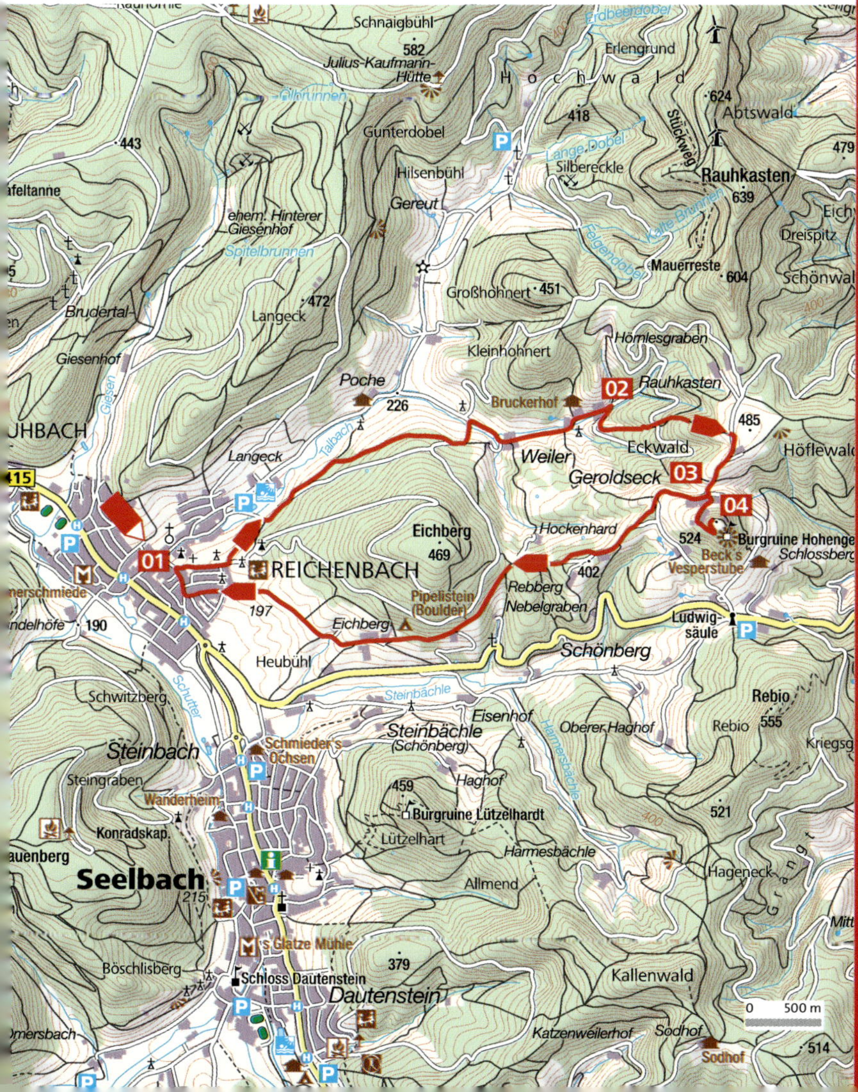

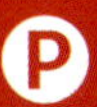

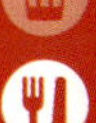

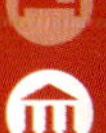
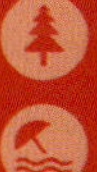

45

STEINACH UND WELSCHENSTEINACH

Durch ein ruhiges Kinzig-Seitental

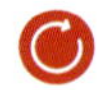 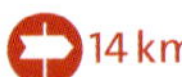 14 km  4:15 h 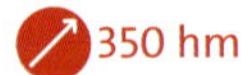 350 hm 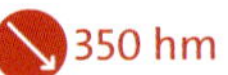 350 hm 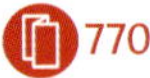 770

START | Steinach; in der Ortsmitte an der Kirche abbiegen in die Schulstraße zu kleinem Parkplatz bei Rathaus und Schule.
[GPS: UTM Zone 32 x: 430.051m y: 5.350.539 m]
CHARAKTER | Rundwanderung; erster Streckenabschnitt ein zumeist mäßig steiler Anstieg, ab Welschensteinach auf der Talsohle bequem abwärts; auf Wald- und Forstwegen sowie teilweise asphaltierten Wirtschaftswegen und auf Ortsstraßen.

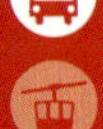

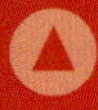

Wegmarkierung

Wegweiser und gelbe Raute.

Sowohl Steinach im Tal der Kinzig als auch der Ortsteil Welschensteinach im Welschensteinachtal sind ruhige Orte, und auch auf den hier verlaufenden Wanderwegen wird man nicht allzu vielen Wanderern begegnen.

▶ In **Steinach** **01** gehen Sie vom Parkplatz beim Rathaus zur Ortsdurchfahrt, folgen ihr nach rechts zum kleinen Heimat- und Kleinbrennereimuseum und halten sich geradeaus in die Badener Straße. Unmittelbar nach einer Bahnunterführung wenden Sie sich nach rechts und steigen wenig später nach links an zum Kreuzbühl, einem Aussichtspunkt mit Pavillon.

Zwischen Obstwiesen, dann durch Wald erfolgt der weitere Anstieg, unterbrochen durch wenige kurze Abstiege, zu einer Wegkreuzung und zur **Schirrmaierhütte** **02**. Hier folgen Sie in Richtung Holzersbühl einem Weg, der sich in einem bewaldeten Talschluss am Hang entlang windet. Am Rand einer kleinen Lichtung führt der Weg in einem Rechtsbogen am **Holzersbühl** **03** (440 m) entlang, führt dann wieder nach links und in mehreren Kurven zum Wegweiser Allmend. Geradeaus steigen Sie kurzzeitig am bewaldeten Bergrücken auf dem Kapf an, und wenig später beginnt der Abstieg nach Welschensteinach.

Bei einem in ein Heimatmuseum umgewandelten Fruchtspeicher des 18. Jahrhunderts (Besichtigung nach Absprache) stoßen Sie auf die **Talstraße** **04**. Rechter Hand, etwas erhöht, steht die ursprünglich romanische und im 18. Jahrhundert barockisierte Kirche Peter und Paul. Nach links entlang der Straße und des Bächleins führt der Weg bequem talab-

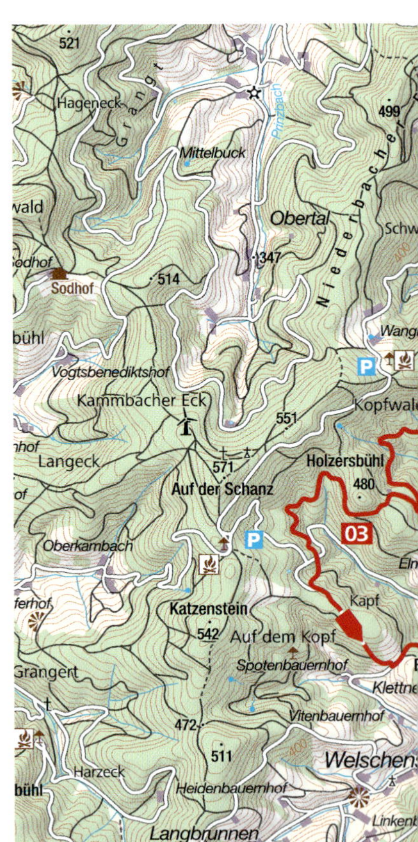

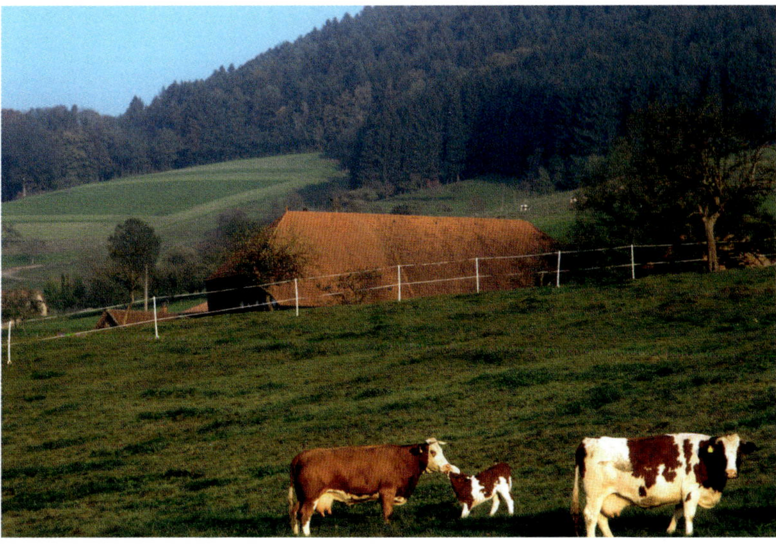

Im Welschensteinachtal.

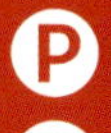
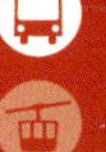

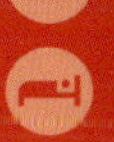

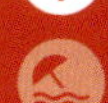

wärts, biegt nach ca. 1,5 km links ab und verläuft als Fuß- und Radweg am Fuß des Talhangs. Am Ortsbeginn von Steinach passieren Sie einen Campingplatz sowie ein Freibad und kehren durch die Bahnunterführung, die Sie vom Tourbeginn her kennen, an Ihren **Ausgangspunkt** 01 zurück.

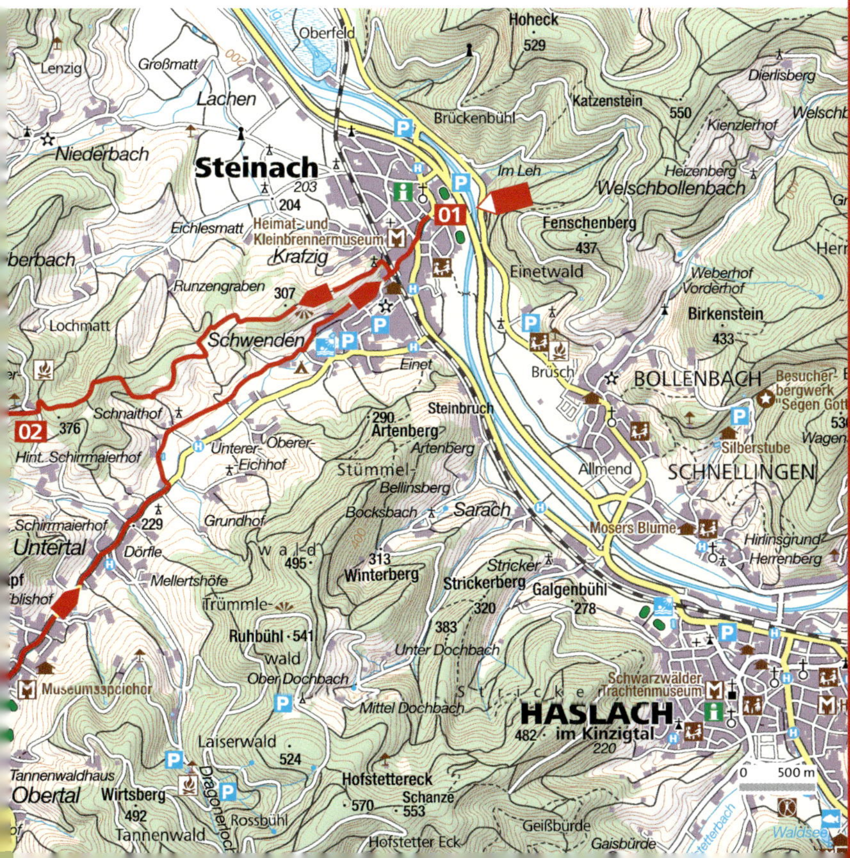

46

AUF DEN BRANDENKOPF • 945 m

Zum höchsten Gipfel der Kinzigtal-Region

  18 km 6:45 h 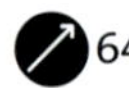 642 hm 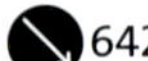 642 hm 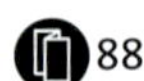 880

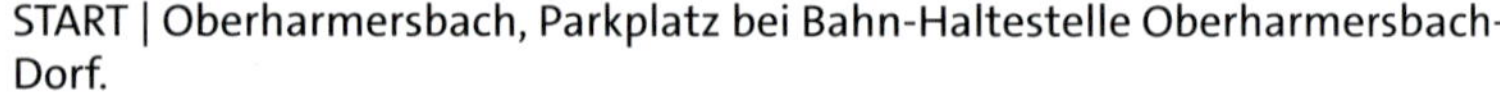

START | Oberharmersbach, Parkplatz bei Bahn-Haltestelle Oberharmersbach-Dorf.
[GPS: UTM Zone 32 x: 433.598 m y: 5.356.868 m]
CHARAKTER | Langer, streckenweise steiler Anstieg und langer Abstieg; überwiegend im Wald; Rundblick vom Brandenkopf-Aussichtsturm; weitgehend auf Forst- und Waldwegen, kurze Strecken auf Asphalt.

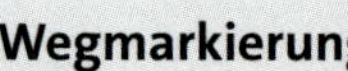

Wegmarkierung

Wegweiser und gelbe Raute, beim Anstieg zum Brandenkopf auch blaue Raute (Querweg Gengenbach–Alpirsbach); zwischen Kreuzsattel und Brandenkopf rote Raute (Westweg); beim Abstieg vom Brandenkopf auch schwarzer Schlapphut auf weißem Täfelchen (Hansjakobweg).

Zwischen den Tälern der Kinzig, des Harmersbachs und der Wolf erhebt sich der 945 m hohe Brandenkopf, auf dem sich ein Wanderheim mit Gaststätte, ein Aussichtsturm und eine Windkraftanlage befinden. An sonnigen Wochenenden geht es hier lebhaft zu, denn außer Wanderern steuern auch zahlreiche Autofahrer und sportliche Radler den Gipfel an.

Der Schwobelenzenhof, ein Museumshof in Oberharmersbach.

▶ Vom **Parkplatz** 01 Von der Bahn-Haltestelle in Oberharmersbach gehen Sie zur Ortsdurchfahrt und nach rechts zur Kirche, wenden sich erneut nach rechts und verlassen den Ort. Ein Fahrweg steigt weiter an am bewaldeten Hang,

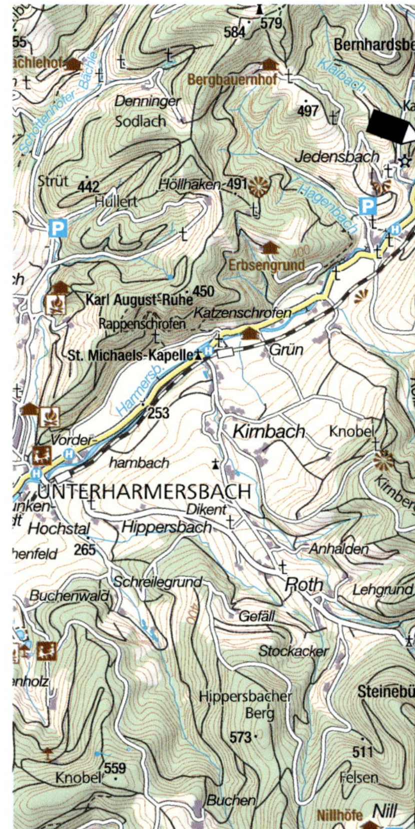

Historischer Speicher mit Mühle

In Oberharmersbach steht nahe der Kirche ein aus dem 18. Jahrhundert stammender Historischer Speicher mit Mühle. Das beeindruckende Gebäude mit Steinsockel und den oberen Stockwerken aus Holz vermittelt einen Eindruck vom Leben und Arbeiten in früherer Zeit (Mai–Okt. Di 10.30–12 Uhr, Mühle zusätzlich Sa 10.30–12 Uhr)
www.oberharmersbach.net

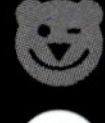
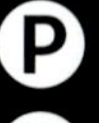
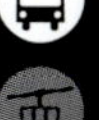
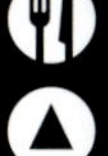
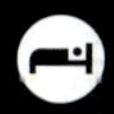
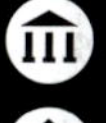

und auf Höhe eines Bergbauernhofs folgen Sie einem links abzweigenden Waldweg. Der Weg mündet in einen Forstweg ein, und nach rechts erreichen Sie den **Kreuzsattel** **02** mit der Kreuzsattelhütte.

Von einem aus dem Wolftal heraufführenden Sträßchen biegen Sie nach 500 m rechts ab und erreichen die Steiglehütte, eine kleine Rasthütte. Entlang des Steiglekopfs steigt der Weg weiter an zu einer Windkraftanlage am Farnlehnkopf, und scharf nach links gelangen Sie auf den **Brandenkopf** **03** (945 m).

Auf gleichem Weg kehren Sie zurück, biegen kurz nach dem Farnlehnkopf links ab und folgen einem Sträßchen nach rechts. Am Waldrand wenden Sie sich nach links zur Vesperstube zum **Durben** **04**, und geradeaus führt der Weg über den bewaldeten Billersberg zunächst bequem, anschließend im engen Tal des Heimbächle steil bergab.

Einige hundert Meter nach dem Waldrand halten Sie sich links zum Weiler Billersberg, wo am Ortsende ein rechts abzweigender Fahrweg nach **Oberharmersbach** **01** hinunterführt.

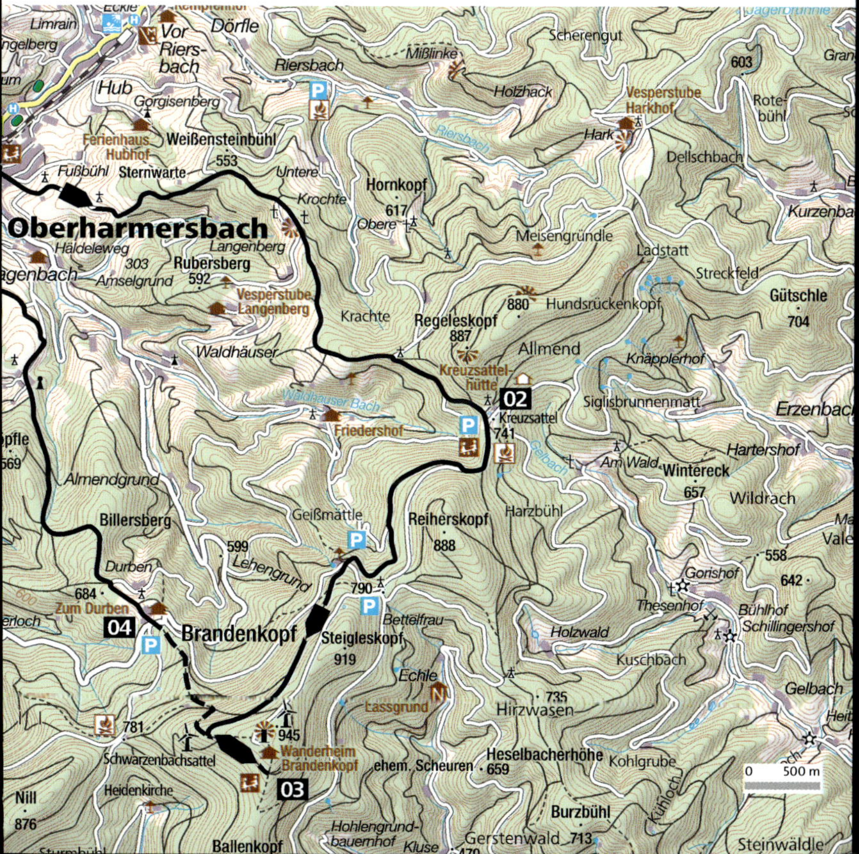

VON HOFSTETTEN ZUR BIERECK

Grabkapelle, Burgruine und Weiße Magie

 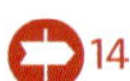 14 km 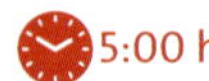 5:00 h 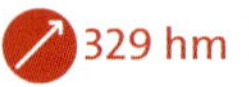 329 hm 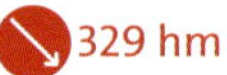 329 hm  770

START | Hofstetten, Parkplatz am Ortsrand bei Schule/Rathaus [GPS: UTM Zone 32 x: 430.892 m y: 5.345.421 m]
CHARAKTER | Rundwanderung mit einem streckenweise steilen Anstieg, anschließend leicht auf und ab zur Biereck, bequem abwärts nach Hofstetten; überwiegend auf Waldwegen.

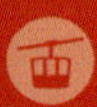

Südlich von Haslach liegt Hofstetten in einem Kinzig-Seitental. In dieser von dem Pfarrer und Volksschriftsteller Heinrich Hansjakob (1837–1916) geliebten Landschaft, seinem „Paradies", führt die Wanderung in einen Sattel mit dem Gasthof Rössle-Biereck, wo alljährlich an Pfingsten ein Schellenmarkt stattfindet.

▶ Vom **Parkplatz** in **Hofstetten** **01** wenden Sie sich nach links, überqueren an einer restaurierten Mühle den Hofstetterbach und folgen dem Hansjakobweg am bewaldeten Talhang hinauf zur Hansjakobkapelle, die sich Hansjakob noch zu Lebzeiten als Grablege erbauen ließ. Nach leichtem Auf und Ab knickt der Weg rechts ab und steigt recht steil an zum Bannstein mit einer auffälligen Steinsäule, einem Markstein.

Auf der Scheitelhöhe verläuft der Weg über den Gährenberg und den Steinbühl, über eine Lichtung mit dem tiefer am Hang gelegenen Doppelgehöft **Fleischdielte** **02** und über eine weitere Lichtung mit den Höfen von Flachenberg sowie einem interessanten Bildstock. Vorbei an den erhöht stehenden Resten der Heidburg, kurzzeitig auf einem Sträßchen und über eine niedere Erhebung erreichen Sie das Sträßchen Hofstetten–Biereck und den **Gasthof Rössle-Biereck** **03**.

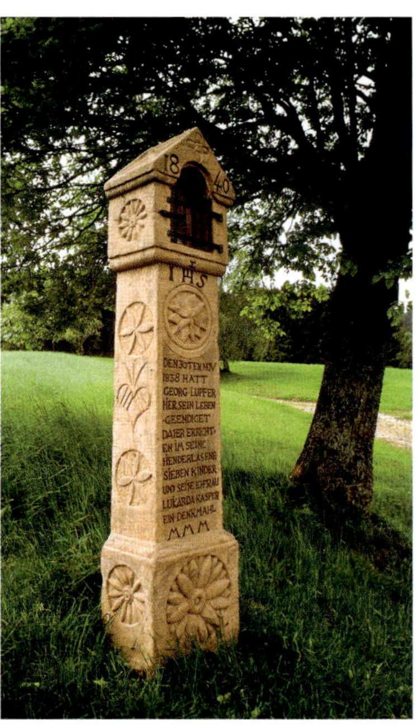

Bildstock Lupfer am Flachenberg.

Wegmarkierung

Wegweiser und gelbe Raute; erste Streckenhälfte ist markiert mit schwarzem Schlapphut auf weißen Täfelchen (Hansjakobweg), kurzzeitig rot-blaue Raute (Querweg Lahr–Rottweil).

250 m weit folgen Sie dem Sträßchen bergab und biegen rechts ab auf einen Waldweg, der parallel zur Straße verläuft. Vorbei an dem auf einer großen Lichtung gelegenen Weiler **Tochtermannsberg** **04** steigen Sie stetig ab und erreichen Hofstetten. Vorbei an der Kirche mit drei auf dem Kirchplatz aufgehängten Glocken und an dem schon von Hansjakob geschätzten Gasthaus „Drei Schneeballen", kehren Sie zum **Ausgangspunkt** **01** zurück.

Bildstock bei Flachenberg

Hinter der Inschrift des Bildstocks bei Flachenberg „Den 30. November 1838 hatt Georg Lupfer hier sein Leben geendigt." verbirgt sich eine obskure Geschichte: Der Bauer Georg Lupfer betätigte sich als „Sympathiedoktor", der mit Hilfe „weißer" Sympathie, d. h. unter Anrufung Gottes, als Heiler tätig war. Bei ihm suchten die Bauern vom Flachenberg Hilfe, als es wieder einmal spukte. Unter gewaltigem Getöse soll ein Karren herumgefahren sein und tiefe Radspuren hinterlassen haben. Die folgende Nacht verbrachte Lupfer auf diesem Acker, um den Vorfall aufzuklären. Am nächsten Morgen lag er tot am aufgewühlten Acker, was man als Spuren eines Kampfes mit bösen Geistern deutete.

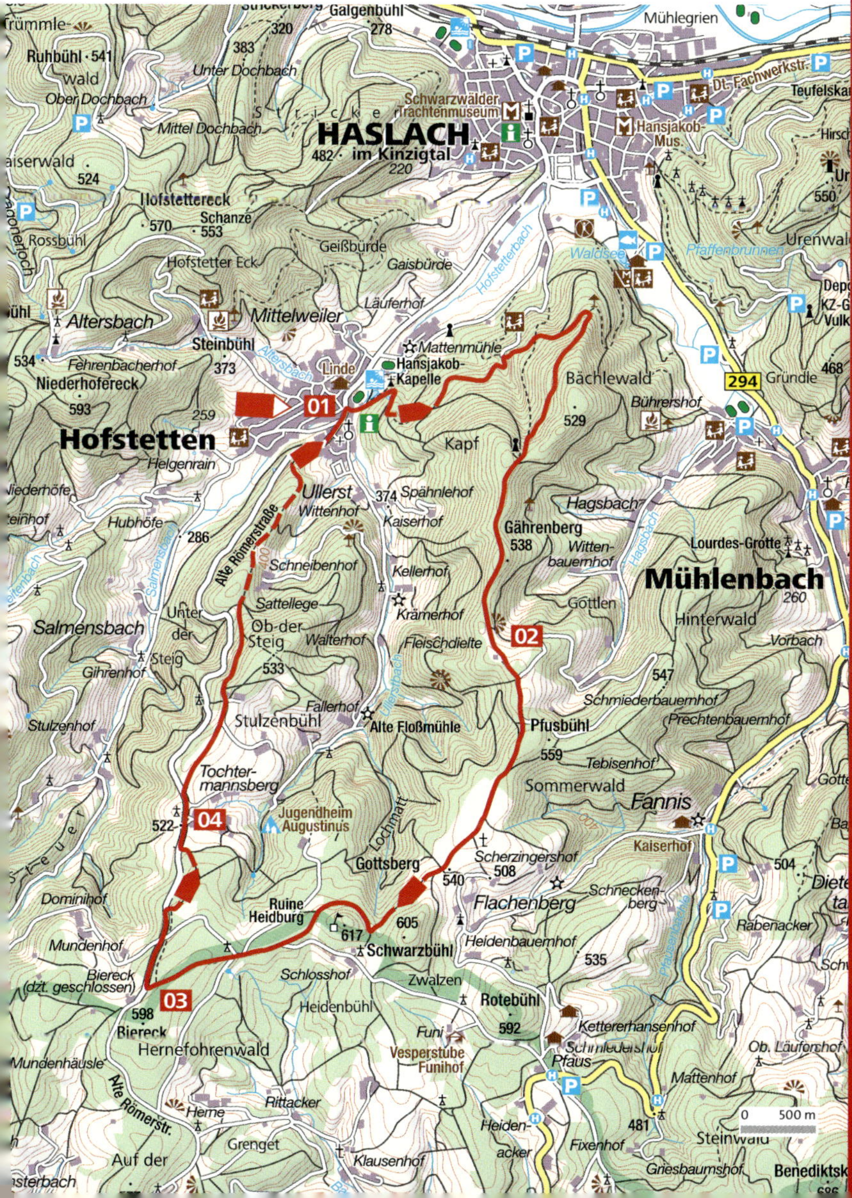

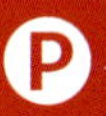

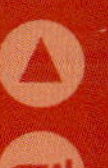
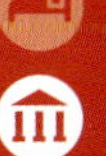

48

AN DER KANTE DES KINZIGTALS

Der Hansjakobweg von Haslach nach Hausach

  12 km 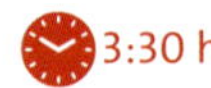 3:30 h 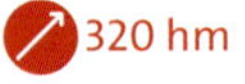 320 hm  300 hm  880

START | Haslach im Kinzigtal, Parkplatz am Alten Kapuzinerkloster (Schwarzwälder Trachtenmuseum/Tourist-Information)
[GPS: UTM Zone 32 x: 432.101 m y: 5.347.337 m]
CHARAKTER | Streckenwanderung, überwiegend durch Wald; zu Beginn ein teilweise steiler Anstieg, anschließend recht bequem; auf Forst- und Waldwegen, auf Asphalt in Haslach und knapp 3 km von Hausach-Dorf bis zur Bahn-Haltestelle Hausach.

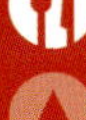
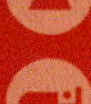

In Haslach wurde der sozial engagierte Pfarrer und Volksschriftsteller Heinrich Hansjakob 1837 geboren, hier lebte er seit 1913 im Freihof, und hier starb er 1916. Begraben allerdings ist er bei Hofstetten, wo er sich zu Lebzeiten eine Grabkapelle erbauen ließ.

▶ In **Haslach** 01 gehen Sie vom Parkplatz am Alten Kapuzinerkloster vorbei, überqueren die Hofstetter Straße und folgen nach rechts der Seilerbahn zum Sandhaasplatz. Geradeaus in der Mühlenbacher Straße zur B 294 und weiter in der Rotkreuzstraße erreichen Sie den Stadtrand. Kurz darauf steigt ein Kreuzweg am Hang des Urenkopfs (555 m) recht steil an zu einer **Kapelle am Heiligen Brunnen** 02. Wenig später knickt der Weg rechts ab und führt in leichtem Auf und Ab zum **Bannstein** 03; hier laufen die Gemarkungsgrenzen von Haslach, Hausach und Mühlenbach zusammen. Nach knapp 1 km halten Sie sich an einer Weggabelung links und steigen, mit Blick auf das Kinzigtal sowie den Brandenkopf (945 m), zwischen Wiesen und Viehweiden leicht ab.

Vorbei am Gehöft **Oberer Hof** 04 und nochmals durch Wald führt der Weg hi-

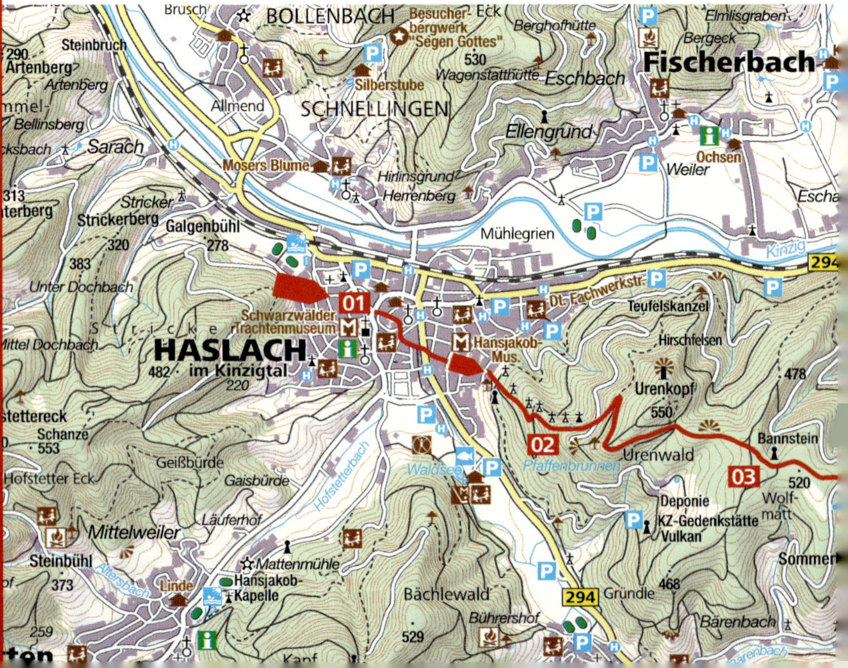

Allgemeine Informationen

Wegmarkierung: Wegweiser und gelbe Raute sowie weiße Täfelchen mit schwarzem Schlapphut (Hansjakobweg), streckenweise Muschel (Jakobsweg).

Rückfahrt: Per Bahn von Hausach nach Haslach, Züge verkehren ein- bis zweimal pro Stunde.

nab zum Friedhof von **Hausach-Dorf** **05**; rechts des Friedhofs wurde das Bergbau-Freilichtmuseum Erzpoche angelegt.

Der Talstraße folgen Sie nach links, biegen an der Kirche rechts ab in die Dietersbachstraße und gelangen schließlich auf der Hauptstraße, vorbei an der erhöht sitzenden Burgruine Husen, in die Stadtmitte von Hausach. Sie bleiben auf der Hauptstraße, unterqueren eine Eisenbahnbrücke und kehren per Bahn von der **Haltestelle Hausach** **06** nach Haslach zurück.

An der Bahn-Haltestelle Haslach überqueren Sie die B 33/B 294 und gelangen durch die Gerbergasse und geradeaus durch die Hauptstraße in die Altstadt. Am Rathaus wenden Sie sich nach rechts zur Hofstetter Straße und nach links zum Alten Kloster.

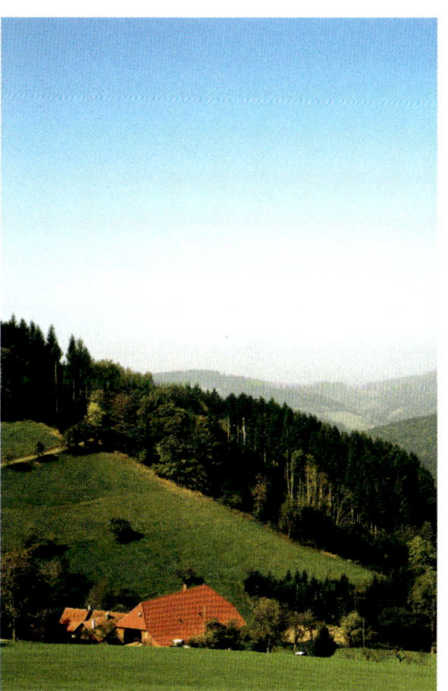
Beim Gehöft Oberer Hof.

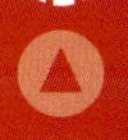

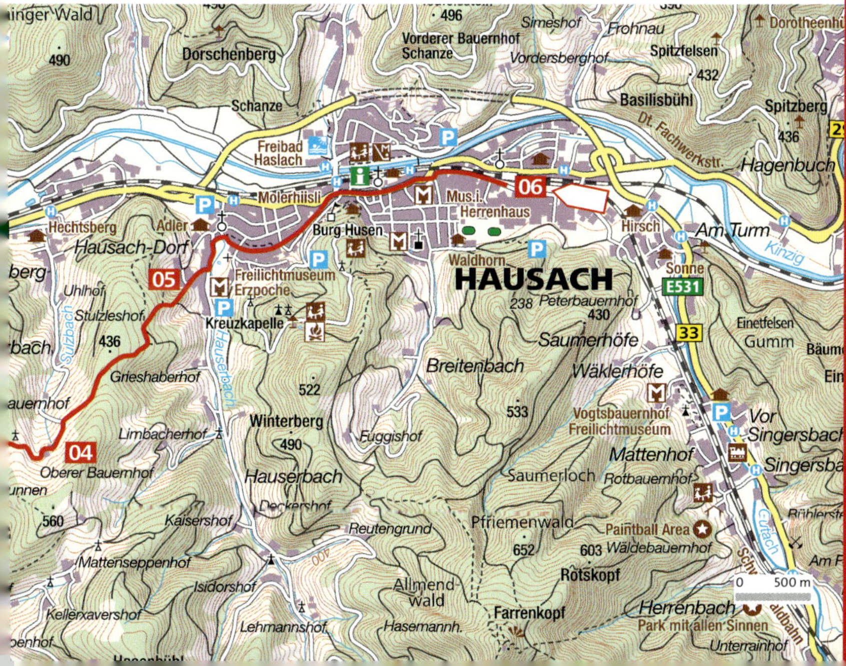

49

ZUM VOGTSBAUERNHOF

Von Hausach über den Farrenkopf

  11,5 km 4:00 h 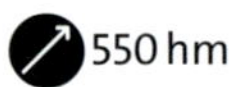 550 hm 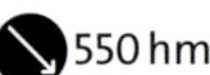 550 hm  880

START | Hausach; Parkplatz bei den Sportanlagen; in Hausach von der Hauptstraße abbiegen in die G.-Rivinus-Straße und zum Stadtrand.
[GPS: UTM Zone 32 x: 438.986 m y: 5.347.842 m]
CHARAKTER | Rundwanderung mit langem, streckenweise steilem Anstieg und steilem Abstieg; vorwiegend im Wald; auf Forst- und Waldwegen, im Gutachtal auf asphaltiertem Rad- und Fußweg.

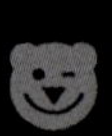

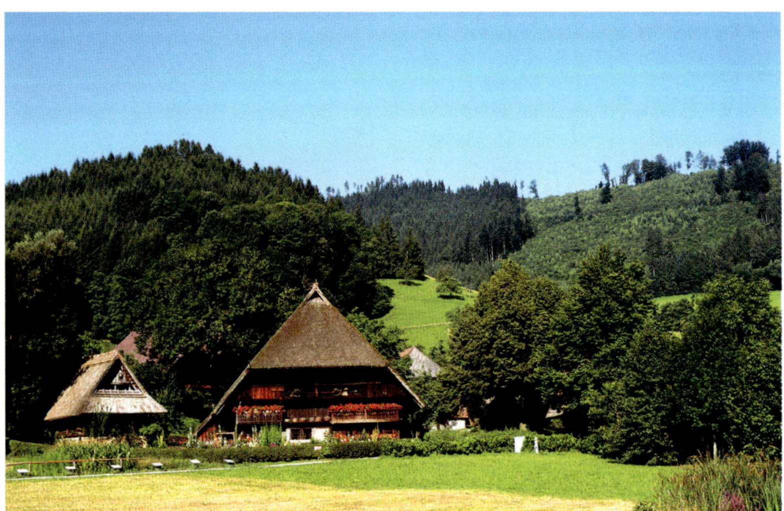

Der Vogtsbauernhof (17. Jh.) im gleichnamigen Freilichtmuseum.

Die Wanderstrecke ist, was die Schwierigkeit anbelangt, klar gegliedert. Zu Beginn ein langer Anstieg, anschließend ein steiler Abstieg und abschließend bequem auf der Talsohle.

Vom **Parkplatz** 01 bei den Sportanlagen von Hausach folgen Sie der Waldstraße in Richtung Stadt/ Burgruine Husen, halten sich in der quer verlaufenden Breitenbachstraße links und wenig später bei den letzten Häusern rechts in die Gummenstraße. Nach 150 m steigt ein links abzweigender Waldweg am bewaldeten Hang in einigen Kehren zur Wegkreuzung Schmids Wanderecke an. Nach links führt der Westweg (Pforzheim–Basel) abwechselnd steil und etwas weniger steil hinauf zum **Haseneckle** 02, zur Weggabelung **Zinowald** 03 und zur Rasthütte auf dem **Farrenkopf** 04 (789 m).

Vom Farrenkopf steigen Sie nach links (blaue Raute) in einigen Kehren steil ab und halten sich nach 300 m an einer Wegkreuzung links auf einen Waldweg (keine Markierung). Zunächst leicht bergab, an einer Wegkreuzung geradeaus, steil bergab und vorbei an zwei

Wegmarkierung

Wegweiser und gelbe Raute, rote Raute (Westweg Pforzheim–Basel) und E 1 (Europäischer Fernwanderweg 1) sowie blaue Raute; Abstieg vom Farrenkopf ohne Markierung.

Der Vogtsbauernhof

Keimzelle des Freilichtmuseums Vogtsbauernhof ist der hier im Jahr 1612 errichtete Vogtsbauernhof. Zusammengetragen wurden teilweise aus dem 16. Jahrhundert stammende Bauernhöfe und Nebengebäude wie Leibgeding (Altenteil), Speicher und Sägen, Backhaus und Kapelle. In den Häusern befinden sich originale Einrichtungen oder Ausstellungen, Handwerker demonstrieren traditionelle Arbeitstechniken (Ende März–Anfang Nov. täglich 9–18 Uhr, Juli/Aug. bis 19 Uhr; kostenfreie Führung täglich um 14.30 Uhr). www.vogtsbauernhof.org

rechts abzweigenden Wegen, erreichen Sie bei den wenigen Gebäuden von **Singersbach 05** die Sohle des Gutachtals. Nach links führt ein Fuß- und Radweg entlang der Gleise der Schwarzwaldbahn talabwärts zum **Freilichtmuseum Vogtsbauernhof 06**. Entlang der Gleise und am Ortsrand von Am Turm nach links entlang des Talhangs kehren Sie zum **Ausgangspunkt 01** zurück.

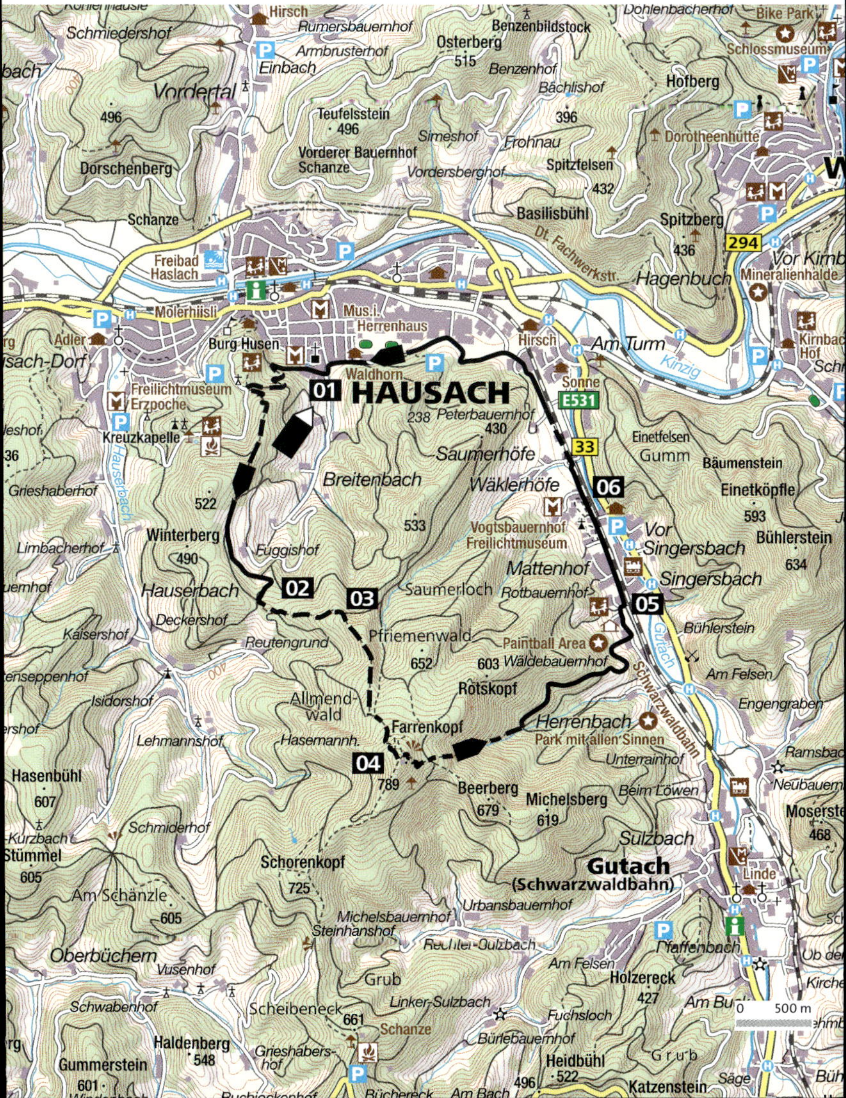

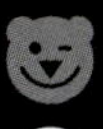
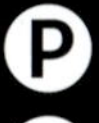
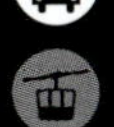

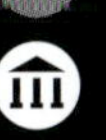

ZUM BERGGASTHAUS KÄPPELEHOF

Von Hausach zu beliebtem Ausflugslokal

 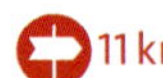 11 km  3:45 h 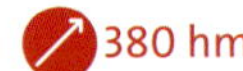 380 hm 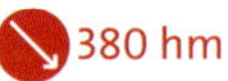 380 hm  880

START | Hausach; Parkplatz 5 bei der Stadthalle; in der Stadt von der Hauptstraße abbiegen in Richtung Sportanlagen (G.-Rivinus-Straße). [GPS: UTM Zone 32 x: 438.818 m y: 5.348.158 m]
CHARAKTER | Rundwanderung mit steilem Anstieg zu Beginn; überwiegend durch Wald; in Hausach auf Straßen, ansonsten auf Forst- und Waldwegen; Ausblicke.

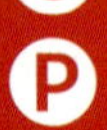

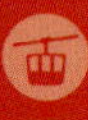
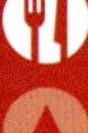
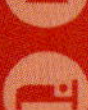

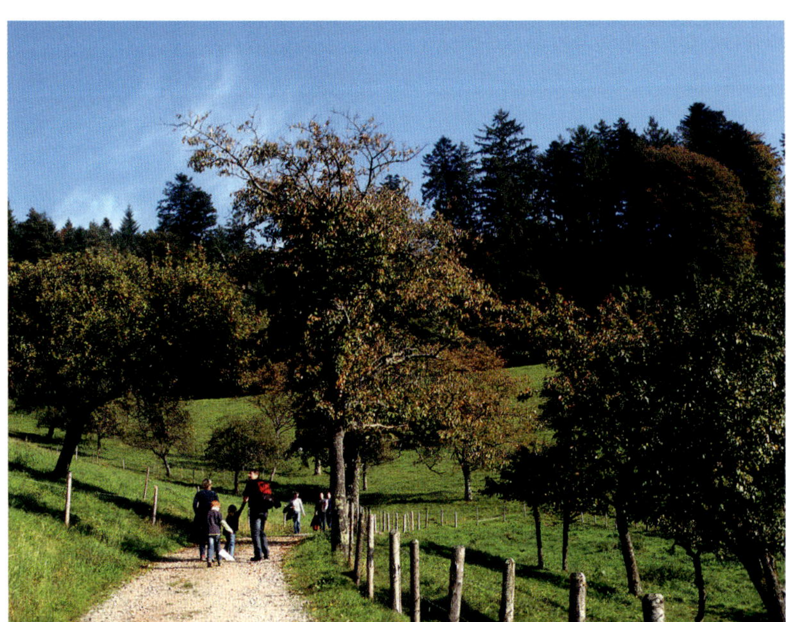
Wanderer beim Käppelehof.

Im Talschluss des Osterbachs steht zwischen Wiesen und Viehweiden das Gasthaus Käppelehof neben der Kapelle St. Wendelin, einer Station des Kinzigtäler Jakobswegs, auf dem man nach Hausach zurückkehrt.

▶ In **Hausach** 01 gehen Sie vom Parkplatz bei der Stadthalle zurück zur Hauptstraße, folgen ihr rechts und biegen an der evangelischen Kirche links ab in die Inselstraße. Nach 600 m wenden Sie sich bei einer Straßenbrücke (B 33/B 294) nach links, überqueren die Kinzig über den **Kinzig-Steg** 02 sowie die Frohnaustraße und folgen nach rechts der roten Raute des Westwegs in einem etwa 2 km langen, steilen Anstieg zum hervorragenden Aussichtspunkt **Spitzfelsen** 03. Auf der Scheitelhöhe des Bergrückens verläuft der Weg bequem zum Weißen Kreuz und zum Benzenbildstock. Hier halten Sie sich rechts

Wegmarkierung

Wegweiser, rote Raute (Westweg), E 1 (Europäischer Fernwanderweg 1), gelbe Raute und Muschel (Jakobsweg).

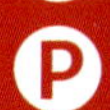

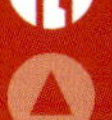
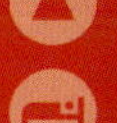

Die Schwarzwald-Modell-Bahn

In Hausach befindet sich in der Eisenbahnstraße gegenüber der Bahn-Haltestelle die Schwarzwald-Modell-Bahn. Auf 400 Quadratmetern ist das Modell der seit 1873 verkehrenden Schwarzwaldbahn im Maßstab 1:87 originalgetreu nachgebaut, wobei die Züge der HO-Spur einen Höhenunterschied von 1,80 Metern überwinden (täglich 10–18 Uhr)
www.schwarzwald-modell-bahn.de

und biegen nach 300 m am Wegweiser Osterbergsattel links ab zum **Gasthaus Käppelehof 04**.

Bergab folgen Sie der Käppelehof-Zufahrtsstraße und halten sich nach 200 m links auf einen Wirtschaftsweg, der am Hang eines bewaldeten Höhenrückens verläuft. Der Weg führt auf halber Hanghöhe um den Teufelsstein (496 m) herum, passiert eine Schanze und verlässt den Wald. Vorbei am Wintermaxenhof steigen Sie zum Stadtrand von Hausach ab. In der Straße Am Hinterhof nach links erreichen Sie die Hegerfeldstraße, halten sich erneut links und gelangen nach Überqueren eines Kinzig-Stegs zur Hauptstraße. Ihr folgen Sie nach links 500 m weit und biegen rechts ab zur **Stadthalle 01**.

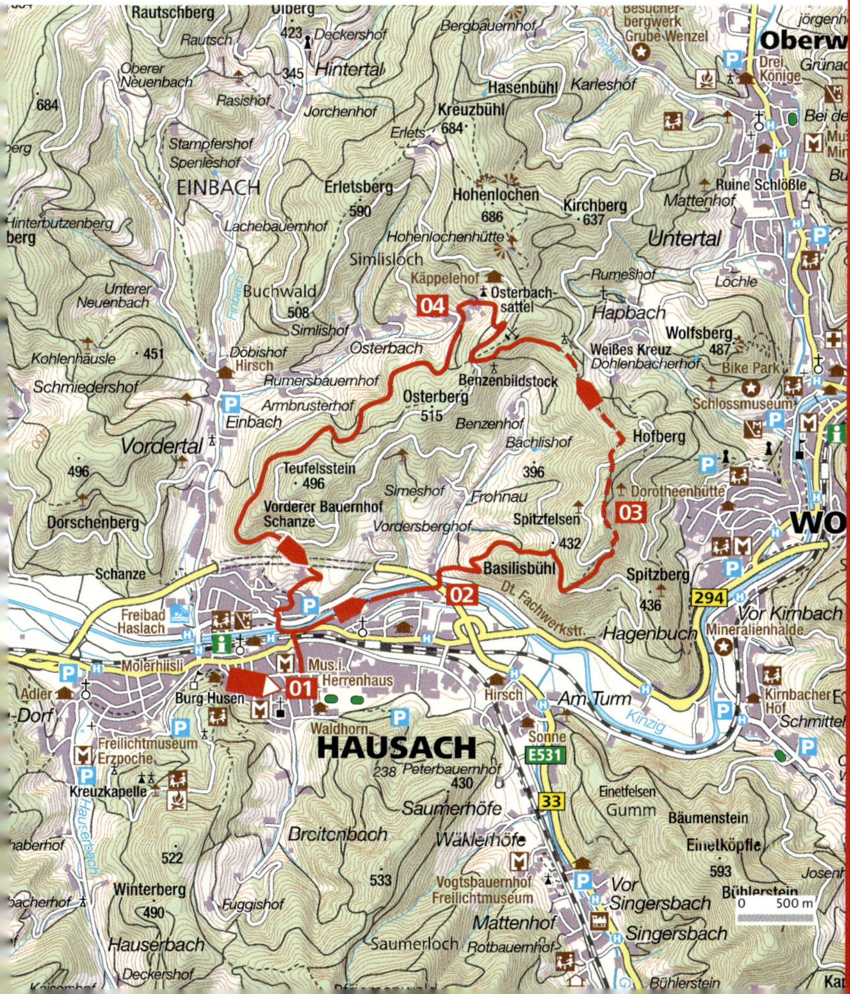

ZUR GRUBE WENZEL

Wolfach, Mineralienmuseum, Besucherbergwerk

 14 km 5:00 h 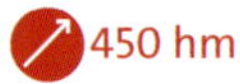450 hm 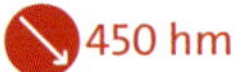450 hm 770

START | Wolfach; Parkplatz an der Bahn-Haltestelle.
[GPS: UTM Zone 32 x: 442.280 m y: 5.349.556 m]
CHARAKTER | Rundtour; im Kinzig- und im Wolftal mehrmals auf Asphalt, anschließend im Wald mit recht langem Anstieg und streckenweise auch steilem Abstieg; auf Forst- und Waldwegen.

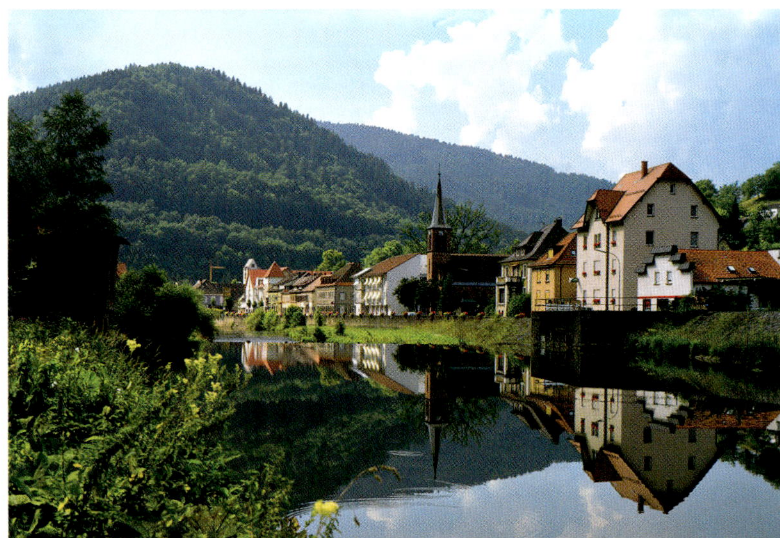

Das Städtchen Wolfach an der Kinzig.

Exemplarisch für die einst zahlreichen, mittlerweile stillgelegten Silberbergwerke im Bereich des Kinzigtals steht das Besucherbergwerk Grube Wenzel oberhalb von Oberwolfach.

▶ In **Wolfach** 01 gehen Sie vom Parkplatz an der Bahn-Haltestelle durch ein Stadttor und geradeaus durch die Altstadt, überqueren die Kinzig-Straßenbrücke und folgen der Markierung durch ein Wohngebiet hinauf zum Waldrand. Am Wegweiser Eckerlesbrunnen wenden Sie sich nach links und steigen am Wegweiser Steffelsbach in das Wolftal ab. Am Rand von Wolfach gehen Sie bequem talaufwärts, biegen von der Straße Am Rothekreuzberg rechts ab und passieren die etwas erhöht sitzende Burgruine Wolfach („Schlössle“).

In **Oberwolfach** 02 führt die Ortsdurchfahrt nach rechts über das Flüsschen Wolf zum Lindenplatz. Für einen Abste-

Grube Wenzel

Im Besucherbergwerk Grube Wenzel dauert eine Führung durch den begehbaren Bereich etwa 1:30 Std. (April–Okt. Di–So um 11, 13 und 15 Uhr; www.grubewenzel.de).

Das MiMa in Oberwolfach

Das Mineralien- und Mathematikmuseum („MiMa") in Oberwolfach präsentiert u. a. Mineralien, Arbeitsgerät und das Modell einer Grube. In der Mathematik-Abteilung wird die Kristallographie erläutert, sind digitale „Flüge" durch Atomstrukturen möglich und können Besucher mittels mehrerer Computerprogramme aktiv werden. (Geöffnet täglich 11–17 Uhr, im Winter bis 16 Uhr; geschlossen 1. Nov.–15. Dez.; www.mima.museum.de).

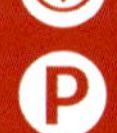
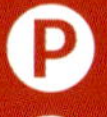
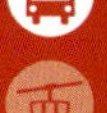

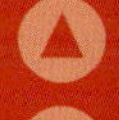
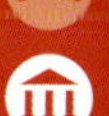

cher zum Mineralienmuseum biegt man schon vorher, gleich nach Überqueren der Wolf, rechts ab in die Schulstraße.

Vom Lindenplatz steigen Sie auf einem Sträßchen knapp 1,5 km weit recht steil an zur **Grube Wenzel** 03. Auf gleichem Weg kehren Sie zurück, biegen nach 300 m am Wegweiser Muurerbrückle rechts ab und steigen auf einem kurvenreichen Weg zunächst stetig an. Anschließend gelangen Sie ziemlich bequem über den Wegweiser Happachquelle zum Wegweiser Dolenbacherhöhe und folgen nach links den Markierungen des Hansjakob- und des Jakobswegs streckenweise steil bergab nach Wolfach. Die Straße Herlinsbachweg führt nach links zu einer Kinzigbrücke, und durch die Altstadt kehren Sie dann gemütlich zum **Ausgangspunkt** 01 zurück.

Wegmarkierung

Wegweiser und gelbe Raute, oberhalb von Wolfach kurzzeitig weißes „Z" auf blauem Grund (Wolfacher Rundwanderweg), auf letztem Abschnitt schwarzer Schlapphut auf weißem Grund (Hansjakobweg) und Muschel (Jakobsweg).

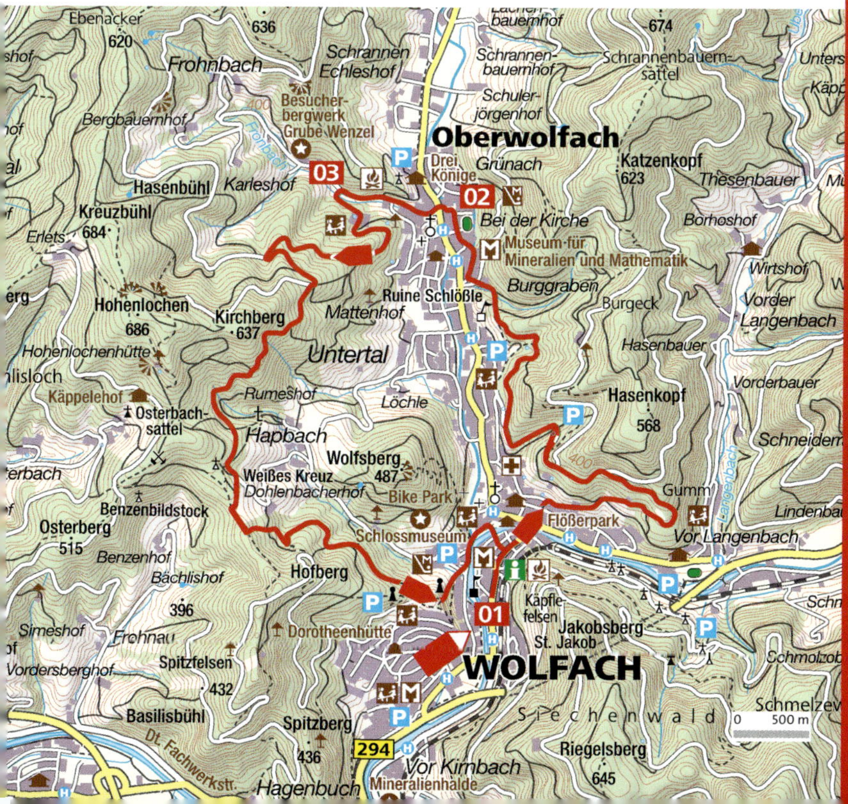

OBERHALB DES WOLFTALS

Schapbach, Kupferberg und Wildschapbach

 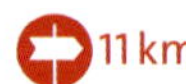 11 km  3:30 h 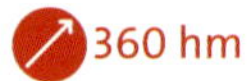 360 hm  360 hm  878

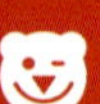

START | Bad Rippoldsau-Schapbach, Ortsteil Schapbach; Parkplatz am Freibad (von Wolfach kommend am Ortsbeginn).
[GPS: UTM Zone 32 x: 447.228 m y: 5.358.360 m]
CHARAKTER | Rundwanderung; überwiegend im Wald; zu Beginn im Wolftal bequem aufwärts, anschließend längerer, steiler Anstieg und langer Abstieg; auf Forst- und Waldwegen, kurze Abschnitte auf Asphalt.

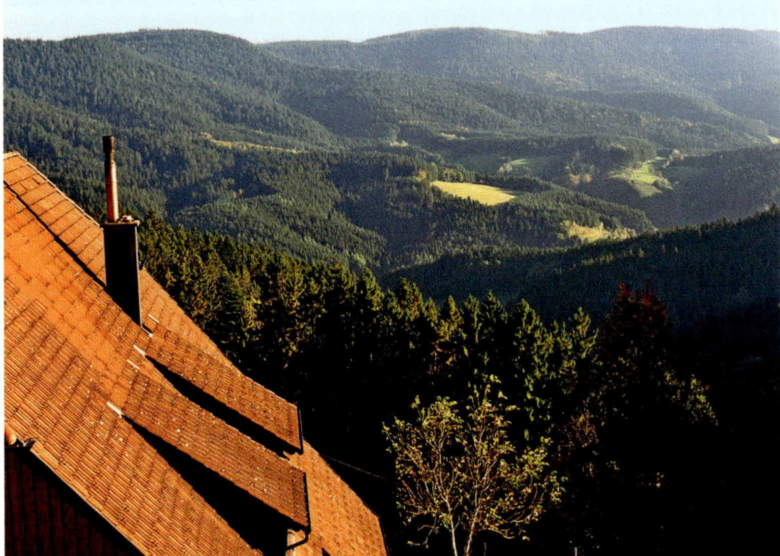

Blick von Kupferberg in das Wolftal.

Eine ruhige, unspektakuläre Wanderung, auf der man von dem auf einer großen Lichtung in gut 700 m Höhe gelegenen Örtchen Kupferberg einen herrlichen Ausblick genießt.

▶ In **Schapbach** 01 gehen Sie vom Parkplatz am Freibad auf die Kirche zu,

Wegmarkierung

Wegweiser und gelbe Raute; ab Wildschapbach auch schwarzer Schlapphut auf weißem Täfelchen (Kleiner Hansjakobweg).

überqueren die Wolf und folgen talaufwärts den Markierungen auf dem Wolftalweg entlang des Flüsschens. Am Fuß des östlichen Talhangs erreichen Sie im Ortsteil Obertal das Wegweiserschild Campingbrücke und entlang der Durchgangsstraße nach 250 m den Wegweiser Bühlsäge. Nach links steigen Sie am bewaldeten Hang etwa 1, 5 km weit steil an, passieren eine Rasthütte und gelangen auf dem nun weniger steilen Weg zwischen Wiesen und Viehweiden zum Weiler Kupferberg und die **Otmarhütte** 02 (750 m).

Nach links erreichen Sie einige Häuser von Kupferberg und geradeaus auf

Grube Friedrich-Christian

Das Bergbaurevier bei Wildschapbach mit der Grube Friedrich-Christian wurde vermutlich um das Jahr 1700 erschlossen. Wenn die Kupfer- und Silbererzvorkommen erschöpft zu sein schienen, wurde die Grube stillgelegt, bis nach Jahrzehnten eine erneute und zumeist auch erfolgreiche Suche nach Erzen begann. Dieser Vorgang wiederholte sich mehrmals, bis 1955 die Grube endgültig aufgegeben wurde.

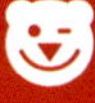
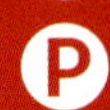

der nach Schapbach führenden Straße einen Parkplatz am Waldrand. Wenig später biegen Sie rechts ab auf einen Forstweg, von dem ein Waldweg links abzweigt und zu der im engen Tal des Wildschapbachs verlaufenden Straße Schapbach–St. Peterstal hinabführt. Talabwärts gelangen Sie zu den wenigen Gebäuden von **Wildschapbach** 03 mit den kaum noch erkennbaren Überresten der stillgelegten Grube Friedrich-Christian.

Entlang der Straße und des Wildschapbachs gehen Sie weiter talwärts, überqueren im Wolftal bei den Häusern von **Vor Wildschapbach** 04 und der Burgruine Romburg die Straße Wolfach–Bad Rippoldsau und kehren entlang der Wolf nach **Schapbach** 01 zurück.

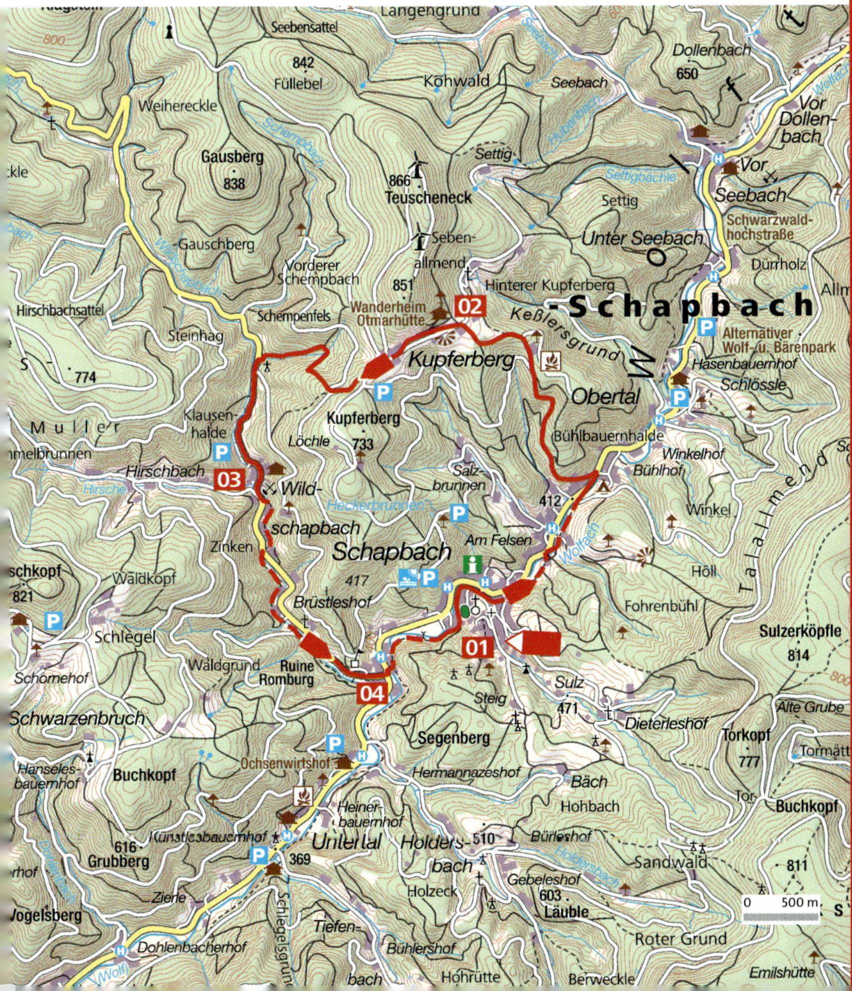

53

ANSTIEG NACH ST. ROMAN

Von Schapbach zur Wallfahrtskirche

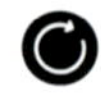  18,5 km 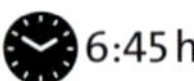 6:45 h 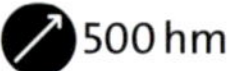 500 hm 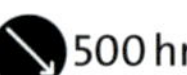 500 hm  878

START | Bad Rippoldsau-Schapbach, Parkplatz an der Festhalle. [GPS: UTM Zone 32 x: 447.460 m y: 5.358.443 m]
CHARAKTER | Rundwanderung; langer, streckenweise steiler Anstieg und ebensolcher Abstieg, zuletzt entlang der Wolf bequem talaufwärts; auf Forst- und Waldwegen; mehrere Abschnitte auf Asphalt.

Wallfahrtskirche St. Roman

Die Kirche St. Roman stammt vermutlich aus dem 11. Jahrhundert und wurde im 18. Jh. vergrößert. Aus dem 15. Jh. stammen das Sakramentshäuschen, das Kreuzrippengewölbe und ein Schlussstein, der den Kirchenpatron St. Romanus als Soldaten in Rüstung zeigt. Dem Heiligen wird nachgesagt, heiratswilligen Mädchen bei der Suche nach einem Ehepartner behilflich zu sein, weshalb früher an seinem Gedenktag, dem 9. August, besonders viele Heiratswillige hierher pilgerten.

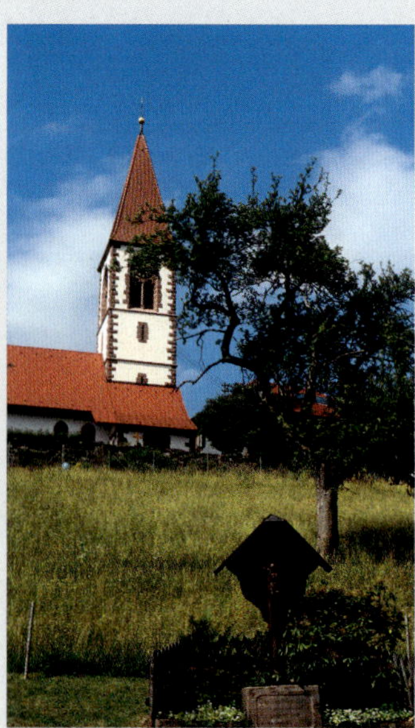

Die Wallfahrtskirche St. Roman.

Die Wanderung führt hinauf zum Kohlplatz, einem Sattel unterhalb des Staufenkopfs (851 m), der höchsten Erhebung zwischen dem Kinzig- und dem Wolftal, und zu einer kleinen Wallfahrtskirche.

▶ Vom **Parkplatz 01** in Schapbach gehen Sie zur Kirche, wenden sich nach rechts und verlassen auf einem ansteigenden Sträßchen den Ort. Sie steigen zum Bächhof an und gelangen über den Bürlehof zum Gebeleshof. Nach streckenweise steilem Anstieg halten Sie sich am Rand einer kleinen Lichtung rechts auf einen Fahrweg, der durch Wald vollends hinaufführt zum Kohlplatz – hier wurden einst Kohlenmeiler geschichtet zur Herstellung von Holzkohle – und zur St. Romaner Höhe. Ein Sträßchen führt in einem Wiesental hinunter zu den wenigen Höfen, Wohnhäusern und einem Hotel-Restaurant von St. Roman. An einer Kreuzung nach links steigen Sie kurz an zur **Wallfahrtskirche St. Roman 02**.

Zurück an der Kreuzung, halten Sie sich links und biegen nach wenigen Metern rechts ab (Markierung des Hansjakobwegs). Ein ansteigender Wiesenweg mündet kurz vor der St. Romaner Höhe in das Sträßchen ein, auf dem Sie zuvor nach St. Roman gelangt sind. Am Kohlplatz halten Sie sich leicht links zum Gehöft Waldlehme und steigen im engen, bewaldeten Tal des Tiefenbachs ab. Vorbei an den Höfen von Tiefenbach gelangen Sie in das **Wolftal 03**, folgen dem Flüsschen talaufwärts, vorbei an den Einzelhöfen von Untertal, und kehren nach **Schapbach 01** zurück.

Wegmarkierung

Wegweiser und gelbe Raute; von Schapbach bis St. Roman zusätzlich schwarzer Schlapphut auf weißem Täfelchen (Kleiner Hansjakobweg).

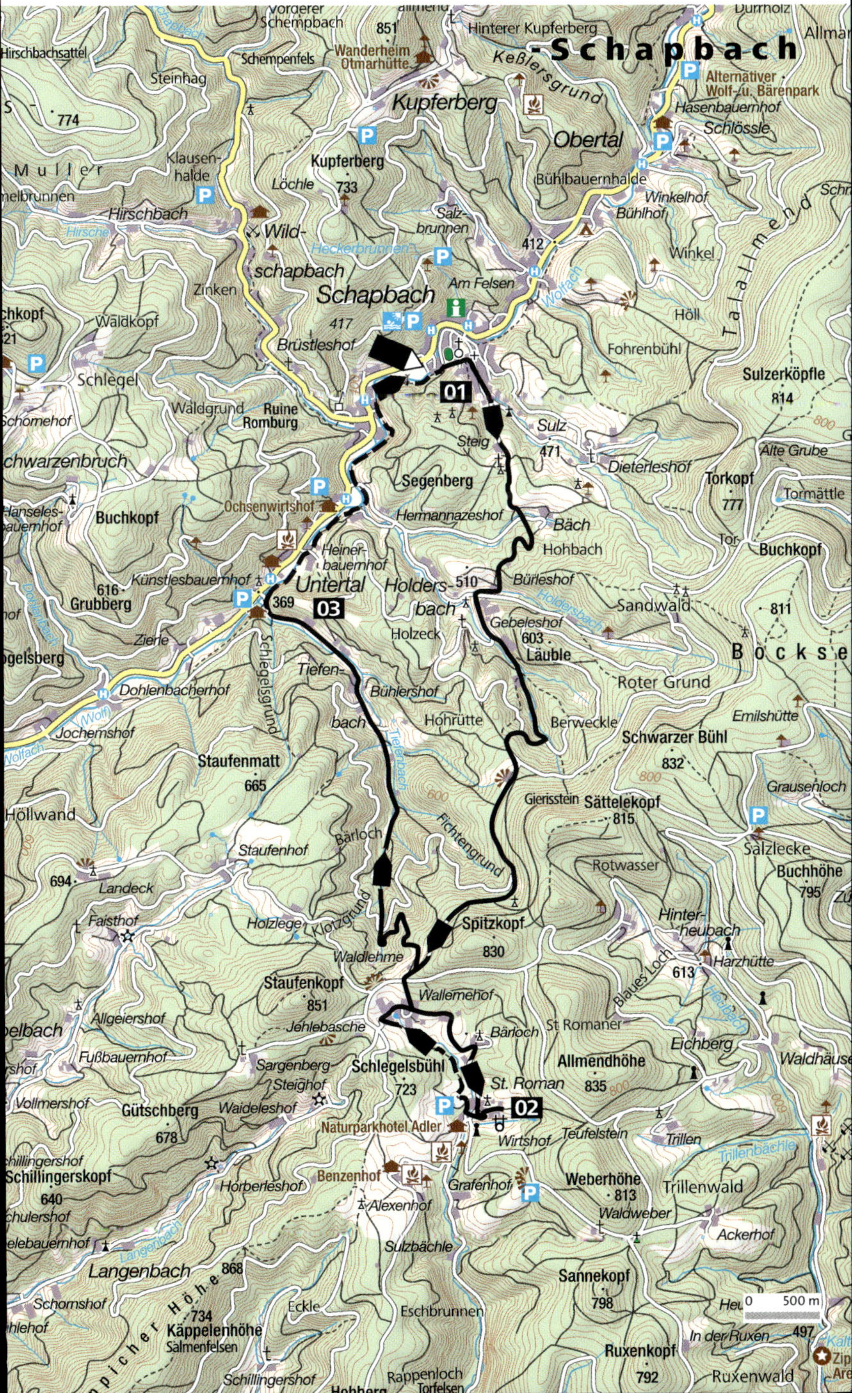

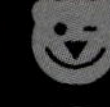
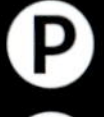
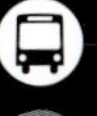
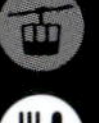

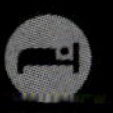

ZUM BURGBACHWASSERFALL

Bad Rippoldsau, Wallfahrtskirche, Wasserfall

  6,5 km  2:15 h 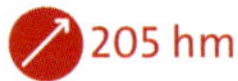 205 hm 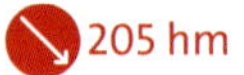 205 hm  878

START | Bad Rippoldsau-Klösterle; Parkplatz beim Kurhaus an der Straße in Richtung Kniebis.
[GPS: UTM Zone 32 x: 450.427 m y: 5.363.854 m]
CHARAKTER | Rundwanderung; anfangs ein kurzzeitig auch steiler, anschließend leichter Anstieg, steiler Abstieg zum Wasserfall und bequem talaufwärts entlang der Wolf; erste Streckenhälfte im Wald; auf Forst-, Wald- und Wiesenwegen, zwei kurze Abschnitte auf Asphalt.

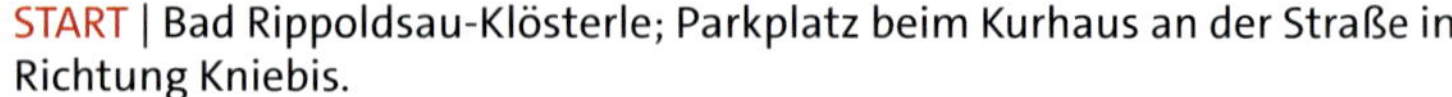

Die Wallfahrtskirche Mater Dolorosa

Die Wallfahrtskirche Mater Dolorosa (Mutter Gottes der Schmerzen) in Bad Rippoldsau erhielt zu Beginn des 19. Jahrhunderts ihre klassizistische Ausprägung durch Christoph Arnold, einen Schüler des Baumeisters Johann Jacob Friedrich Weinbrenner (1766–1826), dem berühmtesten Vertreter des Klassizismus in Baden. Von Weinbrenner und seinen Schülern stammen zahlreiche Kirchen, öffentliche und private Gebäude in Baden, u. a. das Rathaus und die evangelische Stadtkirche in Karlsruhe sowie das Kurhaus in Baden-Baden.

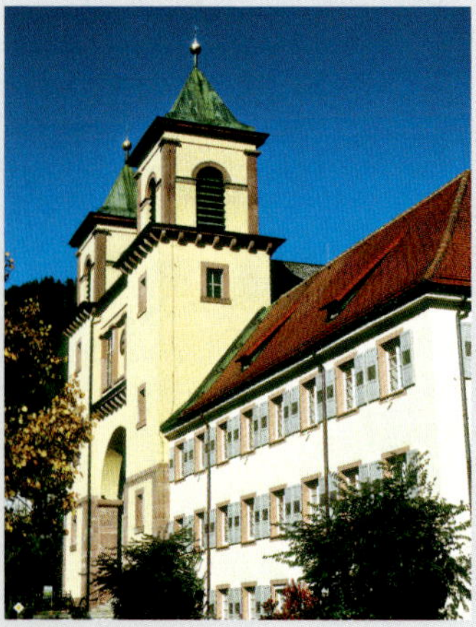

Die Wallfahrtskirche in Bad Rippoldsau.

In Klösterle steht die Wallfahrtskirche Mater Dolorosa (Mutter Gottes der Schmerzen) mit einem Gnadenbild, einer Pietà des 14. Jahrhunderts. Die Wallfahrten begannen im 18. Jahrhundert, nachdem ein blind geborenes Mädchen durch eine Wunderheilung sehend geworden war.

Vom **Parkplatz** in **Bad Rippoldsau-Klösterle** 01 gehen Sie auf der Ortsdurchfahrt talabwärts, biegen kurz nach der Kirche links ab in den Klösterleweg und steigen am Talhang des Kastelbachs leicht an. Ein nach 500 m rechts abzweigender Waldweg führt zunächst steiler bergauf, anschließend recht bequem zum Wegweiser Bildstöckle Felsen und zu einem kleinen Aussichtspavillon auf einem steil abfallenden Felsen hoch über dem Tal des Burgbachs.

In Kehren führt der Weg recht steil hinab zum Fuß des **Burgbachwasserfalls** 02, der mit einer freien Fallhöhe von 15 m und einer Gesamthöhe von 32 m zu den höchsten Wasserfällen des Schwarzwalds zählt. Kurz nach Verlassen des Wasserfalls biegen Sie vom breiten Forstweg rechts ab, steigen in das Tal des Burgbachs ab und folgen einem talabwärts führenden Sträßchen zur Durchgangsstraße im Wolftal.

Am **Hotel-Restaurant „Zur letzten G'stehr"** 03 – ein Gestöhr sind bis zu 12 nebeneinander zusammengebundene Baumstämme, und mehrere hintereinander verbundene Gestöhre bilden ein Floß – kreuzen Sie die

Talstraße und folgen talaufwärts einem Fußweg parallel zur Straße und zur Wolf. Kurz vor Bad Rippoldsau-Klösterle kreuzen Sie zweimal das Flüsschen und kehren nach **Klösterle** 01 zurück.

Wegmarkierung

Wegweiser und blaue sowie gelbe Raute.

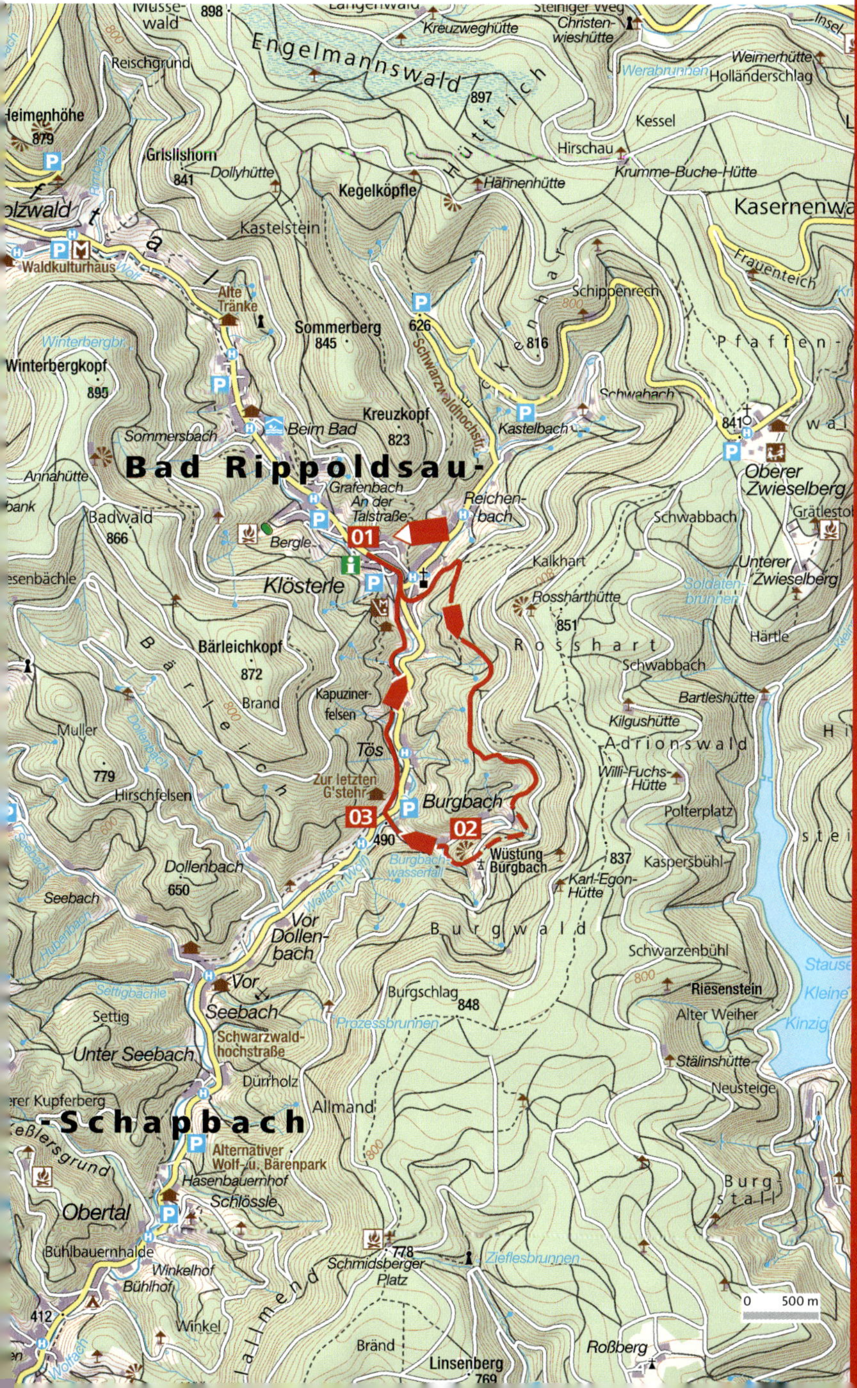

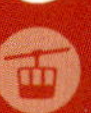

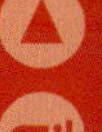

DER ALPIRSBACHER WASSERPFAD

Von Reinerzau zur Talsperre Kleine Kinzig

  6,5 km  2:00 h 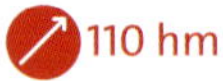 110 hm 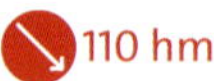 110 hm  878

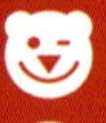

START | Alpirsbach-Reinerzau, Ortsteil Oberes Dörfle; ausgeschilderter Parkplatz am Ortsrand; Anfahrt: In Schenkenzell von der Kinzigtalstraße abbiegen und talaufwärts ca. 10 km entlang der Kleinen Kinzig.
[GPS: UTM Zone 32 x: 453.713 m y: 5.358.818 m]
CHARAKTER | Rundwanderung; langer, leichter Anstieg, anschließend bequem; zweite Streckenhälfte im Wald; auf Wirtschafts-, Forst- und Waldwegen, kurzer Abschnitt auf Asphalt.

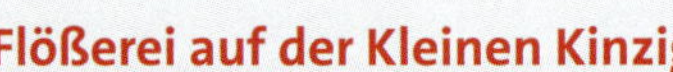

Flößerei auf der Kleinen Kinzig

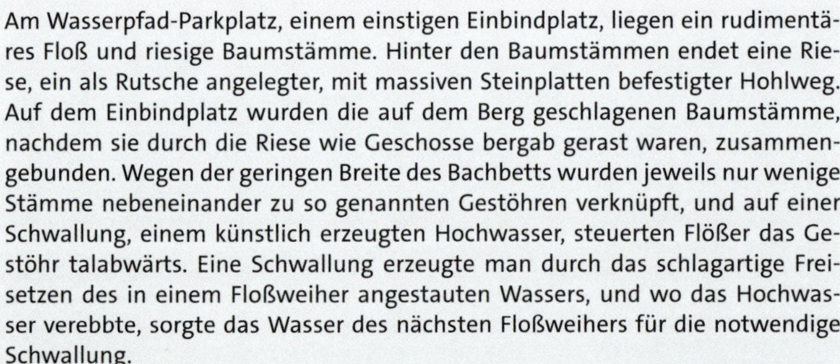

Am Wasserpfad-Parkplatz, einem einstigen Einbindplatz, liegen ein rudimentäres Floß und riesige Baumstämme. Hinter den Baumstämmen endet eine Riese, ein als Rutsche angelegter, mit massiven Steinplatten befestigter Hohlweg. Auf dem Einbindplatz wurden die auf dem Berg geschlagenen Baumstämme, nachdem sie durch die Riese wie Geschosse bergab gerast waren, zusammengebunden. Wegen der geringen Breite des Bachbetts wurden jeweils nur wenige Stämme nebeneinander zu so genannten Gestöhren verknüpft, und auf einer Schwallung, einem künstlich erzeugten Hochwasser, steuerten Flößer das Gestöhr talabwärts. Eine Schwallung erzeugte man durch das schlagartige Freisetzen des in einem Floßweiher angestauten Wassers, und wo das Hochwasser verebbte, sorgte das Wasser des nächsten Floßweihers für die notwendige Schwallung.

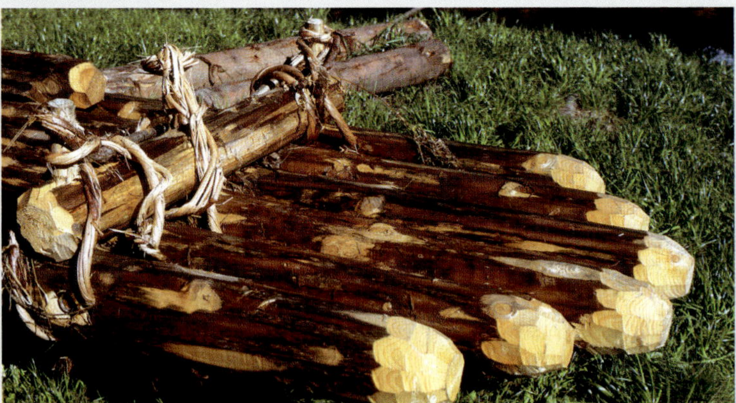

Der einstige Einbindplatz am Wasserpfad-Parkplatz.

Auf dieser für Kinderwagen geeigneten Wanderstrecke erläutern zahlreiche Informationstafeln verschiedene Aspekte des Themas „Wasser“, beispielsweise Trinkwasserversorgung, Tiere und Pflanzen am Wasser oder Gewässerökologie.

▶ Vom **Wasserpfad-Parkplatz** 01 bei Oberes Dörfle überqueren Sie die Kleine Kinzig und gelangen talaufwärts entlang des Bächleins zum **Wasserwerk** 02 des Zweckverbands Wasserversorgung Kleine Kinzig. Der Weg knickt rechts ab

Wegmarkierung

Wegweiser und gelbe Raute; Wasserpfad-Täfelchen mit stilisierten Wellen, Mühlrad und Bäumen.

und führt nach einer weiteren Kehre zum Damm der **Talsperre Kleine Kinzig** 03.

Nach Absprache können Gruppen eine Ausstellung im Betriebsgebäude des Wasserwerks besichtigen, u. a. ein Schaubergwerk und Mineralien (Zweckverband Wasserversorgung Kleine Kinzig (WKK), Berneckstr. 100, 72275 Alpirsbach-Reinerzau, Tel. +49 (0) 74 44 / 61 20, Fax +49 (0) 74 44 / 612 66; info@zvwkk.de).

Nach Überqueren des Staudamms wenden Sie sich nach links auf den Burgstallerweg, der in leichtem Auf und Ab am bewaldeten Talhang verläuft und schließlich recht bequem zum **Ausgangspunkt** 01 hinabführt.

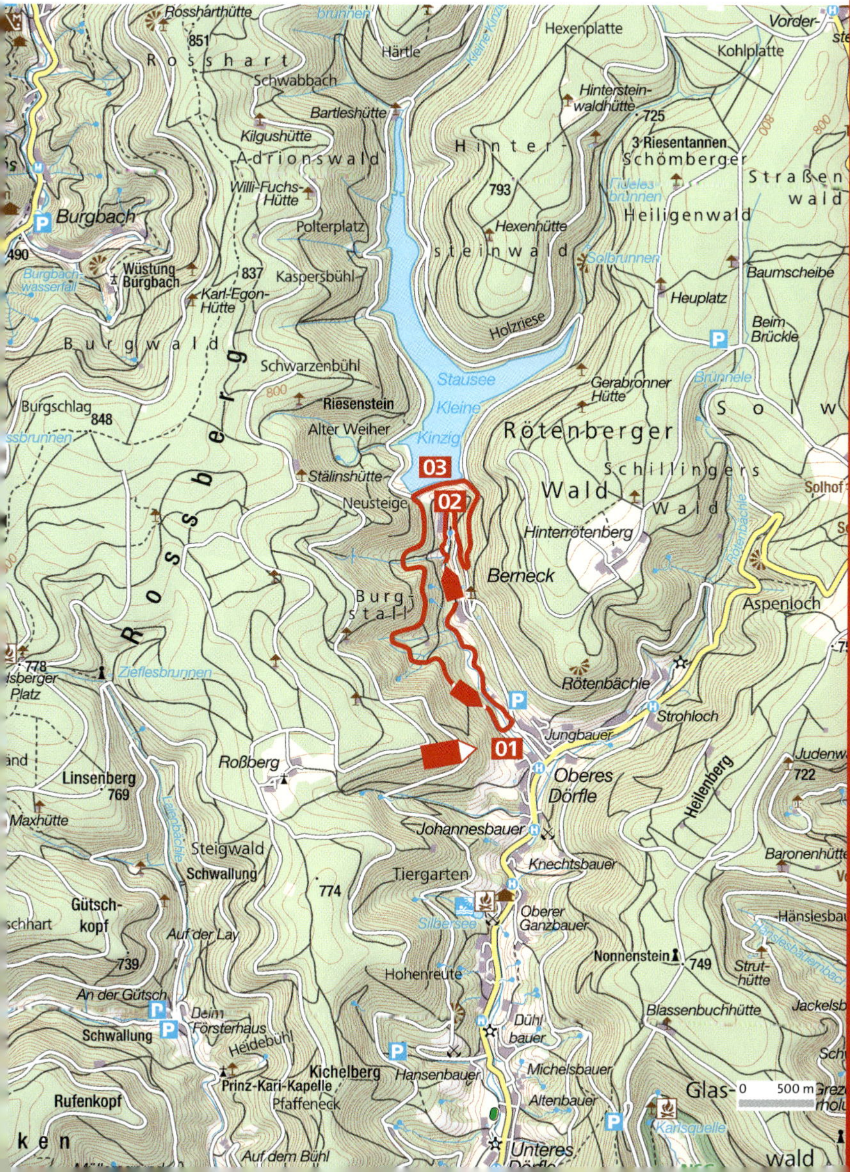

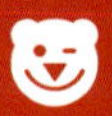
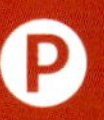

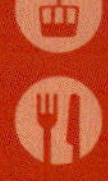
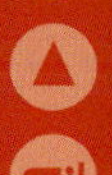

DER FLÖSSERPFAD AN DER KINZIG

Von Loßburg talabwärts nach Alpirsbach

  11 km  3:00 h 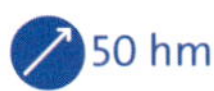 50 hm 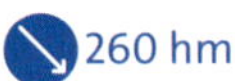 260 hm  770

START | Loßburg, Parkplatz am Freibad.
[GPS: UTM Zone 32 x: 458.925 m y: 5.362.468 m]
CHARAKTER | Streckenwanderung talabwärts, gelegentlich kurzer Anstieg; anfangs in engem Tal, dann zwischen Wiesen und einzeln stehenden Gehöften; auf Forstweg und streckenweise asphaltierten Wirtschaftswegen.

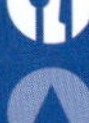
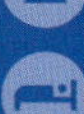

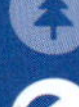

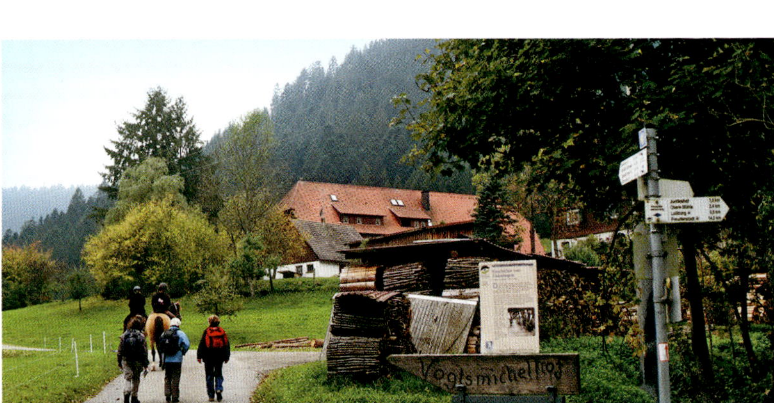

Wanderer beim Vogtsmichelhof, einer Gaststätte.

Eine bequeme Wanderung entlang der bei Loßburg entspringenden Kinzig. Tafeln am Weg informieren über Themen wie Flößerei, Wassernutzung oder Waldwirtschaft.

▶ Vom **Parkplatz** 01 am Freibad von Loßburg gehen Sie in Richtung Kirche und biegen vor den Bahngleisen rechts ab. Entlang der Gleise, wenig später entlang der jungen Kinzig führt der Weg im engen, bewaldeten Tal zur ersten Häusergruppe von **Ehlenbogen** 02. Das Dorf aus Einzelhöfen und kleinen Gebäudegruppen erstreckt sich auf 6 km Länge entlang der Kinzig und zeigt eine für den Schwarzwald typische Struktur: Leicht erhöht stehender Hof, Talwiesen für die Heugewinnung und Hangwiesen als Viehweiden, dahinter zum Hof gehöriger Bergwald.

Im nun breiteren Tal führt der Weg an teilweise sehr großen Schwarzwaldhäusern und an den Gasthäusern Mittlere Mühle, **Vogtsmichelhof** 03 sowie Untere Mühle vorbei nach Alpirsbach. Kurz vor dem Ortsrand steigt der Weg an, und durch ein Wohngebiet gelangen Sie zum Marktplatz und zum sehenswerten **Kloster Alpirsbach** 04. Am auffälligen Hotel-Restaurant Löwen-Post folgen Sie

Allgemeine Informationen

Wegmarkierung: Wegweiser und blaue Raute, Täfelchen mit weißem Flößer auf blauem Grund (Flößerpfad) und Muschel (Jakobsweg).

Rückfahrt: Von Alpirsbach per Bus (Linie 7161) vom Bahnhofplatz nach Loßburg, Haltestelle Oberndorfer Straße.

Kleine Geschichte der Flößerei

Die etwa 600 Jahre lang betriebene Flößerei auf der Kinzig mit jährlich bis zu 300 Flößen endete kurz vor 1900. Vor allem in Wolfach wurden lange Flöße zusammengestellt und von einer mehrköpfigen Flößermannschaft zum Rhein gebracht. Hier verband man die Flöße zu einem mehrere hundert Meter und 30–40 m breiten Rheinfloß, auf dem auch Passagiere – im 19. Jahrhundert häufig Auswanderer nach Nordamerika – bis nach Holland reisten. Die „Holländer", über 20 m lange Holzstämme, waren vor allem in Holland begehrt für den Schiffs- und Städtebau; zahlreiche Städte, u. a. Amsterdam, ruhen auf in den Boden gerammten Holzstämmen aus dem Schwarzwald.

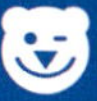

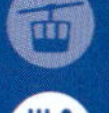

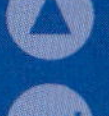
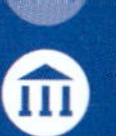

der Krähenbadstraße, überqueren nach 300 m auf einem Steg die Bahngleise und kehren vom **Bahnhofplatz 05** per Bus nach Loßburg zurück.

An der Haltestelle Oberndorfer Straße kreuzen Sie die Ortsdurchfahrt und folgen einem Fußweg zu Ihrem **Ausgangspunkt 01**.

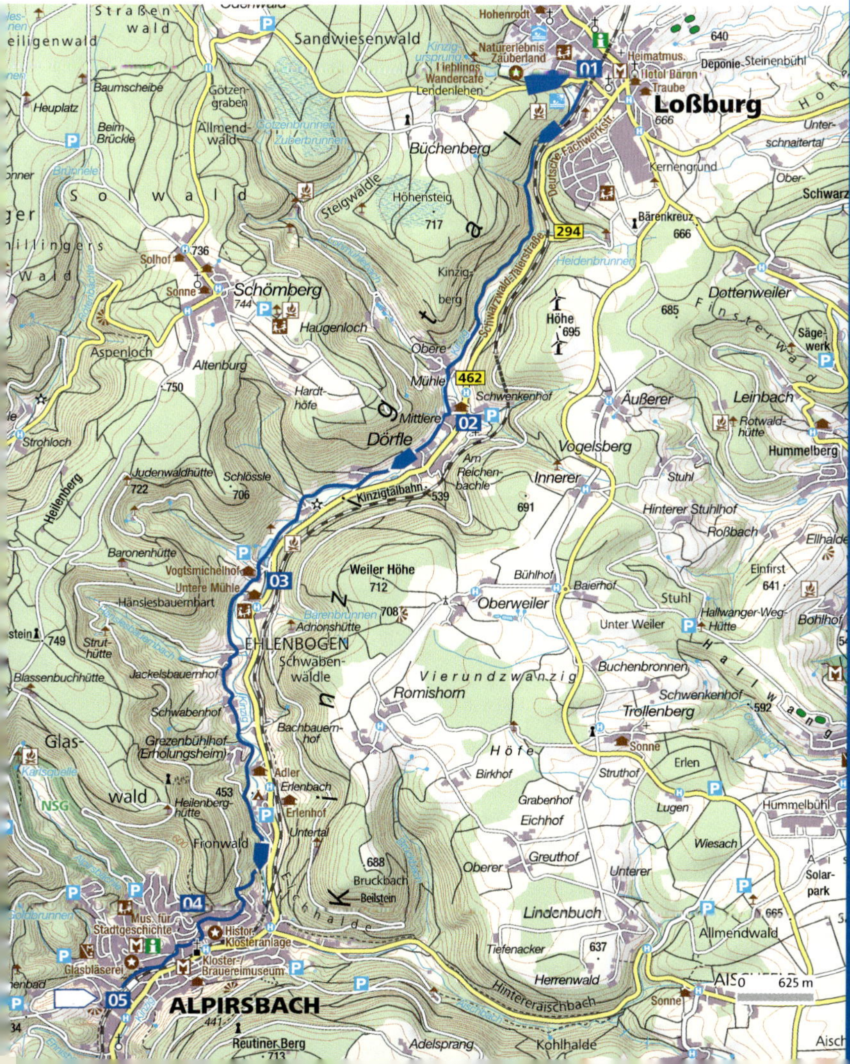

57

BURG UND VESPERSTUBE

Von Schiltach hinauf zum Schwenkenhof

 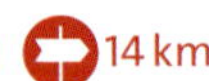 14 km 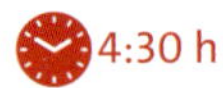 4:30 h 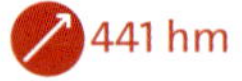 441 hm 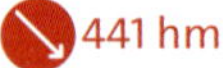 441 hm  880

START | Schiltach, Parkplatz 1; im Ort von der Hauptstraße abbiegen in Richtung Bahn-Haltestelle und sofort nach der Kinzigbrücke links abbiegen.
[GPS: UTM Zone 32 x: 451.242 m y: 5.348.859 m]
CHARAKTER | Rundwanderung; überwiegend im Wald; im Kinzigtal bequem aufwärts, anschließend langer, teilweise steiler Anstieg, zuletzt langer Abstieg; auf Wirtschafts-, Forst- und Waldwegen, kurze Abschnitte auf Straßen.

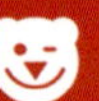

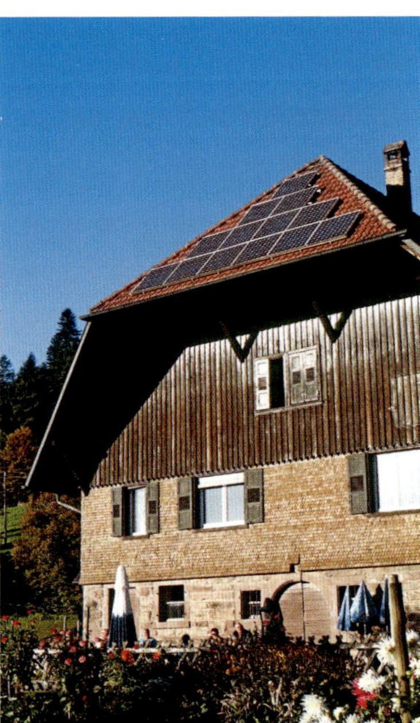

Die Vesperstube Schwenkenhof.

Vom Wegweiser „Alpenblick“ (742 m) bei Breitreute blickt man bei guten Sichtverhältnissen auf die Churfirsten in den Schweizer Alpen im Süden und auf die Schwäbische Alb im Osten.

▶ Vom **Parkplatz 01** in Schiltach gehen Sie zurück zur Schiltachbrücke, halten sich links und folgen unmittelbar vor den Bahngleisen nach rechts der Straße Vor Kuhbach. Am Stadtrand überqueren Sie die Bahngleise und gelangen talaufwärts am Fuß des Kinzig-Talhangs zu der auf einem Umlaufberg der Kinzig sitzenden **Burgruine Schenkenburg 02**.

Wegmarkierung

Wegweiser und blaue sowie gelbe Raute.

Der Weg kreuzt die Kinzig und die Talstraße (B 294), biegt vor einem Freibad

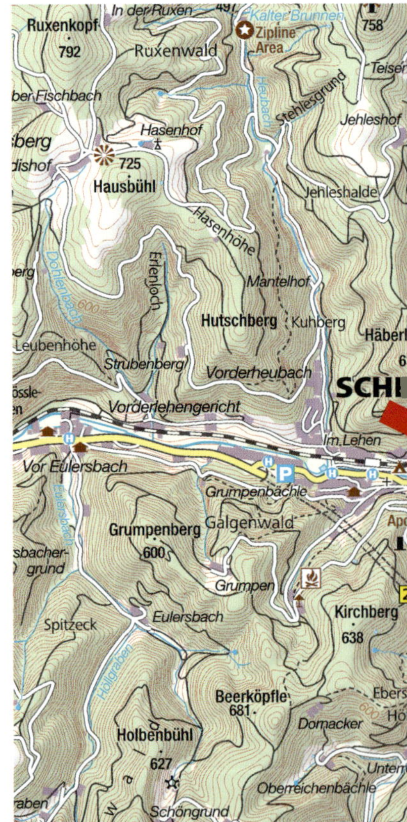

Schenkenburg

Die Schenkenburg, eine der ältesten Burgen des Kinzigtals, bestand ursprünglich nur aus einem mehrgeschossigen Palas, einem Bergfried und einer Umfassungsmauer. Die Burg befand sich im Besitz der Schenken von Zell, ging im 14. Jahrhundert an das Geschlecht der Geroldsecker und im 15. Jahrhundert an die Fürstenberger über. Mitte des 16. Jahrhunderts wurde die Burg in einer Fehde zerstört und nicht wieder aufgebaut.

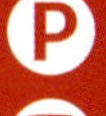

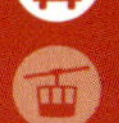

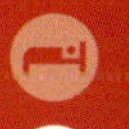

links ab und steigt am bewaldeten Talhang zum **Hotel-Café Winterhalden** 03 an. Nach rechts führt ein Sträßchen weiter bergauf, und nach 500 m folgen Sie am Wegweiser Ziegelstatt einem rechts abzweigenden Waldweg. Der streckenweise steile Anstieg führt über den Wegweiser Muckenreute an die Talkante zum Wegweiser Zollhaus.

Hier kreuzen Sie eine von Schiltach herauffführende Straße, erreichen wenig später den Wegweiser Alpenblick und wenden sich nach rechts. Vorbei an der kleinen Häusergruppe von **Breitreute** 04 und bergab im Wald erreichen Sie die Straße Schiltach–Zollhaus; linker Hand die Vesperwirtschaft **Schwenkenhof** 05 (hin und zurück 800 m/15 Min.).

Sie folgen dem Sträßchen bergab, halten sich am Rand der Lichtung rechts und steigen vollends ab nach Schiltach, wo die abschüssige Schlossbergstraße auf den Marktplatz führt. Nach rechts in der engen Hauptstraße und nach wenigen Metern nach links kehren Sie zum **Ausgangspunkt** 01 zurück.

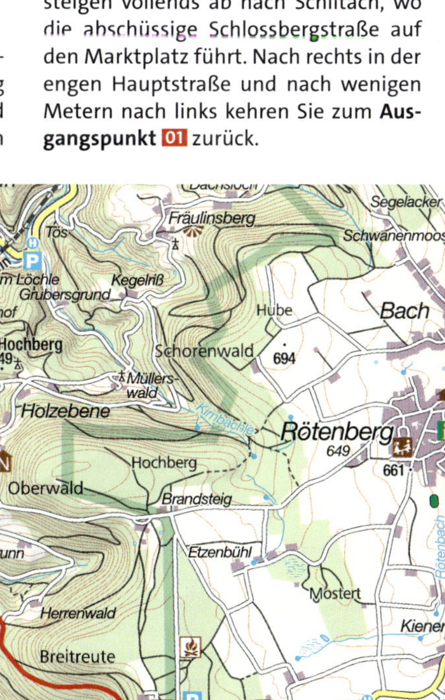

VON SCHILTACH NACH WOLFACH

Zu Vesperstube und Wallfahrtskapelle

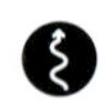  18,5 km 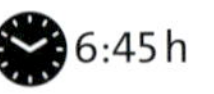 6:45 h  530 hm 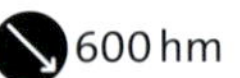 600 hm  770

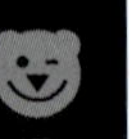
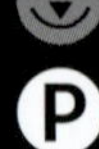
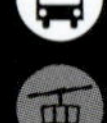

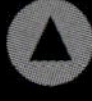

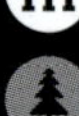

START | Schiltach, Parkplatz 1; im Ort von der Hauptstraße abbiegen zur Bahn-Haltestelle Mitte und sofort nach der Kinzigbrücke bei Gerberei Trautwein links abbiegen.
[GPS: UTM Zone 32 x: 451.242 m y: 5.348.859 m]
CHARAKTER | Streckenwanderung, überwiegend im Wald; zu Beginn ein langer, teilweise steiler Anstieg, anschließend leicht auf/ab und langer Abstieg; auf Forst- und Waldwegen, mehrmals auf Sträßchen; Ausblicke.

Wegmarkierung

Wegweiser und rote Raute (Mittelweg Pforzheim–Waldshut), gelbe Raute sowie blaue Raute (Querweg Gengenbach–Alpirsbach).

Der Weg verläuft nach einem ca. 6 km langen Anstieg auf der Höhe eines Bergrückens zwischen Kinzig- und Kirnbachtal über mehrere Rodungsinseln und führt in einem gut 4 km langen Abstieg nach Wolfach.

Vom **Parkplatz 01** in Schiltach kehren Sie über die Kinzig zur Hauptstraße zurück, folgen ihr nach rechts über die Schiltach und halten sich an der evangelischen Kirche links in die Hohensteinstraße. Nach 250 m biegen Sie links ab und steigen am bewaldeten Talhang streckenweise steil an zu wenigen Höfen von Schöngrund. Geradeaus führt ein von Schiltach heraufführendes Sträßchen an der **Vesperwirtschaft Heuwiese 02** vorbei zum Waldrand, wo Sie rechts abbiegen und über die Wegweiser Grusenloch, Bei der Geißkrippe und Beim Moosenmättle zum **Moosenmättle 03** mit dem Bergstüble gelangen.

Kurz danach zweigt rechts ein Weg ab, der durch Wald zur ausgedehnten Lichtung Grubhöhe führt und nach links auf der Scheitelhöhe des Bergrückens über die Lichtung; links des Wegs steht die kleine Gebäudegruppe des evangelischen Auf der Grub, rechter Hand am Hang das katholische **Auf der Grub 04**.

Wieder im Wald erreichen Sie den Wegweiser Scherenberg, und kurz nach dem Brechsattel beginnt der lange Abstieg, der über den Horbenhof und die **Wallfahrtskapelle St. Jakob 05** nach Wolfach führt. In der breiten Hauptstraße nach links und durch ein Stadttor gelangen Sie zur **Bahn-Haltestelle 06**, fahren mit der Bahn zur Haltestelle Schiltach-Mitte und kehren an den **Ausgangspunkt 01** zurück.

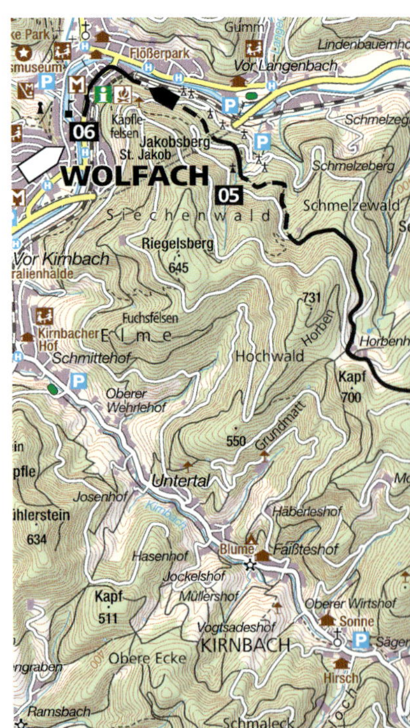

Kapelle St. Jakob

Die bei Wolfach stehende Kapelle St. Jakob ist alljährlich im Juli Ziel einer Wallfahrt. Der Sage nach hörten Hirtenbuben wunderschönen Gesang, gingen ihm nach und fanden in einer Tanne ein singendes Standbild des Apostels Jakob. An dieser Wunderstätte wurde die Kapelle erbaut, in der auf einem Seitenaltar das Apostel-Standbild und im Chor der Stumpf der Tanne aufbewahrt werden.

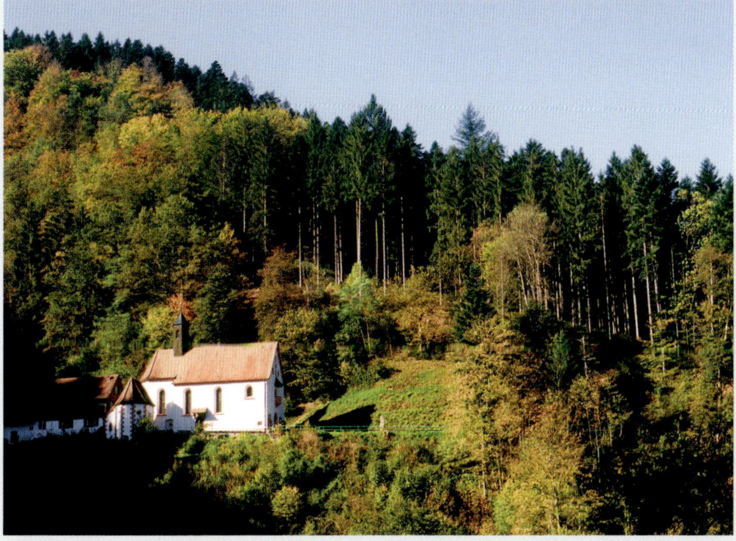

Die St.-Jakobs-Kapelle bei Wolfach.

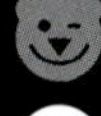
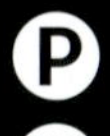

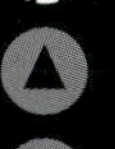
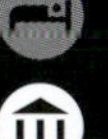
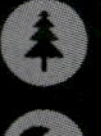
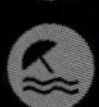

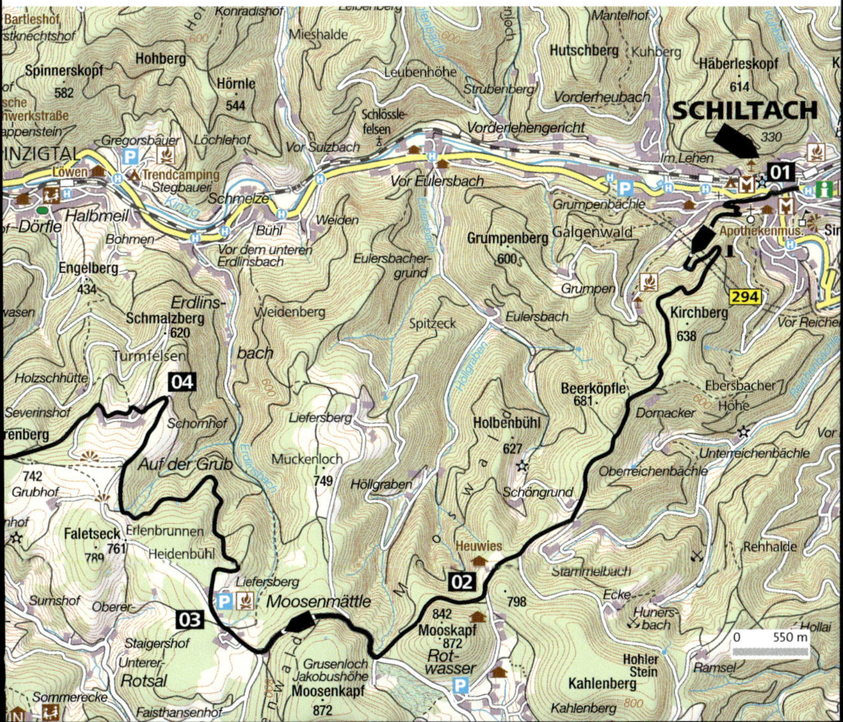

59

ANSTIEG ZUR SOMMERECKE

Von Kirnbach zum Naturfreundehaus

 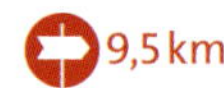 9,5 km 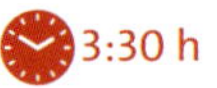 3:30 h 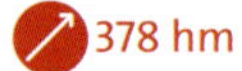 378 hm 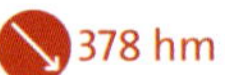 378 hm  880

START | Schiltach, Parkplatz 1; im Ort von der Hauptstraße abbiegen in Richtung Bahn-Haltestelle und sofort nach der Kinzigbrücke links abbiegen.
[GPS: UTM Zone 32 x: 451.242 m y: 5.348.859 m]
CHARAKTER | Rundwanderung; überwiegend im Wald; im Kinzigtal bequem aufwärts, anschließend langer, teilweise steiler Anstieg, zuletzt langer Abstieg; auf Wirtschafts-, Forst- und Waldwegen, kurze Abschnitte auf Straßen.

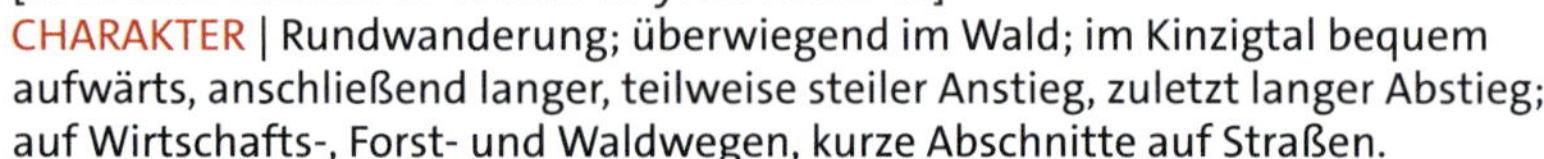

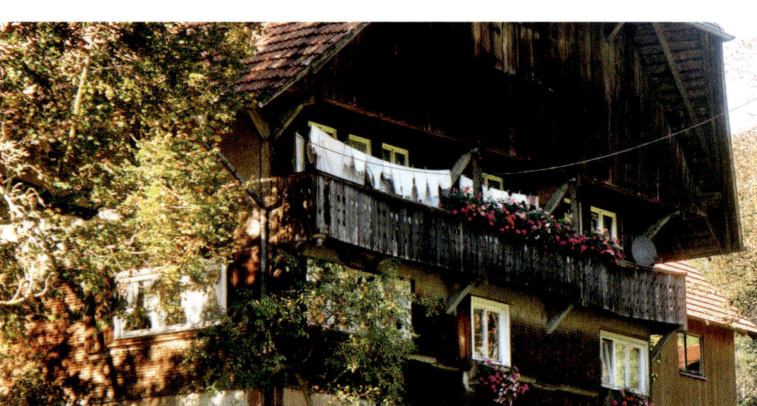

Staigerhof.

Oberhalb von Kirnbach steht in knapp 800 m Höhe das große Naturfreundehaus Sommerecke, von dessen Terrasse aus man bei entsprechenden Wetterverhältnissen die Vogesen sehen kann.

▶ Vom **Parkplatz** 01 an der Gemeindehalle Kirnbach führt ein Weg entlang des Kirnbachs talaufwärts und nach links, vorbei am Sägerhof, entlang des Waldrands zur ansteigenden Straße Kirnbach–Lauterbach bzw. Fohrenbühl. Entlang der Straße und einige Minuten später auch entlang eines Bächleins steigen Sie über den Wegweiser Rotsal zum Sumshof an. Auf der Straße passieren Sie die beiden **Staigerhöfe** 02 und biegen nach 100 m rechts ab. Am Osthang des Retschenkopfs (752 m) führt der Weg in Richtung Talausgang zum Wegweiser Winterberg, wo Sie sich nach links wenden und vollends hinaufsteigen zum einzeln stehenden **Naturfreundehaus Sommerecke** 03; die Gaststätte mit einfachen Gerichten ist an Sonntagen ein beliebtes Ausflugsziel.

Über den Wegweiser Sommerberg führt der Weg bergab und kreuzt im Tal den Kirnbach sowie die **Talstraße** 04.

Talabwärts entlang der Straße und des Bachs gelangen Sie zum Similishof und kehren zum Ausgangspunkt in **Kirnbach** 01 zurück.

Wegmarkierung

Wegweiser und gelbe Raute; anfangs auch weißes „Z“ auf blauem Grund (Wolfacher Rundwanderweg).

Der Bollenhut

Vor allem im Kirnbachtal, aber auch im weiter westlich verlaufenden Gutachtal, zwei Kinzig-Seitentälern, kann man an Sonn- und Feiertagen noch Schwarzwälder Tracht bewundern. Insbesondere im Kirnbachtal ist der Bollenhut, der in der Tourismuswerbung zu einem echten Markenzeichen des Schwarzwalds hochstilisiert wurde, Teil der Mädchen- und Frauentracht. Aus einem ursprünglich einfachen Strohhut mit aufgemalten Punkten entwickelte sich die mit roten Wollbommeln geschmückte Kopfbedeckung für Mädchen, während verheiratete Frauen schwarze Bommeln tragen.

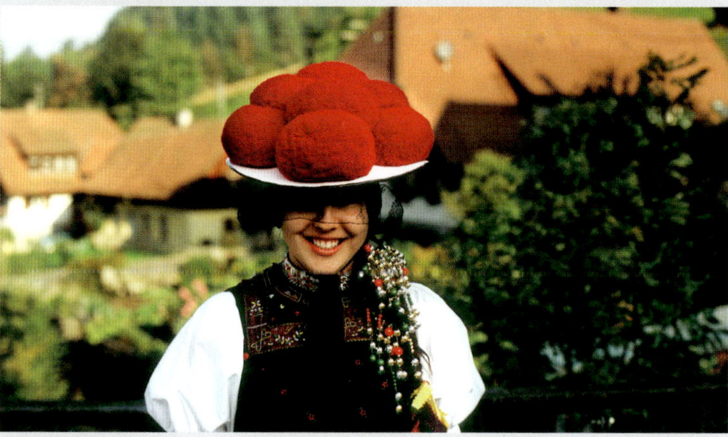

Mädchen in Tracht.

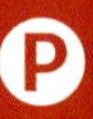

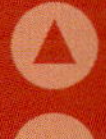
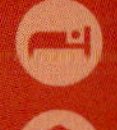

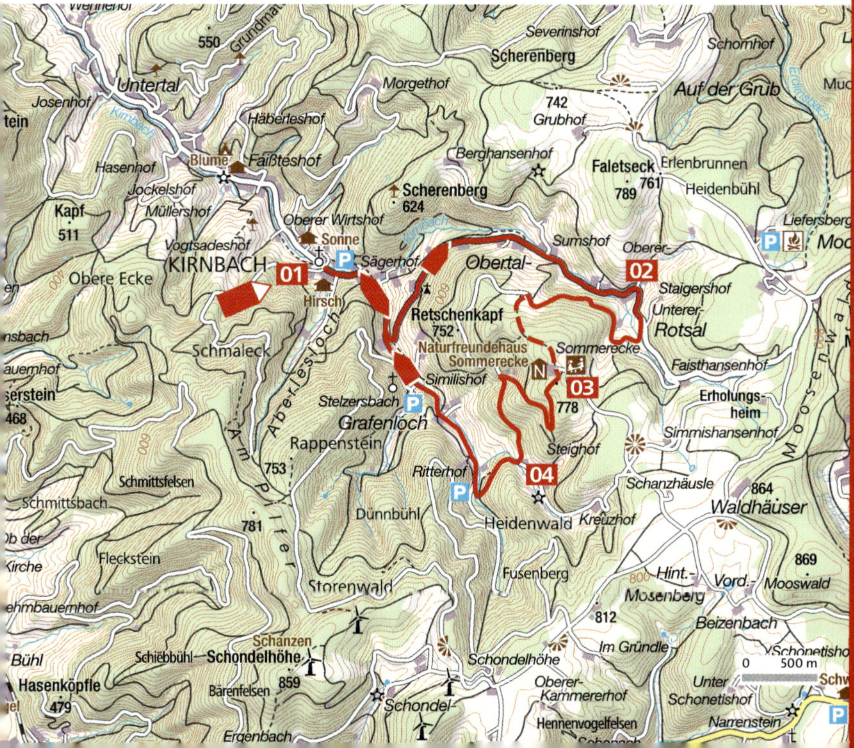

FOHRENBÜHL UND HEUWIESE

Im oberen Sulzbachtal

  12 km  4:00 h  194 hm 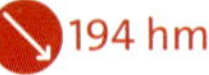 194 hm  880

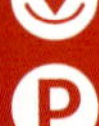

START | Fohrenbühl-Gedächtnishaus; von der Straße Schramberg–Hornberg auf der Passhöhe Fohrenbühl abbiegen und 800 m zum Fohrenbühl-Gedächtnishaus.
[GPS: UTM Zone 32 x: 448.106 m y: 5.343.323 m]
CHARAKTER | Rundwanderung mit kurzen Anstiegen; abwechselnd im Wald und zwischen Wiesen sowie Viehweiden; auf Wald- und Wirtschaftswegen, einzelne Abschnitte auf Asphalt.

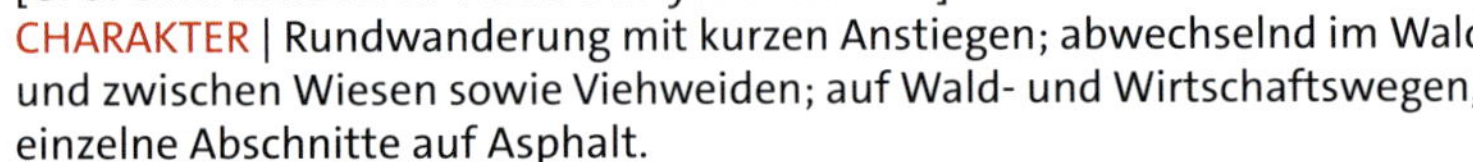

Der Fohrenbühl

Am Fohrenbühl findet alljährlich zu Pfingsten ein traditioneller Schellenmarkt statt, der Mitte des 16. Jh. erstmals erwähnt wurde. Auf Schellenmärkten tauschten die Hirtenjungen ihre Schellen (Glocken für das Weidevieh), und mit der Zeit boten auch Händler ihre Waren an, so dass sich Schellenmärkte zu Krämermärkten und Anziehungspunkten für die Bauern der Umgebung entwickelten. Dabei kamen Geselligkeit mit Musik und Tanz nicht zu kurz. Von den früher zahlreichen Schellenmärkten blieben nur die Märkte auf dem Fohrenbühl und an der Biereck bei Hofstetten übrig.

Das von über 800 m hohen Bergrücken eingefasste Sulzbachtal mit seinen Einzelhöfen an sanft ansteigenden Hängen zieht sich vom Kurort Lauterbach hinauf zum Fuß der höchsten Erhebungen der Region. Hier im Talschluss verläuft diese Wanderung.

▶ Vom **Parkplatz 01** auf dem bewaldeten Mooswaldkopf (879 m) gehen Sie am Fohrenbühl-Gedächtnishaus (Aussichtsturm) vorbei und steigen zu einer Weggabelung ab. Nach links führt der Weg hinunter in das Sulzbachtal, wo Sie sich am Waldrand erneut nach links wenden und in der Ortschaft **Bruckhof 02** den Sulzbach überqueren.

Wegmarkierung

Wegweiser und gelbe sowie farbige Rauten des Schwarzwald-Mittelwegs Pforzheim–Waldshut und des Querwegs Gengenbach–Alpirsbach.

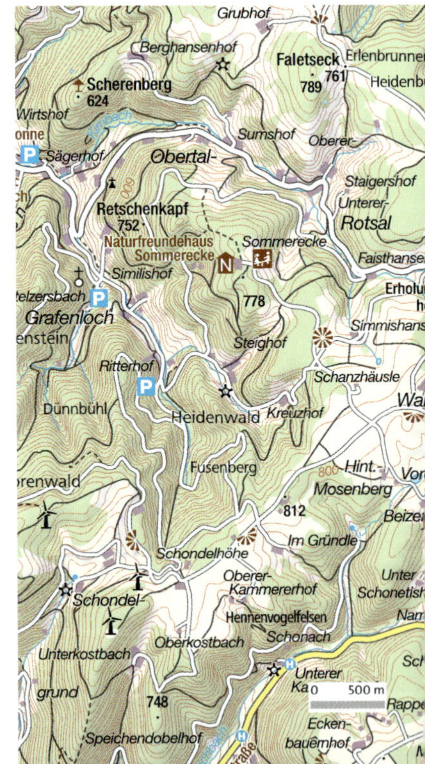

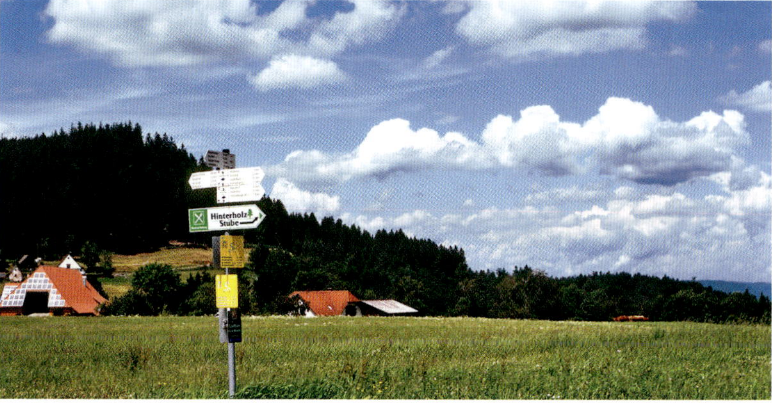

Am Rand des Sulzbachtals bei Bruckhof.

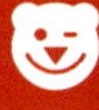
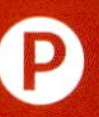
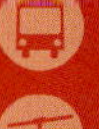

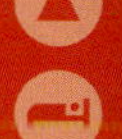

Schräg nach links steigen Sie wieder an und folgen auf der Höhe des Bergrückens, der das Sulzbachtal im Norden begrenzt, einem Asphaltweg nach links. Über den Weiler Kienbronn und mit Blick auf die Gehöfte im hier breiten, recht flachen Sulzbachtal erreichen Sie die wenigen Höfe von Rotwasser. Ein rechts ansteigendes Sträßchen führt durch den **Mooskapfsattel** 03 zum Gasthaus Heuwiese. Zurück am Waldrand folgen Sie einem rechts abzweigenden Weg, der am Hang des bewaldeten Mooskapfs (842 m) verläuft, ein Waldsträßchen kreuzt und am Einödhof Grusenloch vorbei zu einer Wegkreuzung am Waldrand führt. Nach rechts am Südhang des Moosenkapfs (872 m) führt der Weg zu den Höfen von Mooswald.

Erneut nach rechts steigen Sie kurzzeitig steil an zur Wegkreuzung Kohlplatz und kehren nach links zum **Fohrenbühl-Gedächtnishaus** 01 zurück.

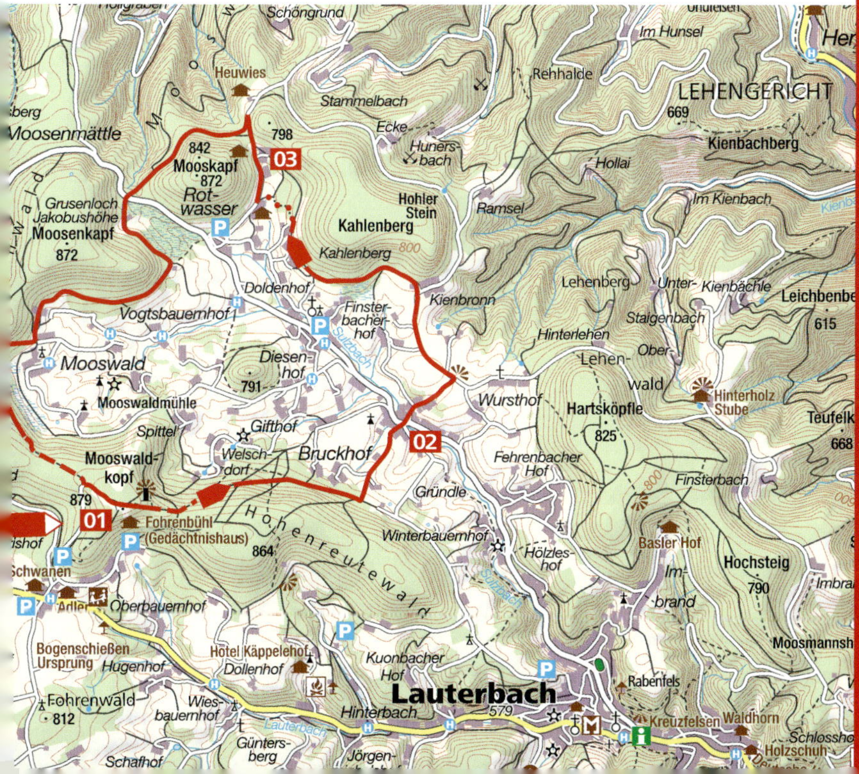

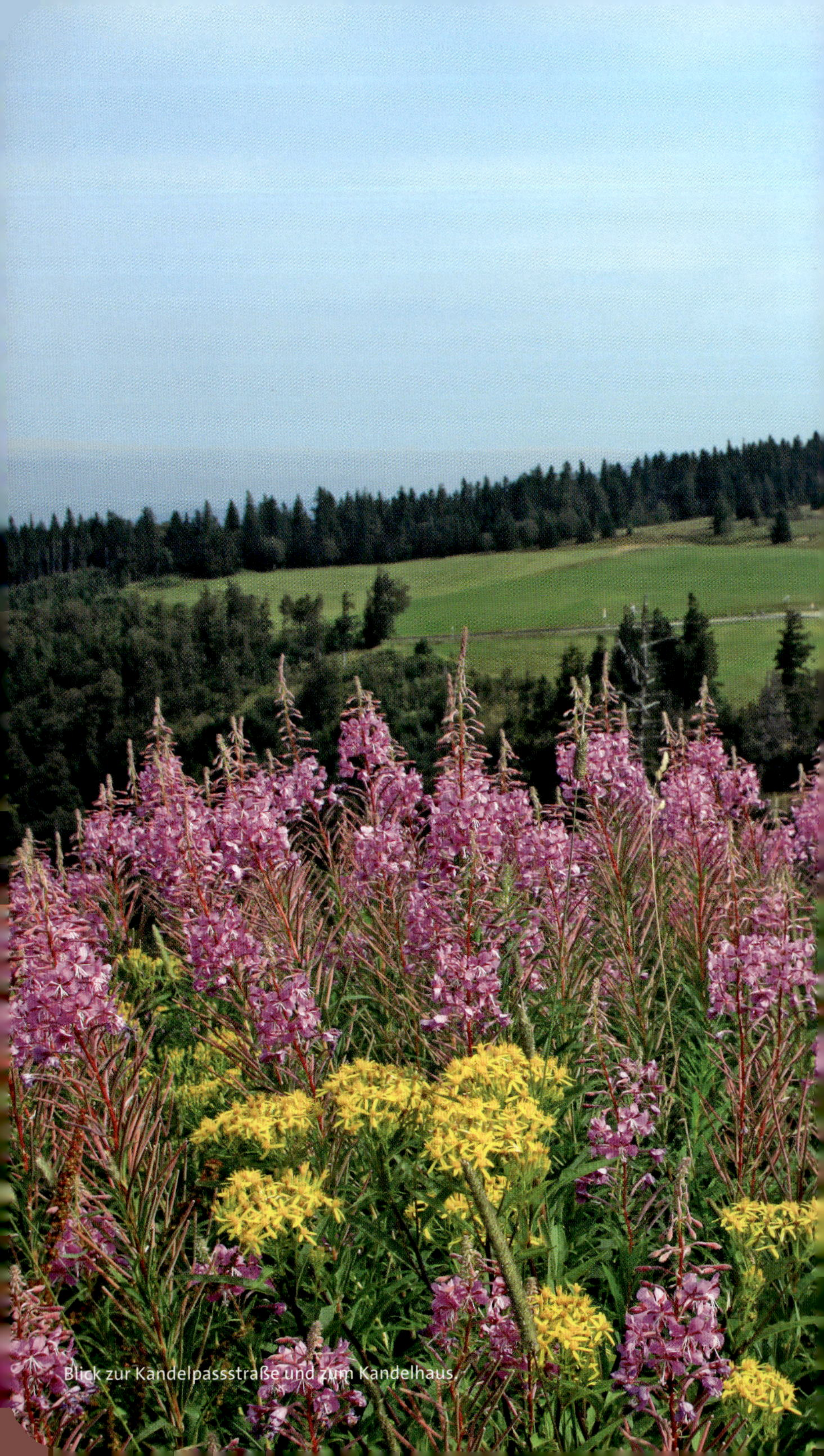

Blick zur Kandelpassstraße und zum Kandelhaus.

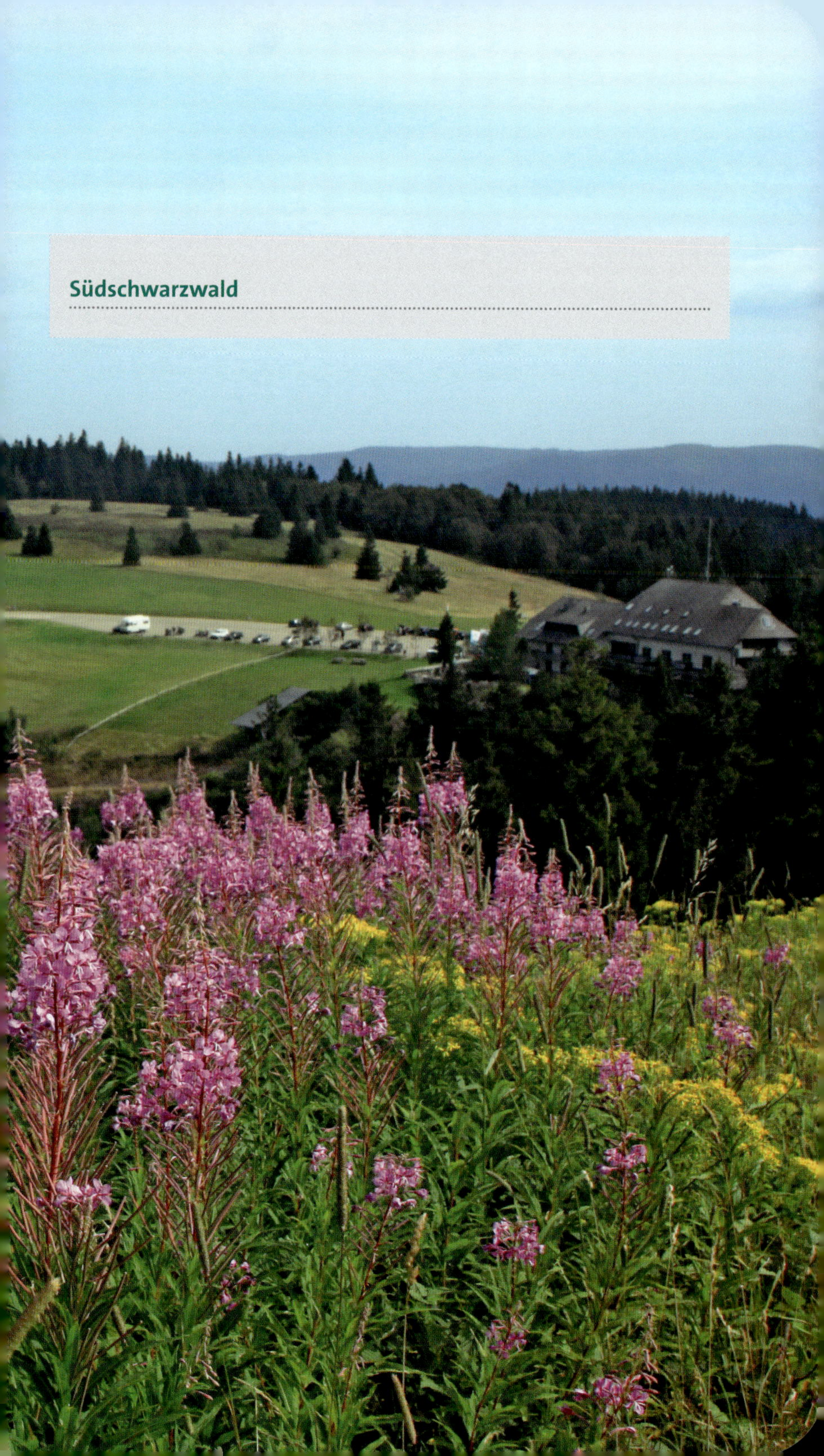

Südschwarzwald

61

HÜNERSEDEL • 744 m

Zum Aussichtsturm auf dem Freiamter Hausberg

  12,75 km 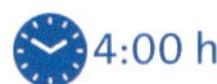 4:00 h 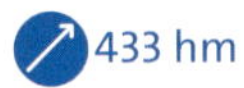 433 hm  433 hm  884

START | Brettental, Wanderparkplatz Hünersedelstraße, neben dem Feuerwehrhaus.
[GPS: UTM Zone 32 x: 421.580 m y: 5.338.010 m]
CHARAKTER | Überwiegend Wald- und Wiesenwege, kurze Asphaltpassagen; beim Abstieg vom Hünersedel kann man eine steilere, etwas wurzelige und kehrenreiche Direktabstiegsvariante wählen.

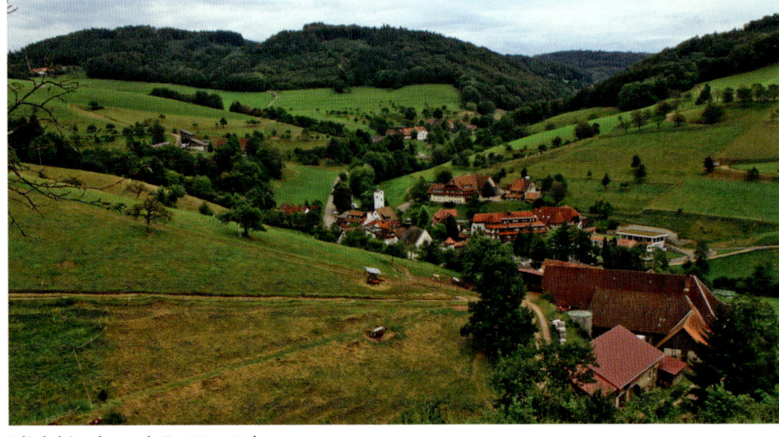

Blick hinab nach Brettental.

Der 29 Meter hohe, im Jahre 2004 errichtete Hünersedelturm ist ein beliebtes Ausflugsziel, da er einen fantastischen Rundumblick gewährt: über die Rheinebene bis Straßburg, in die Vogesen und den Kaiserstuhl sowie im Süden zum Schauinsland, Feldberg und im Norden zum Kandel und bis zur Hornisgrinde.

▶ Vom **Wanderparkplatz** 01 hinter dem Hotel Ludin gehen wir ein paar Meter rechts zur Straße hinab und folgen der Ausschilderung „Hünersedeltour". Wir biegen rechts in ein ansteigendes Asphaltsträßchen ein, passieren ein Hofgebäude und folgen links dem nun nicht mehr asphaltierten Wirtschaftsweg. Aussichtsreich wandern wir über freies Wiesengelände hoch, umlaufen nach mehreren Richtungswechseln einen Grashügel und marschieren auf ein einzelnes Gebäude zu. Dort treffen wir auf Asphalt, halten uns links und biegen bei der **Pos. Hocke** 02 gleich wieder rechts ab. Auf einem Kiesweg leicht ansteigend stoßen wir auf eine kreuzende Forststraße und folgen ihr rechts zur Straße, der wir dann links bergauf folgen. An einem Hofgebäude vorbei, wieder auf Kies, steigen wir in einer Linkskurve in den Wald hoch und erreichen die **Pos. Hockenbühl** 03. Aussichtsreicher passieren wir den Paulyhof rechts unten und halten uns links Richtung Hünersedel. Am Waldrand entlang, dann rechts schwenkend, wandern wir über eine Wiesenkuppe zum **Wanderheim Kreuzmoos** 04.

Am Wanderheim vorbei geht es links hoch durch ein kurzes Waldstück, dann wieder rechts haltend über freies Wiesengelände und weitere Waldabschnitte, bis wir oberhalb der Dürrhöfe auf Asphalt und einen Parkplatz treffen. Wir biegen links ab, am Horizont ist schon der Hünersedelturm über den Baumspitzen zu erkennen, stoßen auf den **Wandertreff** **05**, eine Hütte mit Biergarten-Atmosphäre, der Asphalt endet und wir wandern in Kurven auf den Wald zu.

An der Abzweigung zum Luegemol Café vorbei erreichen wir den Waldrand, der Weg steigt an und bringt uns hoch zum Hünersedel und zum **Aussichtsturm** **06**. Der Weiterweg verzweigt sich kurz nach dem Turm, links ist ein kinderwagentauglicher Wanderweg, rechts ein schmaler Serpentinenweg ausgeschildert. Der steile Direktabstieg ist ziemlich verwachsen und wurzelig und führt am Waldrand mit dem leichten Wanderweg zusammen. Rechts weiter am Waldrand hinab kommen wir zum **Brettentaler Eck** **07**, passieren eine schöne Aussichtsliege und marschieren weiter am Waldrand entlang. Links schöner Blick hinab nach Waldshut.

Vorbei an der **Pos. Haiberich** **08** folgen wir der gekiesten Fahrstraße leicht bergab, die wieder in Asphalt übergeht und die wir bei der Pos. Schönwasen nach links verlassen. Schöner Rückblick zum Hünersedelturm.

Es geht dann stärker bergab, zwischen Kuhweiden hindurch, zur **Pos. Beim Silberloch** **09**, wo wir der Markierung

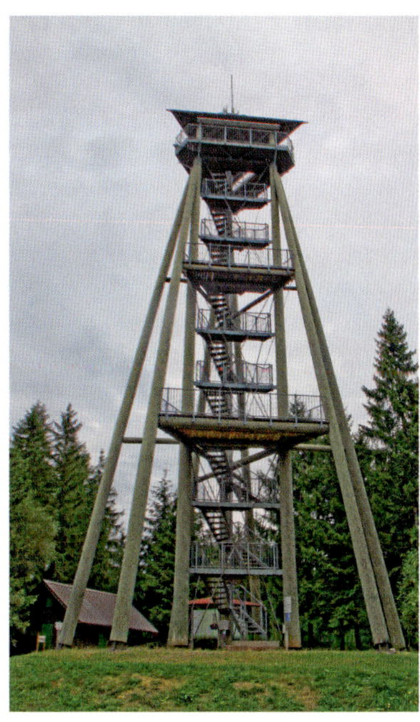

Der „luftige" Hünersedelturm.

„Hünersedeltour" nach rechts folgen, wieder leicht ansteigend. Über die Pos. Über der Dorfschmiede geht es in großen Kehren den Hang hinab zum Haus Dorfschmiede. Wir treffen auf Asphalt und erreichen wenig später die Autostraße. Nach links, an der **Kirche** **10** vorbei, gelangen wir zurück zum Hotel Ludin und zum **Wanderparkplatz** **01**.

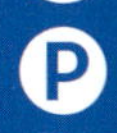

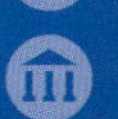

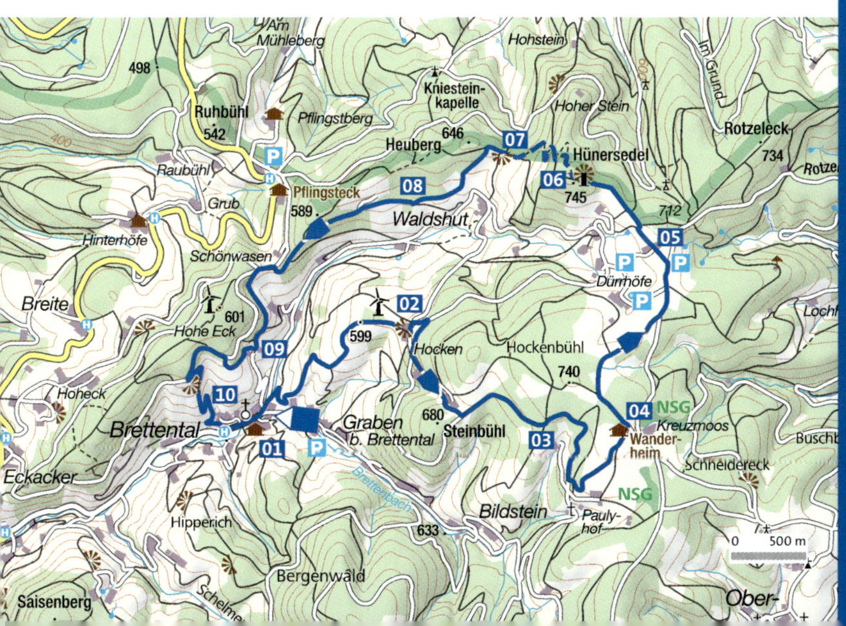

HÖRNLEBERG • 905 m

Wander- und Wallfahrtsberg über dem Elztal

  13,5 km 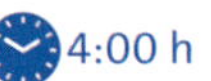 4:00 h 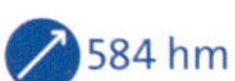 584 hm 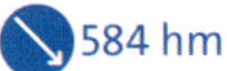 584 hm  884

START | Oberwinden im Elztal, Bahnhofstraße, Parkplatz.
[GPS: UTM Zone 32 x: 429.000 m y: 5.333.710 m]
CHARAKTER | Am Anfang und am Ende asphaltierte Nebensträßchen, dann Wald-, Wiesen- und Forstwege, streckenweise schmälere Waldpfade, teils etwas wurzelig.

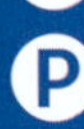

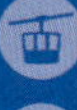

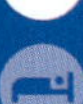

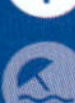

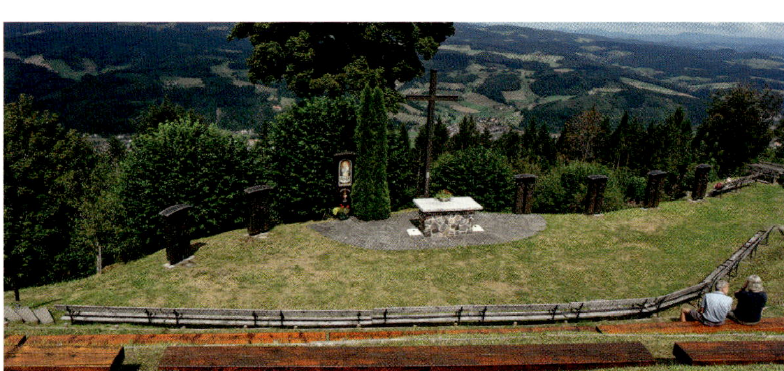
Fernblick vom Hörnleberg über den Freiluftaltar.

Drei Kreuzwege führen zur hoch gelegenen Wallfahrtskapelle Unsere Liebe Frau hinauf, die eine wunderbare Aussicht am Gipfel des Hörnlebergs bietet.

Gegenüber vom Bahnhof in **Oberwinden** 01 folgen wir der mit einer gelben Raute markierten Hörnlebergtour. Rechter Hand geht es auf Asphalt unter der Bahn hindurch, dann links am Friedhof entlang bis zum Ende der Straße, wo wir auf eine Straße treffen, nach links erneut die Bahn unterqueren und uns dann rechts halten.

Wir wandern auf Asphalt auf den großen **Merklehof** 02 zu, passieren ihn und folgen dem nun gekiesten Weg über freie Wiesen an einer Baumreihe entlang. Von hier aus ist schon der Sendemasten und die Wallfahrtskirche auf dem Hörnleberg links oben am Waldrand zu erkennen. Mit schöner Aussicht stoßen wir auf ein weiteres Sträßchen, dem wir links ansteigend zur Pos. Beim **Elztalhotel** 03 folgen. Vor der auffälligen Hotelsiedlung biegen wir rechts ab, überqueren beim letzten Gebäude scharf rechts einen Bachlauf über ein Brückchen und steigen in den Wald hoch. Zunächst kehrenreich durch lichten Wald und am Waldrand entlang weiter hoch, bis bei einem breiten Plateau ein schmaler, wurzeliger Pfad in den Wald hinein geht.

Der Pfad verbreitert sich, fällt sogar leicht ab, bis wir wieder ins Freie treten und auf einen Forstweg treffen. Wir schwenken links hoch und folgen dem breiten „Wanneweg". Nach einem Gedenkmarterl bringt uns eine scharfe Rechts-, dann eine Linkskurve weiter hoch, oberhalb ist bereits der Sendemasten zu sehen. Nach weiteren Kehren gelangen wir zur Pos. Am Umsetzer und gehen geradeaus auf einem breiten, weniger steilen Waldweg mit blauer Raute durch schattigen, hochstämmigen Wald.

Vorbei an Kreuzwegstationen erreichen wir die **Pos. Hörnleberg-Stationenweg** 04, steigen weiter an und kommen nach einer großartigen Aussichtsstelle zunächst zu einer Marienstatue rechts am Weg, und wenige Meter später zur Wallfahrtskapelle auf dem **Hörnleberg** 05. Eine wunderbare Aussicht erwartet uns. Anhand von Bestimmungstafeln können wir uns orientieren und den Blick über den Freiluftaltar in die Rheinebene, in die Vogesen und zur Hornisgrinde genießen.

Beim Abstieg drehen wir bei der **Pos. Hörnleberg-Stationenweg** 04 nach rechts und folgen der gelben Raute. Herrlicher Blick über Nieder- und Oberwinden. Am Hörnlebergbrunnen passieren wir eine schöne Aussichtsstelle, wandern stetig bergab und ignorieren die Wegabzweigungen.

Bei einer markanten Wegkurve auf freier Lichtung stoßen wir auf die **Hörnlebergerhütte** 06 und folgen dem Weg links, schattige Passagen wechseln mit sonnigen ab. Der Forstweg geht in Asphalt über, wir stoßen auf den Hörnlebergerrank und bleiben auf dem asphaltierten Sträßchen, das sich abwärts durch den Wald schlängelt. Nach einer ausgeprägten Linkskurve passieren wir das **Jagdhaus Alke** 07 (Infotafel Hörnlebergtour) und wandern weiter bergab.

Mehrmals unterquert das begleitende Bächlein unser Sträßchen, bis wir – vorbei an der Pos. Im Erzenbach und einiger Häuser und Höfe – den **Steinmattensee** 08 erreichen. Der Zugang zum See, über eine Steinbrücke und den kleinen Bach, ist allerdings versperrt: Fischereigebiet. Wenig später erreichen wir die ersten Häuser und marschieren auf dem straßenbegleitenden Gehweg leicht bergab zu unserem Ausgangspunkt bei der **Pos. Oberwinden-Bahnhof** 01.

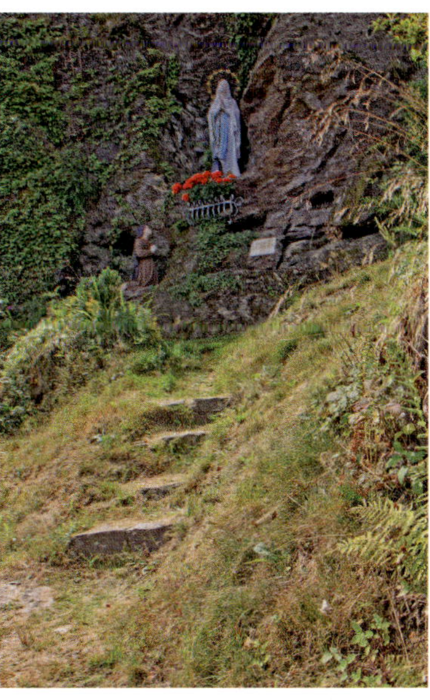

Die Marienstatue kurz unterhalb der Wallfahrtskirche.

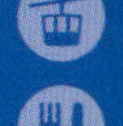

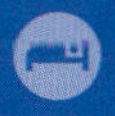

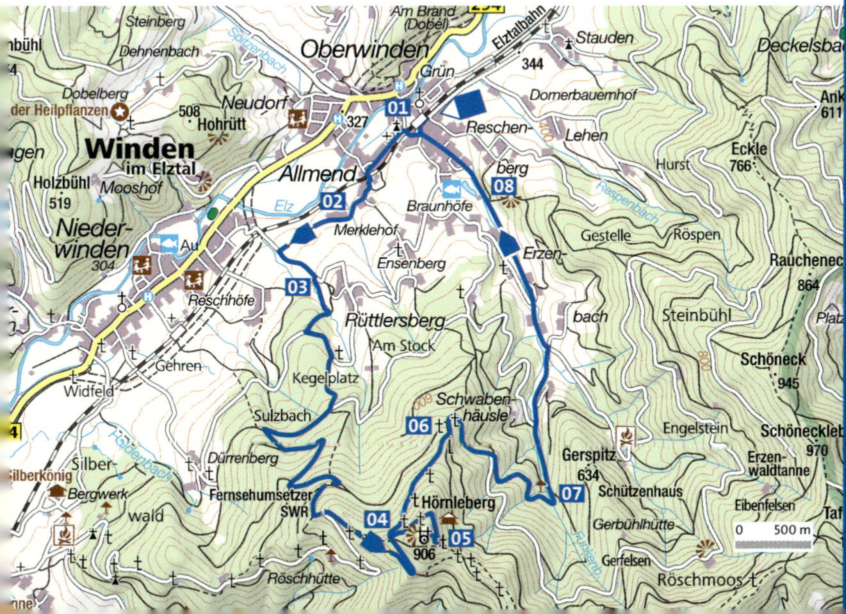

ELZACHER HÖFETOUR

Auf dem Schwarzwälder Brotweg

 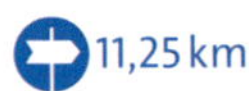 11,25 km 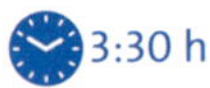 3:30 h 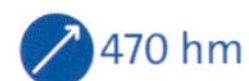 470 hm 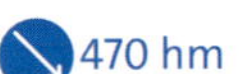 470 hm  884

START | Elzach-Yach, Wanderparkplatz an der Ortsstraße, gegenüber von der Kirche; alternativ: Parkplatz beim Bierhäusle.
[GPS: UTM Zone 32 x: 432.400 m y: 5.334.450 m]
CHARAKTER | Nebensträßchen bis zum Schneiderbauernhof, dann Wald- und Wiesenwege, kurze wurzelige, teils schmale und steilere Pfadpassagen, zum Schluss nochmals Asphalt.

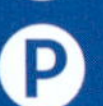
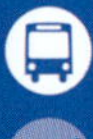
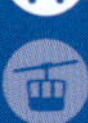

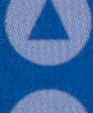

Auf dieser insgesamt eher gemütlichen Rundwanderung lernen wir nicht nur eine abwechslungsreiche Landschaft kennen, sondern erfahren viel über das bäuerliche Leben und die Bedeutung des Brotbackens. Infotafeln bei den Höfen informieren über die jeweiligen Backtage – oder informieren Sie sich vorab, wenn Sie an selbstgebackenem Brot interessiert sind.

▶ Ausgangspunkt ist der Wanderparkplatz in **Elzach/Yach** 01, direkt neben der Ortsstraße, vor der Kirche. Bei der Infotafel zum Brotweg gehen wir zur Straße vor und folgen dem Gehweg durch den Ort, vorbei am Gasthof Adler, dem Rathaus, dem Heimatmuseum und dem Gasthof Sonne. Wir wandern auf dem Fußweg neben der Straße zur **Pos. Bierhäusle** 02. Hier ist ein alternativer Startplatz, mit kleinem Parkplatz, Bushaltestelle und ebenfalls einer Infotafel zum Brotweg.

Wir gehen am Bierhäusle vorbei, folgen der leicht ansteigenden Straße durch die Häuser, passieren ein Hinweisschild zum Naturdenkmal Siebenfelsen (4 km) und gelangen auf dem Asphaltsträßchen zu einer Wegverzweigung. Wir bleiben links, steigen leicht an zum Waldrand und biegen bald scharf rechts ab zum **Schneiderbauernhof** 03, der leicht erhöht liegt. Hier verläuft parallel zum Brotweg auch der Hirtenweg. Hinter dem Hof, der auf einer Infotafel als größter Hof im Elztal beschrieben wird (137 ha), biegen wir rechts ab. Der Asphalt endet und wir traversieren auf einem gekiesten Weg am Hang entlang. Schöner Blick rechts hinab ins Tal und zu unserem Hinweg. Bei der nächsten Verzweigung marschieren wir geradeaus weiter, der Weg steigt an und wir erreichen wieder den Waldrand. Links ist ein Rotwildgehege ausgeschildert und Hundebesitzer werden gebeten, ihre Vierbeiner an die Leine zu nehmen. Wir halten uns bei der nächsten Wegteilung rechts und folgen einem grasigen Wiesenweg.

Der zunächst freie Blick endet im schattigen Wald, aber nach einer Rechtskehre, wieder leicht ansteigend, lichten sich die Bäume. Ein flacher und aussichtsreicher Panoramaweg führt uns erneut in schattigen Tannenwald. Vorbei an einer Infotafel (über Bergwege), verlassen wir kurz darauf unseren Weg, der rechts abbiegt, und steigen linkshaltend steiler an (Brotweg-Schild). Der zunächst breite, wurzelige und steile Waldweg schwenkt nach links und verengt sich zu einem schmalen Pfad, der wieder deutlicher ansteigt. Wir stoßen auf einen breiteren Querweg und wenig später auf einen breiten, gekiesten Forstweg. Eine Infotafel zum Thema „Speckräuchern" passierend, verlassen wir den Weg und biegen links ab in einen schmalen Waldpfad, der diagonal ansteigend am Waldhang entlang verläuft. Wir stoßen auf eine aussichtsreiche Sitzbank und folgen der Beschilderung geradeaus; vorbei an einer Infotafel zum Thema „Holz und Brotbacken".

Der schmale, steinige Pfad führt am Waldrand entlang, dann geht es in freies Wiesengelände hinaus. Bei der

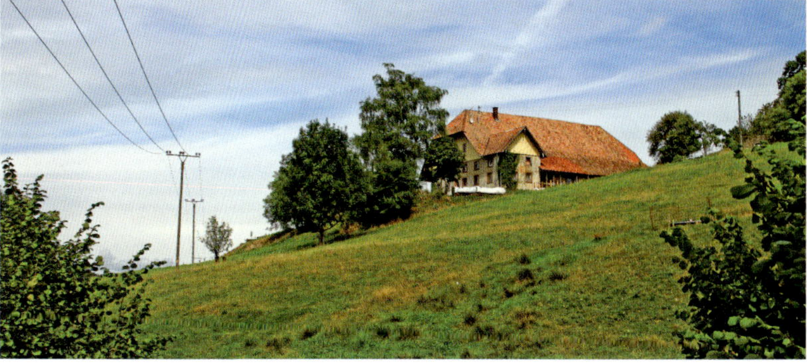

Der Schätzlehof thront über dem Yachtal.

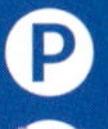

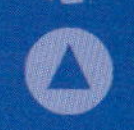
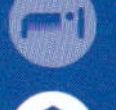

Pos. Tränklesecke trennen sich Hirtenweg (links hoch) und Brotweg (rechts hinab). Auf dem Kiessträßchen wandern wir über Wiesen bergab, passieren eine Hütte und gelangen in Wald. Dann aufgepasst! In einer S-Kurve verlassen wir den abwärts führenden Forstweg (zwei Aussichtsstühle am Wegrand) und steigen auf einem schmalen Waldpfad am Waldrand entlang bergab, stoßen wieder auf freies Wiesengelände und sehen vor uns einen Hof mit kleiner Kapelle. Wir gehen auf den **Tränkleshof** 04 zu, auf Asphalt, und biegen links in den Wald hoch.

Weiter ansteigend traversieren wir auf einem Wiesenpfad den rechts abfallenden Hang und erreichen abwärts gehend das Dorf Rauchengrund, Asphalt, und den **Bernhardenhof** 05.

Das Asphaltsträßchen führt in Kehren bergab, dann biegen wir in den nicht asphaltierten Katzenbühlweg ab, der wieder ansteigend in den Wald hinein führt. Bei einer deutlichen Linkskehre verzweigt sich der Weg, wir schwenken nach rechts und folgen dem Brotwegschild aus dem Wald hinaus. In einer Rechtskehre biegen wir links ab, stoßen auf eine Aussichtsbank mit herrlichem Blick hinab nach Yach.

Wenig später, nach einem Weidezaun, erreichen wir Häuser und Asphalt und passieren rechts den **Schätzlehof** 06. Wenige Meter später sind wir unten an der Straße und bei der Pos. Bierhäusle. Nach links, entlang der Straße, wandern wir durch den Ort zurück zum Ausgangspunkt beim **Wanderparkplatz** 01 an der Kirche.

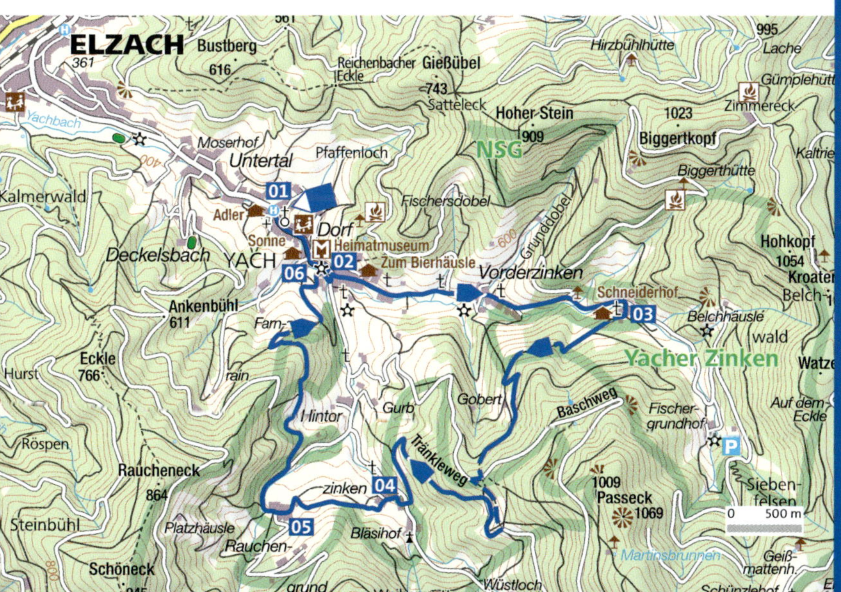

TRIBERGER WASSERFÄLLE

Großartige Rundtour um das Triberger Naturschauspiel

 9 km 3:00 h 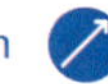337 hm 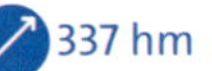 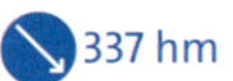337 hm 885

START | Triberg, Hauptstraße, am Haupteingang zu den Wasserfällen; Parkmöglichkeiten beim Schwarzwaldmuseum. [GPS: UTM Zone 32 x: 442.720 m y: 5.330.920 m]
CHARAKTER | Steilerer Anstieg auf dem Kaskadenweg zu den Wasserfällen und vom Unterdorf zum Dreikaiser-Felsen, breite Forstwege und schmälere Waldpfade, nur kurze Asphaltpassagen.

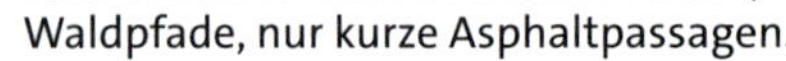

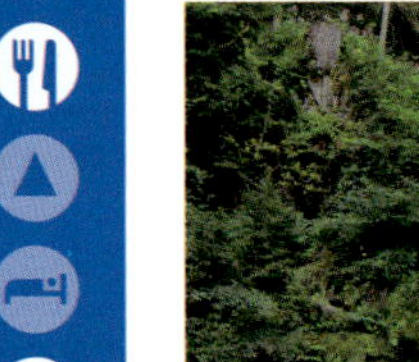

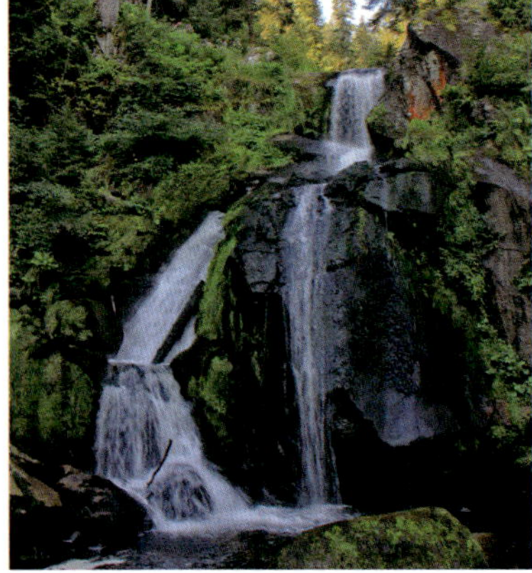

Eine der Attraktionen im Schwarzwald: die Triberger Wasserfälle.

Die Triberger Wasserfälle, eingebettet in eine herrliche Schwarzwaldlandschaft, haben durch die romantische Darstellung auf unzähligen Bildern das touristische Bild des „Wasserfalls" in Deutschland entscheidend mitgeprägt.

▶ Vom Haupteingang der **Wasserfälle in Triberg** 01 folgen wir dem ausgeschilderten breiten Kaskadenweg am Bachlauf entlang. Nach ein paar Metern kann man zwischen einem steileren und einem weniger steilen Anstiegsweg wählen und gelangt auch zu einer ersten wunderbaren Aussichtsstelle. Wir entscheiden uns für den schmalen, asphaltierten Weg, der in engen, steilen Serpentinen (mit Holzgeländer) nach oben zu einem kleinen Pavillon und zu einer Verzweigung bei der Pos. Wasserfälle führt, die imposanten Wasserfälle stets vor Augen. Wir halten uns rechts Richtung Bergsee (gelbe Raute) stoßen auf eine weitere Verzweigung bei der **Bergseebrücke** 02 und überqueren den Bach. Es geht auf Kies leicht bergab, wird dann flach und wir haben einen schönen Tiefblick rechts hinab nach Triberg. Wir passieren eine Abzweigung, die links hoch zur oberen Wasserfallbrücke leitet, gehen geradeaus weiter zu einem weiteren Aussichtspavillon bei der Pos. Eingang Bergseebrücke.

An einem Hochseilgarten vorbei gehen wir geradeaus weiter, mit Blick rechts hinab zur Triberger Wallfahrtskirche. Wir stoßen wieder auf Asphalt und wandern leicht bergab zum vor uns liegenden **Bergsee** 03.

Vor dem Bergseestüble biegen wir rechts in einen Asphaltweg, der uns steiler zur Clemens-Maria-Hofbauer-Straße hinab bringt, dann folgen wir der Schönwälder Straße auf dem Gehweg rechts hinab. Wir überqueren die Bundesstraße und einen Bach und biegen rechts in den Panoramaweg ein. Der asphaltierte Gehweg steigt leicht an, wir passieren die Pos. Am Kroneck und bleiben auf dem asphaltierten, jetzt flachen Weg Richtung Ehrenmal. Der Asphalt hört auf, wenn die Waldstraße nach rechts abzweigt, wir folgen dem Kiesweg links und wandern in einem Rechtsbogen am Waldrand entlang, mit freiem Blick nach rechts ins Tal. Kurz darauf erreichen wir das **Ehrenmal** 04, den Paul-von-Hindenburg-Turm; schöner Blick hinab zum Eingang der Wasserfälle. Wir folgen weiter dem gekiesten Panoramaweg, ignorieren die

Abzweigung rechts hinab nach Triberg. Vorbei an schönen Aussichtsstellen mit Ruhebänken schwenken wir bei der Pos. Panoramaweg vom breiten Weg ab und steigen auf einem schmalen Waldpfad (gelbe Raute) in einer großen Rechtskehre über einen steilen, lichten Waldhang bergab. Wir traversieren hinab zu Häusern, gelangen wieder auf Asphalt (Schlachthausstraße) und erreichen bei der Bundesstraße die Pos. Unterstadt.

Links auf dem straßenbegleitenden Gehweg marschieren wir zum Bahnhof, unterqueren die **Bahnhofsbrücke** 05 und halten uns rechts hoch via Russenbuche. Vorbei am Gerwig-Denkmal überqueren wir die Straße und steigen einen schmalen, anfangs asphaltierten Pfad hoch. Bald geht es über steile Stufen in engen Serpentinen (mit Holzgeländer) berghoch zu einem aussichtsreichen hölzernen Pavillon.

Wir folgen dem schmäleren Pfad, der schön am Hang entlang verläuft und uns zu einer Verzweigung bei der Pos. Schützenhaus bringt. Wir halten uns rechts, steigen leicht an, überqueren eine Wiesenfläche (mit Spielgeräten), stoßen auf einen Forstweg und treffen rechts in einer Kurve auf ein Asphaltsträßchen. Hier ist eine Infotafel angebracht, die uns erläutert, dass das kleine Bäumchen die 2006 neu gepflanzte **Russenbuche** 06 ist; die alte, 36 m hohe Buche musste 2004 gefällt werden. Wir folgen dem Sträßchen (gelbe Raute), wieder leicht ansteigend, und schwenken bei der nächsten Linkskehre rechts auf einen nicht asphaltierten Forstweg ab. Weiter ansteigend biegen wir bei der

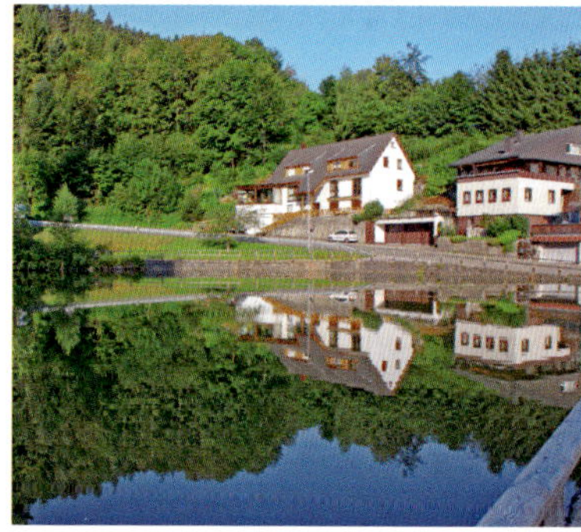

Am Bergsee, kurz nach den Wasserfällen.

Pos. 730 m scharf links ab und erreichen über eine breitere Forststraße den **Dreikaiserfelsen** 07.

Am Aussichtspavillon vorbei geht es den Wald hinab zu einem breiten Forstweg, dem wir kurz nach links folgen, ihn aber bald nach rechts verlassen und den ausgeschilderten NordicWalkingWegen folgen. Ein schöner Waldpfad bringt uns hinab zu einem mit gelber Raute markierten Weg. Wir halten uns links und wandern, mit herrlichem Ausblick hinab nach Triberg und ins Tal, zu den ersten Häusern und zur Straße.

Über die Rohrbacher Straße und über den Bach hinüber folgen wir der gelben Raute, wieder ansteigend Richtung Wald, rechts unten ist das Schwimmbad zu sehen. Wir passieren den Julius-Wetzel-Stein und folgen der blauen Raute bergab. Zuletzt wieder auf Asphalt kommen wir zur Pos. Kurhaus und sind nach 200 m wieder am Haupteingang der **Triberger Wasserfälle** 01.

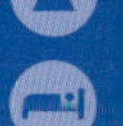

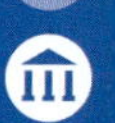

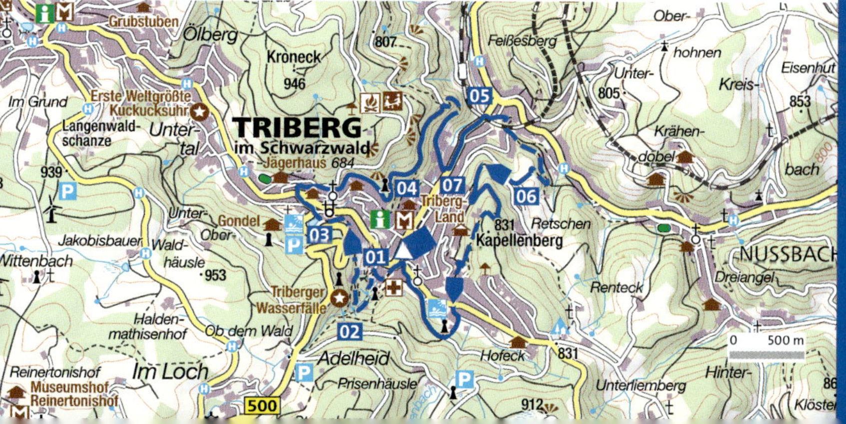

ST. GEORGEN – LANGENSCHILTACH

Die sonnige Bergstadt im Schwarzwald

 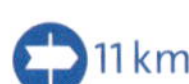 11 km 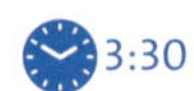 3:30 h 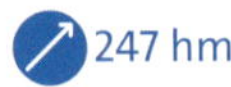 247 hm 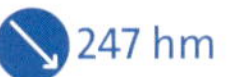 247 hm  885

START | St. Georgen, Gasthaus zur Stadt Frankfurt, Rupertsweg 2, Parkplatz. [GPS: UTM Zone 32 x: 450.440 m y: 5.331.140 m]
CHARAKTER | Überwiegend Forst-, Wald- und Wiesenwege, im Stadtbereich asphaltierte Gehwege und Nebensträßchen.

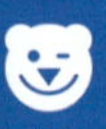

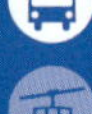

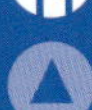

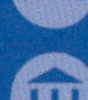

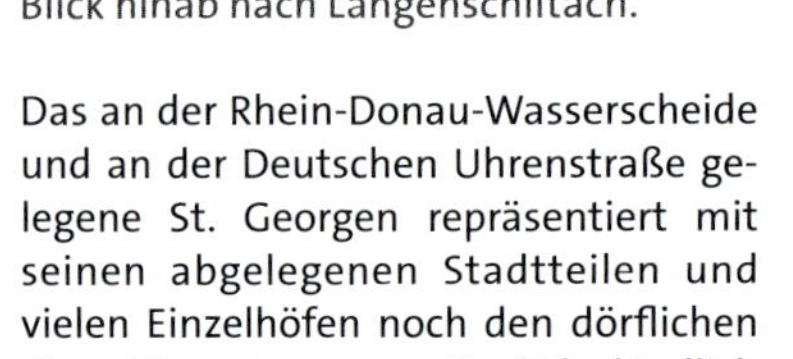

Blick hinab nach Langenschiltach.

Das an der Rhein-Donau-Wasserscheide und an der Deutschen Uhrenstraße gelegene St. Georgen repräsentiert mit seinen abgelegenen Stadtteilen und vielen Einzelhöfen noch den dörflichen Charakter einer ursprünglich ländlich geprägten Schwarzwaldlandschaft.

▶ Wir starten in **St. Georgen** beim **Gasthaus zur Stadt Frankfurt** 01, folgen dem Galetschweg, den wir nach rechts in den Kiefernweg verlassen. Geradeaus durch die Häuser gelangen wir über den Eschenweg zum **Naturdenkmal Bergahorn** 02 (von 1725). Wenig später, bei einer Verzweigung, halten wir uns rechts und folgen der Gelbmarkierung Richtung Langenschiltach. Auf dem Asphaltsträßchen leicht ansteigend geht's durch schattigen Wald, dann über freie Wiesen wieder Richtung Waldrand. Eine kreuzende Asphaltstraße überqueren wir und stoßen auf der gegenüberliegenden Seite auf die **Pos. Hiesemichelshöhe** 03. Ein nicht asphaltierter Forstweg (teils mit gepflasterten Fahrspuren) bringt uns links, über offenes Wiesengelände, leicht bergab erneut zum Waldrand.

Zunächst wieder asphaltiert, überqueren wir ein Asphaltsträßchen und wandern in den Wald hinein und auf einem Naturweg weiter, wieder leicht bergab. Unterhalb der rechts oben verlaufenden Autostraße gelangen wir zur **Pos. Vorderes Föhrenbächle** 04, durchschreiten ein kurzes Waldstück bergab und halten uns dann links auf einem asphaltierten Weg, der uns in ein Tal mit einzelnen Gehöften bringt.

Am tiefsten Punkt unterquert uns ein Bächlein, aber jetzt steigt der Weg wieder an und schlängelt sich schön durch Wiesen und am Hang entlang. Wir passieren den **Uhrenhändlerhof** 05 und folgen der gelben Raute nach rechts in einen Feldweg, der ziemlich eben am Waldrand entlang führt. Der Weg verbreitert sich, führt in den Wald hinein, rechts passieren wir einen großen Fisch-

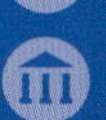

teich. Kurz darauf öffnet sich der Blick nach rechts, Windräder und Häuser tauchen auf und wir stoßen auf Asphalt und die Abzweigung, die uns rechts in den St. Georger Stadtteil Langenschiltach hinab leitet.

Wir bleiben links, gelbe Raute, steigen auf dem Asphalt kurz an und biegen beim letzten Haus links ab in einen unbefestigten Waldweg. Wir überqueren eine Forststraße, gehen weiter geradeaus, stetig berghoch und verlassen den breiten Forstweg nach rechts am Waldrand entlang zu einer Lichtung. Bei der Pos. Auf der Ecke Ost stoßen wir auf einen breiten Forstfahrweg und folgen der blauen Markierung in Richtung Rentnerhütte. Über Wiesen und am Waldrand entlang erreichen wir eine Kreuzung von Kiesstraßen bei der **Pos. Rentnerhütte 06**, wo zwei Holzbänke stehen.

Bei der nächsten Verzweigung, an der Pos. Hasenspielplatz, biegen wir rechts ab und wandern leicht abwärts, schön schattig im Wald, zum **Waldparkplatz Wagschachen 07**. Zunächst rechts, dann biegen wir mit dem Vitaparcours-Weg links ab. Vorbei an Tennisplätzen und an der Abzweigung zum Stadion bleiben wir rechts auf dem breiten Weg, der leicht fallend hinab zur Autostraße führt, Pos. St. Georgen Waldstraße.

Linkshaltend, über Treppenstufen, steigen wir hoch zur Gaststätte Rossbergstadion, folgen der Straße Am Stadion und wandern durch einen kleinen Park, an der Schule vorbei, auf einen sehr aussichtsreichen Wanderweg, der uns zum Hotel Berggasthof und in die Mozartstraße bringt. Über die Roßbergstraße und die Karl-Maier-Straße gelangen wir zum **Marktplatz 08** und zum Deutschen Phonomuseum.

Über die Straße Am Markt und d ie Weidenbächlestraße, vorbei an der Neuapostolischen Kirche, gelangen wir in die Talstraße, die uns nach links direkt zum **Gasthaus zur Stadt Frankfurt 01** zurückführt.

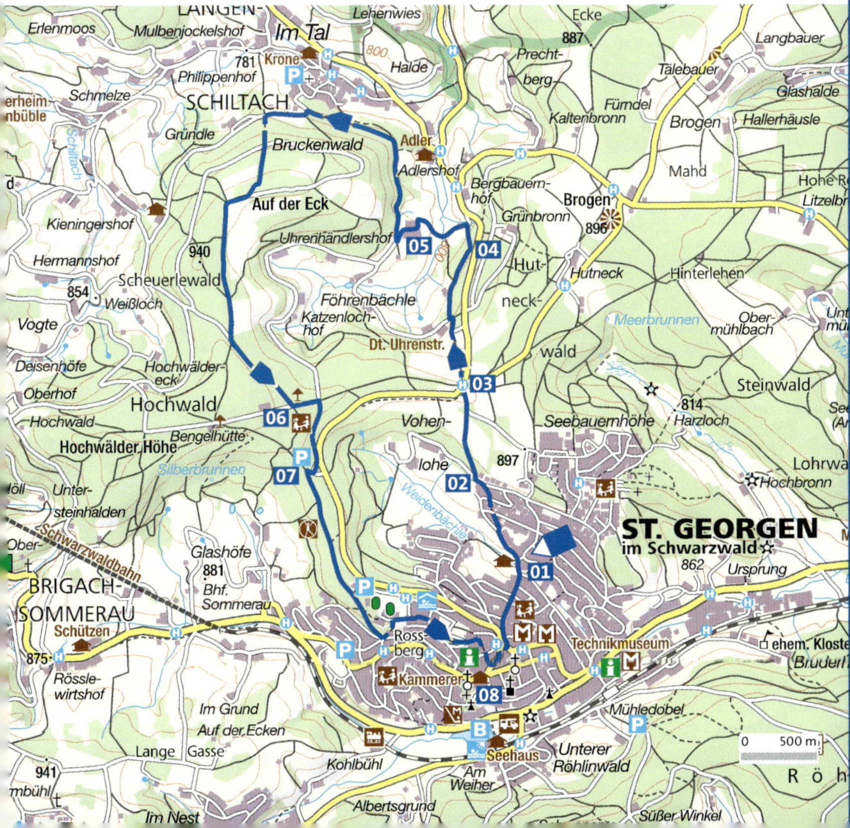

WALDPFAD GROPPERTAL

Beschauliche Wald- und Wiesenwanderung zum Wildgehege Salvest

  12 km 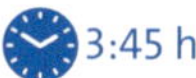 3:45 h 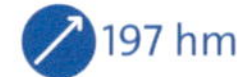 197 hm 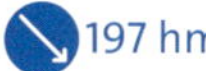 197 hm 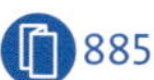 885

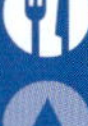
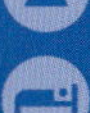

START | Villingen, Wanderparkplatz Tannenhöhe, Obere Waldstraße. [GPS: UTM Zone 32 x: 457.380 m y: 5.324.260 m]
CHARAKTER | Breite Forstwege und schmälere Wald- und Wiesenpfade mit kurzen Wurzelpassagen, kaum Steigungen.

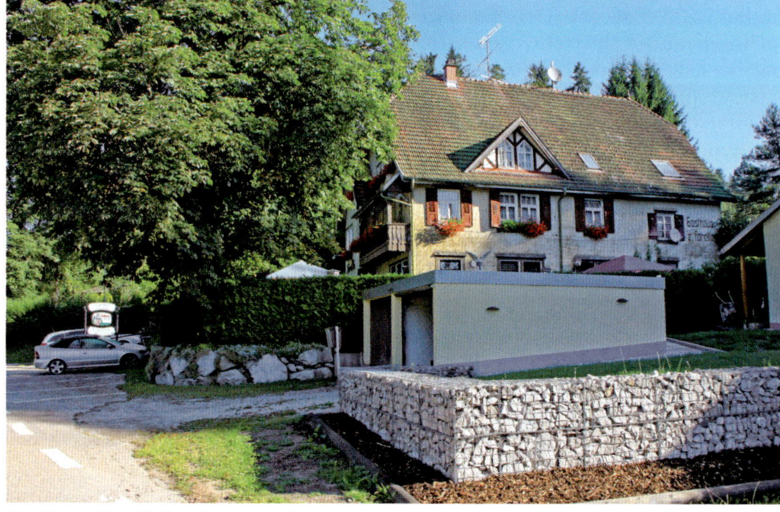

Gasthaus Forelle im Groppertal.

Der anfangs zusammen mit dem Schwarzwald-Ostweg verlaufende Premiumwanderweg „Waldpfad Groppental" bietet Einblicke in frühere Bergbautätigkeit und spannt einen interessanten Bogen von felsigen Aussichtspunkten zu idyllisch gelegenen Einkehrstätten und einem familienfreundlichen Wildgehege mit Rast- und Spielplatz.

Vom **Wanderparkplatz Tannenhöhe** 01 folgen wir der rot-schwarzen Raute, mit der der Waldpfad Groppertal markiert ist. Auf schmalem wurzeligem Waldpfad wandern wir oberhalb der links unten verlaufenden Autostraße und Bahn durch den lichten Wald. Bei der **Pos. Beim Armbad** 02 teilt sich der Weg, wir halten uns rechts, passieren links unten den Kirnacher Bahnhof und stoßen auf die „Steinerne Sau", ein interessantes Fotomotiv. Nach einem weiteren Brunnen mit Tisch und Bänken erreichen wir den felsigen, geländergesicherten Aussichtspunkt **Uhufelsen** 03, etwas links unterhalb des Weges, direkt über der Straße.

Der wurzelige und teils steinige Pfad schlängelt sich ganz leicht ansteigend am Waldhang entlang, stets oberhalb der links unten verlaufenden Straße und Bahn, abwechselnd durch eng stehende Tannen und durch lichten Wald. Wir stoßen auf eine neu angelegte Trasse, der wir linker Hand auf schmalem Fußweg folgen. Nach einer größeren Linkskurve am nun ziemlich flachen Waldhang überqueren wir einen Bachlauf, stoßen auf einen kreuzenden Forstweg, Pos. Groppertal. Wir halten uns mit dem Ostweg nach rechts, ein leicht ansteigender schmaler Pfad, der dann in einen Kiesweg mündet und uns zur **Pos. Meleck** **04** bringt. Der Blick nach links öffnet sich, am gegenüberliegenden Hang sind einzelne Bauernhöfe zu erkennen.

Hier zweigt der Ostweg nach rechts von unserer Route ab, wir bleiben mit der gelben Raute geradeaus und biegen dann wenig später auf einen schmäleren Waldpfad nach links ab. Etwas steiniger fällt der Weg zunächst leicht, dann etwas stärker zur Straße ab, wir halten uns rechts von der Straße und nach einem kleinen Steg gehen wir auf das **Gasthaus Forelle** **05** zu. Ein paar Meter später schwenken wir nach links, überqueren die Straße, die Bahn und die Brigach. Rechts ist ein großer Steinbruch zu sehen. Der Waldpfad Groppertal zeigt nach links, wir wandern an der links etwas unterhalb von uns fließenden Brigach entlang ins freie Wiesenland auf einzelne Häuser zu, leicht ansteigend

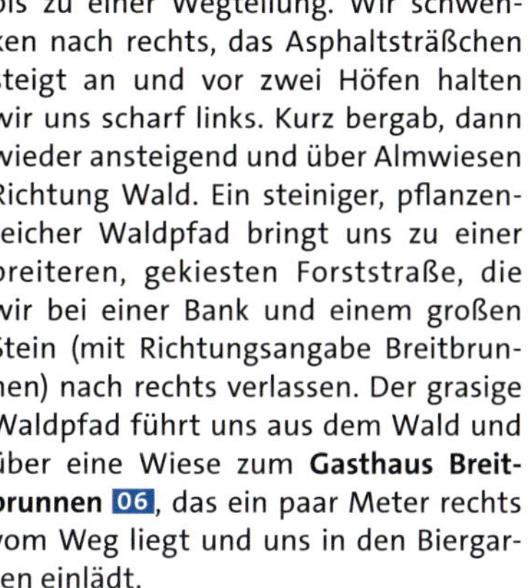

bis zu einer Wegteilung. Wir schwenken nach rechts, das Asphaltsträßchen steigt an und vor zwei Höfen halten wir uns scharf links. Kurz bergab, dann wieder ansteigend und über Almwiesen Richtung Wald. Ein steiniger, pflanzenreicher Waldpfad bringt uns zu einer breiteren, gekiesten Forststraße, die wir bei einer Bank und einem großen Stein (mit Richtungsangabe Breitbrunnen) nach rechts verlassen. Der grasige Waldpfad führt uns aus dem Wald und über eine Wiese zum **Gasthaus Breitbrunnen** **06**, das ein paar Meter rechts vom Weg liegt und uns in den Biergarten einlädt.

Nach dem Gasthaus schwenken wir nach links auf einen Kiesweg, der an Wiesen und Getreidefeldern vorbei wieder Richtung Wald leitet. Bei der nächsten Wegespinne (Pos. Breitbrunnen 843 m) biegen wir scharf links ab, verlassen den breiten Weg aber nach

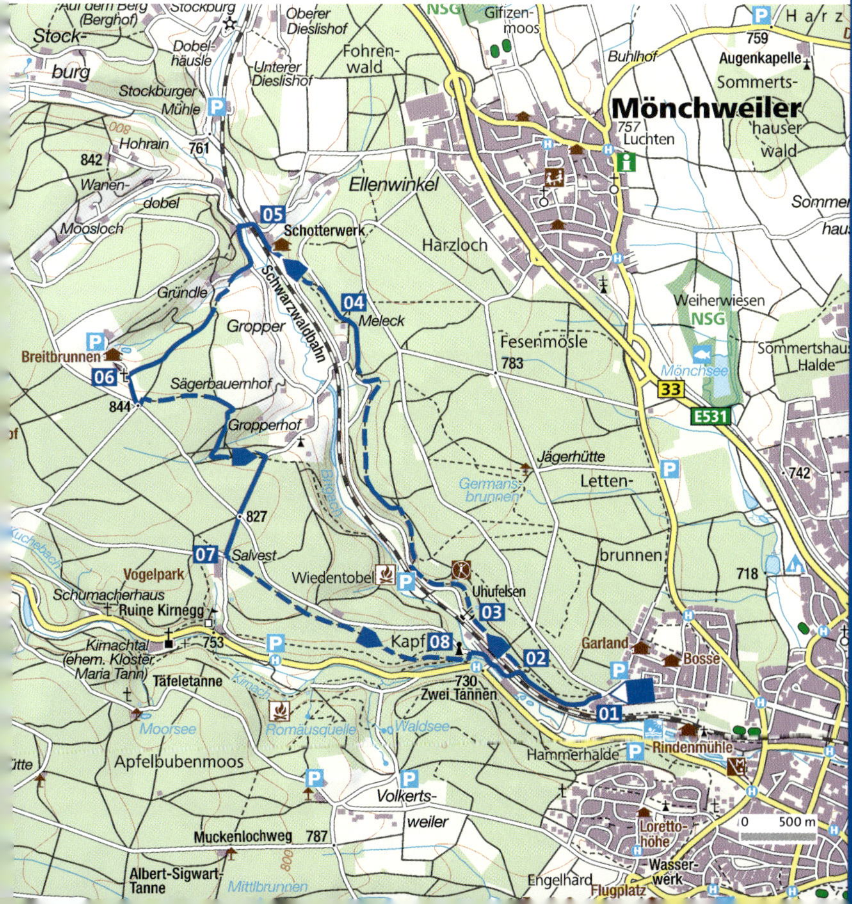

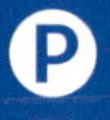

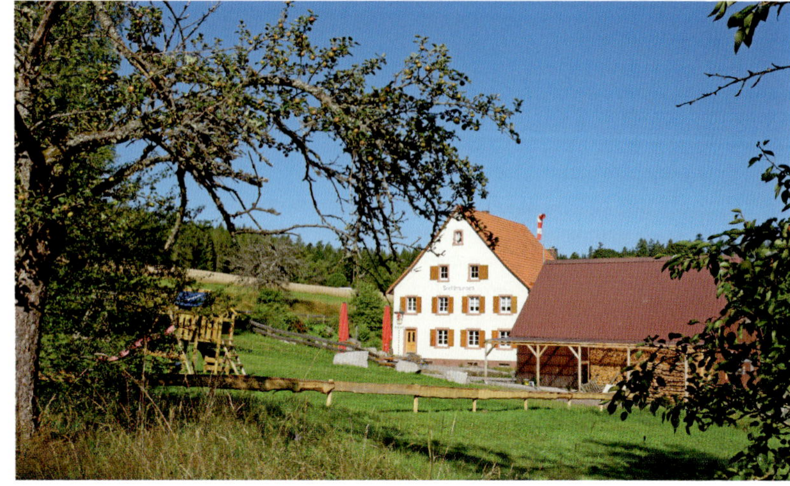

Gasthaus Breitbrunnen.

100 m nach rechts (Steinmarkierung Salvest), folgen dem Waldpfad bis zum Waldrand, wo wir rechts auf einen breiten Kiesweg abbiegen. Den leicht abwärts führenden Weg verlassen wir wieder nach rechts in den Wald hinein und gelangen nach einer deutlichen Linkskehre auf einen gekiesten Fahrweg und die Pos. Gropperhof. Wir halten uns rechts und folgen dem Salvestweg, bis wir eine Lichtung und das **Salvest-Wildgehege** 07 erreichen.

Vor dem Wildgehege schwenken wir nach links, vorbei an Infotafeln, Spielgeräten und Ruhebänken, und wandern auf einem schmalen Waldpfad, parallel zu einem breiten Kiesweg, leicht abwärts. Gepflasterte Steine am Weg veranschaulichen uns, dass wir uns auf einem Römerweg befinden (Infotafel) und bringen uns zum steinernen **Ganter-Denkmal** 08.

Wenig später treffen wir auf eine Kiesstraße, überqueren die Brigach und gehen rechtshaltend am alten Bahnhof vorbei und dann links über die Gleise. Wir steigen über ein paar steile Stufen auf schmalem Pfad in den Wald hoch, stoßen bei der **Pos. Armbad** 02 auf unseren Hinweg, biegen rechts ab und gelangen kurz darauf zum Ausgangspunkt beim **Parkplatz Tannenhöhe** 01 zurück.

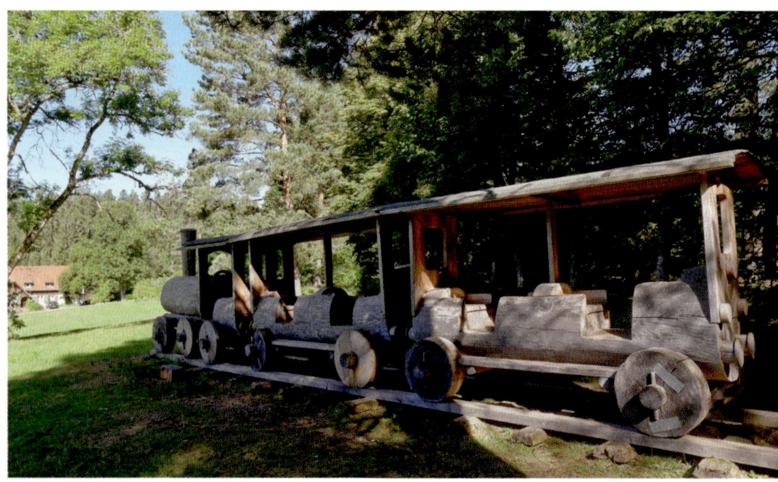

Spielplatz beim Wildgehege Salvest.

STÖCKLEWALDTURM • 1068 m

Große Runde zum Triberger Galgen und zur Brigachquelle

 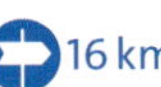 16 km 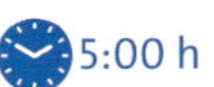 5:00 h 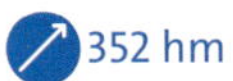 352 hm 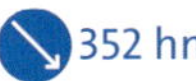 352 hm  885

START | Parkplatz an der K5728 zwischen Unterkirnach und Schönwald, Bushaltestelle Am Todtenhund.
[GPS: UTM Zone 32 x: 446.240 m y: 5.327.540 m]
CHARAKTER | Überwiegend Forst-, Wald- und Wiesenwege, teils schmale, verwachsene Pfade, asphaltierter Geh-/Radweg vor der Brigachquelle.

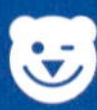

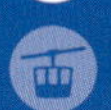

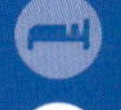

Ein historischer Galgen, ein ca. 25 m hoher Aussichtsturm, mehrere Wanderheime und Gasthöfe und nicht zuletzt die Brigachquelle, einer der Quellflüsse der Donau, die große Achtertour über den Kesselberg und um den Stöcklewald bietet alles, was das Wanderherz begehrt.

▶ Wir starten vom **Parkplatz Am Todtenhund** 01, unterhalb der Straßenabzweigung nach Schlempen (Freizeitheim). Ein Stück an der Straße entlang hoch zum Wald, wo wir auf die blaue Raute treffen, der wir rechts auf einem schmalen Pfad in den Wald hinein folgen. Zunächst schottrig, dann grasig bringt uns der Pfad zur Pos. **Kesselberg** 02. Wir folgen links der Markierung rote Raute mit Weißstrich zum Stöcklewald-Parkplatz/-turm. Leicht abwärts verlassen wir bald den Wald, überqueren eine Wiese und folgen einem schmalen Graspfad oberhalb der Straße, die links neben uns verläuft. Wir überqueren 50 m später die Straße und gehen auf der anderen Seite ein Stück zurück (Bushaltestelle Fuchsfalle).

Hinter dem Bushäuschen nach rechts und wieder auf schmalem Pfad entlang der Straße. Wenn diese eine Linkskurve macht, gehen wir geradeaus, durchqueren ein kurzes Waldstück und wandern dann über freies Wiesengelände an einem Haus vorbei wieder zum Waldrand. Parallel zur Straße schwenkt unser Pfad stärker in den Wald hinein und bringt uns zu einer Lichtung, wo der **Triberger Galgen** 03 steht (eingemeißelt die Jahreszahl 1721). Von hier aus kann man links den Stöcklewaldturm über den

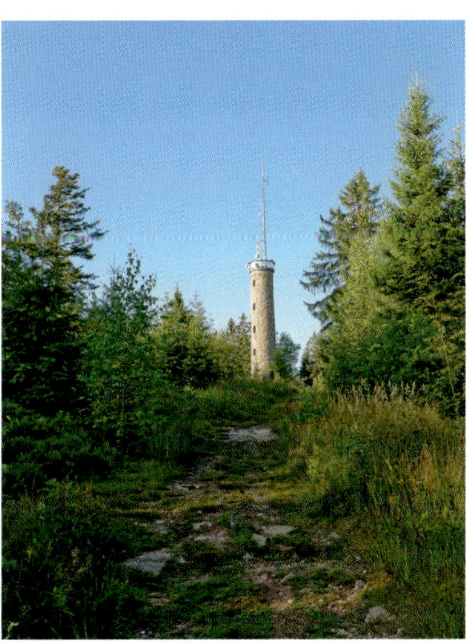
Der Stöcklewaldturm.

Baumspitzen erkennen. Wir wandern weiter auf dem grasigen Pfad, erreichen die Straße und stoßen auf eine Infotafel: Europäische Wasserscheide Nordsee–Schwarzes Meer. Bei der Pos. Am Galgen überqueren wir die Straße, ein paar Meter geht es auf Asphalt weiter, dann bringt uns ein Forstweg zum Stöcklewald-Parkplatz und wir werden im Forstbetrieb des Fürst zu Fürstenberg willkommen geheißen. Bei einer Wegteilung (links Fußgänger, rechts Radler) halten wir uns links, passieren eine Schranke und eine kleine Grabstelle und folgen links einem Abkürzungsweg, einem grasigen Waldpfad, der uns leicht ansteigend zum **Stöcklewaldturm** 04 hoch leitet.

Vom Turm geradeaus geht es leicht bergab zur Pos. Hinteres Stöckle, dann

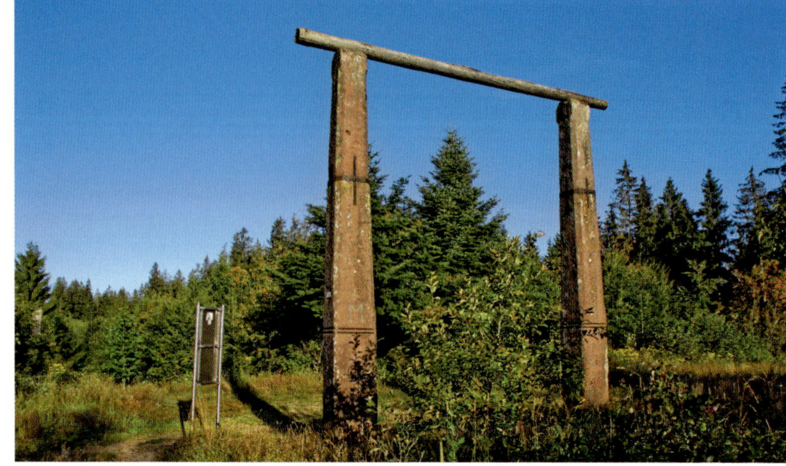

Der historische Triberger Galgen.

links hinab zum **Jugendzeltlagerplatz** **05** (Kurt-Roth-Haus) und in Höhe des Hauses scharf links, in einen nicht markierten, breiten, leicht ansteigenden Waldweg (Gelbmarkierung im Wald). Wir folgen bei einer kreuzenden Forststraße der Gelbmarkierung nach rechts, leicht bergab, stoßen auf eine weitere Forststraße, die wir in einer scharfen Rechtskurve nach links verlassen, und steigen wieder leicht an.

Mit mehreren Richtungswechseln und in leichtem Auf und Ab folgen wir dem breiten Weg durch Wald und über Lichtungen, halten uns bei kreuzenden Forstwegen rechts und gelangen zur Autostraße. 50 m links, dann überqueren wir die Straße und folgen rechts dem asphaltierten Fuchsfallenweg, biegen aber hinter den Häusern (Blessinghof) sofort rechts ab. Beim letzten Haus schwenken wir nach links auf einen ansteigenden Grasweg Richtung Wald.

Bei einer Verzweigung bleiben wir rechts und steigen zum **Freizeitheim Schlempen** **06** hoch. Auf einem teils steinigen und wurzeligen, aber recht breiten Pfad wandern wir leicht ansteigend durch den schattigen Wald und treffen schließlich auf die Straße und unseren Hinweg. Bei der Pos. **Kesselberg** **02** biegen wir diesmal scharf rechts ab und folgen der roten Raute mit Weißstrich auf einem schönen Wurzelpfad durch den Tannenwald.

Wir passieren die Infotafel Auf dem Kesselberg (Höchste Erhebung auf dem Gebiet der Stadt St. Georgen), der Weg fällt leicht ab und bringt uns zu weiteren Tafeln mit Informationen zu den Themen „Bergbauern Kesselberg“ und „Kesselbergverwerfung“. Links taucht das **Kesselberghaus** **07** auf, wir halten

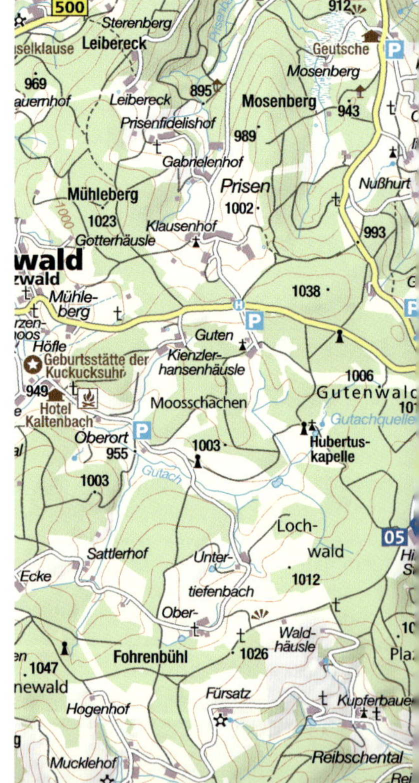

uns rechts zur Straße vor und gehen auf einem Wiesenpfad am Waldrand entlang. Bei der Bushaltestelle Kesselbergweg treffen wir die Straße, die wir zweimal überqueren, bevor wir links wieder in den Wald abbiegen. Leicht abwärts schwenken wir mit der Rotmarkierung kurz rechts, um bei der nächsten Verzweigung in einen nicht markierten Wiesenweg links abzubiegen. Am Waldende stoßen wir auf ein Asphaltsträßchen, das uns in Serpentinen bergab zu Häusern und zur Autostraße leitet. Wir halten uns links und marschieren auf dem asphaltierten Gehweg am Rappenweberhof (mit Schnapsbrennerei) und am Deckerhof vorbei, bis nach links ein Anliegersträßchen (Obertalstraße) abbiegt, dem wir folgen.

Kurz darauf sind wir beim Hirzbauernhof und der **Brigachquelle 08**. Am Hof vorbei geht es auf Asphalt hoch zum Waldrand, hier endet der Asphalt und wir wandern mit schöner Aussicht links (blaue Raute) am Waldrand entlang. Wir nähern uns wieder der Straße (Pos. Unterer Hirzwald), überqueren sie und gelangen zum **Gasthof Hirzwald 09**. Oberhalb vom Gasthof verzweigt sich der Weg, wir folgen rechts den Markierungen und über Wiesen und am Waldrand entlang erreichen wir die Pos. **Kesselberg 02**, kurz darauf die Straße, schwenken nach links und sind wenig später zurück am **Parkplatz Am Todtenhund 01**.

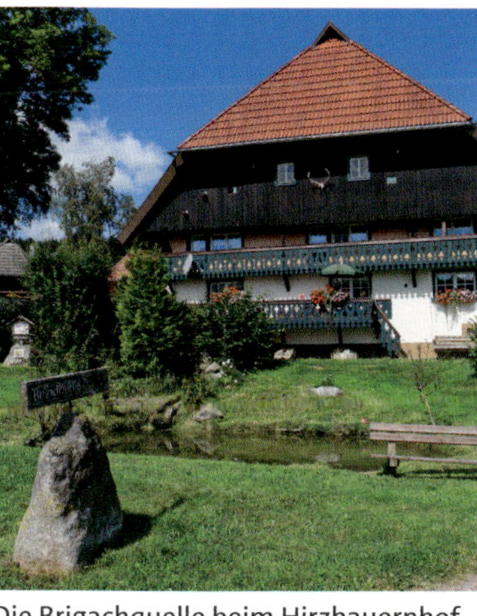

Die Brigachquelle beim Hirzbauernhof.

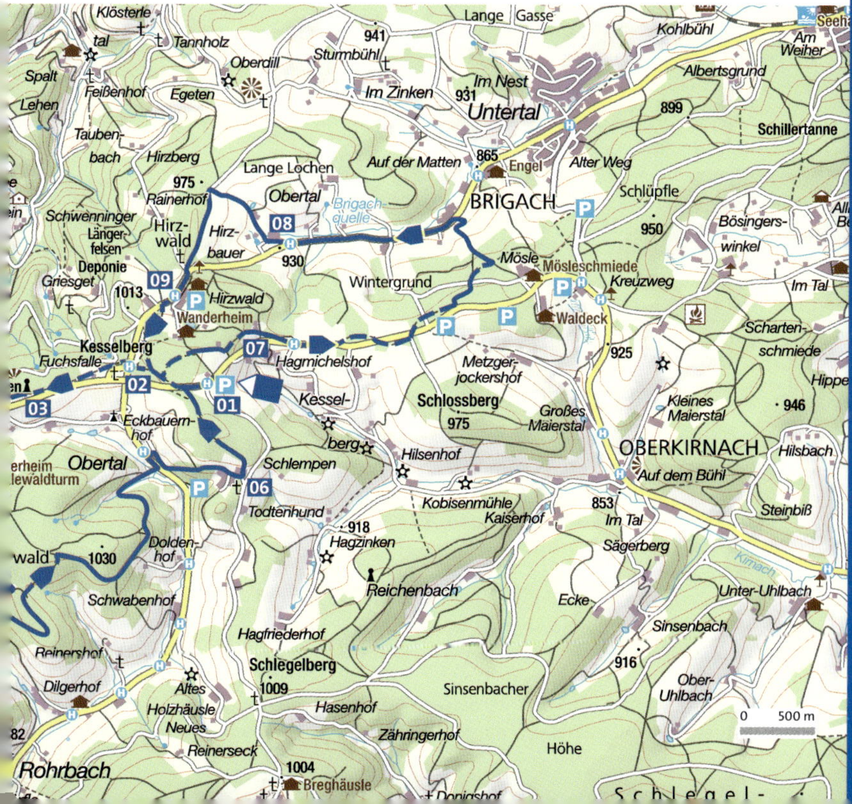

68

BRENDTURM • 1148 m

Große Aussichtsrunde um den Brend und zur Bregquelle

  16 km  5:00 h 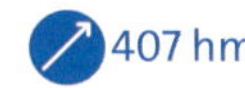 407 hm 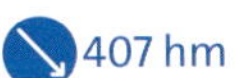 407 hm  885

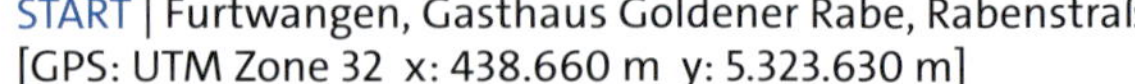

START | Furtwangen, Gasthaus Goldener Rabe, Rabenstraße.
[GPS: UTM Zone 32 x: 438.660 m y: 5.323.630 m]
CHARAKTER | Überwiegend breite Forst-, Landwirtschafts- und Waldwege sowie asphaltierte Nebensträßchen; streckenweise schmälere Pfade, im Wald manchmal wurzelig.

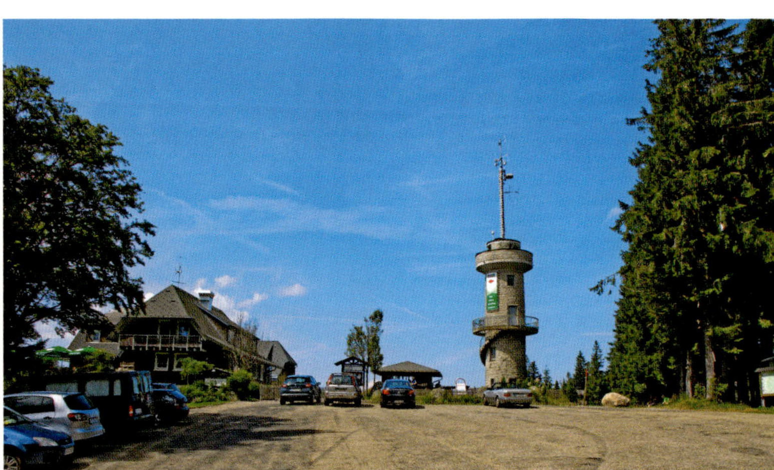

Am Brendturm, links der Berggasthof Brend.

Die großzügige Rundtour um den Brend mit seinem aussichtsreichen 17 m hohen Granitturm – der auch als Musterturm für Modelleisenbahnen diente – führt uns zum zweiten Donauursprung, der Bregquelle, die wandertechnisch sehr günstig liegt, nur wenige Meter unterhalb des Höhengasthauses Kolmenhof.

▶ Vom **Gasthaus Goldener Rabe** 01 gehen wir zum Waldrand und auf einem wurzeligen Pfad entlang der Straße hoch zu einer Lichtung mit herrlichem Rundumblick, links am Horizont ist der Feldberg zu sehen. Auf der Kuppe stoßen wir auf die Pos. **Altes Eck** 02 und einen kleinen Parkplatz. Wir halten uns rechts, wandern auf einem Asphaltsträßchen über freies Gelände Richtung Waldrand, verlassen das Sträßchen links in den Landstattweg und biegen gleich darauf nochmals links in einen ganz schmalen Wanderpfad ein, der uns an einer Pflanzenhecke und einem Weidezaun leicht ansteigend zum Waldrand bringt.

Der Pfad wird deutlich steiler, dann auch wurzeliger, und am oberen Ende eines Wiesenhangs schwenken wir nach links auf einen flachen breiten Forstweg, der uns zur Straße bringt, der wir parallel folgen. Wir gehen an parkenden Autos, Spielplätzen, Picknick- und Grillstellen vorbei, überqueren bei der Pos. 1132 m die Straße und erreichen linkshaltend nach 200 Meter den **Brendturm** 03 und den Berggasthof Brend.

Zurück zur Pos. 1132 und links auf einem Asphaltsträßchen leicht abfallend Richtung Martinskapelle. Bei der Verzweigung ein paar Meter nach dem

Naturfreundehaus 04 bleiben wir geradeaus, folgen dem breiten Forstweg, bis wir mit der roten Raute links auf einen wurzeligen Waldpfad abbiegen, der uns zu den **Günterfelsen** 05 hoch bringt. Ein mächtiger Steinhaufen, vor dem wir rechts wieder zum Hauptweg absteigen.

Nach einer schattigen und aussichtslosen Waldpassage stoßen wir auf die Pos. Kolmenkreuz und verlassen den Wald, rechts öffnet sich der Blick hinüber zum weiteren Wegverlauf und zur sichtbaren Martinskapelle. Ein großer Rechtsbogen führt uns zu einem Asphaltsträßchen, dem wir rechts zur Kapelle und zum Gasthaus Kolmenhof folgen. Ein gepflasterter Weg führt hinter dem Gasthaus scharf rechts ca. 200 m hinab zur eingefassten **Bregquelle** 06.

Auf dem Rückweg statten wir dem Quellheiligtum Martinskapelle, nur wenige Meter oberhalb des Weges, einen Besuch ab. An der Kreuzung beim Berggasthof Martinskapelle halten wir uns links und folgen der gelben Raute „Roßeckrunde". Der Asphalt endet und wir bleiben auf dem Unteren Roßeckweg, der leicht abwärts führt. Bei der Pos. **Am Moosschachen** 07 schwenkt die Roßeckrunde scharf links ab (gelbe Raute), wir machen später nochmals deutliche Linkskehren, bis wir nach rechts der Beschilderung Richtung Naturfreundehaus folgen. Es folgen lichtere Passagen und nach einer großen Lichtung stoßen

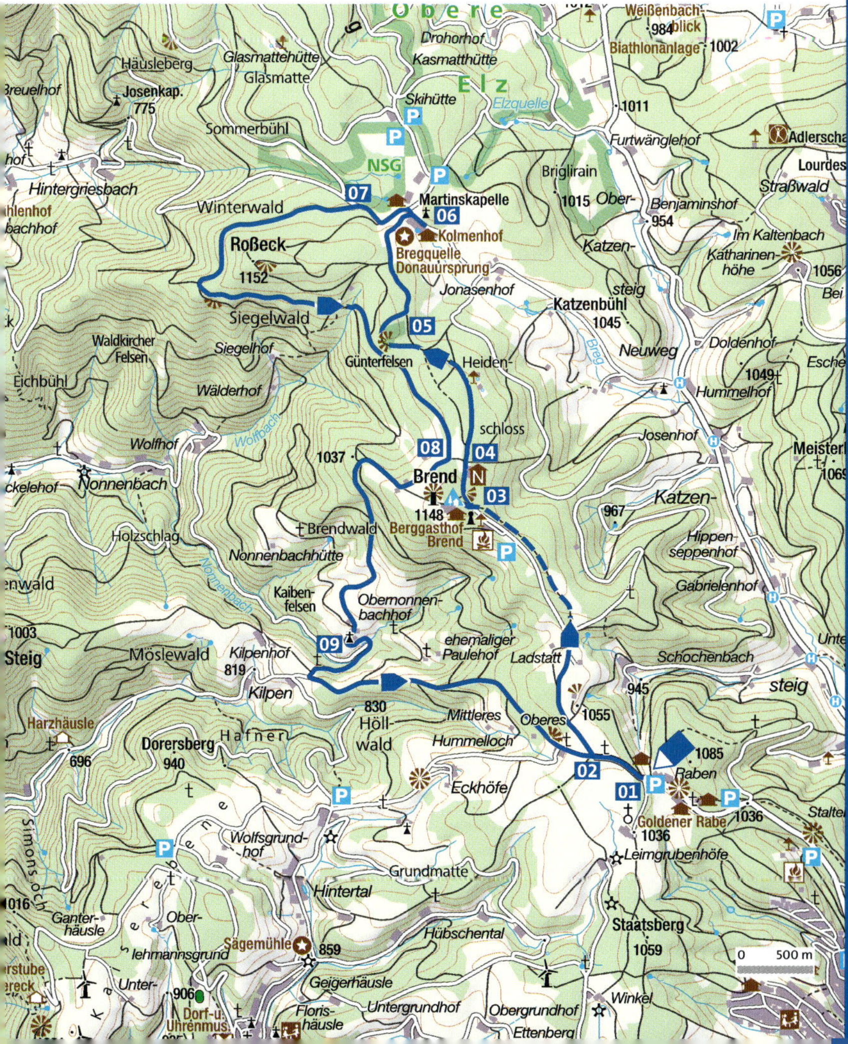

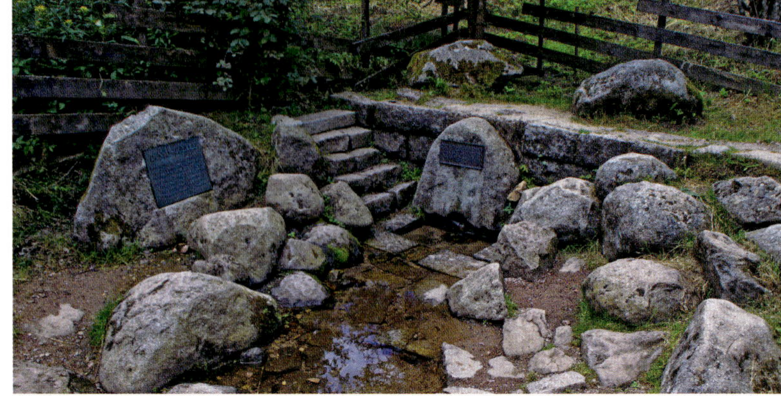

An der Bregquelle, nur ein paar Meter unterhalb vom Kolmenhof.

wir bei der Pos. Am **Brend** 08 auf eine kreuzende Asphaltstraße; das Naturfreundehaus ist links hoch nur rund 100 m entfernt.

Wir schwenken aber nach rechts, leicht bergab in Richtung Kilpen, unterqueren einen Skilift und erreichen – wieder leicht ansteigend – bei einem Hof die Pos. Brendhäusle. Rechtshaltend Richtung Waldrand, der Asphalt endet hier, passieren wir die Pos. Brendberg und folgen dem Alten Brendweg zunächst leicht, dann deutlich steiler bergab. Wir folgen den Markierungen (gelbe Raute) und gelangen wieder ins Freie, mit fantastischem Ausblick. Über Wiesenhänge erreichen wir den **Obernonnenbachhof** 09, der nach einem Brand 1998 wieder aufgebaut wurde, gehen auf Asphalt an der kleinen Hofkapelle vorbei und in Kehren abwärts, bis wir das Sträßchen in einer Linkskurve verlassen.

Hier weist uns ein Schild (Altes Eck, Raben) nach links auf einen nur die ersten Meter nicht asphaltierten Forstweg, der leicht ansteigt. Oben auf der Kuppe biegen wir scharf links ab und orientieren uns an der blauen Raute (Richtung Raben). Wir ignorieren die Abzweigungen auf dem kontinuierlich leicht ansteigenden Weg durch den Wald, erreichen wieder freies Wiesengelände und stoßen bei der Pos. **Altes Eck** 02 auf Asphalt. Auf dem bekannten Weg gehen wir nach rechts hinab zum Ausgangspunkt beim **Gasthaus Goldener Rabe** 01.

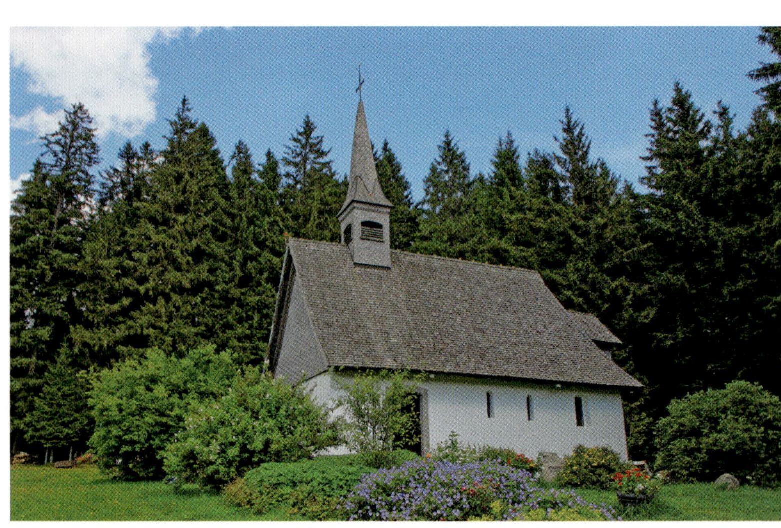

Die Martinskapelle, nahe beim Kolmenhof und der Bregquelle.

SIMONSWÄLDER MÜHLENTOUR

Alte Bauernhöfe und historische Mühlen

  9,75 km 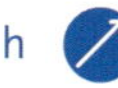 3:15 h 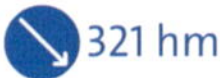 321 hm 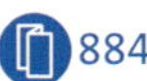 321 hm 884

START | Simonswald, Festplatz an der Talstraße, Parkplatz.
[GPS: UTM Zone 32 x: 429.650 m y: 5.327.850 m]
CHARAKTER | Breite Wander- und Forstwege, schmälere Wald- und Wiesenpfade sowie kurze Asphaltpassagen; längerer Anstieg Richtung Schwanenhof.

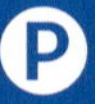

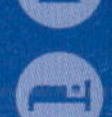
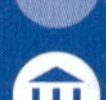

Die Wanderung zu historischen Mühlen und abseits liegenden Bauernhöfen im Landschaftsschutzgebiet des Simonswälder Tales gibt uns einen guten Einblick in schwarzwaldtypische Lebens- und frühere Besiedlungsformen.

Schon beim Ausgangspunkt, am **Festplatz** 01 von Altsimonswald, erwarten uns mit der Kronen- und der Schlossmühle zwei richtige Hingucker. Durch das Tennisplatz-Tor folgen wir hinter den beiden Mühlen der Markierung „Schwarzwald Mühlenrundwanderung“ und halten uns vor dem Bach links. Der Bachweg (Staubfreienweg), der mit vielen kinderfreundlichen Infotafeln bestückt ist, bringt uns zur **Ochsenbrücke** 02, hier überqueren wir die Wilde Gutach und folgen dem flachen Kiesweg links am Waldrand entlang. Vorbei an der Brennerbrücke, wandern wir rechts hoch zu einem Asphaltsträßchen, das uns wieder links hinab führt. Kurz vor der Brücke biegen wir links ab und wandern die wenigen Meter zur **Historischen Ölmühle** 03 hinüber. Wir überqueren den Bach, gehen zur Straße vor und folgen dem straßenbegleitenden Gehweg, am großen Ölmühle-Parkplatz vorbei, bis zur Abzweigung Unterer Felsen, vor dem Malerhäusle (links ist die Brennerbrücke).

Am Malerhäusle rechts hinein, über einen Hofplatz zum Waldrand hoch, dann links auf einen ansteigenden Waldpfad. Es wird bald aussichtsreich und über einen Graspfad gelangen wir zum alten und zum neuen **Fallerhof** 04. Der Kiesweg geht in Asphalt über, wir biegen scharf links ab hinab zu den Häusern

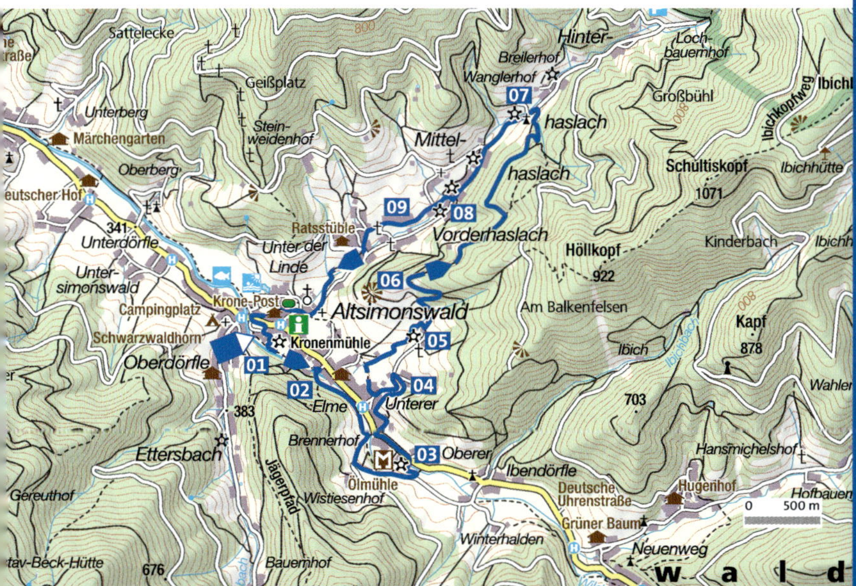

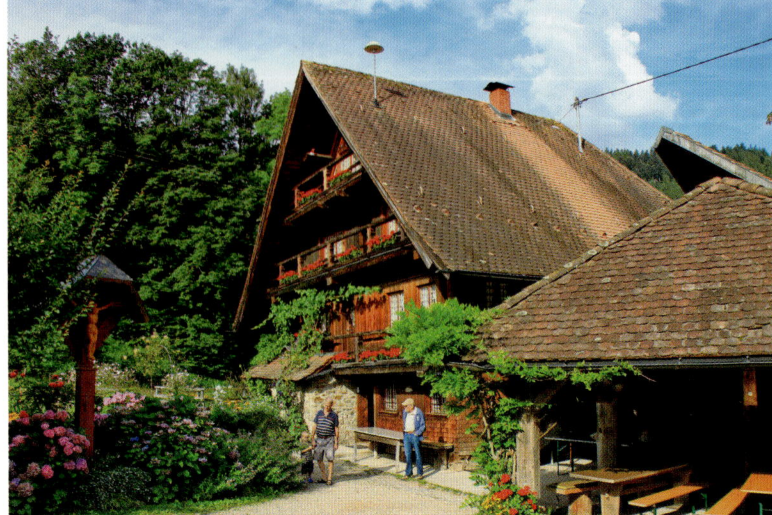

An der historischen Ölmühle im Simonswälder Tal.

von Neuenberg. Der Straße „Am Neuenberg 6–10" folgen wir rechts, bis bei einer Linkskehre der Mühlenweg scharf rechts abknickt und wir über Treppenstufen ein paar Meter steiler ansteigen. Der Pfad schlängelt sich dann zunächst ansteigend am Hang entlang hoch, bevor er in leichtem Auf und Ab durch eine Art Tobel am Bachlauf entlang verläuft.

Kurz nachdem wir den Bachlauf über einen Steg überquert haben, erreichen wir eine kleine Holzhütte, steigen weiter an und sind wenig später an der sehenswerten **Wehrlehofmühle** 05, die mit allerlei interessanten alten Utensilien ausgestattet ist. Nach der Hütte ein paar Meter weiter hoch, vorbei an einer überdachten Sitzbank zu einer Verzweigung. Nach rechts gelangen wir zum großen Hofgebäude, schwenken aber vor ihm nach links hoch und marschieren auf dem Kiesweg leicht ansteigend in den Wald hoch, Richtung Gummeneck.

Bei der Pos. Beim Gummeneck treffen wir auf eine breite Forststraße, dann auf eine **Kreuzung** 06, wo wir uns rechts halten (Sedleweg). In leichtem Auf und Ab und in großen Kehren marschieren wir am Waldhang entlang, biegen nach einer Bank links in einen Grasweg ab und gehen abwärts auf eine Hütte zu. Vor der Hütte rechts, dann in einer scharfen Linkskurve am Bach entlang deutlicher bergab.

Unten stoßen wir auf den Wehrlehof mit Kapelle, passieren ihn und gelangen zu einem Asphaltsträßchen und der Pos. Bei der Schwanenmühle. Der Mühlenweg ist nach links ausgeschildert und bringt uns zum **Schwanenhof** 07, der rechts unterhalb des Weges liegt. Auf dem Sträßchen wandern wir hinab, am Bach entlang, zur Pos. Mittelhaslach, und weiter bis zur Abzweigung bei der Pos. **Vorderhaslach Sommerberg** 08.

Auf Asphalt überqueren wir den Bach, gehen am **Emmlerhof** 09 vorbei und schwenken vor den ersten Häusern, beim Ratsstüble, nach links wieder hinab zum Bach. Vor der Brücke rechts nehmen wir den schmalen Kiesweg (Paradiesweg), der direkt am Bach entlang führt. Wir überqueren den Bach auf einem Steg, gehen an einer Hecke entlang in Richtung Kirche.

Kurz vor dem Friedhof stoßen wir auf die Fahrstraße, biegen rechts ab und am Fußballplatz und an der Pos. Simonswald-Schloss vorbei gelangen wir zum Stabhalterhof und über eine Metallbrücke zur Hauptstraße und zum Ausgangspunkt beim **Festplatz** 01.

ACHKARRER HOHLWEGPFAD

Durchs Weinrebengebiet zum Kaiserstühler Schlossberg

 11,75 km 3:15 h 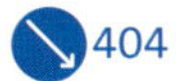404 hm 404 hm 883

START | Achkarren, Parkplatz an der Castellberghütte.
[GPS: UTM Zone 32 x: 377.810 m y: 5.324.360 m]
CHARAKTER | Asphaltierte Nebensträßchen sowie Landwirtschafts- und Forstwege, teilweise schmälere Pfade im Wald.

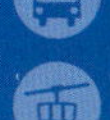

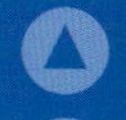
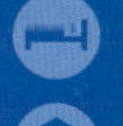

Die Kaiserstühler Weine sind überregional bekannt und Achkarren gehört mit zu den deutschen Spitzenweinlagen; zum einen, weil hier neben dem fruchtbaren Lößboden auch Vulkanboden vorkommt, und zum andern, weil zwischen Achkarren und Ihringen der wärmste Punkt Deutschlands mit den durchschnittlich höchsten Temperaturen liegt. Ein Wandergebiet für Genießer.

▶ Am ausgeschilderten Wanderparkplatz der **Castellberghütte** 01 starten wir unsere Rundtour, folgen nach rechts via Katzensteinhütte dem asphaltierten Sträßchen, das bald ordentlich durch die Weinreben ansteigt, bis zu einer Kuppe. An der Kreuzung halbrechts Richtung **Kreuzenbuckpass** 02, den wir auf Asphalt nach einer Linkskehre und etwas steiler ansteigend erreichen. Wir halten uns scharf links und marschieren in Kehren berghoch zu einem wunderbaren Aussichtspunkt wenige Meter unterhalb der **Katzensteinbuckhütte** 03. Vorbei an einer Orientierungstafel und der Hütte geht es – nun nicht mehr asphaltiert – wieder steiler in den Wald hoch. Am Ende der Waldpassage gelangen wir zu einem Aussichtsplatz mit Bänken und Tischen bei der Pos. Gierstein. Wir folgen den Markierungen Richtung Adlerhorstsattel, zunächst leicht bergab durch eine Senke, dann wieder ansteigend zum sichtbaren Sendemasten hoch, der über die Bäume herausragt.

Der herrliche Waldweg bringt uns zum **Adlerhorstsattel** 04, wo wir scharf links abbiegen und über einen steilen Hohlweg abwärts wandern (Lösshohlwegpfad).

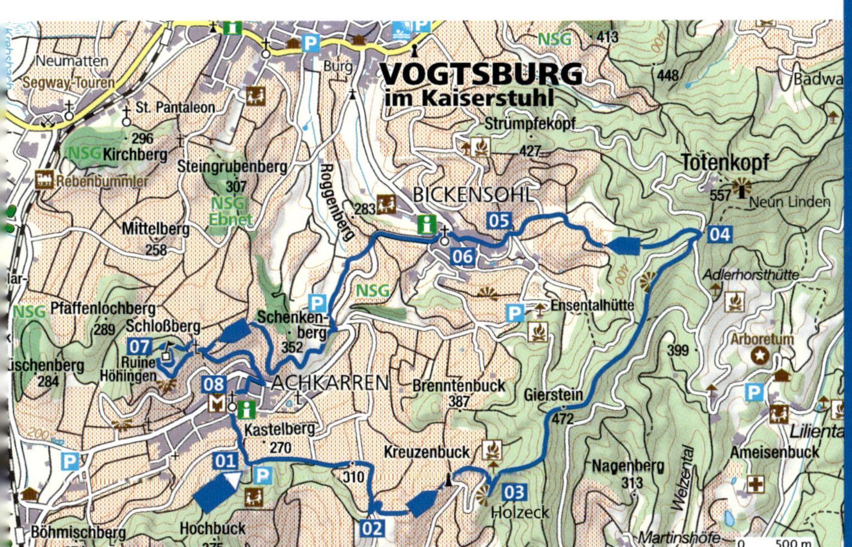

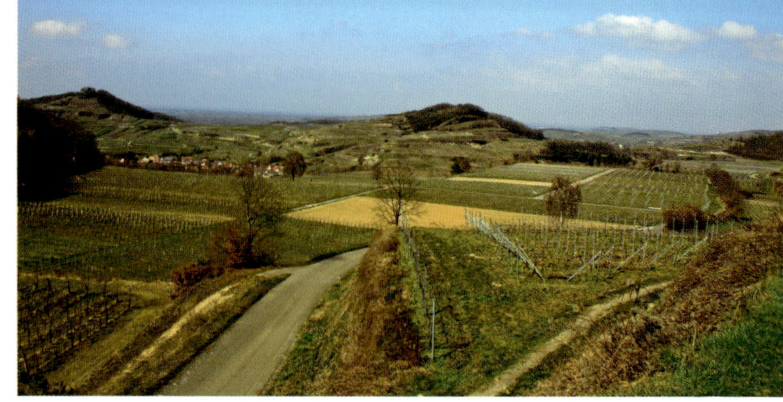

Die Achkarrer Weinberge im Frühjahr; hinten der Schlossberg.

Über offenes Gelände erreichen wir wieder Asphalt und folgen dem Sträßchen hinab zu den Häusern. Kurz vor dem Ort machen wir nach rechts über den Eichweg einen Abstecher zu den **Lössfelsen** 05, bevor wir **Bickensohl** 06 auf der Achkarrener Straße durchqueren. Wir verlassen die Straße in einer Linkskurve und biegen rechts in einen als Panoramaweg markierten Naturweg ab. Mit toller Aussicht wandern wir durch die steilen Rebhänge, stets den Markierungen folgend. Bei der Pos. Frauental halten wir uns an die Beschilderung „Schlossberggipfel", passieren einen überdachten Aussichtspavillon und gelangen zur Pos. Hofackerkreuz. Hier nehmen wir die linke Variante, eine Abkürzung über die Wiese, stoßen wieder auf das Sträßchen und erreichen zuletzt über einen kehrenreichen Kiesweg den **Schlossberg** 07, mit den wenigen Resten der ehem. Burg Höhingen.

Auf dem Rückweg gehen wir geradeaus Richtung Achkarren und stoßen, bevor es in einer Linkskehre steiler bergab geht, auf die rechts etwas versteckt liegende Lourdesgrotte. Weiter bergab gelangen wir zum breiten Forstweg, dem wir scharf rechts zum Waldrand folgen. Nun wandern wir wieder auf Asphalt durch Rebengelände und folgen dem Sträßchen bergab in Richtung Achkarren. Vorbei an der Pos. **Achkarren-Kirchplatz** 08 marschieren wir auf einem schmalen Asphaltsträßchen, die letzten Meter nochmals ansteigend, zurück zur **Castellberghütte** 01.

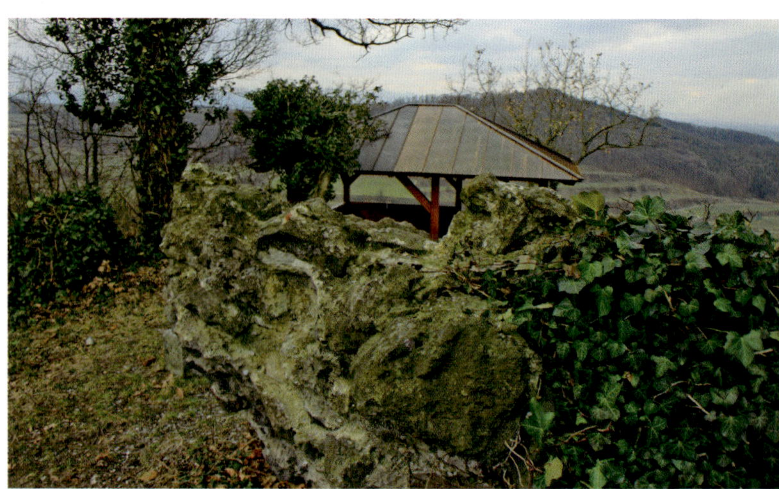

Auf dem Schlossberg bei Achkarren.

KANDEL • 1242 m

Auf dem „Damenpfad“ zum Waldkircher Hausberg

  12 km  4:00 h  772 hm  772 hm 884

START | Waldkirch, Kandelpassstraße, Gasthof Altersbach.
[GPS: UTM Zone 32 x: 424.730 m y: 5.326.110 m]
CHARAKTER | Gleichmäßig ansteigende Waldwege und schmälere Pfade, im oberen Bereich teils mit Felsen durchsetzt und wurzelig; im Abstieg schöne Wiesen- und Forstwege.

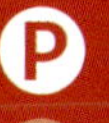
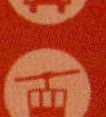

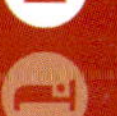

Der höchste Berg des Mittleren Schwarzwaldes ist nicht nur für den Wanderer interessant, sondern durch seine exponierte Lage ein beliebtes und viel besuchtes Ziel für ganz unterschiedliche sportliche Betätigungen: Drachen- und Gleitschirmflieger finden hier einen Startplatz, alljährlich messen sich die Bergläufer beim Kandel-Berglauf, der große Kandelfelsen ist ein gefragtes Klettergebiet und der Kandelhöhenweg eine herausfordernde Radunternehmung, über den schon Etappen der Deutschland-Tour führten.

Vom **Gasthof Altersbach** **01** gehen wir ein Stück entlang der Straße zurück bis zur Pos. **Vorderer Holzplatz** **02**, wo der Damenpfad (gelbe Raute) links ansteigend in den Wald hoch führt. Wir überqueren eine breite Forststraße und gehen geradeaus weiter am Waldhang hoch, der zunächst breitere Weg verengt sich zu einem Pfad und traversiert stetig ansteigend durch den Wald. Wir stoßen dann auf eine breitere Forststraße, halten uns links und folgen der sichtbaren Markierung wieder rechts in den Wald hoch.

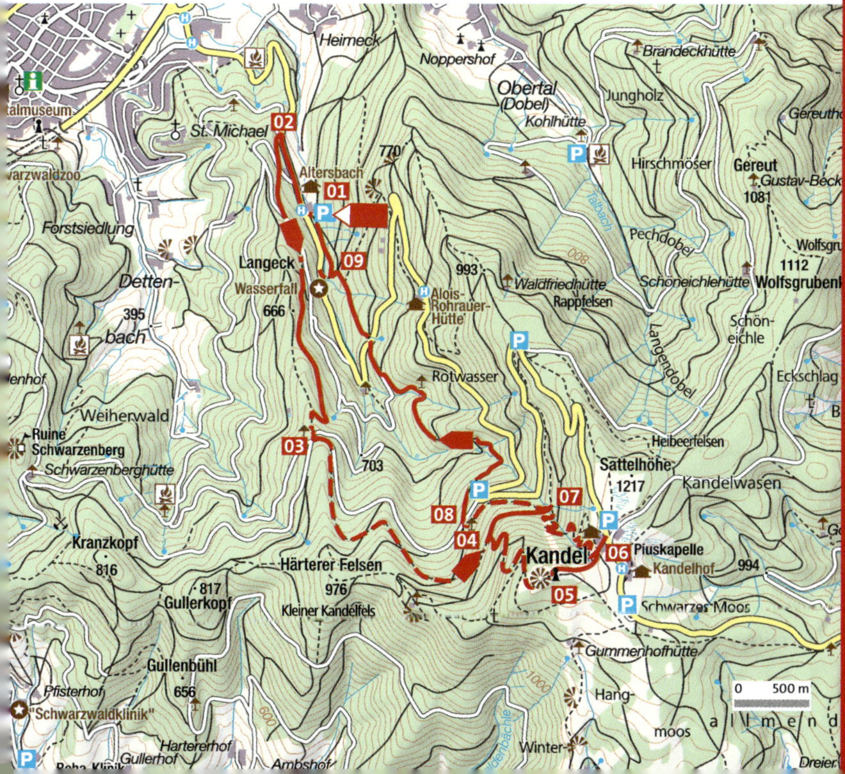

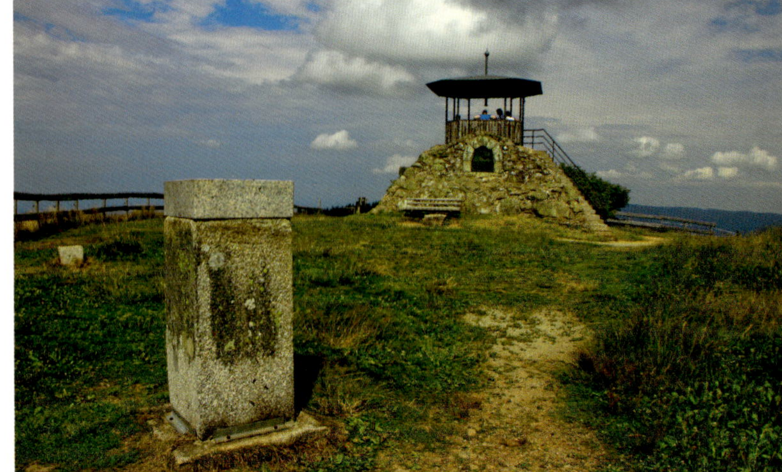

Aussichtspavillon auf dem Kandelgipfel.

Auf dem schmalen ansteigenden Pfad kreuzen wir wieder die Forststraße, überqueren sie und folgen weiter dem steinig-wurzeligen Pfad am Waldrand entlang hoch. Der Hang links fällt stärker ab, und der schöne Waldpfad macht eine erste Rechtskehre. Nach der nächsten Linkskehre stoßen wir erneut auf eine Forststraße und wenig später auf die **Langeckhütte** 03. Hinter der Hütte geht es auf breitem Kiesweg leicht berghoch und wir biegen bald auf einen schmalen Pfad, parallel zum breiten Weg und etwas stärker ansteigend, ab. Vorbei an einer eher aussichtslosen Aussichtsbank kommen wir zu einer Lichtung, die uns besseren Ausblick bietet, überschreiten eine Forstfahrstraße und marschieren auf dem grasig-schottrigen Weg, der zunehmend schmäler und auch wurzeliger wird, mit moderater Steigung berghoch.

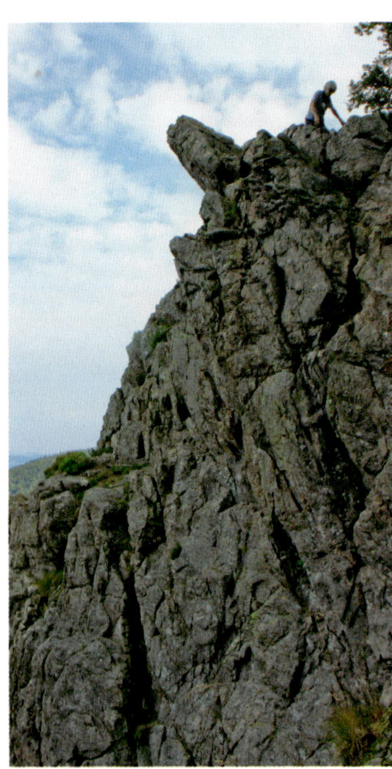

Luftiger Ausblick vom Großen Kandelfelsen.

Die ersten Felsen tauchen am Weg auf und meist linkshaltend ist bald die Pos. **Großer Kandelfelsen** 04 erreicht. Wir halten uns links und folgen dem schmalen, felsigen Steig hoch zu den Felsen, die auch gerne von Kletterern besucht werden. Wieder zurück zur Verzweigung, halten wir uns links und steigen über einen Pfad hoch, und gelangen so oberhalb der Felsen zu einem herrlichen Aussichtspunkt. Mit entsprechender Vorsicht kann man den oberen Felsen besteigen.

Auf steinigem Pfad geht es rechts weiter bergauf durch den Wald und zur Pos. Hessfelsele, mit Aussichtsbank. Der Beschilderung Ahornmättle nach, auch als Damenpfad markiert, wandern wir auf schönem Waldboden durch schattigen Wald zur Pos. Über den Felsen und ge-

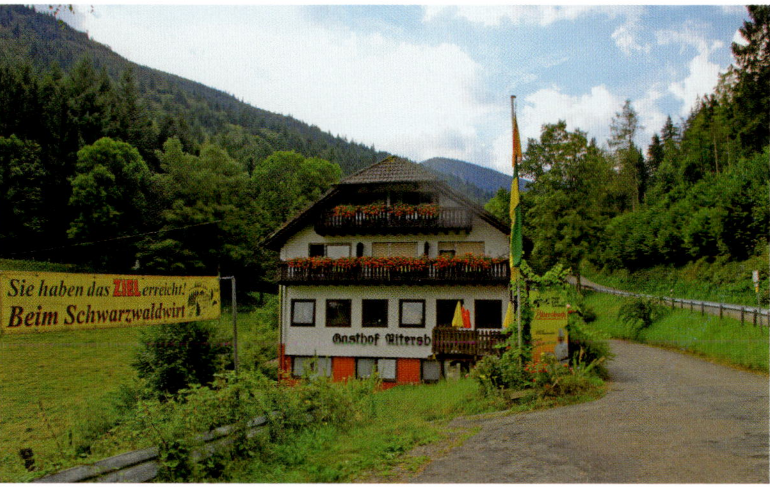

Gasthaus Altersbach, am Ausgangspunkt des Damenpfads.

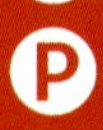

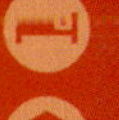

radeaus weiter ins Freie (blaue Raute) und zur nahen Gipfelpyramide auf dem **Kandel** 05. Nach links leitet uns das Damenpfad-Schild hinab zum sichtbaren **Kandelhotel** 06.

Der Abstieg führt zunächst ein paar Meter zurück, dann biegen wir rechts zum Waldrand und schwenken vor dem Wald nach rechts. Der schmale Pfad am Waldrand entlang leitet uns Richtung Gleitschirmplatz, aber kurz zuvor biegen wir links ab auf einen steil abwärts führenden Serpentinenweg. Zuletzt queren wir mehrmals einen Skihang in kurzen Kehren, gelangen wieder in Wald und stoßen auf die Pos. **Serpentine** 07.

Wir marschieren links einen breiten Weg bergab zur **Albinhütte** 08, rechts unten ist ein Parkplatz und die enge Straßenkurve sichtbar, stoßen auf eine Verzweigung und biegen scharf rechts ab auf einen abwärts führenden Forstweg. In großen Kehren geht es durch den Wald bergab, vorbei an der Rotwasserhütte. Wir überqueren die Autostraße und folgen weiter der Markierung Rotwasserweg (Holzschild). In großen Kehren wieder steiler bergab erreichen wir die Pos. Wasserfall und wenig später die Abzweigung links hinab zum **Wasserfall** 09.

Man kann nach diesem Abstecher wieder zurück auf den Hauptweg hochsteigen und dann dem breiten Weg folgen oder direkt von den Wasserfällen einem Weg am Bach entlang folgen. Beide Varianten treffen bald wieder zusammen, und nach vorne hat man schon Sichtkontakt zum Gasthof. Bei der Pos. Ghf. Altersbach gehen wir nach links, überqueren den Bach über eine Brücke und stehen wieder auf dem Parkplatz des **Gasthofs Altersbach** 01.

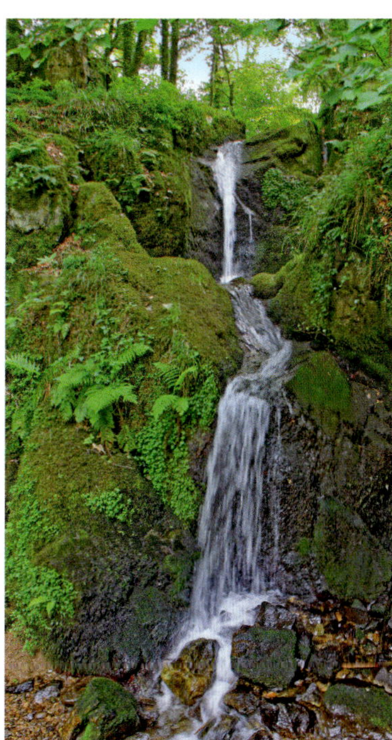

Der Altersbacher Wasserfall.

KANDEL-GIPFELRUNDTOUR

Aussichtspunkte rund um den Kandel

 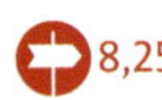 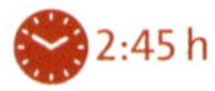  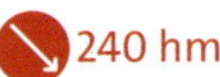 

START | Kandelhotel, Kandelpassstraße.
[GPS: UTM Zone 32 x: 426.700 m y: 5.324.000 m]
CHARAKTER | Breite Forstwege sowie Wiesen- und Waldpfade, teils felsig und schmal, stellenweise etwas ausgesetzt.

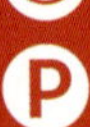

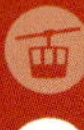

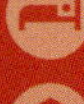

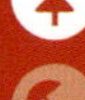

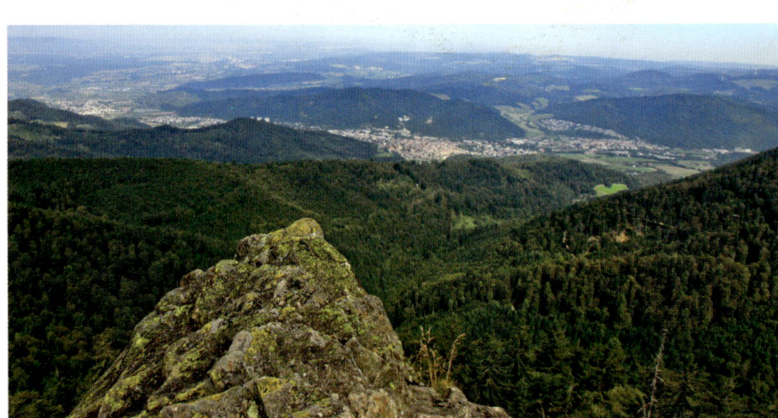

Weite Aussicht vom Großen Kandelfelsen.

Vom **Kandelhotel** 01 wandern wir hinüber zu den Borstengraswiesen, biegen aber gleich rechts ab und gehen durch hohes Gras zum Waldrand. Ein schattiger Waldpfad führt uns leicht bergab, rechts unter uns verläuft eine breite Forststraße, auf die wir wenig später stoßen und ihr nach links folgen. Bei der nächsten Wegespinne nehmen wir den mittleren Weg (gelbe Raute) und schwenken kurz darauf bei der Pos. **Sattel** 02 nach links ab Richtung Sautränke. Der wurzelige Pfad führt kurz durch Wald, dann mit herrlich freiem Blick nach rechts am Hang entlang. Der schmale Pfad ist hier etwas ausgesetzt und stellenweise feucht; Vorsicht!

Wir erreichen die **Heibeerfelsen** 03, einen wunderbaren Aussichtspunkt, nur ein paar Meter rechts vom Weg, dann traversieren wir wieder in Kehren am steilen Waldhang entlang. Der schöne Panoramapfad verbreitert sich etwas, fällt stärker ab, wir treffen auf einen Forstweg und die Pos. **Sautränke** 04.

Wir halten uns links, passieren auf dem flachen, breiten Forstweg einen kleinen Picknickplatz mit Tischen und Bänken und biegen anschließend links auf einen Waldpfad ein (Pos. Kohlplätze). Vor uns ist die Kandelpassstraße zu sehen. Geradeaus weiter durch den hochstämmigen Wald überqueren wir die Passstraße und halten uns dann links, etwas oberhalb der Straße, und folgen einem schönen, flachen Pfad am Waldrand entlang. Nach einer etwas ausgesetzten Stelle wird der Pfad steiniger und es tauchen Felsen entlang des Weges auf; rechts unterhalb von uns verläuft die Autostraße. Unser Pfad mündet in einen von rechts kommenden breiten Forstweg ein, dem wir leicht ansteigend nach links folgen. Nach ein paar Metern verlassen wir den breiten Weg, biegen rechts in einen schmalen Pfad ein, der zunächst abwärts führt. Der wieder schmale und teils etwas ausgesetzte Pfad wechselt zwischen Laubboden und felsigem Untergrund, bleibt aber relativ eben und bringt uns zur Pos. **Serpentine** 05.

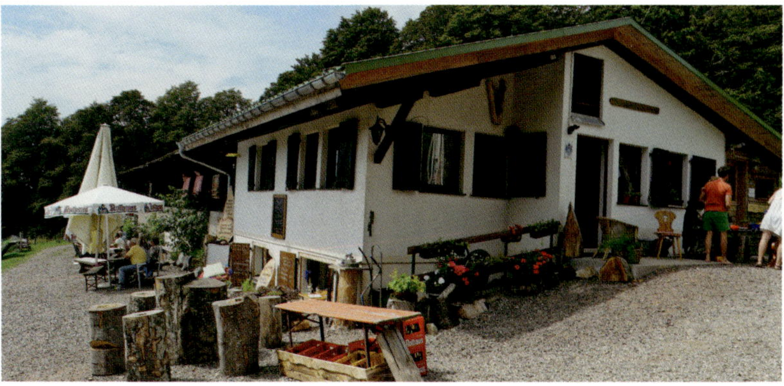
An der Gummenhofhütte.

Weiter geradeaus, und nach wenigen Schritten zweigt links ein schmaler Pfad in den Wald hoch ab. Wir traversieren am Hang und am Waldrand entlang, der Weg wird felsiger und ein Schild warnt uns „Felssturzgefahr. Nicht stehen bleiben"; wir sind wenig später unterhalb des **Großen Kandelfelsens** 06.

Nun folgen wir der Beschilderung Richtung Thomashütte, steigen auf einem schmalen Pfad links hoch, überqueren einen Forstweg und stoßen bei der Pos. Bei der Thomashütte auf einen kreuzenden Forstweg, dem wir nach rechts zur ca. 150 m entfernten **Thomashütte** 07 folgen. Wunderbare Aussichtsstelle.

Zurück zur Kreuzung und geradeaus weiter auf einem steinigen Weg berghoch. Nach einem steileren Stück gelangen wir ins Freie und wandern weiter geradeaus, nun weniger steil, durch lichten Wald zur Pos. Hoschgetkreuz. Ein Holzschild am Baum weist zum Fensterlewirt (Essen und Übernachten) und über eine freie Fläche (Kreuz) geht's kurz hinab zu einem breiten Forstweg und wieder leicht ansteigend zur **Gummenhofhütte** 08.

An der Hütte vorbei, geht es links über einen Wiesenhang bergauf zu einer Hochfläche, die uns einen schönen Zweitälerblick bietet. Von dort wandern wir nach einer erneuten Linkskehre hoch zum **Kandelgipfel** 09 und – nach ausgiebiger Rundumschau – rechtshaltend hinab zum nahen **Kandelhotel** 01, unserem Ausgangspunkt, zurück.

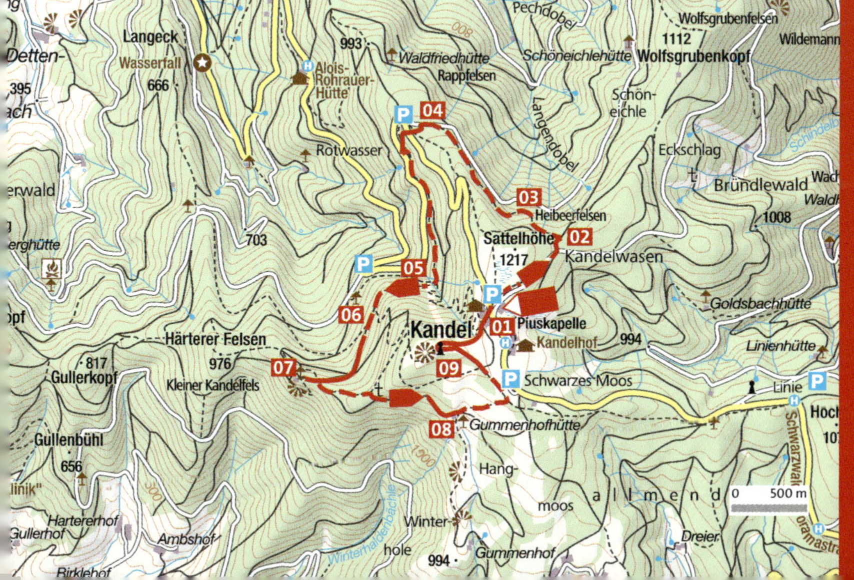

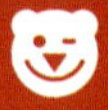
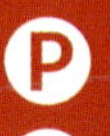
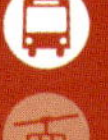

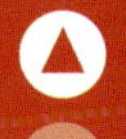
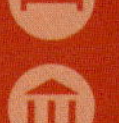

73

HIRSCHBACH- UND ZWERIBACH-WASSERFÄLLE

Schwarzwälder Postkartenmotive rund um St. Märgen

  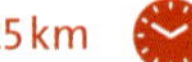 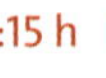 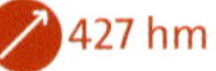 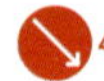 

14,25 km | 4:15 h | 427 hm | 427 hm | 884

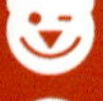

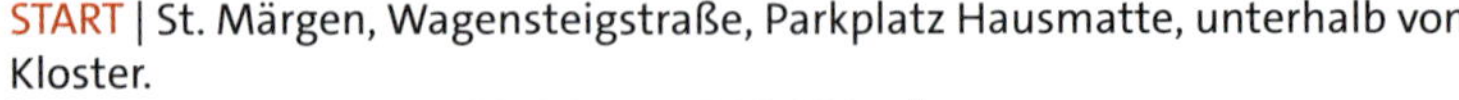

START | St. Märgen, Wagensteigstraße, Parkplatz Hausmatte, unterhalb vom Kloster.
[GPS: UTM Zone 32 x: 432.120 m y: 5.317.350 m]
CHARAKTER | Überwiegend breite Forstwege, im Bereich des Hohwartfelsens und der Wasserfälle schmale, felsige und teils steile Pfade mit Steigcharakter, nur kurze Asphaltpassagen.

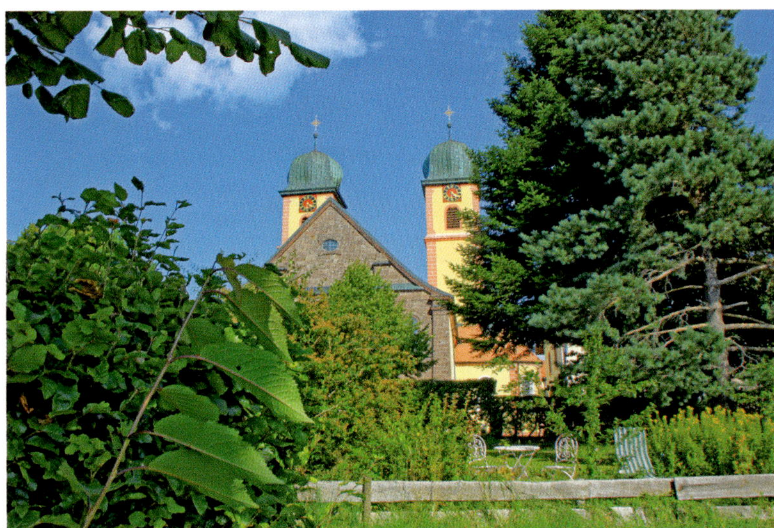

Klosterkirche St. Märgen.

Wer den oft überlaufenen Triberger und Todtnauer Wasserfällen aus dem Wege gehen will, dem bieten die Wasserfälle, die ins Simonwälder Tal stürzen, eine beschaulichere Alternative.

▶ Unterhalb des Klosters St. Märgen, am **Parkplatz Hausmatte** 01, beginnen wir unsere große Runde. Auf einem Kiesweg steigen wir zum Kirchplatz hoch, halten uns rechts, marschieren an der Straße entlang zur Pos. Ortsmitte und weiter zum **Gasthaus Hirschen** 02. Vor dem Gasthaus biegen wir links ab und gelangen auf einem Anliegersträßchen leicht ansteigend aus dem Ort hinaus ins Freie.

Wir passieren die Pos. Landfeld, bleiben rechts auf dem Sträßchen und erreichen die Wegverzweigung bei der **Rankmühle** 03 (erbaut Mitte 18. Jh.). Es geht zunächst flach geradeaus weiter, dann steigt der Weg leicht zum Waldrand hin an. In großen Kehren verläuft das Sträßchen am Hang entlang, immer wieder tauchen einzelne Höfe auf.

Am Theehof vorbei gelangen wir zur Verzweigung bei der Pos. **Hirschwinkel** 04, halten uns links und folgen dem breiten Weg in den Wald hinein. Es wird schattiger, aussichtsloser und der linke Hang ist teilweise mit Felsen durchsetzt. Der kurvige Wegverlauf führt uns an der Haldehütte vorbei, kurz darauf verzweigt sich der Weg, unser Hauptweg schwenkt nach links und steigt leicht an. Nach weiteren Kehren kommen wir zur Pos. Bannwald, wo uns die Beschilderung rechts hinab zu den Zweribachfällen weist. Der schmale Waldpfad führt kehrenreich bergab, dann teils ausgesetzt am Hang entlang und über eine felsige Stufe abwärts. Kurz darauf gelangen wir zu einer wunderbaren, felsigen Aussichtsstelle (Hohwartsfelsen) rechts vom Weg.

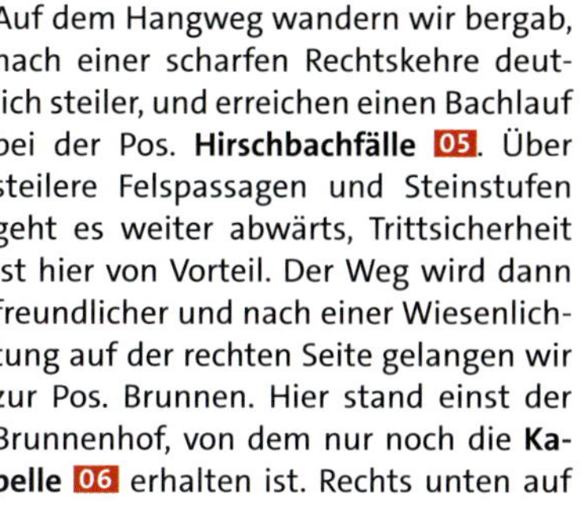

Auf dem Hangweg wandern wir bergab, nach einer scharfen Rechtskehre deutlich steiler, und erreichen einen Bachlauf bei der Pos. **Hirschbachfälle** **05**. Über steilere Felspassagen und Steinstufen geht es weiter abwärts, Trittsicherheit ist hier von Vorteil. Der Weg wird dann freundlicher und nach einer Wiesenlichtung auf der rechten Seite gelangen wir zur Pos. Brunnen. Hier stand einst der Brunnenhof, von dem nur noch die **Kapelle** **06** erhalten ist. Rechts unten auf

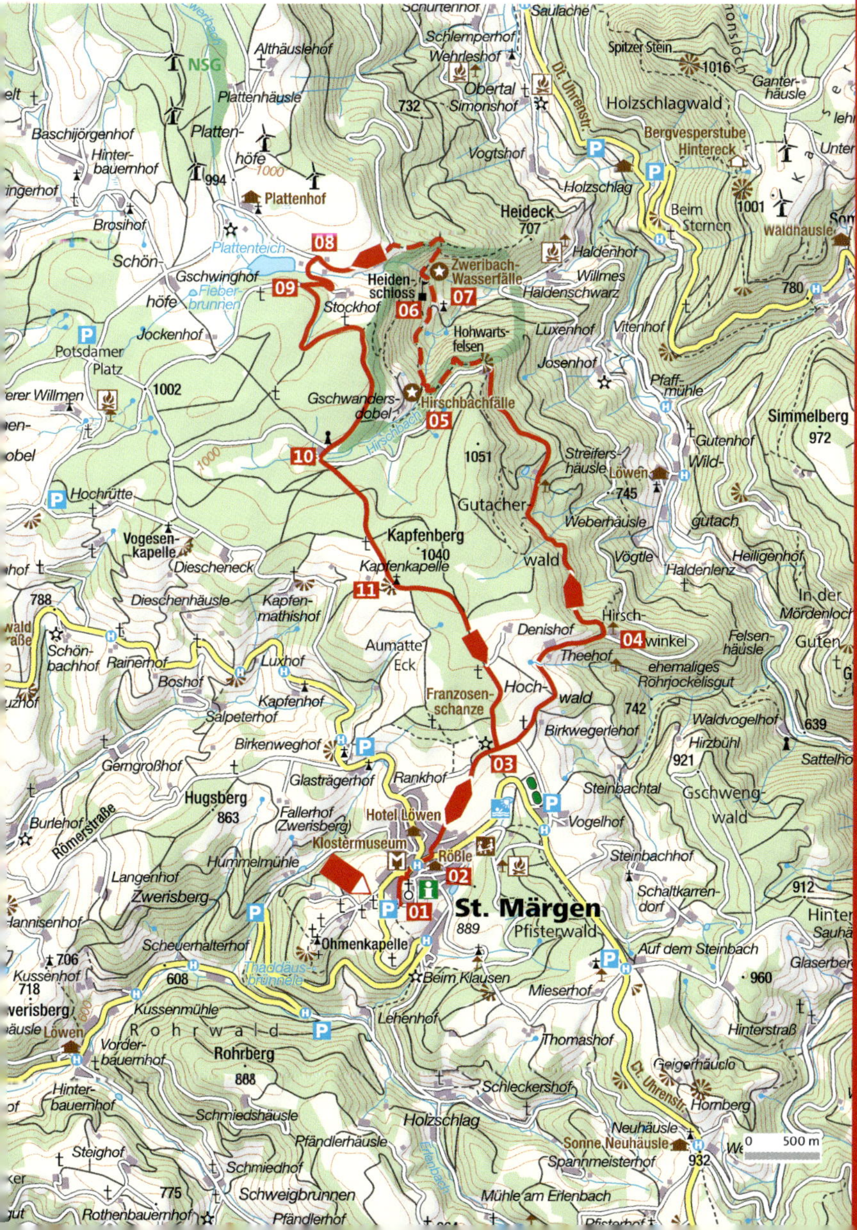

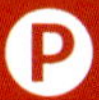

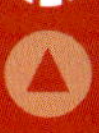
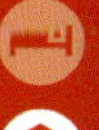

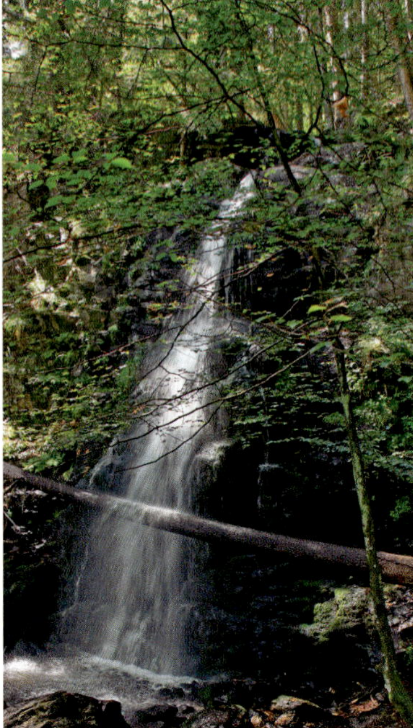
Der Zweribach-Wasserfall.

der Wiese steht eine Hütte mit Tischen und Bänken.

Auf einem wurzeligen und schmalen Waldpfad geht es nun wieder den Waldhang hoch. Eine herrliche Felslandschaft, durch die unser steiniger und teils ordentlich steiler Steig – mit kurzen Seilpassagen – verläuft. Bei der Pos. **Zweribachfall Brückle** 07 halten wir uns rechts und klettern über eine Eisenleiter und eine Eisentreppe ans obere Wasserfallende. Nach einer scharfen Linkskehre wird es zunächst flacher, dann steigt der Hangweg wieder an und bringt uns zur Pos. Langeck und zur Straße bei der Pos. Platte Langeckerhof. Auf asphaltiertem Sträßchen passieren wir den **Hogenhof** 08 und biegen links ab via Kapfenkapelle. Leicht abwärts, dann verlassen wir nach einem großen Linksbogen den Weg nach rechts auf einen schottrigen Waldpfad und stoßen bei der Pos. **Oberhalb Plattensee** 09 auf einen breiten Forstweg, der uns in Kehren, vorbei an der Pos. Stockbühl, leicht abwärts zur Pos. **Hirschmatte** 10 bringt. Wir folgen der Beschilderung Kapfenkapelle und vorbei an der Pos. Rotes Kreuz, leicht ansteigend, gelangen wir an den Waldrand mit herrlichem Ausblick nach rechts. Am Waldrand entlang sind wir kurz darauf bei der aussichtsreichen **Kapfenkapelle** 11. Mit der blauen Raute gehen wir geradeaus auf dem Kapfenbergweg fast eben am Waldrand entlang, stoßen am Waldende wieder auf Asphalt und zum Schluss wieder stärker abfallend auf unseren Hinweg bei der Wegteilung an der **Rankmühle** 03.

Auf dem bekannten Weg wandern wir über die Wiesen zurück nach Sankt Märgen, mit schönen Ausblicken auf die vor uns liegende Klosterkirche.

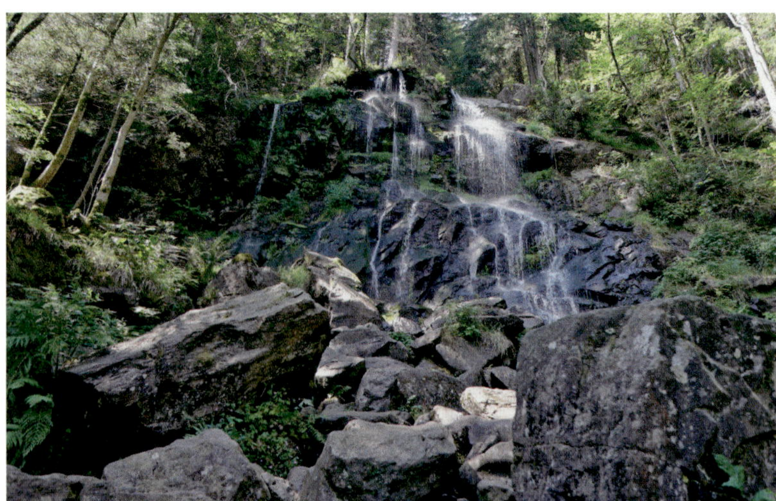
Der Hirschbach-Wasserfall.

FURTWANGEN – SCHNABELSTAL

Von der Uhrenstadt durchs Schnabelstal und Bregtal

  9 km 3:00 h 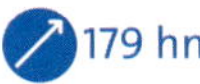 179 hm 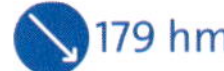 179 hm  885

START | Furtwangen, Am Stadion, Salomon-Siedele-Straße; alternativ: Festhalle, Friedrichstraße.
[GPS: UTM Zone 32 x: 439.900 m y: 5.321.460 m]
CHARAKTER | Forst- und Waldwege, asphaltierte Nebensträßchen und Gehwege.

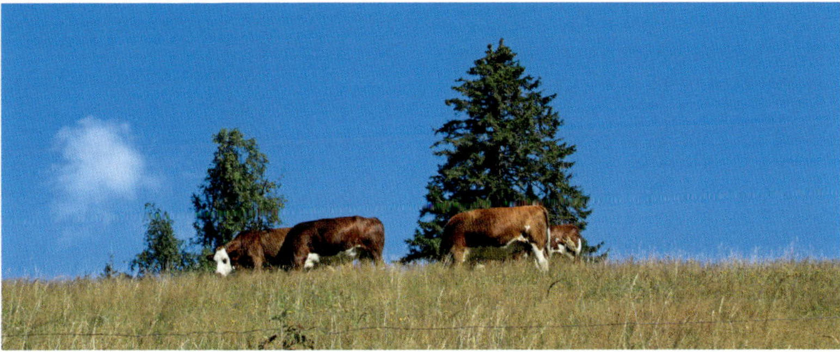

Eine Landschaft zum Wohlfühlen.

Vom **Stadion** 01 in Furtwangen wandern wir hoch zur Straße und links an Sport- und Tennisplätzen vorbei aus Furtwangen hinaus. Ein kurzes Stück entlang der Straße biegen wir bei der **Haltestelle Sägenhof** 02 links ab ins Schnabeltal. Vor dem Sägehof schwenken wir mit dem Sträßchen nach rechts, passieren mehrere Gebäude, der Weg steigt leicht an und der Asphalt hört auf. Bei einem Bauernhof macht der Weg eine scharfe Rechtskurve, wir biegen aber links ab und gehen auf einem neu angelegten Kiesweg geradeaus hoch.

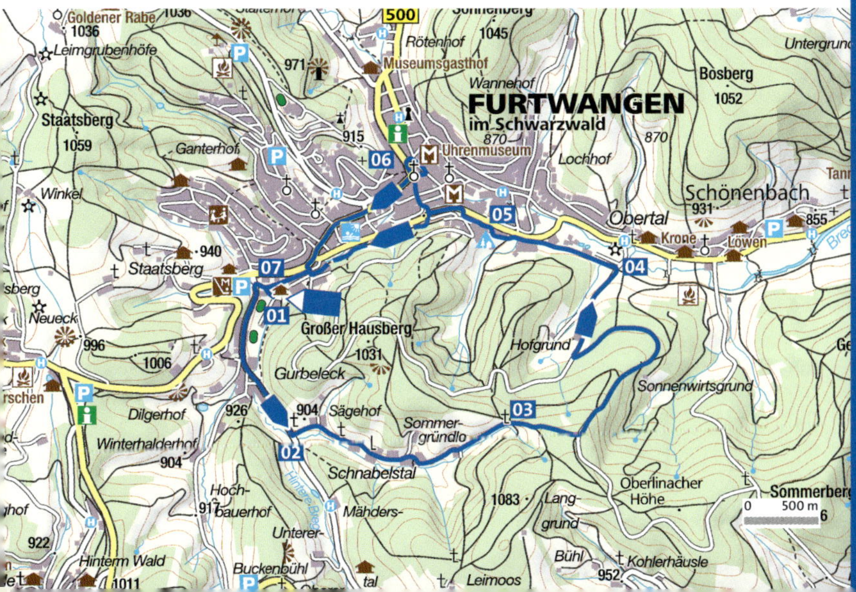

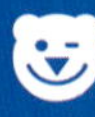
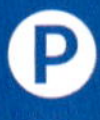
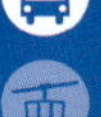

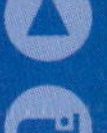
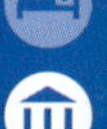

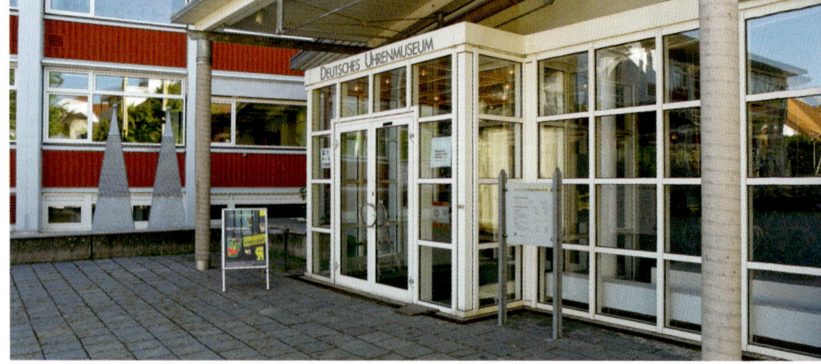

Eingang zum Deutschen Uhrenmuseum in Furtwangen.

Knapp 500 m später stoßen wir oben auf ein Kreuz und eine Verzweigung. Die Markierung zeigt halbrechts weiter hoch, es tauchen Bäume auf und wir marschieren am Waldrand entlang zur Pos. **Beim Schnabelskreuz 03**. Nur noch leicht ansteigend schwenken wir bei der nächsten Verzweigung nach links und folgen der Beschilderung Richtung Obertal. Der breite Forstweg fällt ab und nach einer weiten Linkskehre, unterwegs ignorieren wir eine Spitzkehren-Abzweigung nach rechts, verlassen wir den Wald und treffen bei Bauernhäuser auf eine Verzweigung. In einer scharfen Rechtskurve gehen wir am oberen Hof vorbei, leicht bergab, nun wieder auf Asphalt.

Vor einem Firmengebäude biegen wir die erste Möglichkeit links ab in die **Straße Am Nigenhirschwald 04** und wandern auf einem geplättelten Gehweg entlang der Straße. Wir überqueren eine Zufahrtsstraße zur B500, der Weg steigt an und verläuft an einem Geländer entlang oberhalb der Straße. Dann geht es wieder hinab zum Gehweg neben der **Martin-Schmitt-Straße 05**.

Wir überqueren die Straße und biegen rechts in die Bahnhofstraße ein. Nach einem Abstecher zum Deutschen Uhrenmuseum gelangen wir über die Lindenstraße zum **Marktplatz 06** und in die Ortsmitte von Furtwangen. Der Rückweg verläuft entlang der Wilhelmstraße und der Bregstraße, die wir nach links verlassen und dann rechtshaltend auf der **Carl-Diem-Straße 07** zurück zum Parkplatz beim Bregstadion gehen.

Alternativ können wir – wenn wir die Stadtmitte umgehen wollen – statt in die Bahnhofsstraße einzubiegen, links der Martin-Schmitt-Straße folgen, auf einem Schotter- und Waldweg, der etwas oberhalb der Straße verläuft. Hier ist auch der Schwarzwald-Mittelweg ausgeschildert. Bei der Pos. Döbele stoßen wir dann rechts wieder auf die Carl-Diem-Straße, die uns zurück zum **Ausgangspunkt 01** bringt.

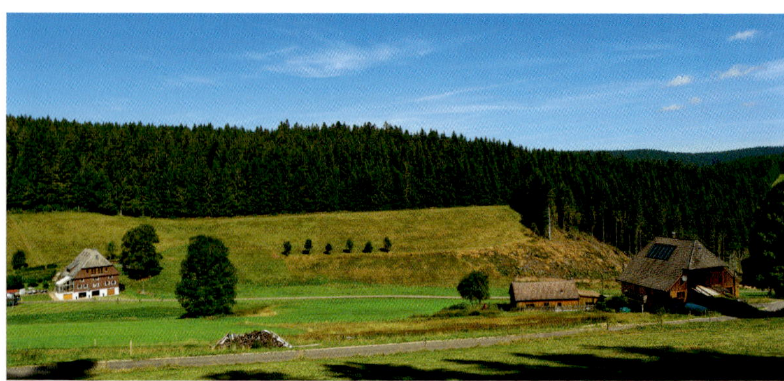
Schwarzwaldhöfe im Schnabelstal bei Furtwangen.

EISENBACHER PANORAMAWEG

Genusswandern im Hochschwarzwald

  10,25 km 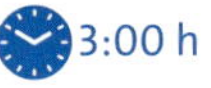 3:00 h 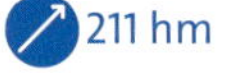 211 hm 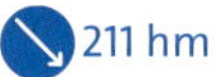 211 hm  893

START | Eisenbach, Wolfwinkelhalle, Bei der Kirche, großer Parkplatz. [GPS: UTM Zone 32 x: 445.000 m y: 5.311.970 m]
CHARAKTER | Wiesen- und Forstwege sowie schmale Waldpfade, kurz auf asphaltiertem Gehweg und Nebensträßchen, der Abstieg zum Rappenloch ist etwas verwachsen und manchmal feucht.

▶ Von der **Wolfwinkelhalle** 01 gehen wir auf dem Asphaltsträßchen bergab, vorbei an Rathaus und Kirche. Unterhalb der Kirche überqueren wir die Autostraße und folgen links den Markierungen nach Oberbränd. Abwärts über eine Wiese, überqueren wir einen Bach und steigen einen Wiesenhang hoch. Kurz vor einem Haus treffen wir rechts auf eine Bank und die Pos. **Rappenloch** 02. Wir halten uns rechts, folgen dem Schild nach Oberbränd und wandern leicht ansteigend am Waldrand entlang. Schöner Ausblick rechts hinüber nach Eisenbach.

Der breite, gekieste Weg steigt etwas steiler an, rechts unten ist die markante Straßenkurve zu sehen, und wir stoßen oben auf der Kuppe auf den Kehrdobelweg, dem wir rechts folgen in Richtung Häuser. Kurz vor den ersten Häusern erreichen wir die Pos. Höchst Waldrand, treffen auf ein Panoramaweg-Schild und folgen diesem nach links. Leicht abwärts gehend stoßen wir auf die Pos. **Harzer Häuser** 03 und wandern weiter auf dem markierten Panoramaweg. Wir bleiben etwas versetzt am Waldrand, rechts unten verläuft die Autostraße. Durch die Bäume hindurch hat man einen weiten Ausblick nach rechts.

Wir nähern uns der Straße an, rechts unten ist das Ortsschild von Oberbränd zu erkennen, bleiben aber ein paar Meter im Wald. Der breite Forstweg schwenkt in einer Linkskurve hoch (Spitzwald-

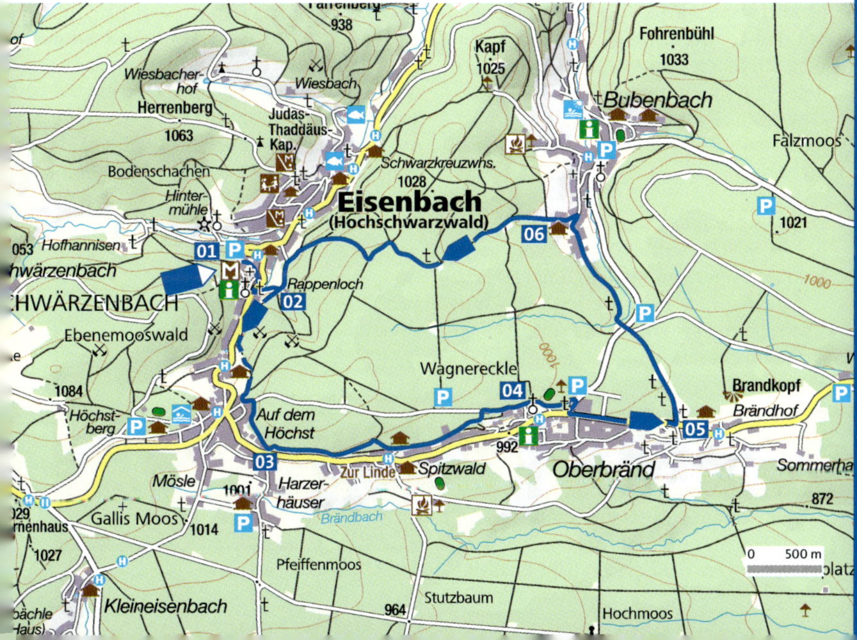

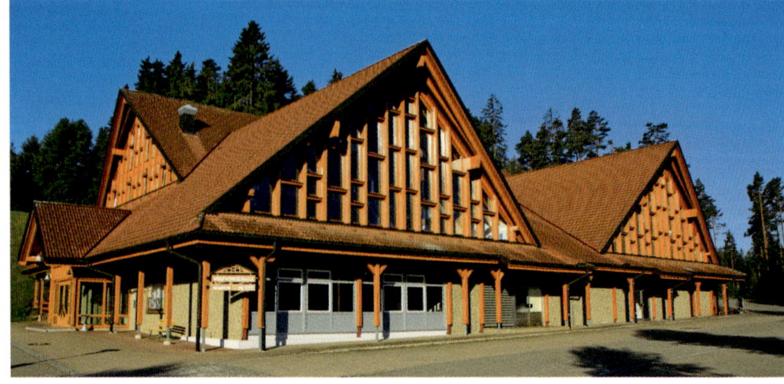

Wolfwinkelhalle in Eisenbach.

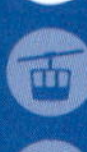

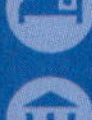
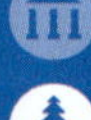

weg), wir biegen aber rechts ab (gelbe Raute), gehen leicht abwärts und verlassen wenig später den Wald. Bei der Pos. Alpenblick eröffnet sich ein herrliches Panorama.

Der Weg führt stärker in den Wald hinein, schwenkt nach links und trifft auf einen kreuzenden Forstweg (Brandplatz). Mit der gelben Raute halten wir uns rechts, erreichen am Waldrand wieder Häuser und auf Asphalt passieren wir die **Kirche** **04** und die Pos. Oberbränd-Waldrand.

Wir folgen links dem Waldweg bis zur Straße, schwenken kurz rechts und marschieren auf dem straßenbegleitenden Gehweg entlang der Oberbränder Straße. Nach der Fa. Tritschler verlassen wir den Gehweg, weichen links auf einen schmalen und wurzeligen Pfad in den Wald hinein und gelangen zur Pos. **Oberbränd-Forsthaus** **05**. Hier biegt links die geteerte Alte Bubenbacher Straße ab.

Das nur für land- und forstwirtschaftlichen Verkehr offene Sträßchen geht bald in einen Kiesweg über und verläuft anfangs am Waldrand entlang. Wir überqueren eine kreuzende Autostraße, wandern eine leicht ansteigende Rechtskehre hoch, dann geht es relativ flach durch schattigen Wald. Am Waldende treffen wir wieder auf Asphalt und Häuser, passieren die Pos. Gläserweg und folgen links hoch einem schmalen, asphaltierten Sträßchen (blaue Raute mit Weißstrich) Richtung Eisenbach. Nach wenigen Schritten taucht links die **Mönchhofmühle** **06** auf, wir kommen wieder in Wald und der Asphalt endet. Der breite Waldweg steigt zunächst leicht, dann stärker an, es wird schattig. Bei einer roten Sitzbank flacht der Weg ab (Glaserweg) und verläuft eben durch den Wald. Nach einem Marterl treffen wir auf die Pos. Sonnenwende, verlassen den Glaserweg und laufen auf einem schmalen Waldpfad in den Wald hinein (Sonnenwegle, gelbe Raute).

Der sehr „grüne" und teils etwas feuchte Weg fällt leicht ab, wir passieren ein Schild „Vorsicht Bogensport, Wege nicht verlassen!" – und gelangen wieder ans Waldende. Kurz am Waldrand entlang, und wir sind bei der Pos. Unteres Rappenloch. Auf dem ein paar Meter asphaltierten Rappenlochweg geht es entlang der Straße leicht berghoch zum Haus **Rappenloch** **02** und zur Verzweigung mit dem Hinweg. Nach rechts sind wir in wenigen Minuten wieder zurück am Ausgangspunkt bei der **Wolfwinkelhalle** **01**.

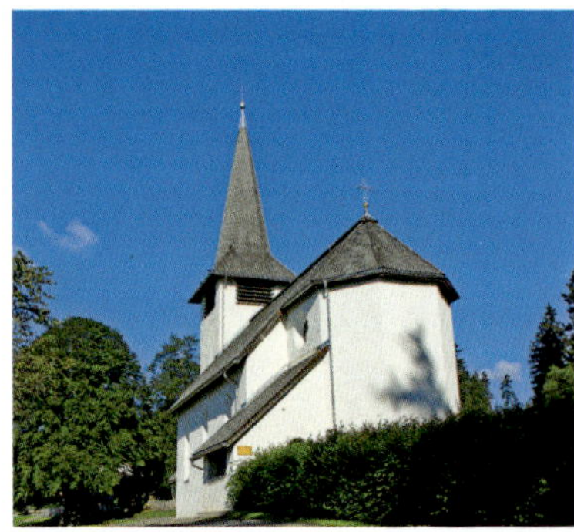

Die Kirche in Oberbränd.

ZÄHRINGER-HERZOGS-TOUR

Durch Weinland zum Stammsitz der Zähringer

  10,75 km 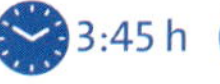 3:45 h 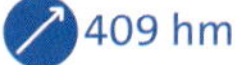 409 hm 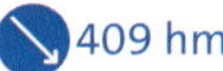 409 hm  884

START | Gundelfingen, Bahnhof, Rosenstraße; alternativ Parkplatz am Waldstadion, Weiherweg.
[GPS: UTM Zone 32 x: 416.060 m y: 5.321.720 m]
CHARAKTER | Wald- und Naturwege, kurze Asphaltpassagen und Nebensträßchen, streckenweise schöne Waldpfade.

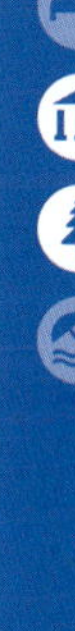

Abwechslungsreiche Rundwanderung durch Reben- und Waldgelände zu den Überresten des Zähringer Stammsitzes, mit herrlichen Ausblicken über die Breisgaumetropole Freiburg.

▶ Am **Bahnhof** in **Gundelfingen** 01 unterqueren wir die Bahn und folgen der Straße Glotterpfad. Bei der Verzweigung Sonnhalde bleiben wir geradeaus und biegen dann rechts in den Weiherweg ein. Vorbei am Parkplatz des Waldstadions und einem kleinen Park mit Spielplatz verlassen wir das Sträßchen und weichen links auf einen Naturpfad aus, der uns durch das Parkgelände leitet, parallel zur Straße.

Am Waldende erwartet uns ein herrliches Panorama und eine Verzweigung am **Rebberg** 02, an der wir scharf links abbiegen. Wir wandern den recht steil ansteigenden Weg, zwischen Waldrand und Weinreben, hoch, bis zu einer Kuppe, wo der Asphalt endet. Vorbei an einem überdachten Aussichtsplatz tauchen wir leicht abwärts wieder in Wald, stoßen auf eine Verzweigung und folgen der Markierung Leheneck (Oberer Schwarzlachenweg, rote Raute). Wir überqueren nochmals eine Kuppe und wandern hinab in offenes Gelände.

An der Pos. **Leheneck** 03 stoßen wir auf ein großes Wegkreuz (mit den Gemeindewappen von Gundelfingen, Wildtal und Heuweiler). Wir halten uns rechts, leicht abwärts, schwenken aber nach 100 m scharf links ab und wandern zum Waldrand. Der mit einer gelben Raute

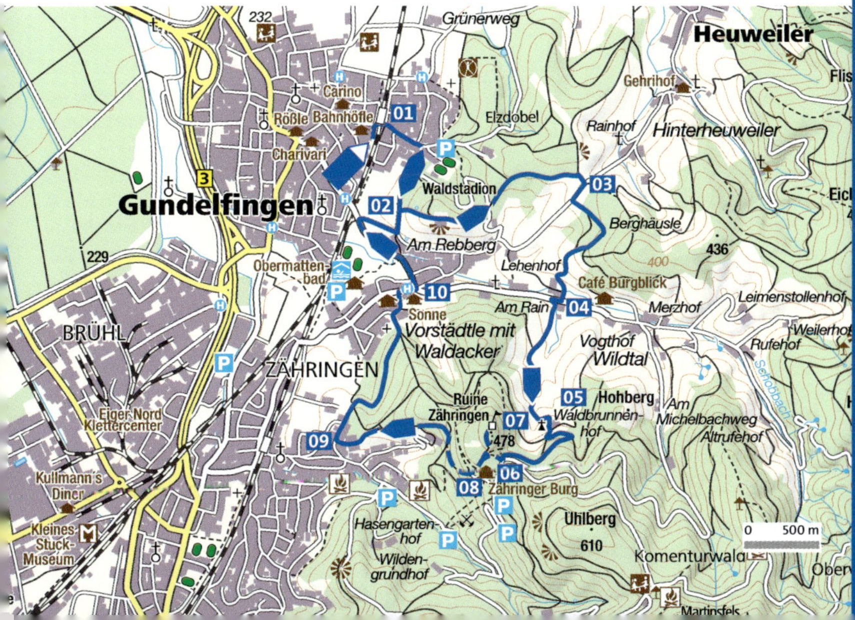

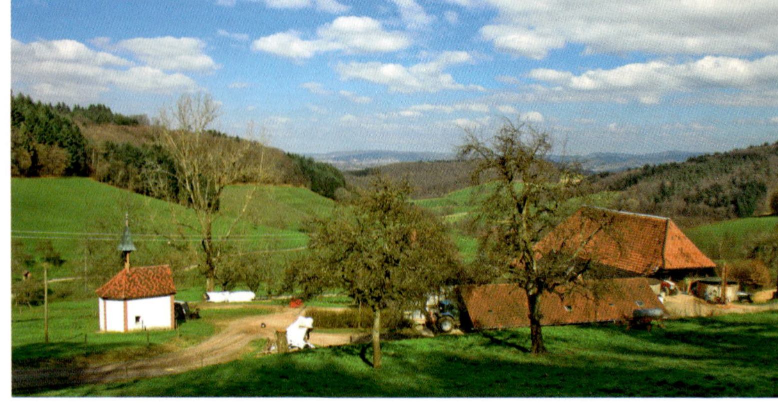

Blick über den Waldbrunnerhof und die Hofkapelle hinab ins Tal.

markierte Weg steigt anfangs leicht an, bringt uns zur Pos. Längenhart, wir halten uns rechts und der Weg fällt wieder ab. Nach einem steileren Abwärtsstück im Wald gelangen wir ins Freie und marschieren in Kehren bergab zur Autostraße (Pos. **Wildtal-Flammhof 04**). Kurz rechts, dann biegen wir bei der Pos. Schömperlehof links ab und wandern auf einem kurvenreichen Asphaltsträßchen durch aussichtsreiches Wiesengelände zum **Waldbrunnerhof 05** hoch. Grandioser Ausblick nach Freiburg. Vor dem Hof rechts, an der Hauskapelle vorbei, steigen wir zum Wald hoch und gehen auf dem nicht mehr asphaltierten Schlossholdenweg rechts am Waldrand entlang.

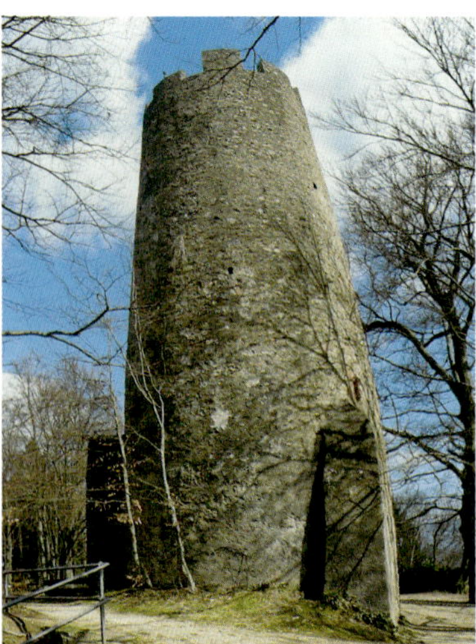

Der zinnengekrönte Turm der Zähringer Burgruine.

Wir erreichen auf einer Kuppe mehrere Gebäude, die Pos. **Schlosshäuser Nord 06**, schwenken vor den Häusern mit der gelben Raute nach rechts und gehen auf einem leicht ansteigenden Naturweg wieder in den Wald hinein und steigen dann zum **Turm der ehem. Zähringer Burg 07** hoch. Von der Aussichtsplattform genießt man einen wunderbaren Rundumblick.

Wir gehen ein Stück zurück und folgen dann dem Weg zum **Gasthaus Zähringer Burg 08**. Rechts hinab führt der Kohlerweg, dem wir bis zu einer Verzweigung folgen, wo wir rechts abbiegen in Richtung Wildtal. Es geht weiter bergab, durch Wald und am Waldrand entlang, der Weg wird schmäler und wir stoßen auf die **Straße Vordere Poche 09**. Wir schwenken rechts, der Asphalt endet bald und der Wildtalweg, zunächst am Waldrand entlang, führt uns wieder in den Wald hinein. Leicht abwärts, vorbei an einer Abzweigung, die rechts hoch zur Zähringer Burg ausgeschildert ist, gelangen wir zur Station Friedhof Wildtal und am Gasthaus Kandelblick vorbei zur Pos. **Wildtal Dorfbrunnen 10**. Auf dem Gehweg entlang der Straße wandern wir Richtung Waldstadion, nach den letzten Häusern können wir rechts über eine Wiese den Weg abkürzen und sind kurz darauf bei der Abzweigung am Rebberg, wo wir auf den Hinweg treffen.

Auf bekanntem Weg am Waldstadion vorbei zurück zum **Bahnhof Gundelfingen 01**.

MERZHAUSER HEXENTALWEG

Erlebnis-Rundwanderung im Süden von Freiburg

  17 km  5:30 h 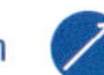 373 hm 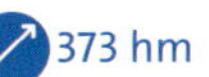 373 hm  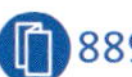 889

START | Merzhausen, Friedhofweg, Parkplatz beim Bürgerbad. [GPS: UTM Zone 32 x: 412.200 m y: 5.313.250 m]
CHARAKTER | Wald-, Landwirtschafts- und Forstwege, kurze Pfadpassagen; in den Orten asphaltierte Gehwege und Nebensträßchen.

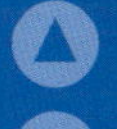
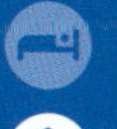

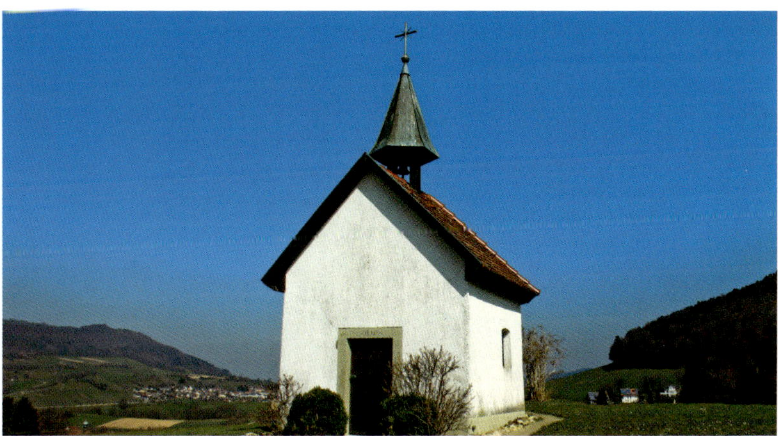

Die aussichtsreich gelegene Salenbergkapelle.

Von Au bis Bollschweil ist der Hexentalweg als Erlebnispfad angelegt und der Rückweg verläuft streckenweise auf dem aussichtsreichen Bettlerpfad, einem historischen Wanderweg von Merzhausen nach Badenweiler. Eine abwechslungsreiche Runde durch alte Schwarzwalddörfer, Wälder, Streuobstwiesen und Weinreben.

▶ Vom **Hallenbad** in **Merzhausen** 01 gehen wir den Friedhofsweg vor zur Dorfstraße, halten uns links, passieren das Kultur- und Bürgerhaus (Forum), überqueren einen kleinen Bach und folgen rechts der Hexentalstraße. Nach wenigen Metern überqueren wir sie und biegen links ab in den Mühleweg, ein asphaltiertes Sträßchen, das zwischen Häusern hindurch leicht ansteigend zur Pos. **Merzhausen Sportplatz** 02 und weiter (gelbe Raute) nach Au führt.

Wir folgen dem nicht asphaltierten, schmalen Elmar-Binzenhofer-Weg am Bach entlang bis ans Ende. Dort stoßen wir auf die Straße Am Dorfbach, folgen ihr nach rechts, überqueren eine Vorfahrtsstraße und bleiben weiter am Bach entlang (Schützenhausweg). Der gepflasterte Weg steigt leicht an, verlässt den Bach, wir wandern am Herbert-Frank-Schützenhaus vorbei und treffen auf eine Schranke. Der Asphalt hört auf, es wird steiler und der Weg führt in den Wald hoch. Wir erreichen einen kleinen Rastplatz und kurz darauf ein Asphaltsträßchen. Herrlicher Ausblick nach Freiburg. Auf einer Kuppe stoßen wir auf die Gebäude der Klinik Stöckenhöfe, passieren sie und marschieren auf dem ansteigenden Bitzighofenweg (mit gepflasterten Fahrspuren) zur Pos. **Stöckenhöfen** 03 hoch.

Am Ende der Fahrspuren, bei einem großen Kreuz, zweigt unser Weg links ab. Der nicht asphaltierte Weg (Sägeloch) steigt steiler an und bringt uns zur Pos. Bi de Sandgrub. Der Hexentalrundweg

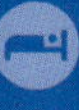

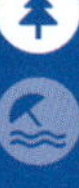

ist nach links hoch ausgeschildert, verläuft weiter auf dem Weg Sägelöch, über freies Wiesengelände leicht bergab am Hang entlang. Schöner Ausblick rechts hinab ins Tal und nach Wittnau. Wir erreichen wieder Wald und folgen dem Auf und Ab des Weges, entlang eines Bächleins, den wir dann nach rechts überqueren und auf dem Bergschlossweg (Erlebnispfad Hexental, gelbe Raute) im Wald weiter ansteigen. Nach einem steileren Anstieg treffen wir auf eine kreuzende Forststraße und folgen ihr links abwärts zur Pos. Bi de Rinn. Rechtshaltend, dann bei der nächsten Verzweigung links hoch, erreichen wir das **Schützenhaus** 04. Auf einem herrlichen Aussichtspfad wandern wir am Waldrand entlang weiter, folgen einer kreuzenden Forststraße bergab zur Pos. Dirlerrain. Wir schwenken rechts weiter bergab, sind nach 20 m auf Asphalt und bei den ersten Häusern, Pos. Sölden, **Bürglestraße** 05. Wir biegen links ab in den Mühleweg und dann vor einem Wanderparkplatz rechts Richtung Rötteberg. Am Waldrand entlang geht es auf einem nicht asphaltierten Waldweg leicht ansteigend hoch. Bald sehen wir die Spitze der Kapelle vor uns und auf der Hochebene eröffnet sich ein grandioses Panorama, mit Blick bis zum Freiburger Münster. Nach links ist hier ein Sagenpfad ausgeschildert.

Unterhalb der **Salenbergkapelle** 06 gehen wir auf dem Salenbergweg nach links zum Waldrand, an Skulpturen des Sagenwegs entlang, und wandern mit dem Rütibuckweg rechts abwärts in den Wald. Wir treffen auf die Autostraße, überqueren sie und folgen ihr links. Bei einem kleinen Parkplatz verlassen wir den Rad-/Gehweg und weichen rechts auf einen Waldweg aus. Am Ortsschild Bollschweil folgen wir der Hexentalstraße abwärts, schwenken rechts in die General-von-Holzing-Straße, passieren die Pos. **Kindergarten** 07 und gehen rechts in den Ölbergweg; ab hier folgen wir dem historischen Bettlerpfad.

An Friedhof und Sportgelände vorbei, erreichen wir den Waldrand, der Asphalt hört auf, und kurz darauf taucht links die **Mariengrotte** 08 auf. Der breite Forstweg leitet uns, in leichtem Auf und Ab und abwechselnd auf Asphalt und Kies, über **Gaisbühl** 09 und **Wittnau** 10 nach **Au** 11.

Bei der Adlerburg halten wir uns rechts und folgen dem asphaltierten Sträßchen bergab, um nach wenigen Metern links in den Naturweg Am Mainrain abzubiegen. Schöner Blick zum Tuniberg und in Richtung Freiburg. Am Hang entlang wandern wir abwärts zu den Häusern, gelangen über die Weberstraße zur Friedhofsstraße, die uns vor dem Forum nach links zurück zum **Ausgangspunkt** 01 leitet.

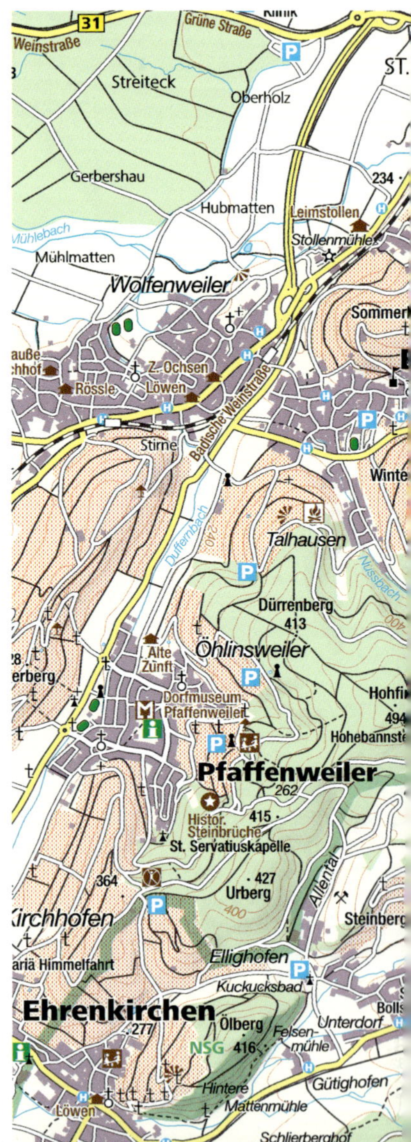

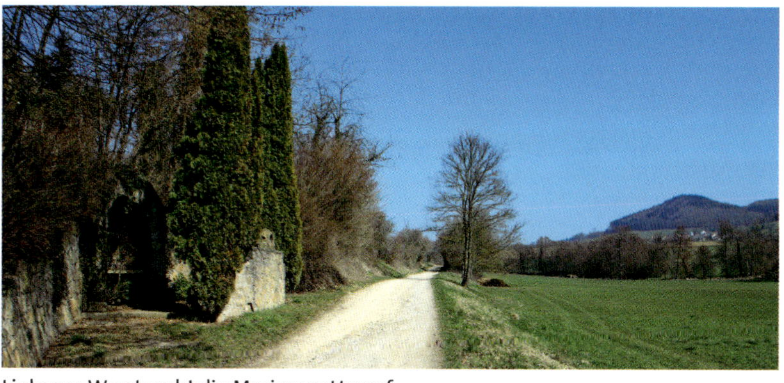

Links am Weg taucht die Mariengrotte auf.

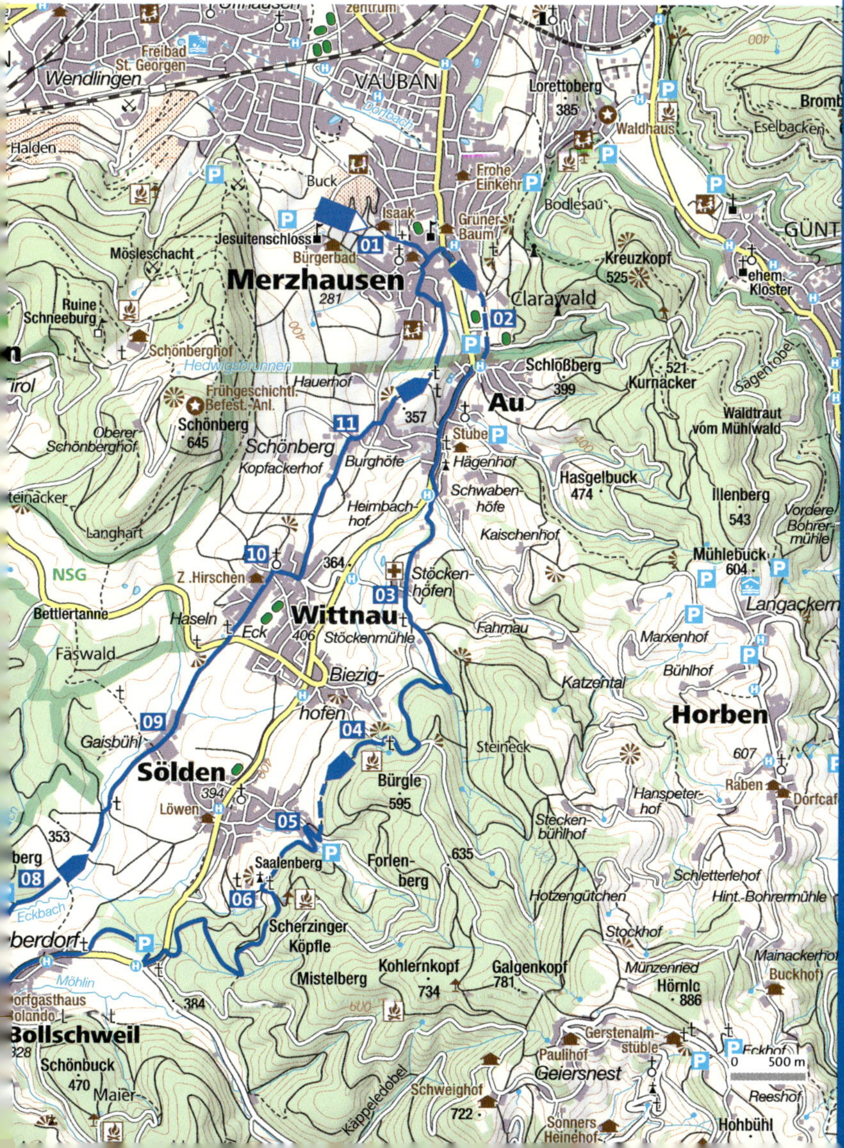

78

SCHAUINSLAND-GIPFELRUNDWEG

Museumsbergwerk, Bergbauernmuseum, Engländerdenkmal, Eugen-Keidel-Turm

 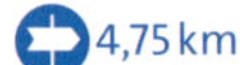 4,75 km 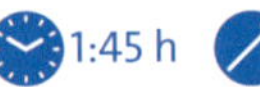 1:45 h 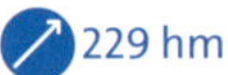 229 hm 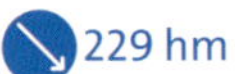 229 hm 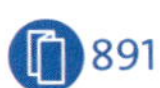 891

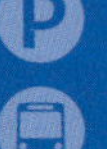
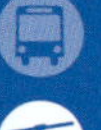

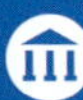

START | Bergstation Schauinslandbahn, Parken an der Talstation. [GPS: UTM Zone 32 x: 415.250 m y: 5.309.870 m]
CHARAKTER | Breiter Wanderweg im Gipfelbereich, schmale, teils steilere und kehrenreiche Pfade zum Schniederlihof hinab und hinauf zum Engländerdenkmal.

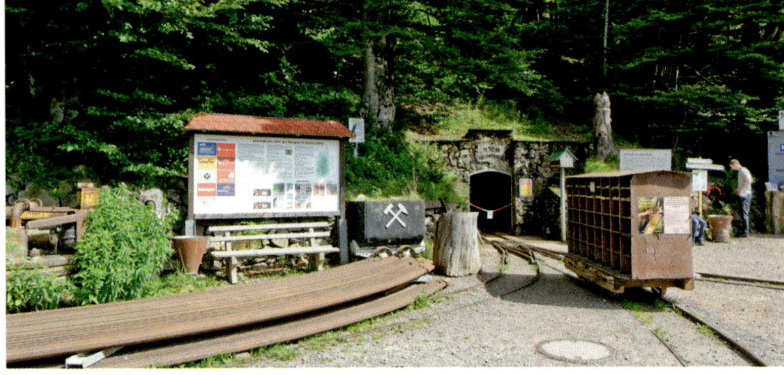

Eingang des Museumbergwerks.

Der Schauinsland kann auf eine lange Bergbaugeschichte zurückblicken, über 700 Jahre wurde Silber, Blei und Zink abgebaut; erst 1954 wurde der Abbau eingestellt. Ein Teil des ehem. Bergwerks wird heute als Aufbewahrungsort für Archivalien der Bundesrepublik benutzt, ein Teil ist als Museumsbergwerk der Öffentlichkeit zugänglich und im Rahmen von Führungen zu besichtigen.

▶ Von der **Bergstation** der **Schauinslandbahn** 01 schlendern wir auf dem Asphaltsträßchen bergab zum Parkplatz und einer großen Infotafel. Hier ist ein Erzkasten-Rundweg ausgeschildert und es stehen einige Relikte der Bergbauzeit herum.

Wir folgen der Markierung in Richtung Museumsbergwerk zunächst auf Asphalt, biegen aber bald rechts ab auf einen breiten gekiesten Weg, der leicht abwärts in den Wald führt. An mächtigen Laubbäumen vorbei, die schöne Ausblicke nach rechts hinab ins Tal und hinüber nach Hofsgrund ermöglichen, erreichen wir eine Lichtung und den Eingang zum **Museumsbergwerk** 02. Geradeaus weiter gelangen wir wieder in den Wald, und vorbei an Schienen und alten Loren fällt der schmäler werdende Pfad ab. Nach einer scharfen Rechtskehre geht es auf einem schottrigen Pfad ordentlich steil durch niederes Gebüsch bergab. Wir folgen bei einer Verzweigung der Markierung nach links, passieren die Abzweigung, die links hoch zum Engländerdenkmal führt, und halten uns rechts abwärts in Richtung Schniederlihof, der links unter uns liegt.

Vorbei an der Pos. Gegentrum Wassertretstelle knicken wir bei der nächsten Verzweigung scharf links ab und wandern zum **Bauernhausmuseum Schniederlihof** 03 hinüber. Nach dem Schniederlihus unterqueren wir zweimal einen Skilift und folgen bei der Verzweigung links dem Kräutererlebnisweg in Rich-

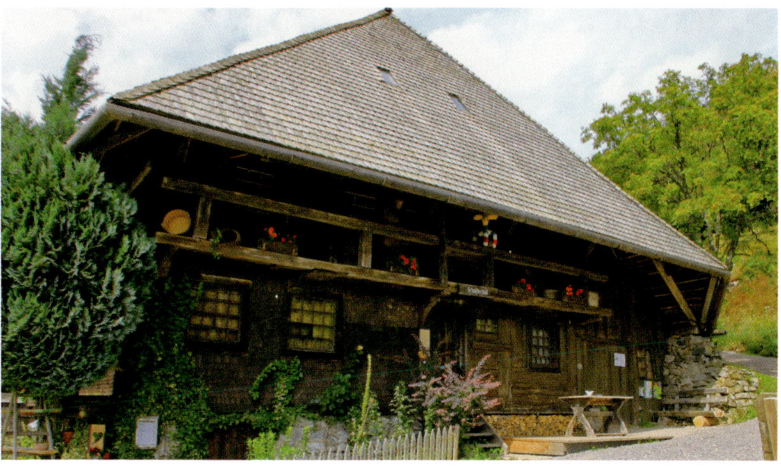

Das Bauernhausmuseum Schniederlihof.

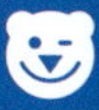
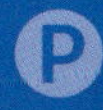
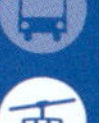
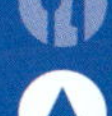

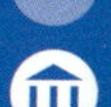

tung Engländerdenkmal. Der rechte Weg führt hinab zum Steinwasenpark. Wir traversieren, stetig ansteigend, auf dem grasigen Pfad am Hang entlang, mit wunderbarer Aussicht nach rechts. Nach einer Baumgruppe schwenken wir scharf links ab und steigen über den freien Wiesenhang zum schon sichtbaren **Engländerdenkmal** 04 an.

Die letzten Meter nach einer Linkskehre verlaufen fast eben, dann ist das auffällige Mahnmal, das an fünf Jugendliche aus England erinnert, die 1936 hier in einen Schneesturm geraten und umgekommen sind, erreicht. Ein paar Meter oberhalb des Denkmals geht links ein Weg ab zum Museumsbergwerk, wir steigen aber geradeaus über einen Grasweg in Richtung Schauinslandgipfel, treffen auf einen breiteren Pfad und folgen ihm hoch zu einem Asphaltsträßchen und zur Pos. **Sonnenobservatorium** 05. Wir folgen links dem breiten Kiesweg zu einer interessanten **Kopfskulptur** 06, die mit einer Sitzbank auf der Rückseite einen wunderbaren Blick zum Feldberg erlaubt. Weiter leicht ansteigend führt uns der aussichtsreiche Skulpturenweg zum **Schauinslandturm** 07 hoch.

Über breite Stufen gehen wir zum Panoramaweg hinab und wandern gemütlich abwärts zur Bergstation der Schauinslandbahn. Kurz vor der Bergstation können wir den breiten Weg nach rechts verlassen und über steilere Stufen die letzte Wegkehre zur **Bergstation** 01 etwas abkürzen.

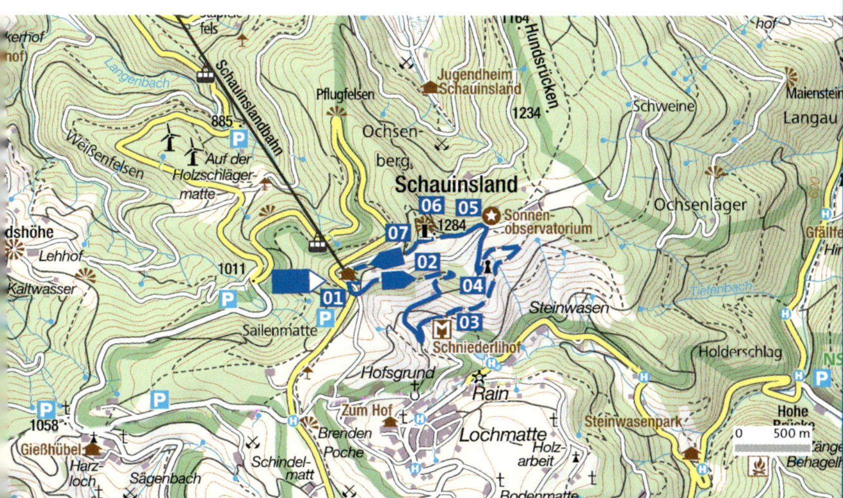

BURG STAUFEN

Zwischen Rheinebene und Schwarzwald

 6,5 km 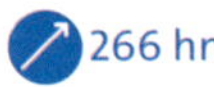2:15 h 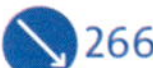266 hm 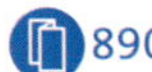266 hm 890

START | Staufen, Am Schießrain, Parkplatz.
[GPS: UTM Zone 32 x: 405.130 m y: 5.303.640 m]
CHARAKTER | Wander- und Waldwege, streckenweise asphaltierte Nebensträßchen, ab dem Schützenplatz schmalere Pfade, nach dem Messerschmiedfelsen etwas steiler und kehrenreich bergab.

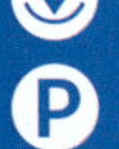

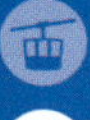

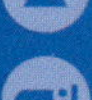
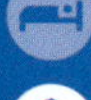

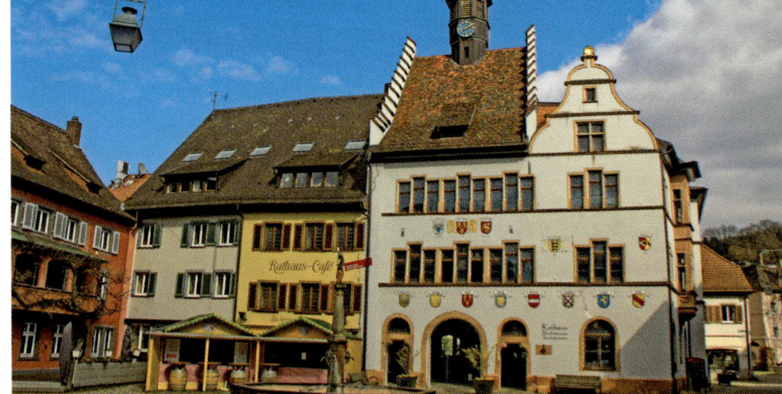

Marktplatz mit Rathaus und Tourist-Info in Staufen.

Staufen liegt an der Grenzlinie zwischen der Rheinebene und dem Schwarzwald und bildet den Endpunkt des Münstertals und des Markgräflerlandes. Von der Burg Staufen lassen sich diese ganz unterschiedlichen Landschaftsformen und Naturräume eindrucksvoll erkennen und erleben.

▶ Vom **Parkplatz Am Schießplatz** 01 wandern wir über die Schladererstraße und die Auf-dem-Rempart-Straße in die Kirchstraße und zum Marktplatz. Nach rechts erreichen wir auf der Hauptstraße die Pos. **Station Staufen Post** 02, wo sich uns ein schöner Blick nach rechts hoch über die Weinberge zur Burg Staufen bietet.

Wir biegen rechts in die schmale, asphaltierte Sixtgasse ein, stoßen auf die Schlossgasse und folgen ihr links weiter ansteigend hoch, ein aussichtsreiches, asphaltiertes Weglein, das sich durch die Weinhänge in Kehren zur Burgruine hochschlängelt. Wir passieren den Panoramaweg (von dem aus aber kein Zugang zur Burg möglich ist!), stoßen auf eine Verzweigung bei der Pos. **Krautäcker** 03 (Granitdenkmal) und marschieren links weiter hoch zur **Burgruine Staufen** 04. Über eine schmale, steile Treppe ist der Turm zu besteigen und belohnt uns mit einer fantastischen Panoramaaussicht. Zurück beim Denkmal, halten wir uns nun links. Das asphaltierte Sträßlein verläuft aussichtsreich durch die Reben (gelbe Raute). Der Asphalt endet und über den Prof.-Kurt-Lehmann-Weg gelangen wir zur Pos. Bettlerpfad, halten uns links an der Straße entlang und biegen dann

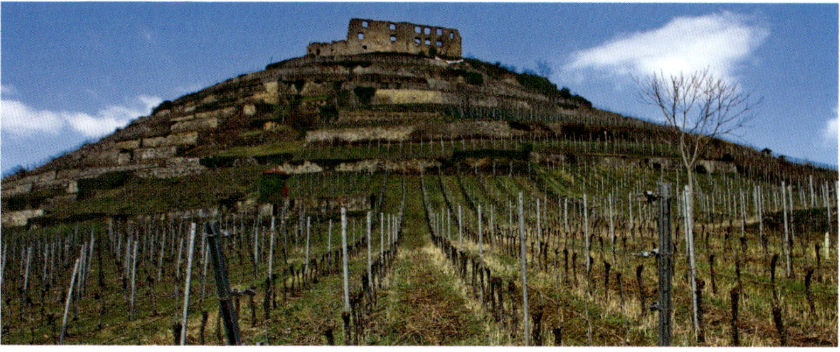

Burg Staufen.

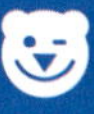
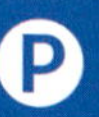
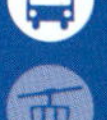

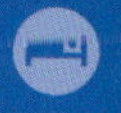

rechts in den Erhart-Kästner-Weg ab. Das schmale Asphaltsträßchen führt leicht ansteigend hoch in den Wald, ein kleiner Bach taucht rechts auf, und wir treffen auf das **Jägerhäusle** 05. Wir wandern geradeaus weiter, der Asphalt endet, wir überqueren den Bachlauf und steigen in einer scharfen Rechtskurve an.

Nach einer Linkskehre geht es weniger steil durch hohe Bäume hindurch, wir stoßen auf einen kreuzenden Pfad, dem wir nach rechts folgen. Der schmale Waldpfad fällt leicht ab und bringt uns zur Pos. **Schützenplatz** 06, einer überdachten Grillstelle mit Tischen und Bänken. Hinter der Hütte wenden wir uns nach links und folgen dem schmalen Pfad Richtung Kapelle. Ein sehr interessanter Weg am Waldhang entlang, flankiert mit vielen Info- und geistreichen Texttafeln, leitet uns zur **St. Johanniskapelle** 07.

Wir umrunden die Kapelle und kurven, mit manchem Blick durch die lichten Bäume zur Ruine, auf schmalem Pfad zunächst leicht abwärts zur Verzweigung bei der Pos. Im Eichenwald und zum markierten **Messerschmiedfelsen** 08, einer herrlichen Aussichtsposition mit Geländer, Bank und einer kleinen Figur der heiligen Barbara, der Schutzpatronin der Bergleute.

Kurz zurück zur Verzweigung und nun recht steil und kehrenreich den Waldhang hinab, über die Albert-Hugard-Straße, die rechts zum nahen **Felsenkeller** 09 führt, hinüber und auf der Straße Am Schießrain zurück zum Ausgangspunkt **Parkplatz Am Schießplatz** 01.

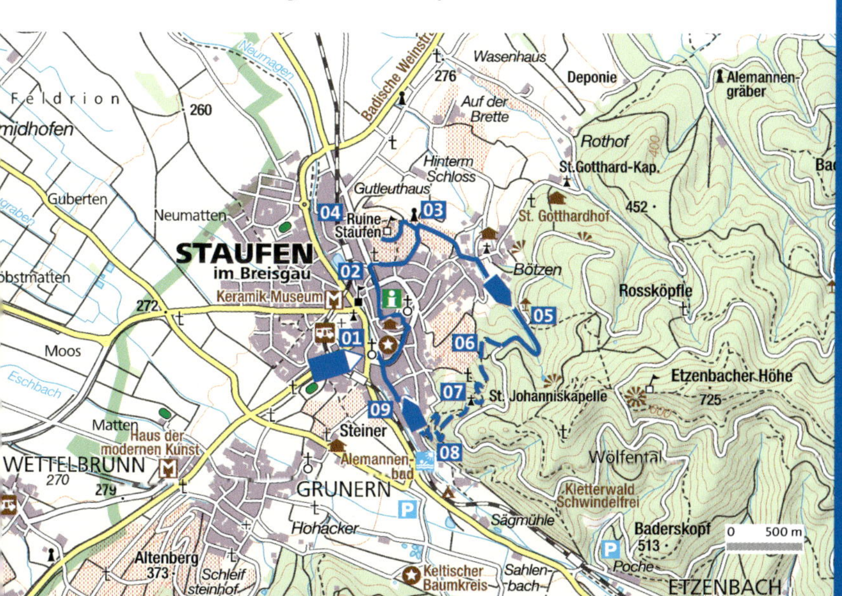

KÄLBELESCHEUER – NONNENMATTWEIHER

Gemütliche Einkehrtour im Münstertal

 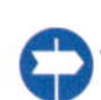 10 km  3:15 h 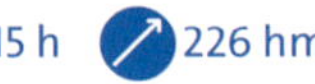 226 hm  226 hm  890

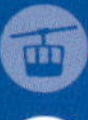

START | Parkplatz Kreuzweg, Sirnitzsattel, L131.
[GPS: UTM Zone 32 x: 408.500 m y: 5.294.800 m]
CHARAKTER | Wald- und Wiesenwege, streckenweise schmälerer, teils wurzeliger Pfad, der zwischen Kälbelescheuer und Haldenhof auch felsigere Passagen aufweist, aber insgesamt gut begehbar.

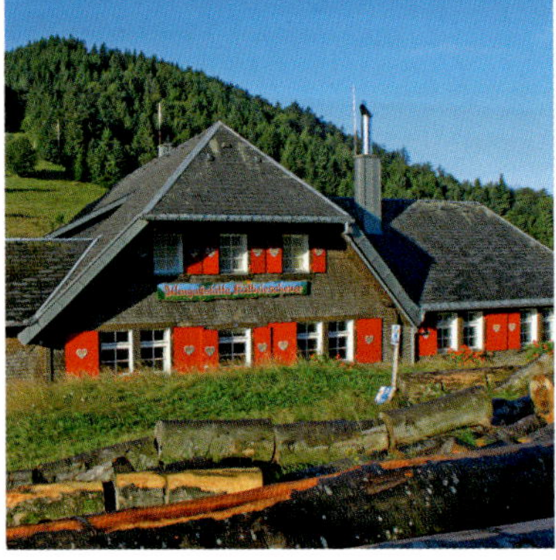

An der Kälbelescheuer.

Der Nonnenmattweiher ist als Naturschutzgebiet ausgewiesen, umfasst den gleichnamigen Karsee, das ihn umgebende Felsengelände und die vorgelagerten Moränenwälle, und ist Heimat und Lebensraum etlicher seltener Tier- und Pflanzenarten.

▶ Vom aussichtsreichen **Parkplatz Kreuzweg** 01 überqueren wir die Passstraße und gehen auf einem Naturweg am Skihäuschen vorbei hoch in den Wald (gelbe Raute). Der breite Weg wird bald flach, und der relativ lichte Wald bietet schöne Aussicht nach rechts. Bald ist rechts unten auch die Kälbelescheuer zu erkennen. Über freie Wiesenlichtungen und am Waldhang entlang kurven wir hinab zur Kälbelescheuer. Weit hinten am Horizont ist der Rhein zu sehen. Vor der **Kälbelescheuer** 02 geht es scharf rechts ab in Richtung Haldenhof. Durch ein Holztor wandern wir auf schmalem Wiesenpfad an einer Baumreihe entlang zum Wald, dort fällt der zunächst flache Weg etwas ab und wir überqueren nach einer scharfen Linkskehre einen kleinen Bach. Es wird steiniger, Felsen säumen den Weg, und nach einer Infotafel „Was schadet dem Wald?“ endet der breite Waldweg und wir folgen rechts einem schmaleren, teils wurzeligen Pfad (Mark. Haldenhof). In leichtem Auf und Ab, mit einigen felsigeren Passagen, geht es stärker in den Wald hinein.

Wir passieren eine Unterstandshütte und eine etwas ausgesetztere, mit Holzbrettern ausgestattete Stelle, erreichen das Waldende und haben bei einer wunderbaren Aussichtsstelle Blickkontakt hinüber zum Haldenhaus.

Der Weg fällt wieder ab, wird schmaler und führt uns an Felsen vorbei zu einer steilen Felswand, die sich rechts hochzieht. Wir traversieren in einer großen Linkskurve am Hang entlang, sehen links unten die Autostraße, die wir dann am Waldende erreichen und gelangen links nach wenigen Metern zur Pos. **Haldenhof** 03.

Wir marschieren das Asphaltsträßchen hinab nach Hinterheubronn, vorbei an einer Abzweigung rechts zur Fischerhütte, folgen der blauen Raute und dem unten in der Straßenkurve nach rechts abzweigenden und steiler ansteigenden zunächst asphaltierten Weg Richtung Nonnenmattweiher. Wenig später endet der Asphalt, es wird flacher, und der aussichtsreiche Landwirtschaftsweg führt uns in den Wald hinein und steigt stärker an. Wir erreichen die Pos. **Sägewald** 04 und wandern geradeaus weiter

Richtung Fischerhütte/Nonnenmattweiher und ans Waldende. Ein schöner, aussichtsreicher Grasweg führt leicht bergab, zwischen Viehweiden hindurch über ein herrlich offenes Wiesengelände. Links oben ist schön der Belchengipfel und das Belchenhaus zu sehen.

Vorbei an der **Gaststätte Fischerhütte** 05 schlendern wir auf einem breiten, gekiesten Fahrweg vor zum nahen **Nonnenmattweiher** 06. Wir halten uns links, gehen am Ufer entlang und in einer Rechtskehre durch lichten Wald leicht ansteigend zur Pos. **Althütte** 07. Dort schwenken wir nach links und folgen dem Forstweg am Waldrand entlang. Weit vor uns sieht man oben schon den Parkplatz Kreuzweg.

Bei einer Wegteilung biegen wir links ab, an einer hinter Büschen versteckten Gelbmarkierung, und marschieren auf einem breiten, leicht ansteigenden Forstweg durch ein relativ offenes Gelände zum Waldrand und an ihm entlang zum Ausgangspunkt beim **Parkplatz Kreuzweg** 01 zurück.

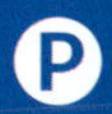

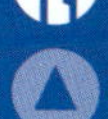

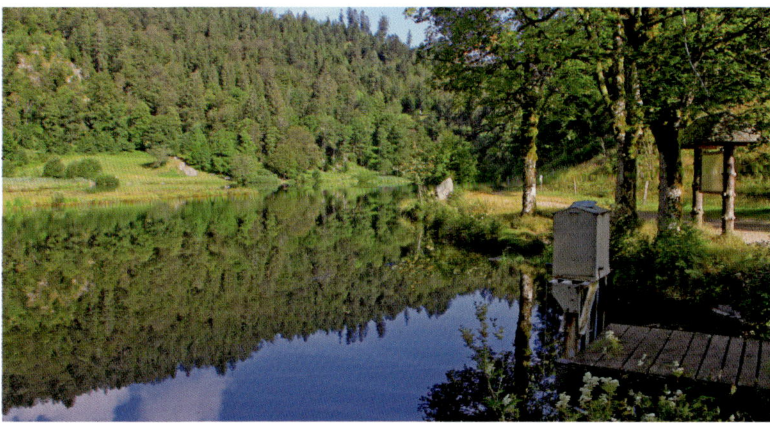

Am Nonnenmattweiher.

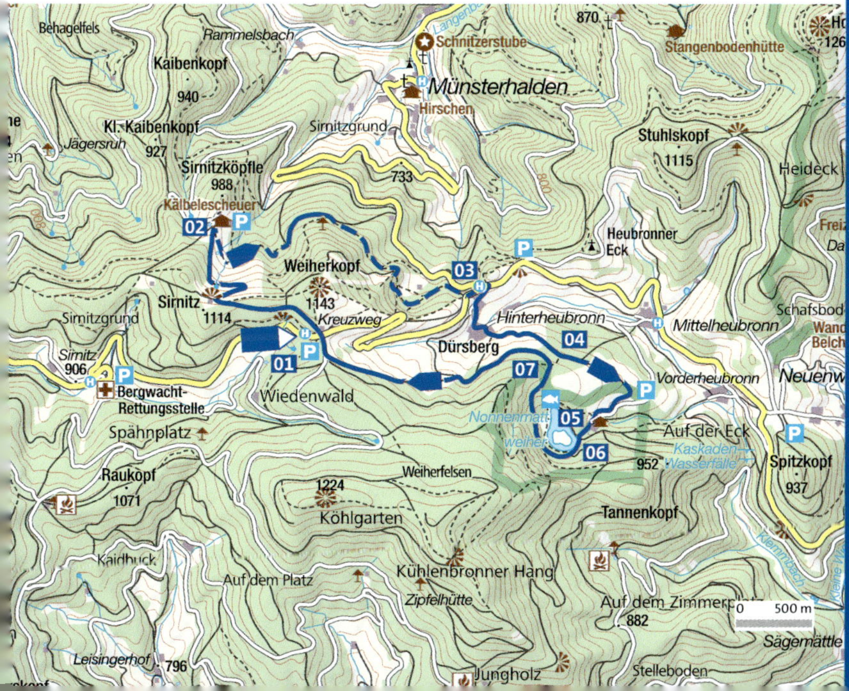

81

STÜBENWASEN • 1386 m

Ski- und Wanderberg mit der längsten Panoramaliege der Welt

 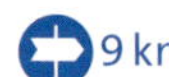 9 km  3:00 h 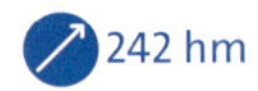 242 hm 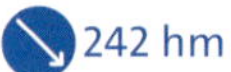 242 hm 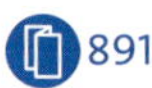 891

START | Todtnauberg, Radschert, Wanderparkplatz.
[GPS: UTM Zone 32 x: 420.680 m y: 5.301.200 m]
CHARAKTER | Überwiegend breite Forst- und Wiesenwege, kurze Wiesenpfade.

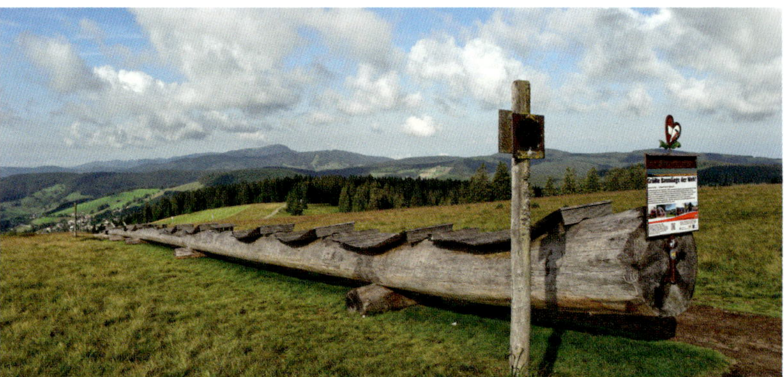

Die 44 m lange Baumliege mit Panoramablick.

Der waldfreie Stübenwasen gehört zu den höchsten Schwarzwaldgipfeln und seine Hochflächen sind im Sommer ein beliebtes Wander- und im Winter ein vielbesuchtes Skigebiet.

Wir starten vom **Wanderparkplatz Radschert** 01, oberhalb von Todtnauberg, gehen am Infohäuschen vorbei und folgen der blauen Raute auf einem leicht ansteigenden, breiten Weg in Richtung Jakobuskreuz. Mit herrlichem Alpenblick, vorbei an einer ausgefallenen Sitzgelegenheit, wandern wir durch das Wiesengelände hoch zur Pos. **Jakobuskreuz** 02. Etwas unterhalb können wir durch ein Fernrohr die Aussicht bis zum Mont Blanc genießen. Rechts zweigt der Heidegger-Rundweg ab, wir gehen geradeaus, an einem mächtigen Baum vorbei, und folgen dem Waldrand leicht ansteigend. Der stets leicht bergauf führende breite Kiesweg verläuft in Kehren durch ein Waldstück, das immer wieder Ausblicke nach rechts zulässt.

Am Waldende erreichen wir die **Kegelrieshütte** 03 und treten in freies Wiesengelände. Der Forstweg macht eine Rechtskehre, wir bleiben aber geradeaus, folgen dem ansteigenden Wiesenpfad, der uns direkt hoch zur längsten **Baumliege** 04 der Welt führt. Grandiose Fernsicht über Todtnauberg hinweg bis in die Alpen.

Wenige Meter oberhalb stoßen wir vor dem Stübenwasenkreuz auf einen Kiesweg. Nach rechts wandern wir ein paar Meter über den kahlen Bergrücken zum höchsten Punkt bei der Pos. **Stübenwasen** 05. Wieder zurück und am vergoldeten **Kreuz** 06 geradeaus, folgen wir dem herrlichen Höhenweg zunächst eben, dann leicht fallend zum Waldrand und weiter hinab zum **Gasthaus Stübenwasen** 07. Wir überqueren den breiten Kiesweg und marschieren auf dem mit roter Raute markierten Weg am Waldrand entlang leicht bergab, links flankiert uns eine eingezäunte Wiese.

Am Waldrand schwenken wir links (rote Raute), stoßen auf die breite Kiesstraße, die wir abgekürzt haben, und folgen ihr nach rechts. Nach ein paar Metern

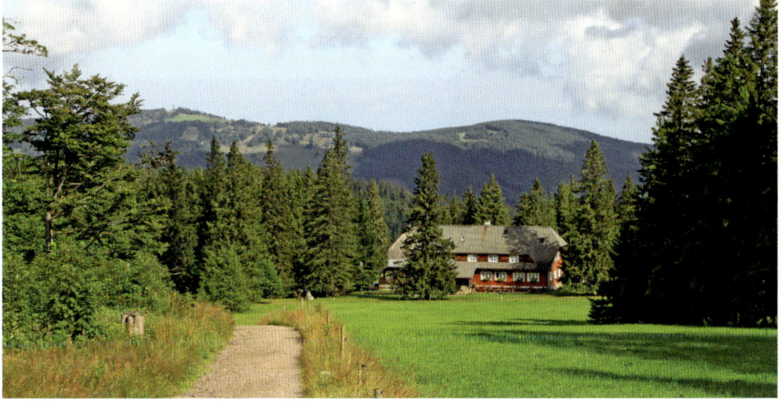

Auf dem Weg zum Gasthaus Stübenwasen.

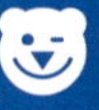

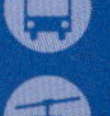

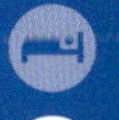

macht der Kiesfahrweg eine scharfe Linkskurve, bei der Pos. Langenmoos, und hier verlassen wir den Fahrweg nach rechts, gehen auf dem breiten Forstweg geradeaus (rote Raute). Bei einer nicht markierten Abzweigung nach links biegen wir ab und wandern auf dem ebenfalls breiten Weg leicht bergab. Wenig später, bei einer scharfen Rechtskehre, tauchen Holzschilder links am Baum auf, die uns die Richtung Todtnauberg/Radschert anzeigen. In einer S-Kurve geht es bergab, es wird lichter und mehrere Bächlein unterqueren unseren Weg. Der Weg verzweigt sich, wir halten uns links und folgen den Markierungen. Links und rechts begleiten uns schmale Bächlein, auf der rechten Seite vertieft sich der Waldhang zu einer Art Tobel. Nach einer Linkskehre lichtet sich der Wald und öffnet uns den Blick nach rechts in ein schönes Wiesental.

Unterhalb des Waldrandes traversieren wir am Hang entlang und wandern in einem großen Rechtsbogen auf das sichtbare Sträßchen am Gegenhang zu. Dem vom Gasthaus Stübenwasen herabführenden Asphaltsträßchen folgen wir dann am Waldrand entlang nach rechts und wandern fast eben zurück zum **Wanderparkplatz Radschert 01**, den wir bald vor uns liegen sehen.

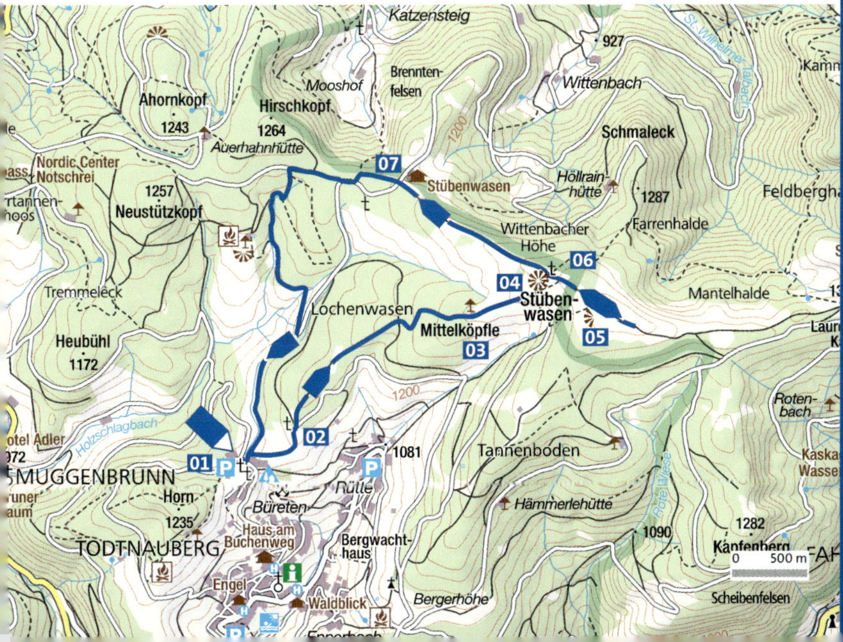

HERZOGENHORN • 1415 m

Panoramagipfel und Trainingsberg

  11,5 km 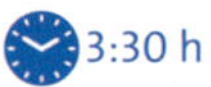 3:30 h 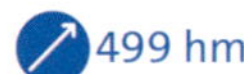 499 hm 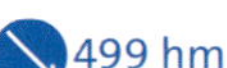 499 hm 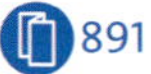 891

START | Feldbergpass, Parkplatz Grafenmatt.
[GPS: UTM Zone 32 x: 427.450 m y: 5.300.770 m]
CHARAKTER | Überwiegend breite Wald- und Wanderwege, nur der kurze Abstieg nach der Finsterbühl-Unterstandshütte ist steil und steinig.

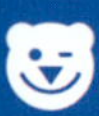

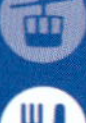

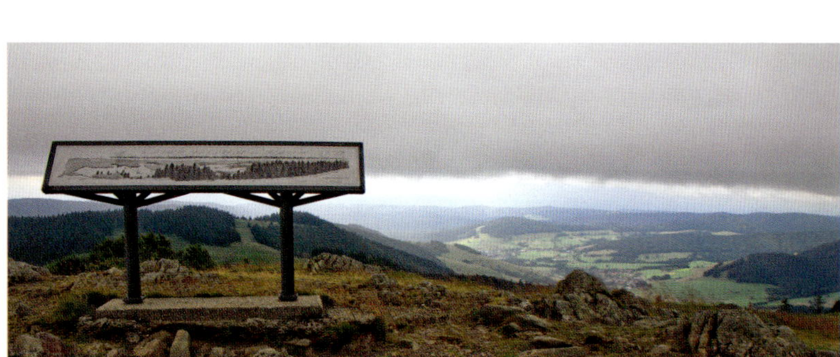

Blick vom Herzogenhorn mit aufkommender Schlechtwetterfront.

Am zweithöchsten Schwarzwaldgipfel dürfen Sie sich nicht wundern, wenn Sie immer wieder Sportlern begegnen, die hier ihre Laufrunden absolvieren, denn das Leistungszentrum Herzogenhorn ist ein beliebter Ort – besonders für Spitzensportler –, die sich hier auf bevorstehende Wettkämpfe vorbereiten.

▶ Vom **Parkplatz Grafenmatt** 01 beim Hebelhof folgen wir der (Westweg-) Markierung via Herzogenhorn auf Asphalt leicht bergab, halten uns bei der Verzweigung halbrechts und wandern auf einem Kiesweg, den Grafenmattweg abkürzend, leicht aufwärts bis kurz vor der **Emmendinger Hütte** 02. Wir halten uns rechts, kurz auf Asphalt, dann biegen wir links in einen schmalen Pfad ab, der steil über den Grashang hinauf zum Berggasthof Grafenmatt führt und in einen Kiesweg mündet. An Liftanlagen vorbei wandern wir weiter aufwärts, streckenweise wird der Weg wurzeliger und aussichtsreicher, mit schönem Ausblick zum Feldberggipfel.

Wir überqueren einen Kiesweg und nach einer Kuppe fällt der Weg leicht ab, es geht durch Wiesengelände und vor uns taucht der kahle Herzogenhorngipfel auf. Kurz darauf mündet von links die Dr.-Fredy-Stober-Straße und ein paar Schritte später stehen wir vor dem Leistungszentrum und dem **Gasthaus Herzogenhorn** 03.

An den Gebäuden und dem Sportgelände vorbei marschieren wir auf der breiten Kiesfahrstraße direkt auf das Herzogenhorn zu. Wir passieren die Pos. **Glockenführe** 04 und links eine aussichtsreiche Bank mitten im Wiesenhang und steigen auf dem breiten Kiesweg in einer großen Linkskehre, zunächst am Waldrand entlang, weiter an. Bald hört der Wald auf und mit grandioser Aussicht geht es über den kahlen Bergrücken hoch zur Pos. Am Herzogenhorn und ein paar Meter weiter zum schlichten Holzgipfelkreuz beim Panoramastandort **Herzogenhorn** 05.

Zur letzten Verzweigung zurück und links ab Richtung Krunkelbachhütte. Der kehrenreiche Pfad schlängelt sich durch den Wiesenhang bergab und durch ein Weidegatter gelangen wir in einer weiten Linkskehre wieder in Wald. Pos. Oberes Hofmättle. Wir folgen dem breiten Kiesweg am Waldrand entlang leicht abwärts. Weiter durch den Wald bergab und nach einer scharfen Rechtskehre (Siegfried-Obermann-Gedächtniskurve steht am Baum) stoßen wir bei der Pos. **Kohlplatz** **06** auf eine Verzweigung. Nach links zum Waldrand und zu einer Lichtung und bei der Pos. Rossrücken scharf links in den Finsterbühlweg (blaue Raute). Über eine Lichtung erreichen wir die Pos. Krunkenbachsattel und wandern rechtshaltend über Almwiesen leicht abwärts.

Kurz nach der **Unterstandshütte Finsterbühl** **07** halten wir uns links, der breite Forstweg fällt leicht ab und bringt uns nach einer markanten Rechtskehre zu einer lichten Wegschleife, wo geradeaus ein zunehmend steiler und steiniger werdender Pfad durch den Wald bergab führt, links sind kleine Wasserfälle zu sehen. Wir stoßen auf eine breite Kiesfahrstraße und folgen dem stetig leicht ansteigenden Forstweg in großen Kehren hinauf zum **Rabenfelsen** **08**. Es wird flacher, wir passieren die Pos. Bei der **Ruckenhütte** **09**, bleiben vor der Hütte rechts auf dem breiten Weg (gelbe Raute) und wandern hinab zu einem **Skilifthäuschen** **10** bei der Pos. Bei der Menzenschwander Hütte. Links am Wald entlang, nochmals kurz hoch, dann in einer Rechtskehre unter dem Skilift hindurch den Hang hinauf und zurück zum Ausgangspunkt beim **Parkplatz Grafenmatt** **01**.

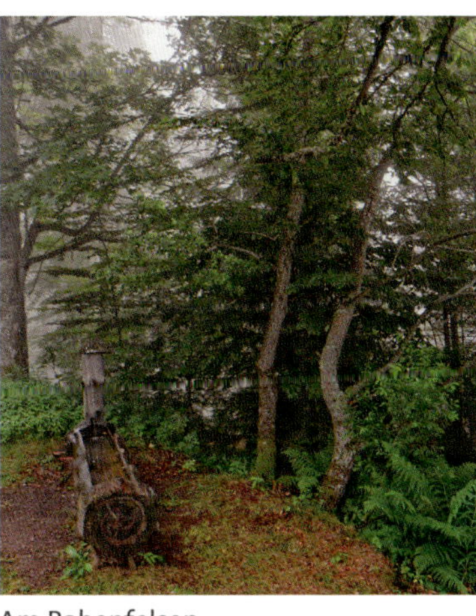
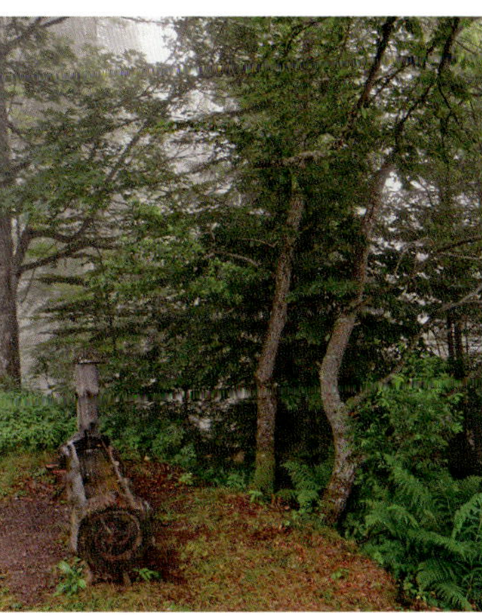
Am Rabenfelsen.

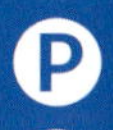

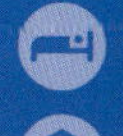

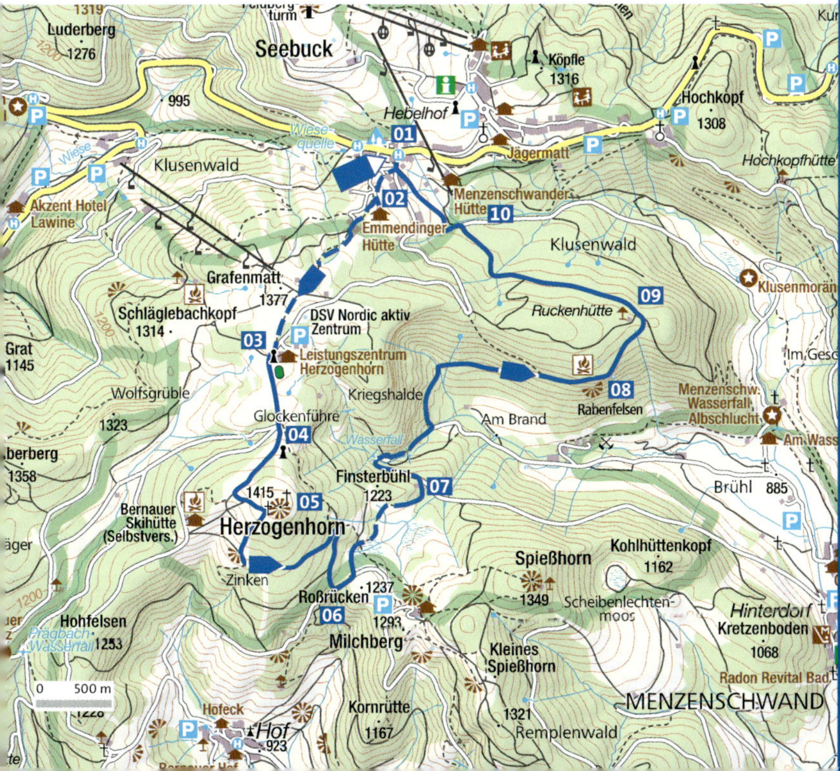

MENZENSCHWANDER GEISSENPFAD

Auf Ziegenpfaden zum Menzenschwander Wasserfall

 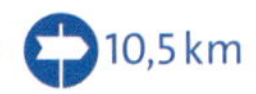 10,5 km 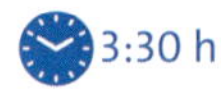 3:30 h 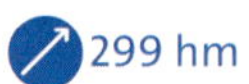 299 hm 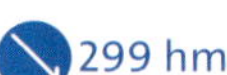 299 hm  891

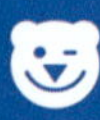
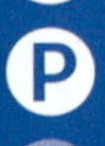
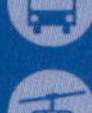
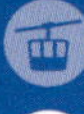

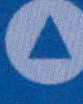

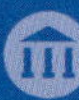

START | Mösle-Parkplatz in Menzenschwand-Hinterdorf.
[GPS: UTM Zone 32 x: 430.120 m y: 5.298.150 m]
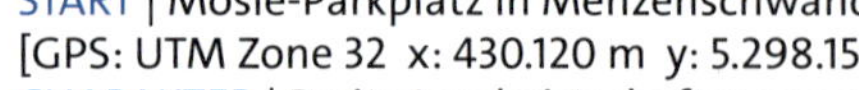
CHARAKTER | Breite Landwirtschaftswege und asphaltierte Nebensträßchen, schöne Wald- und Wiesenpfade, im Abstieg nach Hinterdorf etwas schmal und steiler; der Steig am Wasserfall ist mit Geländer und Treppen ausgestattet.

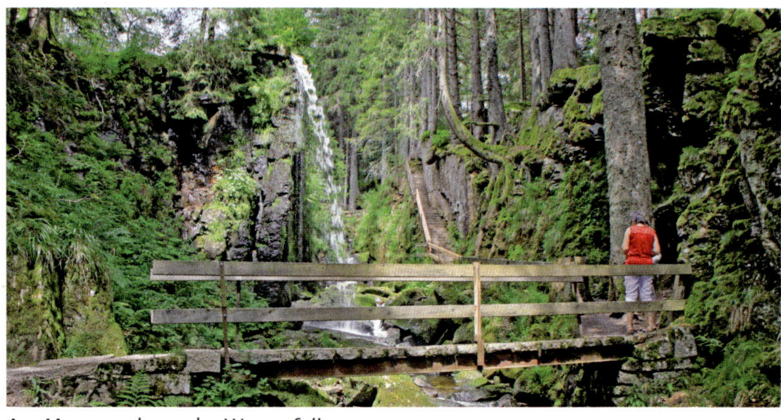

Am Menzenschwander Wasserfall.

An der Infotafel zum Menzenschwander Geißenpfad, am **Mösle-Parkplatz** 01, wandern wir Richtung Wald und schwenken nach rechts zu einem **Skilifthäuschen** 02. Der Asphalt endet, und auf einem breiten Kiesweg, der sich unterhalb des Waldes durch die Wiesen schlängelt, gelangen wir zu einem kreuzenden Asphaltsträßchen, wo uns **Tafeln** 03 über den Schwarzberg und den Rabenfelsen informieren. Wir biegen links ab, das Sträßchen steigt gemächlich an, und müssen aufpassen, dass wir bei einer Bank die Markierung nicht übersehen, die uns links auf einen Wiesenpfad bringt, der ein Stück weit etwas oberhalb, parallel zur Straße, verläuft. Wir stoßen wieder auf das Teersträßchen, das hier in einen Kiesweg übergeht und halten uns rechts hinab (Menzo's Wegle, Geißenpfad-Mark.). Im Wald überqueren wir einen Bach und passieren kurz darauf die **Radonquelle** 04 (Floriansquelle), mit Häuschen und Infotafeln.

Nach der Quelle verzweigt sich der Weg, wir bleiben links und wandern abwechselnd durch Wald und über lichtes Wiesengelände an etlichen Infotafeln und Aussichtsbänken vorbei am Hang entlang. Nach einem Schuppen und einer Infotafel zum Thema Bienenhonig gelangen wir zur Pos. Parkplatz Wasserfall und gehen ein paar Meter abwärts zum **Café Zum Kuckuck** 05. Hinter der Gaststätte vorbei, geht es wenig später links hoch zum **Wasserfall** 06.

Über steile Steinstufen mit Geländersicherung steigen wir an glatten Felswänden entlang hoch, stoßen oberhalb der Wasserfälle auf ein Asphaltsträßchen, dem wir nach rechts folgen. Der Asphalt geht in Kies über, der Weg wird flacher, und vor einer alten Steinbrücke schwenken wir nach links. Wir erreichen die Menzenschwander **Klusenmoräne** 07, passieren einen Wassertümpel und wandern flach am Waldrand entlang. Bei der Pos. Klusenwald orientieren wir uns nach rechts, verlassen den breiten Kiesweg und folgen einem Feldweg. Ein paar Meter später passieren wir ein Infoschild Köhlerei mit entsprechendem Aufbau, gehen an Baumstümpfen vorbei, wo man durch Aufklappen die Baumart bestimmen kann, und treffen auf die **Wälderschneck** 08, eine kreisförmige Anordnung von Baumstümpfen. Wenig später überqueren wir einen Bach, machen eine Rechtskehre und kommen zu einer ehem. Verladerampe für Holzstämme. Wir folgen dem leicht abwärts führenden breiten Forstweg, vorbei an **Flößer's Rast** 09 und dem ausgeschilderten Titlisblick mit Sustenhorn, bis der Geißenpfad scharf links abknickt und dann in einer Rechtskehre zum Wald hoch ansteigt. Mit aussichtsreichem Blick nach links marschieren wir weiter ansteigend hoch, gelangen zur Pos. Im Gschweih und Achtung: Direkt danach zweigt scharf rechts ein schmaler **„Alpiner Pfad"** 10 (Geißenpfad-Schild) ab, der am Hang entlang abwärts führt. Der schmale Fußweg wird felsiger, und an Geißenherden vorbei gelangen wir hinab zu den Häusern und auf Asphalt. Am Hochzeit-Bänkle vorbei und über eine Brücke gelangen wir zur Pos. Hinterdorf Schwarzenbergweg, hier schwenken wir nach rechts und gehen auf dem Gehweg zurück zum **Mösle-Parkplatz** 01.

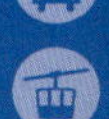

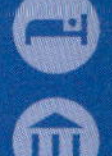

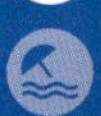

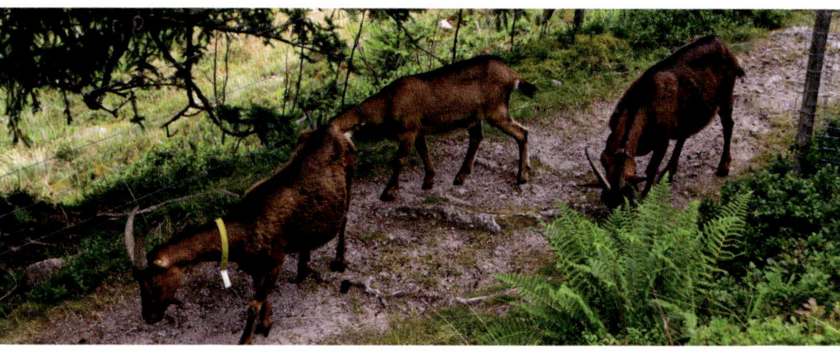

Die passenden Weggefährten auf dem Geißenpfad.

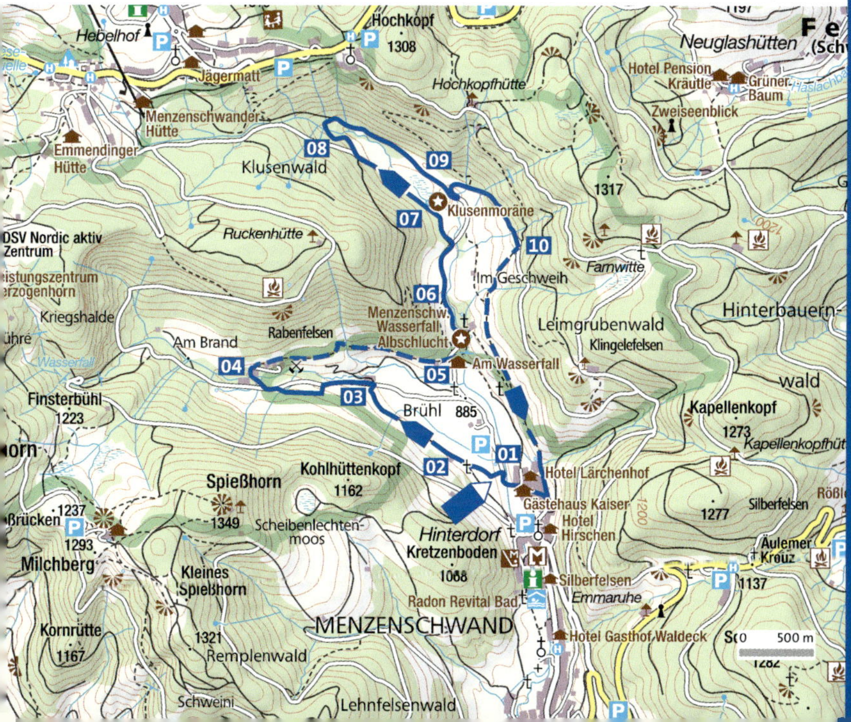

RAVENNASCHLUCHT

Vom Höllental ins Hinterzartener Hochmoor

 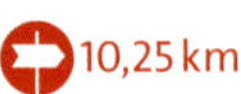10,25 km 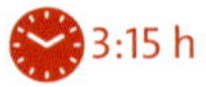3:15 h 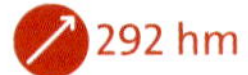292 hm 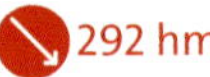292 hm 891

START | Hinterzarten, Parkplatz am Bahnhof, Bahnhofweg.
[GPS: UTM Zone 32 x: 433.320 m y: 5.306.150 m]
CHARAKTER | Breite Wanderwege, asphaltierte Gehwege und Nebensträßchen, in der Ravennaschlucht teils steiler Steig über Treppen und Brücken, Holzsteg im Hochmoor.

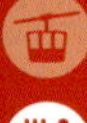
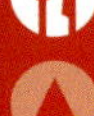

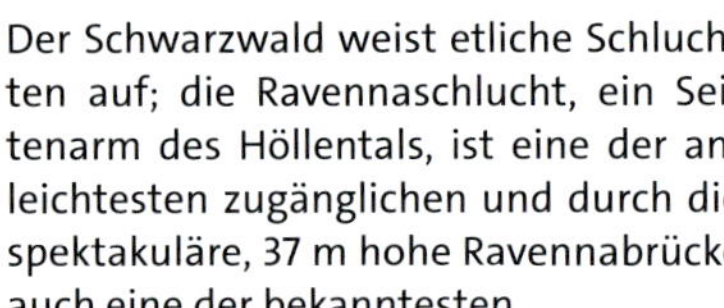

Der Schwarzwald weist etliche Schluchten auf; die Ravennaschlucht, ein Seitenarm des Höllentals, ist eine der am leichtesten zugänglichen und durch die spektakuläre, 37 m hohe Ravennabrücke auch eine der bekanntesten.

▶ Vom **Bahnhof** in **Hinterzarten** **01** gehen wir links in Richtung Ortsmitte, schwenken rechts in die Freiburger Straße, passieren Kurhaus und Tourist-Info und gehen bis zur Bahnunterführung. Wir bleiben links und folgen dem Schild Ravennaschlucht. Nach dem Rauchhüsli stoßen wir auf die Pos. Hinterzarten Zartener Weg, verlassen die Asphaltstraße und schwenken rechts in einen schmalen Fußpfad. An einer Hecke entlang und über Treppen steigen wir abwärts und halten uns vor der Eisenbahnunterführung links (Löffeltalweg). Der breite Kiesweg fällt leicht ab, links begleitet uns ein Bächlein, das wir bei Häusern überqueren.

Am Waldrand entlang passieren wir in dem enger werdenden Löffeltal zunächst die Klopfsäge bei der **Löffelmühle** **02**, dann die Hochgangsäge und stoßen bei einer Kurve auf die Autostraße rechts unter uns. Wir treten aus dem Wald, steigen auf Asphalt scharf rechts hinab und durch einen Tunnel unterqueren wir die Straße. Rechts hinab bietet sich ein Abstecher zur nahen und sichtbaren hist. **Seilerei** **03** an.

Anschließend zurück und auf Asphalt, neben der Bundesstraße, leicht abwärts. Wir überqueren ein Zufahrtssträßchen, passieren einen großen Parkplatz und folgen dem Schild Ravennaschlucht. Rechts ist eine interessante alte Bogenbrücke über den Höllbach, mit gestaffelten Bogenteilen, zu sehen. Ein Fußpfad führt unter einer Brücke hindurch zu einem Busparkplatz und weiter, vorbei an einer rekonstruierten Telegrafenleitung, zum **Hofgut Sternen** **04**. Hier hatten schon Marie Antoinette und J. W. von Goethe übernachtet.

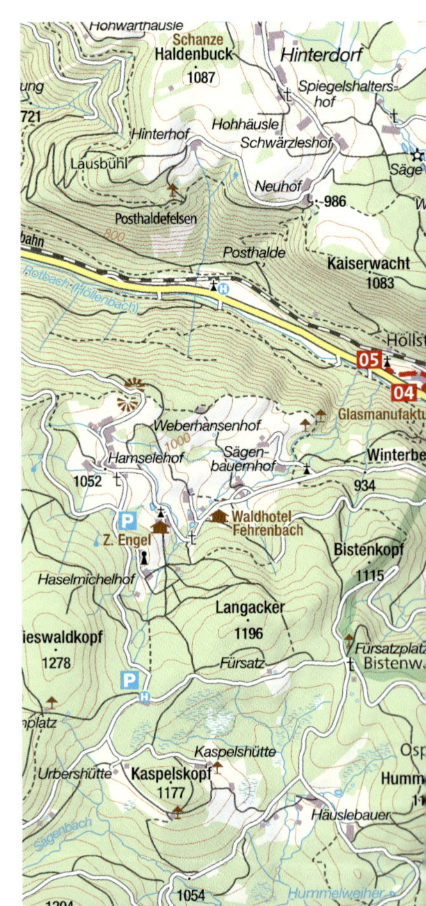

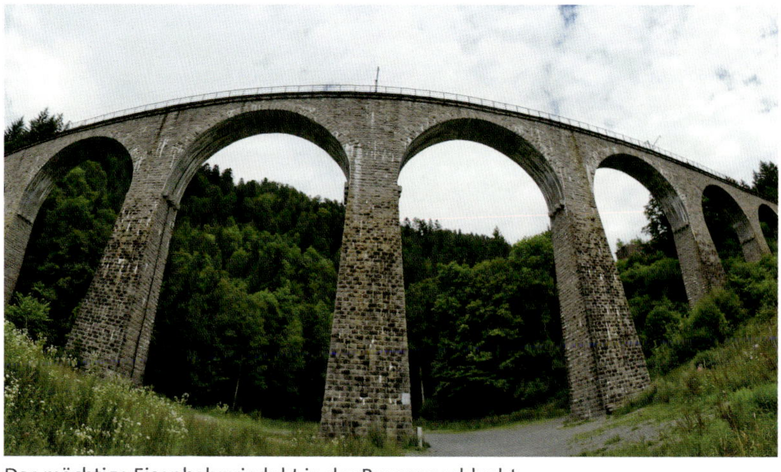

Das mächtige Eisenbahnviadukt in der Ravennaschlucht.

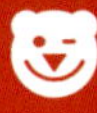
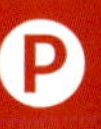

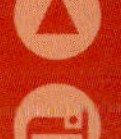
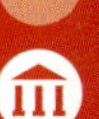

Am Goethehaus und am Alten Zollhaus vorbei gehen wir geradeaus und machen einen kurzen Abstecher zur **St.-Oswald-Kapelle** 05. Zurück zum Goethehaus halten wir uns links und wandern zur imposanten Ravennabrücke hoch. Rechts auf einem Hügel ist der 2010 neu aufgestellte Pavillon auf dem Galgenbühl, eine ehem. Richtstätte, zu sehen. Wir unterqueren das Riesenviadukt und

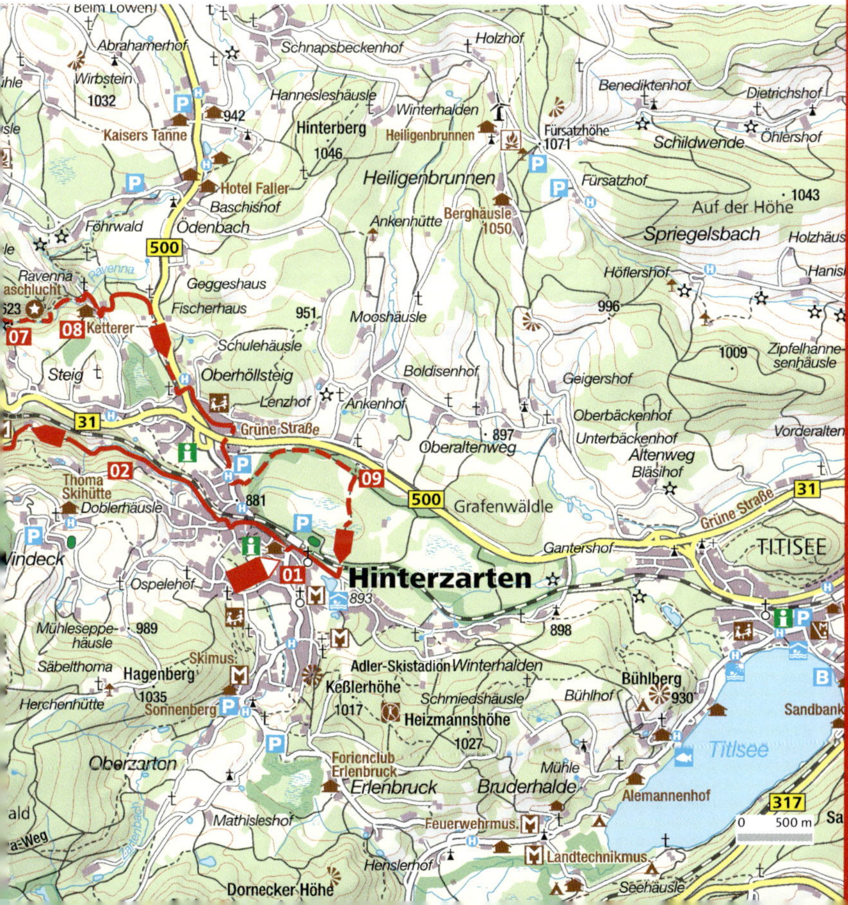

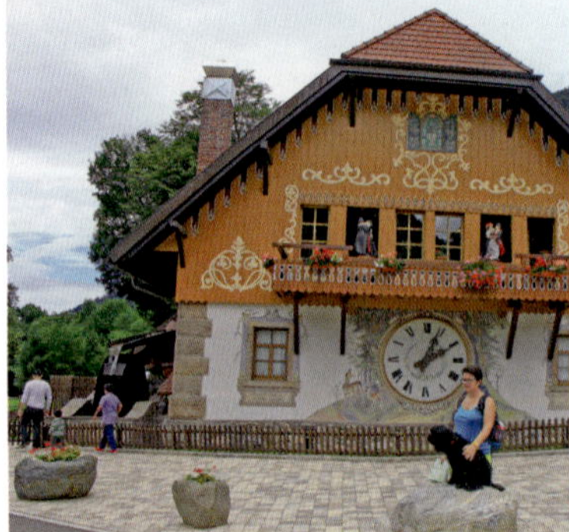
Schwarzwald-Idylle beim Hofgut Sternen.

gehen leicht ansteigend in den Wald hoch, links begleitet uns der Ravennabach.

Der breite Weg verengt sich zu einem Kiespfad, der sich in Kehren durch den Wald hochzieht, rechts am steilen Hang tauchen mächtige Felsen auf. Wir überqueren mehrfach den Bach über Brücken, gehen an Holzgeländern entlang und steigen eine steile Leiter und über Treppen hoch. Vorbei an einem **Wasserfall** 06 wird es dann flacher, rechts oben ist die Straßenkurve zu sehen, wir überqueren nochmals eine Brücke und klettern eine weitere steile Treppe hoch. Linkshaltend stoßen wir auf die 1883 erbaute **Großjockenmühle** 07 und der Weg steigt nochmals zu einer Kuppe hoch an. Wir passieren den Standort der ehem. Löffelschmiede, verlassen bald darauf den Wald und erreichen auf Asphalt das **Haus Ketterer** 08.

Um eine Kurve herum stoßen wir auf die Pos. Mittlere Ravenna und folgen rechts dem leicht ansteigenden Asphaltsträßchen Richtung Hinterzarten, bis links ein nicht asphaltierter Weg abzweigt (Hinterzarten „schöne Aussicht"). Leicht ansteigend wandern wir durch den Wald zur Bundesstraße hoch und folgen ihr auf dem Geh-/Radweg, bis uns die gelbe Raute links unter der Straße hindurch weist. Auf dem Martin-Gremminger-Weg gehen wir zunächst leicht abwärts, dann steigen wir an zur Pos. Rössleberg. Auf Asphalt wieder bergab, an Klinikgebäuden vorbei, zur Pos. Auffangparkplatz, wo wir scharf links über den Parkplatz der Beschilderung Richtung Lafette folgen. Am Waldrand entlang, dann mehr im Wald, stoßen wir bei einem Grillplatz auf eine Verzweigung, schwenken nach rechts und marschieren über freies Wiesengelände. Links, jenseits der Bundesstraße, ist das Gasthaus Lafette zu sehen. Bei der nächsten Verzweigung, an der Pos. **Mooshof** 09, biegen wir rechts ab und durchwandern auf einem langen Steg eine wunderbare Moorlandschaft.

Am Waldende überqueren wir die Bahngleise und erreichen rechts nach wenigen Metern unseren **Ausgangspunkt** 01.

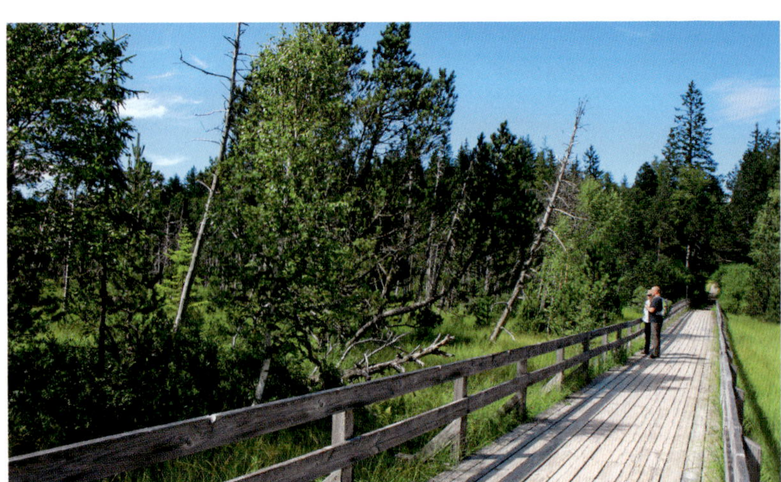
Der lange Steg durchs Hinterzartener Moor.

HIRTENPFAD

Auf den Spuren der Schwarzwälder Hirtenbuben

 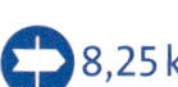8,25 km 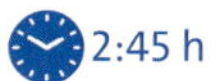2:45 h 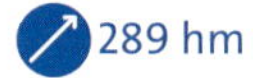289 hm 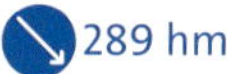289 hm 893

START | Parkplatz Raitenbucher Höhe in Lenzkirch-Raitenbuch.
[GPS: UTM Zone 32 x: 435.190 m y: 5.298.100 m]
CHARAKTER | Herrliche Wege und Pfade durch Wald und Wiesen, nur ganz kurze Asphaltpassagen.

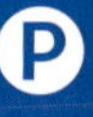
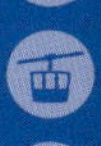

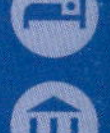

Eindrucksvolle Infotafeln, die den Weg der Hirtenbuben dokumentieren und illustrieren, lassen erahnen, dass diese wunderschöne Schwarzwaldregion in früheren Tagen durchaus nicht von allen als reine Urlaubslandschaft wahrgenommen werden konnte.

▶ Unterhalb vom **Wanderparkplatz Raitenbuch** 01 (Hirtenpfad-Infotafel) gehen wir bei der Pos. Am Wildenhof auf einem schmalen Pfad rechts hinab. Der Weg wird breiter und führt am Grashang entlang leicht bergab. Schöner Ausblick links hinab nach Raitenbuch. Durch Waldstücke am Waldrand entlang und über freie Wiesenflächen schlängelt sich der gut markierte Hirtenpfad auf breiten Wegen und schmalen Pfaden an vielen Infostellen und Aussichtsliegen vorbei, streckenweise ein herrlicher Panoramaweg.

Wir stoßen in einer Kurve, bei einem Jägerstand, auf einen breiteren Forstweg, halten uns links bergab und erreichen unten bei der Pos. Am Möslehof eine Verzweigung und Asphalt. Nach links wandern wir auf dem Asphaltsträßchen leicht ansteigend zum **Möslehof** 02, dort weist uns das Hirtenpfad-Schild rechts über die Wiesen, und eine kleine Senke (Steg) durchquerend steigen wir auf schmalem Pfad steil berghoch zur Raitenbucher Straße. Ein paar Meter rechts, dann knicken wir links ab und wandern wieder steiler ansteigend dem Wald entlang hoch.

Wir stoßen auf einen kreuzenden Forstweg, halten uns wieder kurz rechts, um bei einem größeren Platz erneut links abzubiegen und zum Waldrand hochzusteigen. Diesem folgen wir rechts, überqueren einen breiten Forstweg bei der

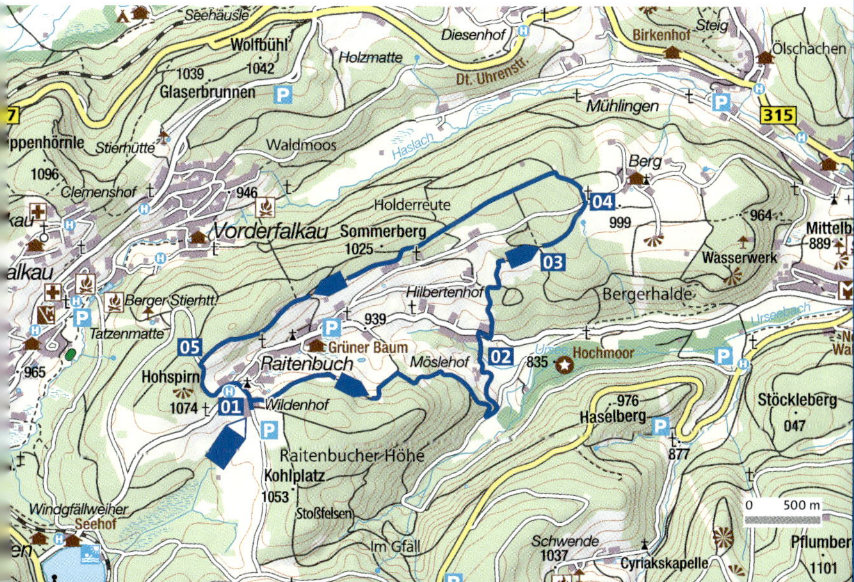

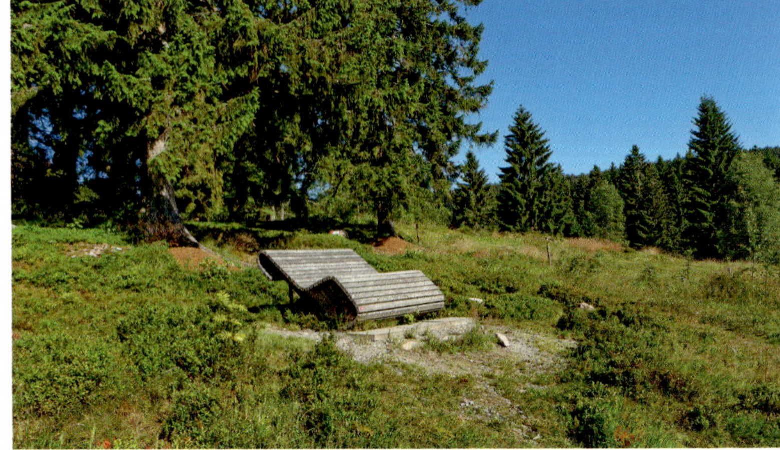
Aussichtsliege am Hirtenpfad.

Pos. **Zinsmoos** 03 und erreichen bei der Pos. **Alter Ahorn** 04 die 1000-m-Grenze und eine Asphaltstraße.

Wir überschreiten die Straße und folgen dem Kiesweg, der hier auch als Windgfällweiher Höhenweg ausgeschildert ist. In einer Linkskehre, rechts unten sind Häuser zu sehen, führt der breite Weg flach in den Wald hinein, wir passieren die Pos. Klausenhof und wandern geradeaus weiter. Der eingezäunte Weg führt durch das Fürstenbergische Jagdrevier zu einer kleinen Lichtung, wo wir im 90-Grad-Winkel links abbiegen und dann bei der nächsten Aussichtsbank rechts dem Panoramaweg am Waldrand entlang folgen. Wir treffen auf eine Stelle, wo wir uns in ein Buch eintragen können, passieren weitere Aussichtsliegen und bleiben bei der Verzweigung, die links nach Raitenbuch hinab führt, rechts, gehen weiter am Waldrand entlang. Der Weg steigt zu einem Häuschen an, wir treten in den Wald ein und es geht nochmals rechts hoch. Nach ein paar steilen Metern wandern wir wieder flach am Waldrand entlang, stoßen am Waldeck auf die Pos. **Hohspirn** 05 und wandern auf dem asphaltierten Kiesweg am Waldrand entlang bergab.

In einer großen Linkskehre marschieren wir zur Straße vor, und an der kleinen Kapelle vorbei rechts hoch zum Ausgangspunkt beim **Wanderparkplatz** 01.

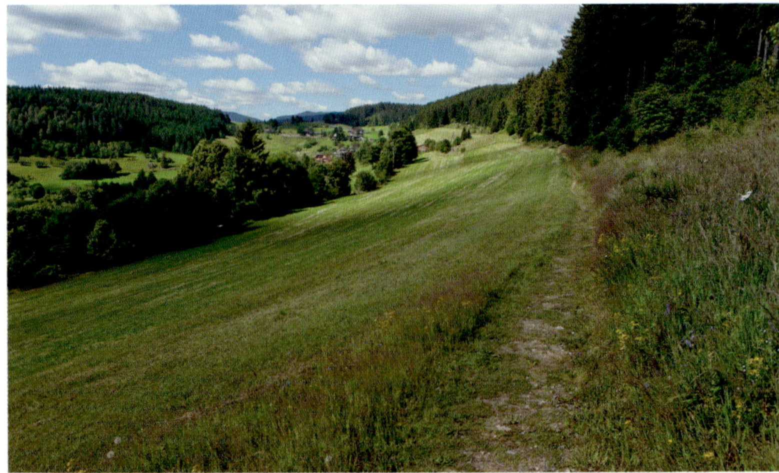
Herrlicher Wiesenpfad am Waldrand entlang.

LÖFFINGER RUNDTOUR

Wildpark – Wallfahrtskapelle – Heilkräuterpfad – Waldbad

  8,75 km  2:45 h 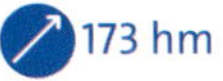 173 hm  173 hm  893

START | Löffingen, Schwarzwaldpark.
[GPS: UTM Zone 32 x: 450.400 m y: 5.305.330 m]
CHARAKTER | Asphaltierte Nebensträßchen und Gehwege, Wanderwege und Waldpfade.

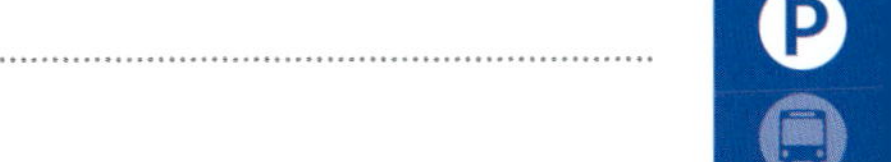

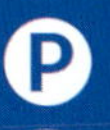
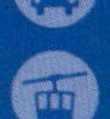
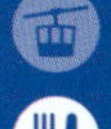
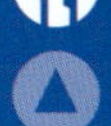
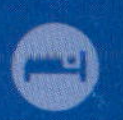

Vom großen **Parkplatz** 01 machen wir zunächst einen Abstecher zum nahen **Wildpark** 02. Wieder zurück am Parkplatz, folgen wir leicht ansteigend der Straße Ziegelhütte, unterqueren die Bundesstraße und stehen kurz darauf vor der **Wallfahrtskirche Witterschnee** 03. Neben der Kirche, beim Witterschneekreuz, steht auch die alte, hölzerne Wallfahrtskapelle.

Wir wandern aussichtsreich auf einem gekiesten Weg durch eine schöne Baumallee, parallel versetzt neben der Straße, an Wallfahrtsstationen entlang. Am Ende des Stationenweges ist ein Heilkräuterweg ausgewiesen. Wir gehen rechts hinab zu den Häusern, folgen der Maienlandstraße Richtung Kirche und gelangen durch ein Tor in die Stadtmitte zum **Rathausplatz** 04.

Über die Kirchstraße umrunden wir das Zentrum, vorbei an schönen Brunnen und der Tourist-Info. Am oberen Ende des Rathausplatzes gehen wir rechts hoch Richtung Mauchachtal, folgen der Oberen Hauptstraße, passieren das Hotel Hexenschopf, und schwenken in die Dittishauser Straße. Wir verlassen diese vor der großen Autobrücke, unterqueren die Straße und gehen beim Kreisverkehr geradeaus, bis nach rechts ein Schild zur **Kläranlage** 05 zeigt (gelbe Raute).

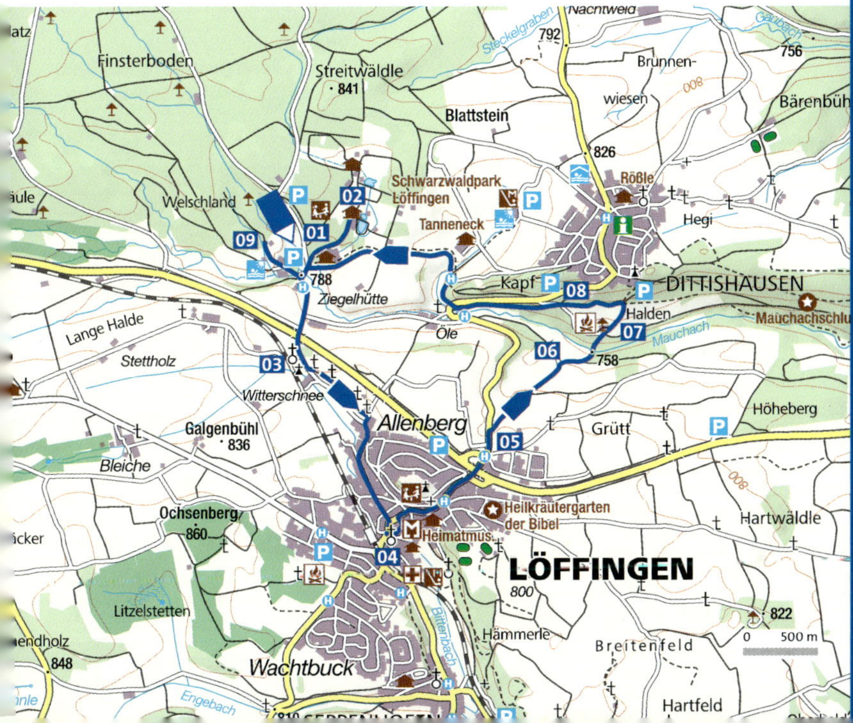

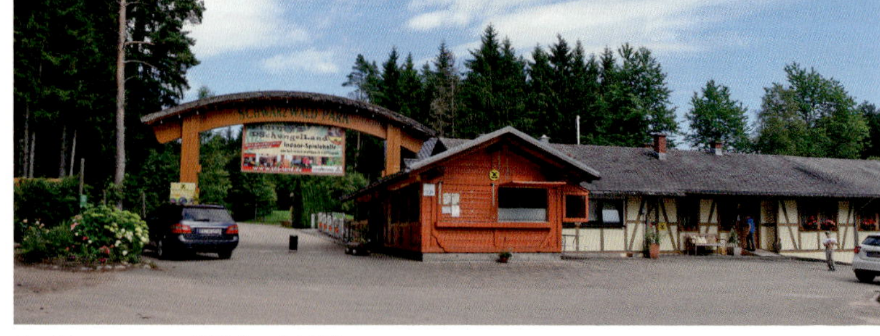

Am Eingang zum Wildpark Löffingen.

Auf dem Asphaltsträßchen leicht abwärts, bei einer Verzweigung geradeaus weiter, hier ist auch der Heilkräuterweg ausgeschildert, bis das Teersträßchen einen Rechtsknick macht. Wir gehen geradeaus in den Wald (**Lehrpfad 06**, Infotafel „Baldrian"), es wir steiler und schattiger.

An einem Bachbett und weiteren Infotafeln entlang, erreichen wir eine Brücke. Nach Überqueren des Baches steigt der Weg an und führt durch lichten, hochstämmigen Wald. Wir überqueren ein kreuzendes Asphaltsträßchen, stoßen auf eine **Hütte 07** und wandern durch Wiesen leicht ansteigend zum Wald hoch.

Dort knicken wir links ab und wandern auf dem aussichtsreichen **Heilkräuterpfad 08**, vorbei an etlichen Infotafeln, fast eben am Waldrand entlang. Wir stoßen auf Asphalt, schwenken nach halblinks auf einen grasigen, nicht markierten Weg, der in den Wald hinabführt. Ein herrlicher Grasweg, links unten begleitet uns ein mäandrierender Bach, leitet uns zu einer Asphaltstraße – und ist zurück als Heilkräuterpfad markiert.

Wir überschreiten die Straße in einer Linkskurve (Mauchachbrücke), vorbei an einem Bushäuschen und folgen links von der Straße einem schmalen Pfad. Nach einer Kurve überqueren wir die Straße und marschieren auf dem straßenbegleitenden Rad-/Fußweg leicht aufwärts. Wir passieren das Hotel Tanneneck, überschreiten eine kleine Kuppe und wandern gemächlich hinab zum **Parkplatz 01** beim Wildpark.

Geradeaus und leicht ansteigend sind wir in wenigen Minuten beim **Waldbad 09**, und können unsere Rundtour mit einem erfrischenden Bad abschließen.

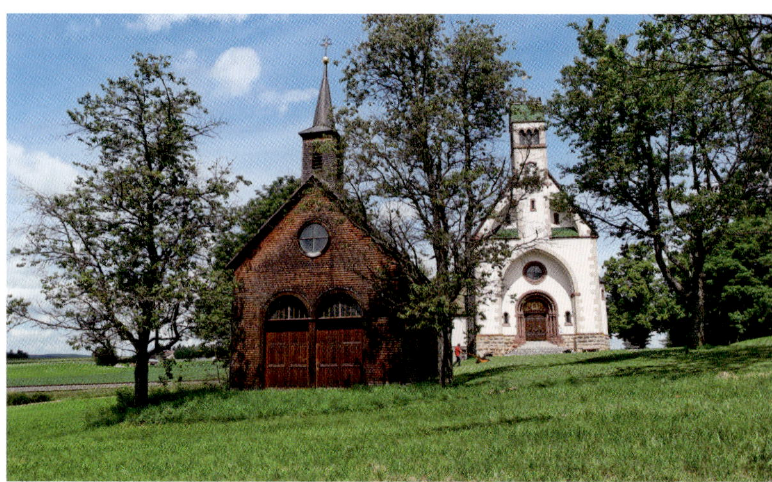

Wallfahrtskirche Witterschnee.

ENGESCHLUCHT – GAUCHACH-SCHLUCHT – WUTACHSCHLUCHT

Auf wilden Pfaden und Steigen durch drei Schluchten

 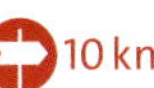10 km 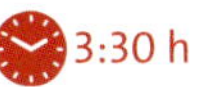3:30 h 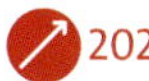202 hm 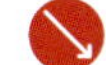202 hm 899

START | Bachheim, Wanderparkplatz, bei der Drei-Schluchten-Halle. [GPS: UTM Zone 32 x: 455.850 m y: 5.300.320 m]
CHARAKTER | In den Schluchten schmale, teils felsige und steile Pfade und Steige, kurze drahtseilgesicherte Passagen.

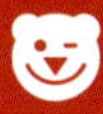
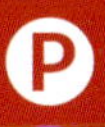

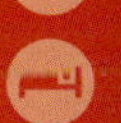

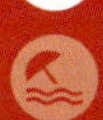

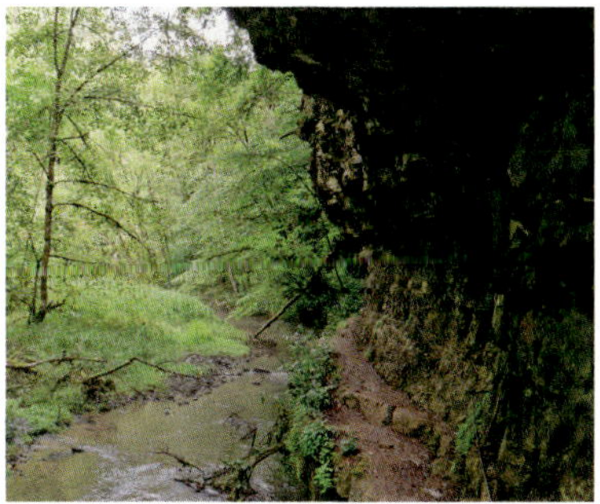

Drahtseilpassage an der Gauchach.

Bei dieser Schluchten-Rundtour wird man überrascht durch die Vielfalt der Brücken- und Stegkonstruktionen, die über Tränkebach, Gauchach und Wutach führen. Erstaunlich, wie viele Möglichkeiten es gibt, Bäche und Flüsse zu überqueren.

Vom **Wanderparkplatz Bachheim** 01 folgen wir der Beschilderung „Engeschlucht“ und marschieren auf dem Kiesweg am Waldrand entlang, biegen dann über freies Feld nach links ab, stoßen auf ein Asphaltsträßchen und folgen ihm nach rechts zur Pos. **Burgwald** 02. Ein paar Meter später, bei der Pos. Äußere Ösch, schwenken wir nach links zur Straße hinüber und gehen rechts auf ein größeres Hofgebäude zu. Dort zeigt ein etwas verstecktes Gelbe-Raute-Schild nach links und ein Feldweg bringt uns an den Waldrand. Ein paar Meter links, dann geht es auf markiertem Weg leicht abwärts in den Wald und hinab zum Tränkebach in der **Engeschlucht** 03.

Der breite Waldweg führt über eine Brücke, wir halten uns rechts neben dem zur Zeit trockenen Bachbett auf dem zu-

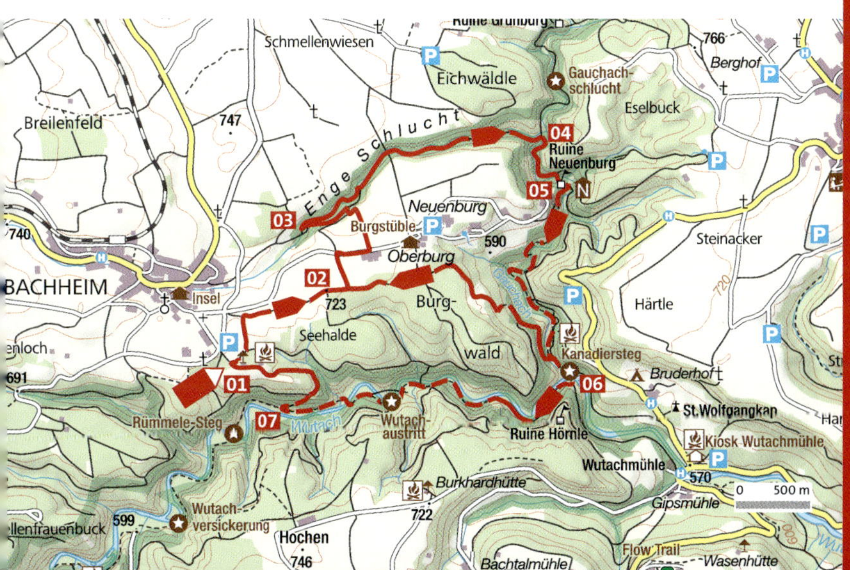

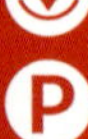

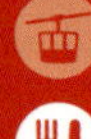
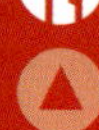
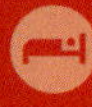
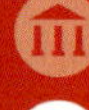

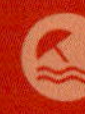

Variante über den Burgwald (Alternativweg)

Der Alternativweg führt auf einem Holzsteg über die Gauchach via Bachheim und steigt als schmaler, steiniger Pfad am Waldhang entlang zunächst steiler an. Der Weg verbreitert sich, wird flacher und bringt uns zu einer Verzweigung. Links ein paar Meter auf schmalem Pfad steil hoch, stoßen wir auf einen Forstweg, dem wir rechts folgen. Stetig leicht ansteigend gelangen wir ans Waldende und wandern zunächst über offenes Gelände, dann am Waldrand entlang zur Pos. Äußere Ösch, wo wir auf den Hinweg treffen, dem wir zurück zum Parkplatz folgen.

nächst breiten Weg, der sich bald zu einem Pfad verengt. Das Bachtal wird enger, rechts wird es felsiger und das Ganze wird schluchtartiger. Bei einem Mühlstein kann man wählen, bei Trockenheit rechts über das Bachbett, bei Wasser links über einen kleinen Holzsteg. Wir überqueren kurz danach erneut eine Brücke und folgen dem schmalen Pfad, der leicht ansteigt. Der Weg am Hang ist rechts etwas ausgesetzt, dann geht es über Holzstufen hinab und über einen Holzsteg. Eine wurzelige, teils steinige und feuchte Passage folgt, es geht mehrfach über Holzstufen rauf und runter und wir überqueren den Bach über unterschiedliche Brückenkonstruktionen. Nach einer steilen abwärts führenden Eisentreppe verläuft der schmale Pfad über teils glatt gewaschene Felsplatten, direkt am Wasser entlang, an einem kleinen Wasserfall vorbei, und wir stoßen auf die Pos. **Tränkebachmündung** **04**.

Wir überqueren die Gauchach und folgen dem schmalen Pfad rechts durch die Gauchachschlucht. An Felsen entlang (Drahtseilstelle), und über eine weitere Brücke, gelangen wir zur **Burgmühle** **05**.

Wir überqueren mehrmals die Gauchach und der Pfad führt anfangs wieder zwischen Felsen hindurch, wird aber zunehmend flacher und breiter. Wir passieren rechts die Brücke nach Bachheim (Alternativweg, wenn der Schluchtensteig gesperrt ist!).

Kurz darauf sind wir bei der Einmündung der Gauchach in die Wutach und beim überdachten **Kanadiersteg** **06**. Wir überqueren die Wutach und folgen dem Schluchtensteig-Schild, das uns durch diesen Teil der Wutachschlucht leitet. Über drahtseilgesicherte Holzstufen geht es aufwärts und an imposanten Felswänden entlang. Es folgen weitere felsige Passagen, etliche Stellen mit Drahtseilsicherungen.

Nach dem Bachheimer (Josefs-)Steg entfernen wir uns von der Wutach und ein Kiesweg führt hoch zur Pos. **Inselwirts Keller** **07**. Auf schmalem Waldweg steil hoch, der Weg verbreitert sich, steigt weiter an und führt uns in einer großen Linkskehre an den Waldrand und flacher werdend zurück zum **Wanderparkplatz Bachheim** **01**.

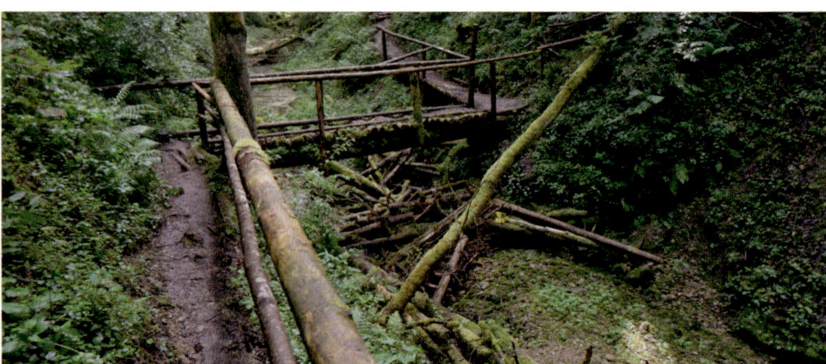

In der wilden (hier: fast wasserlosen) Engeschlucht.

WUTACHSCHLUCHT

Schluchtensteigetappe, Rosshütte und Fischerweg

  9 km 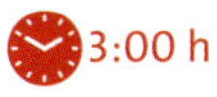 3:00 h 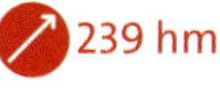 239 hm  239 hm 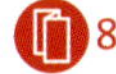 899

START | Boll, Parkplatz Nebelhalde, Wutachstraße.
[GPS: UTM Zone 32 x: 451.430 m y: 5.298.380 m]
CHARAKTER | Breite Forstwege und asphaltierte Nebensträßchen, in der Wutachschlucht schmale, teils felsige Pfade und Steige.

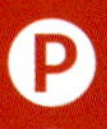

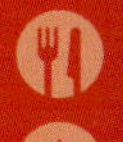
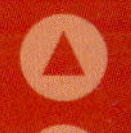

▶ Vom **Parkplatz Nebelhalde** 01 wandern wir auf einem geteerten Weg, der bald in einen Naturweg übergeht und in den Wald hinein führt, leicht bergab. Rechts begleitet uns ein Bachlauf, der sich zunehmend schluchtartig entwickelt. Wir passieren den (gesperrten) Zugang zur ehem. **Burg Boll** 02. Ein paar Meter weiter ist über einen schmalen Pfad ein nicht gesperrter Zugang zur Ruine möglich. Der Weg schlängelt sich serpentinenreich durch den Wald bergab, bringt uns zur Pos. Tannegg und zu einem breiten Forstweg. Ab hier folgen wir nach rechts dem Schluchtensteig-Schild. Leicht abwärts stoßen wir auf einen **Pavillon** 03 (Infotafeln) und die Pos. ehem. Bad Boll. Links, ein paar Meter abseits des Weges, lassen sich auf einer Brücke schöne Bilder von der Wutach machen.

Wir marschieren nun flach geradeaus, passieren einen Picknickplatz und eine kleine Kapelle und erreichen bald die ersten eindrucksvollen Felsen, die sich vor uns auftürmen. Wir überqueren die Wutach, gehen an Felswänden und einem kleinen Wasserfall vorbei, teils ist der Weg mit großen Steinen gepflastert, teils verläuft er als schmaler Pfad durch mannshohes Pflanzendickicht. Auf und Ab führt uns der Steig über eine drahtseilgesicherte Felsstufe hoch und schlängelt sich an mächtigen Felswänden vorbei am Hang entlang. Wir passie-

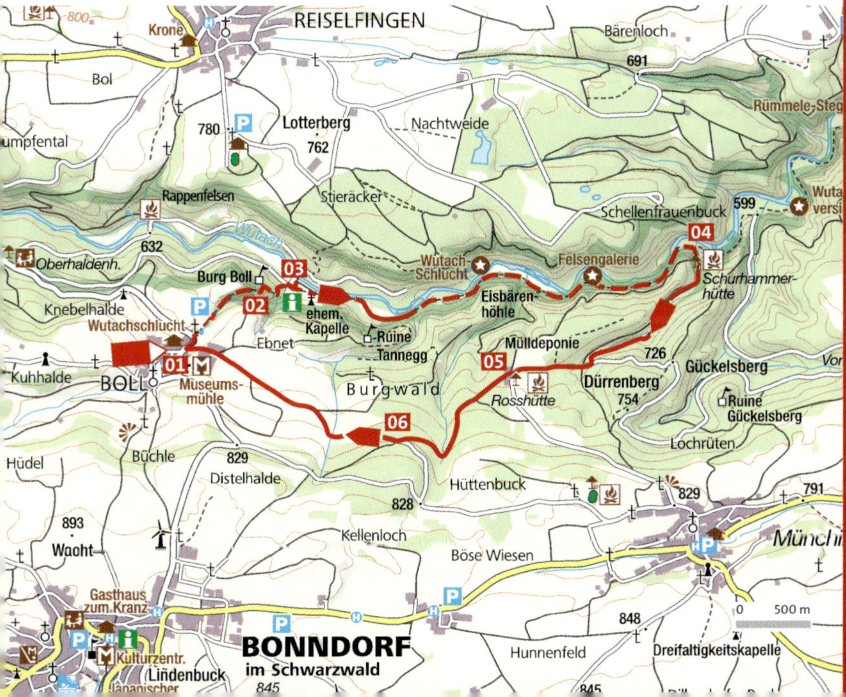

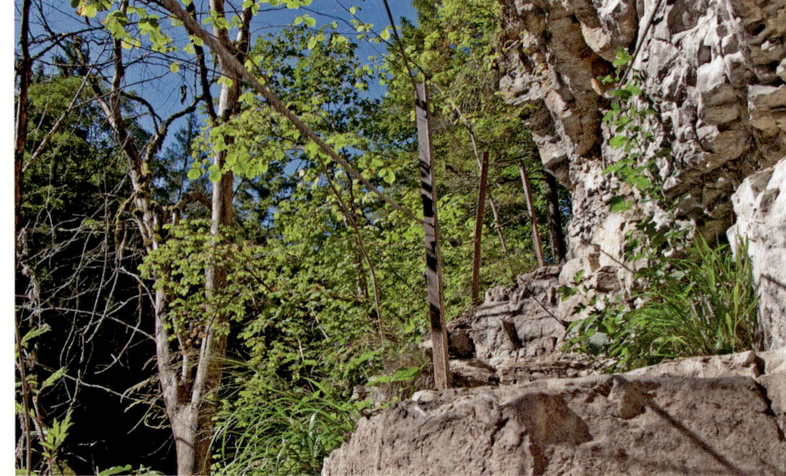

Drahtseilgesicherte Felsstufe in der Wutachschlucht.

ren ein steinernes Gedenkkreuz, umgehen eine Felsnase und kurven weiter am steilen Hang entlang. Nachdem wir auf einem Holzsteg einen Tobel überquert haben, rücken die Felsen wieder nahe an den Weg, links etwas unterhalb von uns fließt die Wutach. Kurz darauf erreichen wir die **Schurhammer Hütte 04**.

Ein breiter, leicht ansteigender Forstweg führt rechts hoch in Richtung Rosshütte. Der Weg wird dann ein Stück weit steiler und flacht oben im lichter werdenden Wald wieder ab. Auf der Kuppe verlassen wir den Wald, rechts taucht das Riesenplanendach der Kreismülldeponie auf, wir stoßen auf Asphalt und stehen vor der kleinen **Rosshütte 05**. Wir gehen rechts an der Hütte und am Brunnen vorbei in den schattigen Wald und folgen der Markierung auf einer Holztafel (Fischerweg nach Boll). Auf nur leicht ansteigendem Waldweg marschieren wir recht aussichtslos in großen Kehren zu einem Asphaltsträßchen (Pos. **Kirchenwald 06**) und folgen diesem nach rechts leicht abwärts. Der Wald endet und der Blick öffnet sich und mit fantastischer Aussicht gehen wir über freies Feld in Richtung Boll. Nach dem Ortsschild kurz abwärts und nach wenigen Schritten ist der **Parkplatz Nebelhalde 01** erreicht.

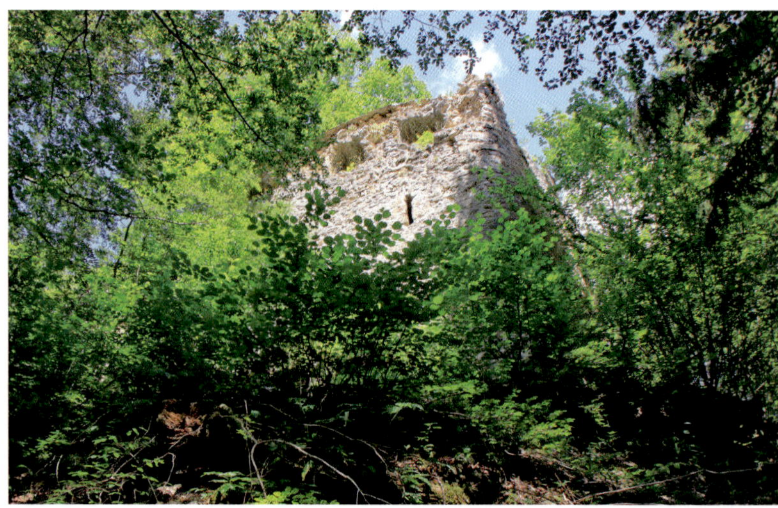

Ruine der ehemigen Burg Boll.

RANDEN – BOHLKOPFWEG

Auf dem Hohen Randen zum nördlichsten Punkt der Schweiz

 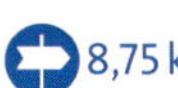8,75 km 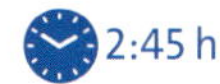2:45 h 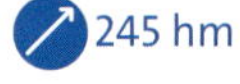245 hm 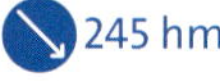245 hm 895

START | Blumberg-)Randen, Wanderparkplatz Buchener Stumpen. [GPS: UTM Zone 32 x: 468.510 m y: 5.295.380 m]
CHARAKTER | | Meist breite Forst- und Wanderwege, kurze Asphaltpassagen, zwischen Epfenhofen und Randen grasiger Waldpfad.

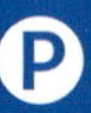

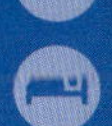

Vom **Wanderparkplatz 01** an der Pos. Buchener Stumpen, direkt neben dem Naturdenkmal „Alte Eiche", schwenken wir rechts in einen Kiesweg und wandern am Waldrand entlang zum **Schwarzen Stein 02**, dem nördlichsten Punkt der Schweiz. Der Grenzstein von 1839 verrät uns, dass hier der Kanton Schaffhausen, das Großherzogtum Baden und die Gemeinden Nordhalden, Bargen und Epfenhofen Grenznachbarn sind bzw. waren. Wir biegen nach rechts ab in den hochstämmigen Wald und marschieren leicht abwärts. Der Blick öffnet sich bald wieder, wir erreichen freies Wiesengelände, unterqueren eine Stromtrasse und gelangen wieder zum Waldrand. Wir stoßen auf ein Asphaltsträßchen, folgen links der Markierung 11 am Waldrand entlang, unterhalb der summenden Stromleitungen. Rechts passieren wir eine Hütte mit Bolzplatz, bleiben aber auf dem Asphaltsträßchen und überqueren die Lichtung in einem großen Linksbogen. Im Wald geht der Asphalt in Kies über und der breite Forstweg steigt moderat an.

Kurz nach einer Markierungstafel, hier zweigt links ein MTB Weg ab, verlassen wir den breiten Weg und schwenken mit der Mark. 11 nach rechts in einen grasigeren Weg ein (Pos. Am Erbestleweg). Der Weg fällt zunächst leicht, dann steiler ab. Bei der Abzweigung des Hohen Reutewegs bleiben wir geradeaus und es wird zunächst flacher. Nach einem Holzmacherplatz geht es nochmals ein Stück steiler bergab, wir verlassen den Wald und Epfenhofen liegt unter uns. Auch das imposante Bahnviadukt der Sauschwänzlebahn ist bereits zu sehen. Auf Asphalt wandern wir hinab zum **Egerstalhof 03**, machen

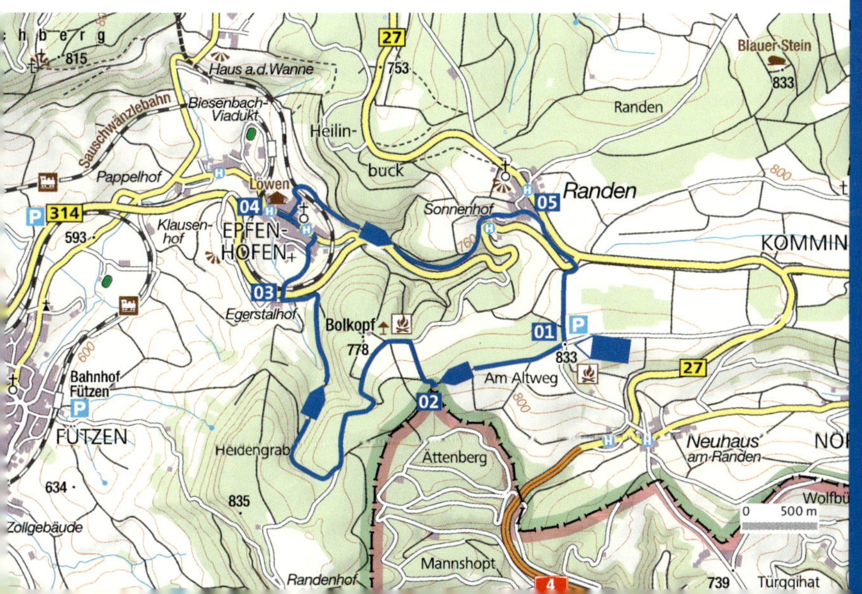

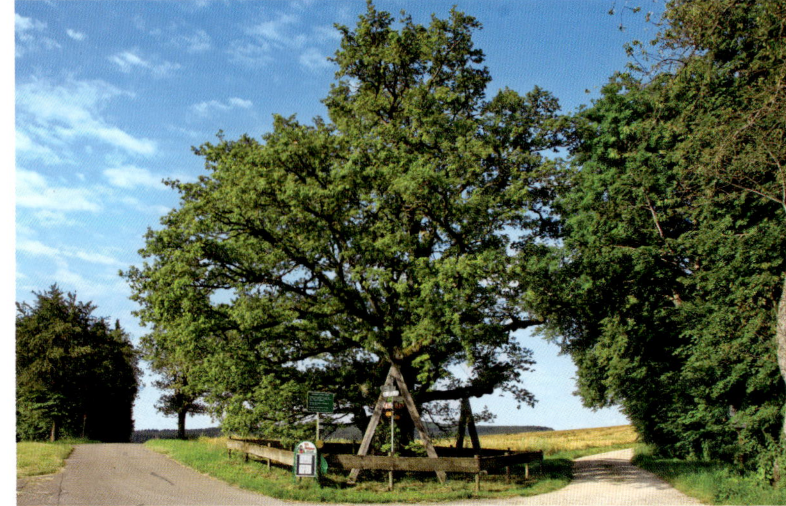

Die „Alte Eiche“ am Ausgangspunkt beim Buchener Stumpen.

einen Rechtsknick, unterqueren Straße und Eisenbahn und folgen dem Asphaltsträßchen rechts über freie Felder hinab nach **Epfenhofen** **04**. Ein kurzer Abstecher bis zur Dorfmitte und dem Landgasthof Löwen, dann gehen wir zurück und biegen vor der Kirche links in den Grubenweg ab.

Auf Asphalt steigen wir steil hoch, unterqueren die Eisenbahn und folgen nun der Mark. 12 und der gelben Raute nach rechts, oberhalb der Gleise. Es geht weniger steil in den Wald hoch, mit tollem Blick rechts zum Eisenbahnviadukt, über Epfenhofen und ins weite Land. Bei der Pos. Schneckenhaldenweg schwenken wir nach rechts und der ab hier wieder gekieste Weg bringt uns wieder in den Wald hinein. Mit dem Schneckenhaldenweg gelangen wir hinab zur Bundesstraße, dort halten wir uns links und folgen dem grasigen Waldweg, der leicht ansteigend hoch und durch niedrigen Wald oberhalb der Straße am Waldhang entlang führt. Es kommt ein kurzer steilerer Anstieg, der uns zu einem Forstweg hochführt. Nach rechts gehen wir auf die scharfe Autokurve, bleiben links auf einem geteerten Sträßchen, das zur Pos. Jurastraße hinaufleitet und uns rechts zu den Häusern von **Randen** **05** bringt.

Parallel zur B27 wandern wir auf Asphalt zur großen Kreuzung hinüber, überqueren diese und marschieren auf einem Asphaltsträßchen geradeaus hoch zum schon sichtbaren **Wanderparkplatz** **01** am Buchener Stumpen.

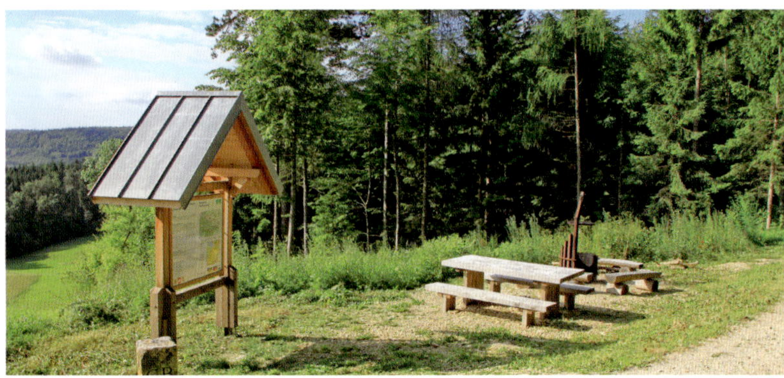

Am Schwarzen Stein, dem nördlichsten Punkt der Schweiz.

SCHLUCHSEE – ROTHAUS – „HÜSLI“

Heimatmuseum mit Fernseh-Vergangenheit

  15 km  4:15 h  269 hm  269 hm 898

START | Schluchsee, Rathaus, Parken am Bahnhof.
[GPS: UTM Zone 32 x: 438.360 m y: 5.296.320 m]
CHARAKTER | Breite Forstwege, Waldpfade und asphaltierte Nebensträßchen.

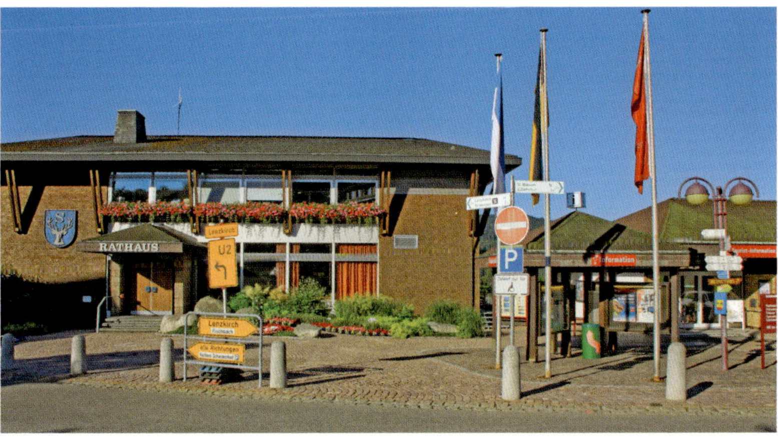

Rathaus und Tourist-Info in Schluchsee.

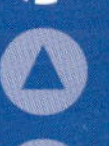
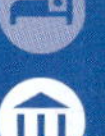

Die großzügige Rundwanderung vom Schluchsee über (Grafenhausen-) Rothaus und zum Heimatmuseum „Hüsli“ verbindet zwei der beliebtesten Ausflugsziele im Schwarzwald, und das inzwischen auch bundesweit bekannte „Tannenzäpfle“(-Bier) ist eine willkommene Erfrischung auf halber Strecke.

▶ Vom **Rathaus** **01** in Schluchsee, bei der Tourist-Info, gehen wir rechts die Fischbacher Straße hinab, unterhalb der Kirche vorbei, zur Pos. Alte Schmiede. Hier folgen wir links der Faulenfürster Straße, vorbei an der Abzweigung rechts nach **Seebrugg** **02**, in Richtung Rothaus (gelbe Raute). Kurz nachdem links der Untere Mühlenweg abgebogen ist, endet der Gehweg neben der Faulenfürster Straße und wir biegen links in den nicht asphaltierten **Kellermannweg** **03** ab (gelbe Raute). Der schmale, schattige Waldweg zieht durch den Wald hoch, wir folgen der Gelbmarkierung über eine Verzweigung hinweg, folgen dem Schild Wurzelpfad und Glasweg und erreichen, zum Schluss leicht fallend, die Pos. **Fohrenbühl** **04**. Folgen weiter dem Glasweg, bis dieser rechts abknickt.

Geradeaus via Faulenfürst (gelbe Raute) erreichen wir den Waldrand und wandern nun auf Asphalt zur Autostraße hinab. Auf einem schmalen, straßenbegleitenden Asphaltfußweg erreichen wir **Faulenfürst** **05**. Beim Gasthof Rössle, an der Pos. Faulenfürst, biegen wir links in die Straße Zum Bildstöckle und wenig später rechts in den Schnupferweg ab. Ein paar Meter später verlassen wir den Asphalt und schwenken nach rechts in einen grasigen Alleeweg ein.

Wir stoßen wieder auf Asphalt, scharf links ist die zur Zeit wegen Waldarbeiten gesperrte Hochstraße ausgeschildert, daher folgen wir dem Asphaltsträßchen am Waldrand entlang. Nach einer freien Wiesenfläche mit herrlichem Ausblick rechts bis in die Schweizer Schneeberge, stoßen wir auf die von links kommende Hochstraße und sind wenig später am

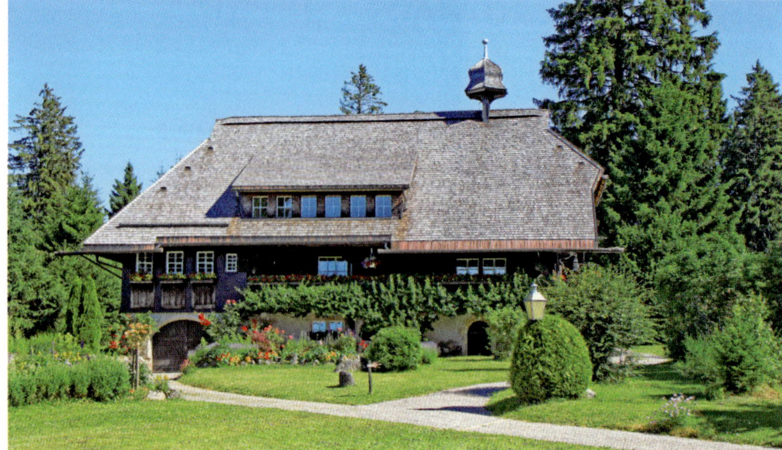

Das Heimatmuseum „Hüsli“.

Ortsschild **Dürrenbühl** **06**, rechts taucht eine kleine Kapelle mitten in den Wiesen auf.

Die kaum befahrene Straße steigt in einer Rechtskurve leicht an, wir passieren links eine interessante Skulptur (Quellgeist) und gelangen zur Pos. Dürrenbühl. Auf gekiestem Fußweg geht es hinab zur **Brauerei Rothaus** **07**, die wir auf dem Zäpfleweg umrunden.

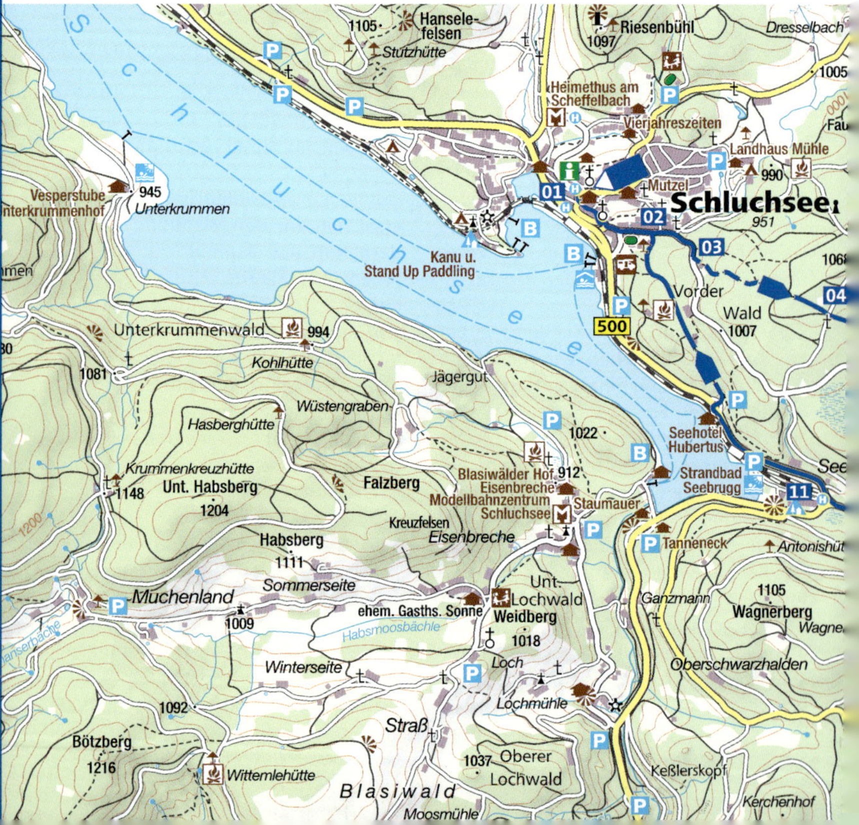

Vorbei am Brauereigasthof marschieren wir zum Kreisverkehr und zur Pos. Rothaus, überqueren die Straße und folgen der blauen Markierung Richtung Hüsli. Vorbei an der riesigen Tannenzäpfle-Skulptur gelangen wir zur Tourist-Info und schwenken links zum nahen **Heimatmuseum „Hüsli“** 08. Wir umlaufen das Hüsli, kehren zurück zum Kreisverkehr und gehen die Straße links hinab. Auf dem asphaltierten Gehweg durchqueren wir **Brünlisbach** 09, biegen am Straßenende rechts ab (gelbe Raute). Vorbei am Rothaus-Camping (dem ehem. Campingplatz Speckhuisli) wandern wir auf der nicht mehr asphaltieren Alten Rothauser Landstraße leicht abwärts zur Autostraße, überqueren sie und folgen einem leicht ansteigenden Waldweg.

Wir überqueren die Straße erneut, gehen über den **Mettma-Bach** 10, und schwenken rechts in einen breiten Forstweg, der uns leicht ansteigend nach **Seebrugg** 11 bringt. Über die B500 folgen wir dem Geh-/Radweg neben der Straße. Beim Seehotel Hubertus überqueren wir die Autostraße und wandern auf dem zunächst leicht ansteigenden Waldweg Richtung Schluchsee.

Vorbei an einer Hütte mit Infotafel (Walderlebnispfad Kohlgrube) stoßen wir auf die **Faulenfürster Straße** 02, halten uns links und marschieren auf dem Hinweg zurück zum **Ausgangspunkt** 01.

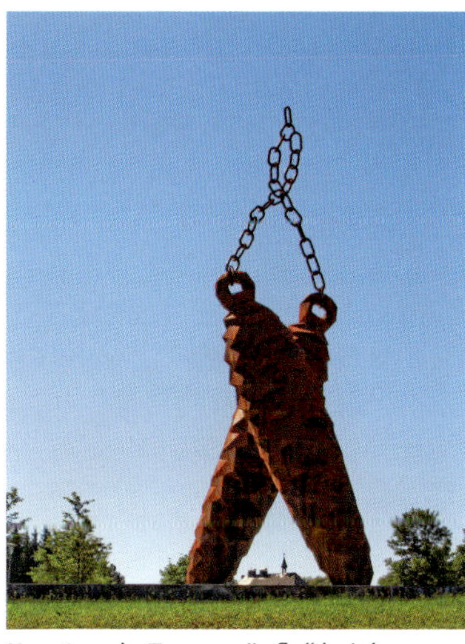

Kunstwerk „Tannenzäpfle“ bei der Rothaus-Brauerei.

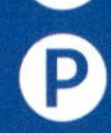

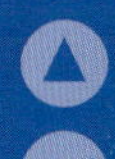
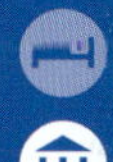

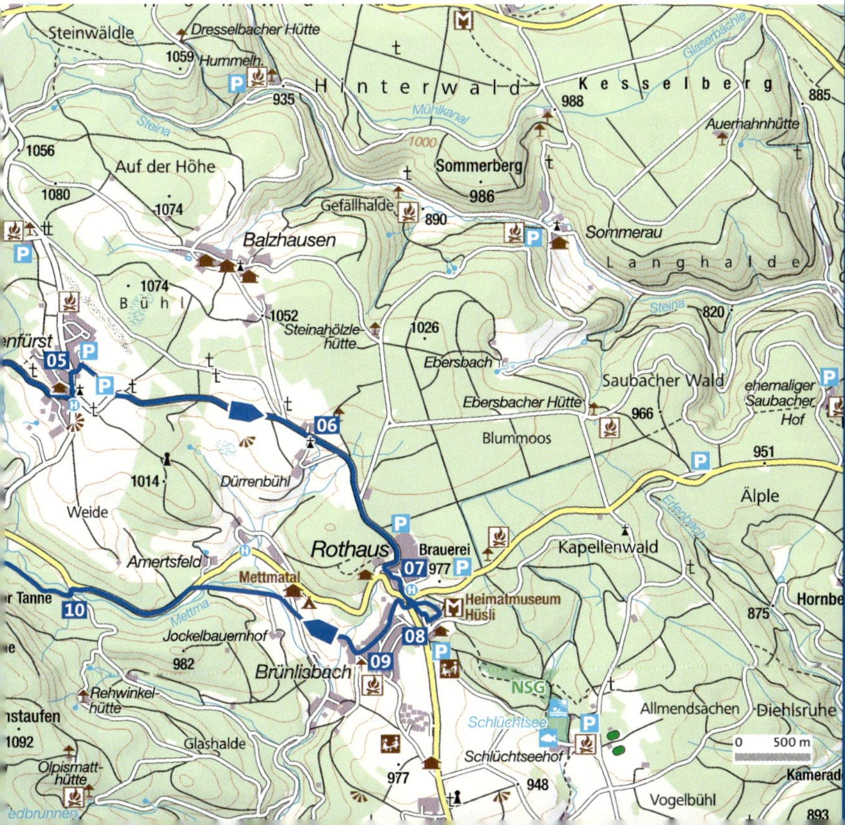

SCHLUCHSEE-UFERWEG

Zu Fuß und mit dem Schiff rund um den Schluchsee

 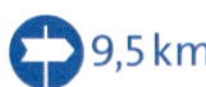 9,5 km  2:45 h 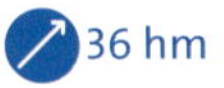 36 hm 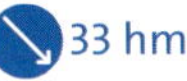 33 hm  893

START | Schluchsee-Aha, Parken am Bahnhof.
[GPS: UTM Zone 32 x: 435.190 m y: 5.298.100 m]
CHARAKTER | Anfangs schmälerer, dann herrlich breiter Uferweg ohne große Höhenunterschiede mit Aussicht und Zugang zum See.

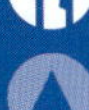

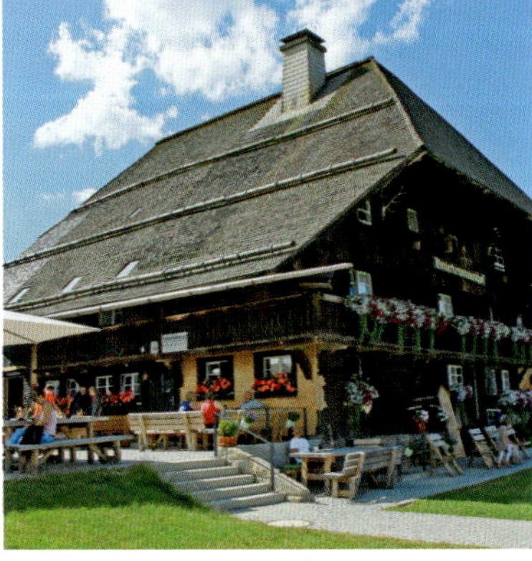

Der Unterkrummenhof.

▶ An der **Anlegestelle** in **Aha** 01 folgen wir dem Radweg entlang der B500 und biegen vor der Straßenkreuzung links auf einen Fußweg ab, der nicht asphaltiert nahe am Ufer entlang verläuft. Wir stoßen dann auf einen Kiesweg, der rechts von der Menzenschwander Straße herab kommt und folgen ihm nach links.

Über eine **Brücke** 02, hier ist ein kleiner Teil des Sees abgetrennt, geht es zu einer Wegverzweigung. Wir bleiben links und folgen der Markierung in Richtung Unterkrummen. Zunächst teils ohne Sicht zum See wandern wir auf dem breiten Weg durch den Wald entlang des Ufers. Nur hin und wieder schimmert der Schluchsee durch die Bäume hindurch.

Am Waldende öffnet sich der Blick und wir schlendern aussichtsreich über die Wiesen, an einer aufgelockerten Baumreihe entlang, zum sichtbaren **Unterkrummenhof** 03 hinüber. An der beliebten und vielbesuchten Einkehrstätte vorbei geht es auf einem breiten Kiesweg zunächst durch niedrigen Wald bergab bis fast ans Ufer; wir überqueren einen Zulauf und bleiben ziemlich nahe am Seeufer. Nach einer Linkskehre passieren wir links eine Anglerhütte, rechts einen Brunnen, mehrere Bänke säumen den Weg und auch größere Felsblöcke

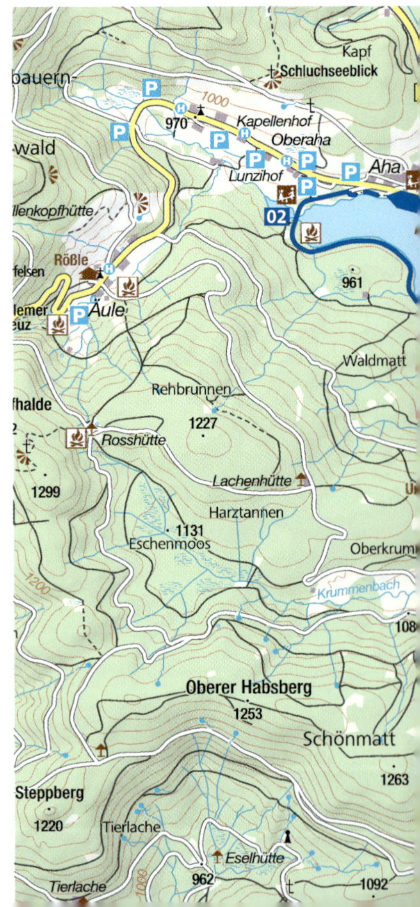

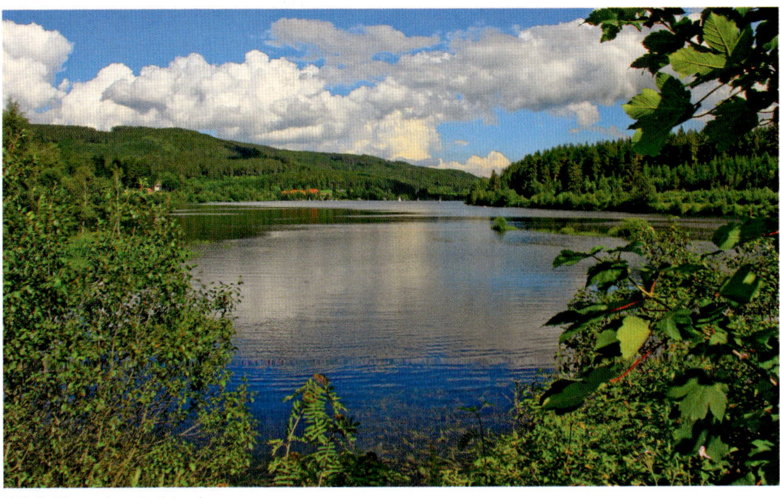

Blick über den Schluchsee.

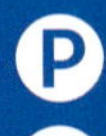
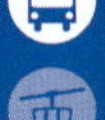

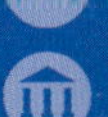

tauchen auf. Wir kommen zur Verzweigung bei der Pos. Unterkrummenweg und folgen links der gelben Raute wieder zum See. Auch hier treffen wir auf große Felsblöcke. Kurz darauf haben wir die Pos. **Schluchsee-Staumauer** **04** erreicht, von wo wir mit dem Schiff zurück nach **Aha** **01** fahren.

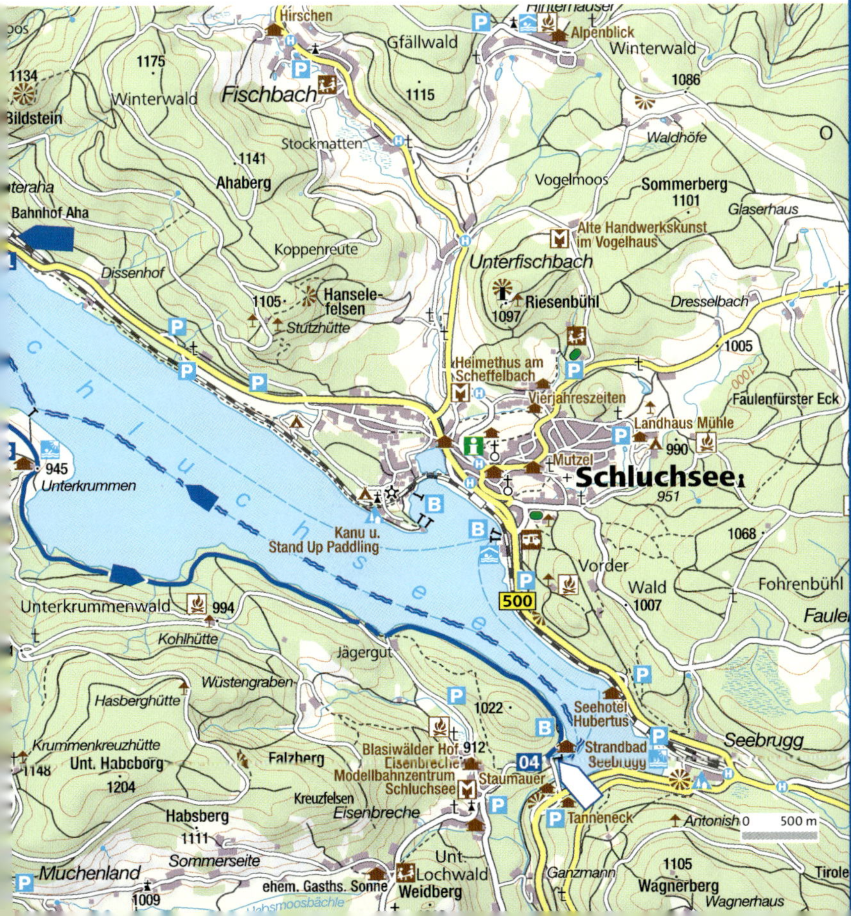

TODTMOOSER LEBKÜCHLERWEG

Panoramatour zwischen Himmelsliegen und Rabenschlucht

  13,75 km 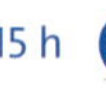 4:15 h 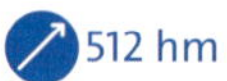 512 hm 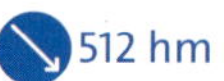 512 hm  898

START | Weißenbach, Hochkopfhaus, Parkplatz, Bushaltestelle. [GPS: UTM Zone 32 x: 423.300 m y: 5.290.380 m]
CHARAKTER | Wald-, Wiesen- und Forstwege, streckenweise schmälere Pfade, Holzsteg in der Rabenschlucht und anschließend steilere und etwas felsigere Passage.

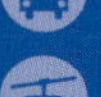

„Lebküchler"

Die Todtmooser Frauen verköstigten in früheren Jahrhunderten die Wallfahrer und Pilger am Aufgang zur Wallfahrtskirche „Unserer Lieben Frau von Todtmoos" unter anderem mit Lebkuchen, dem Pilgerbrot. So erhielten sie den Namen „Lebküchler", wie die Einwohner von Todtmoos in der Region noch heute genannt werden.

Am **Hochkopfhaus** 01 auf dem Weißenbachsattel starten wir den markierten Lebküchlerweg, der hier auch als Hochkopfweg ausgeschildert ist, links hoch. Nach wenigen Minuten verlassen wir den breiten Forstweg, gehen links ab und wandern auf dem schmalen „Panoramaweg" mit schönem Ausblick nach rechts am Waldrand entlang. Der breiter werdende Grasweg führt dann leicht bergab, macht einen Rechtsknick und steigt wieder leicht an. Bei einer freien Wiesenfläche zweigen wir scharf links ab und steigen auf schmalem, steilem Pfad zu Almgelände hoch. Über Holzbohlen überqueren wir die Wiesen, gelangen zur Pos. Weitbuche, überqueren linkshaltend einen Kiesweg und gelangen auf dem Wiesenpfad hoch in den Wald. Pos. Langenwaldweg, Abzw. Weitbuche.

Wir schwenken rechts, folgen dem Forstweg leicht abwärts zur Pos. Unterer Langenwaldweg, Abzw. Prestenberg und knicken rechts ab auf einen anfangs breiten und deutlich abfallenden Waldweg. Der Weg verengt sich zum Pfad und führt steiler hinab zur Straße, einem Kreuz und zum **Liebfrauenbrunnen** 02. Über der Straße biegen wir rechts in einen schmalen Waldpfad, und erneut rechts steiler hinab, an Felsen und Steinblöcken vorbei. In Kurven schlängelt sich der Pfad abwärts, wir passieren einen Aussichtspavillon, und folgen den Lebküchler-Markierungen, die uns auf wurzeligem Pfad, teils an

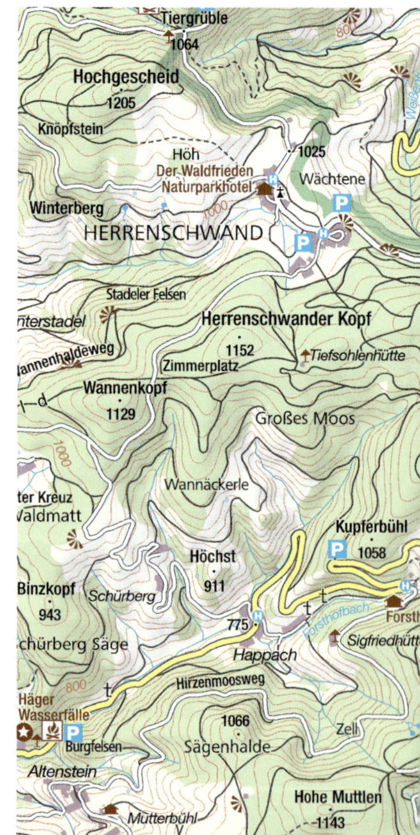

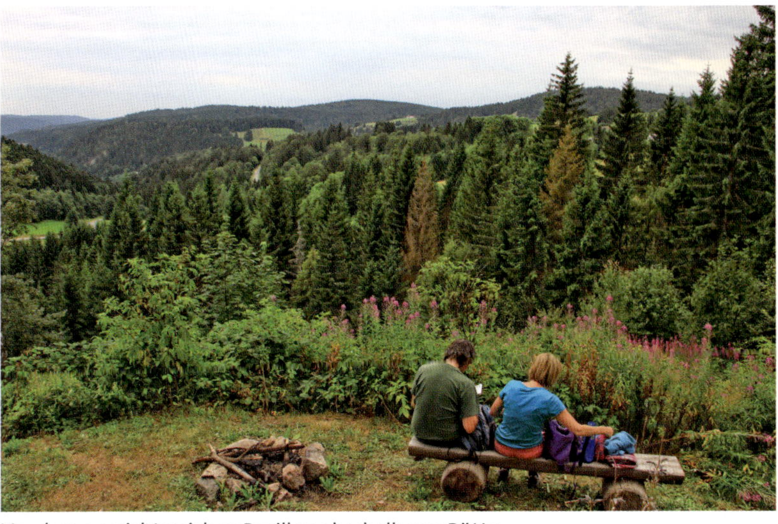
Vor dem aussichtsreichen Pavillon oberhalb von Rütte.

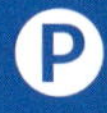
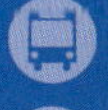

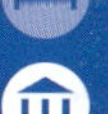

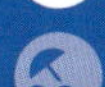

Felsen entlang, in ein Bachtal hinab führen. Zweimal überqueren wir den Bach, dann verlassen wir den Wald, wandern über Wiesen zu einem breiteren Landwirtschaftsweg, der uns wieder leicht fallend zu den Häusern von Rütte und zur Pos. Am Beerebühl bringt.

An einem wimpelgeschmückten Bauernhaus (Druiden-Kraftplatz) und

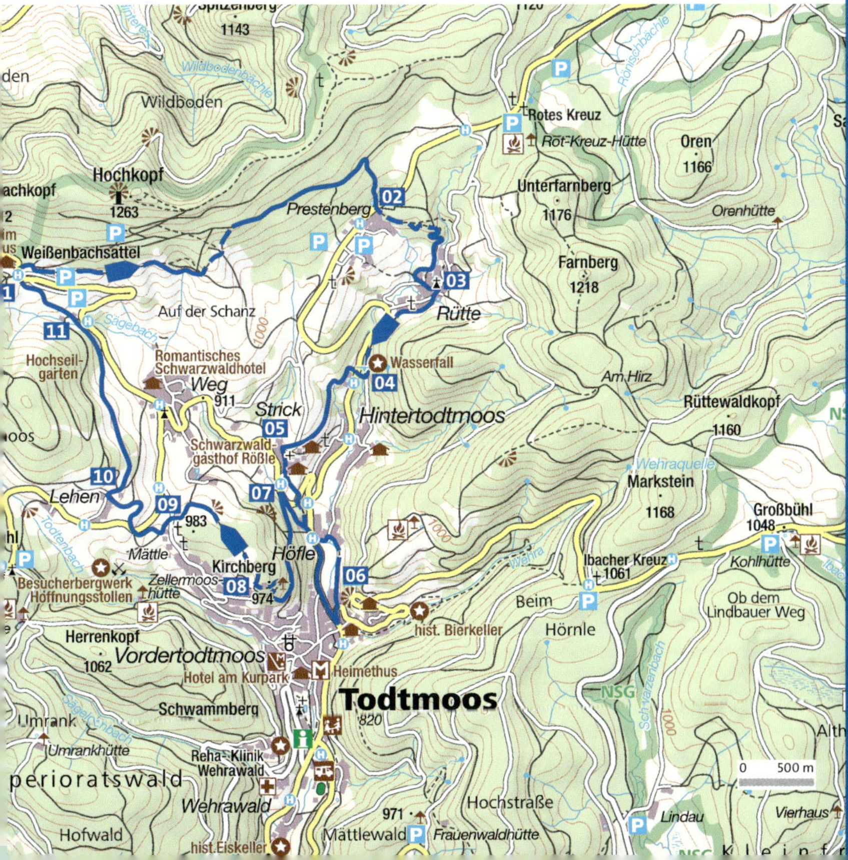

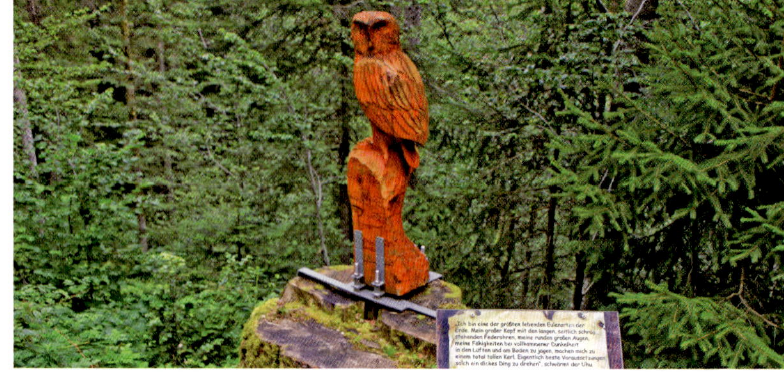

Infos am „Spürnasenweg".

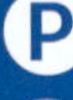

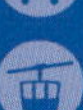

vor einem Yogahaus schwenken wir rechts hoch zur **Kapelle** 03 (Pos. Todtmoos-Rütte). Rechtshaltend, an einem Psychiatriezentrum vorbei, biegen wir bei einem Brunnen links ab und folgen rechts einem nicht mehr asphaltierten Feldweg, der uns mit Auf und Ab zu den **Todtmooser Wasserfällen** 04 führt.

Über Treppen abwärts, an Wasserfällen vorbei, steigen wir auf der anderen Seite kehrenreich und über Stufen wieder an und stoßen beim Ortsschild Hintertodtmoos auf die Straße. Wir überqueren sie und wandern auf dem zunächst asphaltierten Philosophenweg hoch. Durch kurze Waldstücke und über freie Wiesen erreichen wir über diesen schönen Hangpfad die ersten Häuser und Asphalt. Nach der Josefskapelle halten wir uns links und gelangen über eine Wiese zum **Naturparkhotel Rössle** 05 hinab. Am Hotelparkplatz biegen wir links ab, gehen vorbei am Tennisplatz und durch ein kurzes Waldstück steil hinab zur Autostraße. Wir überqueren sie und wandern weiter abwärts zur Pos. Todtmoos-Höfle. Entlang der Freiburger Straße gehen wir vor bis zur Brücke, biegen dann links ab, passieren das Rathaus und folgen der Markierung zum Schwimmbad.

Hinter dem **Schwimmbad** 06 treffen wir auf den offiziellen Startpunkt des Lebküchlerwegs und eine große Info-Tafel. Wir folgen dem Bach, überqueren ihn nach links und sind wenige Meter später wieder an der Freiburger Straße und der Pos. Todtmoos-Rütte. Wir halten uns rechts, und gehen an einem Bach entlang, den wir mehrmals überqueren, in die **Rabenschlucht** 07 hinein. Nach einer scharfen Linkskehre steigt der Weg steiler an, wird wurzeliger und felsiger, und führt uns am Waldrand auf dem „Spürnasenweg" an vielen holzgeschnitzten Tierfiguren vorbei zur Pos. beim Schwarzfelsen.

Wir biegen rechts ab, wandern auf ein kleines Plateau hinauf (Tische, Bänke), dann geht es wieder leicht hinab, und wir dürfen die Abzweigung rechts nicht verpassen, die an weiteren Tierfiguren vorbei zur **Rudolf-Jordan-Hütte** 08 hinauf weist. Oberhalb der exponierten Aussichtshütte ein hoher Antennenmast und die Pos. Scheibenfelsen. Geradeaus weiter, eine große Lichtung überquerend, geht es nach einem Waldstück in einer weiten Linkskehre bergab zur Pos. **Beim Tannenhof** 09, zuletzt wieder auf Asphalt. Wir überqueren die Autostraße, gelangen über Wiesen zur L146, die wir ebenfalls überqueren, und wandern in großen Kehren ansteigend hoch zur Pos. **Todtmoos-Lehen** 10.

Wir halten uns rechts und nach einem kurzen Waldstück traversieren wir leicht bergab über den Wiesenhang hinab zur Landesstraße, schwenken aber kurz vor ihr nach links und steigen auf einem steinigeren Pfad, vorbei an der **Hochkopfhütte** 11, und zwischen Skimasten hindurch, zum Sattel hoch. Rechts taucht ein mächtiges Steintor auf (Westweg, Tor zum Wehratal) und wenige Meter später sind wir am **Hochkopfhaus** 01 („Zum Auerhahn").

ZELLER BLAUEN • 1077 m

Aussichtswanderung über dem Wiesental

  16,75 km 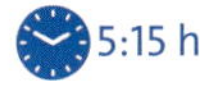 5:15 h 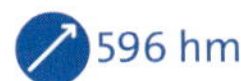 596 hm  596 hm 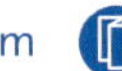 897

START | Zell im Wiesental, Parkplatz am Bahnhof, Bahnhofstraße. [GPS: UTM Zone 32 x: 413.620 m y: 5.284.210 m]
CHARAKTER | Wald-, Forst- und Wiesenwege, streckenweise asphaltierte Nebensträßchen, der Wiesenpfad nach der Käserner Linde ist etwas verwachsen.

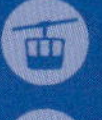
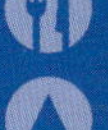
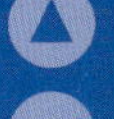
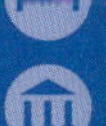

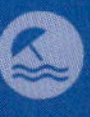

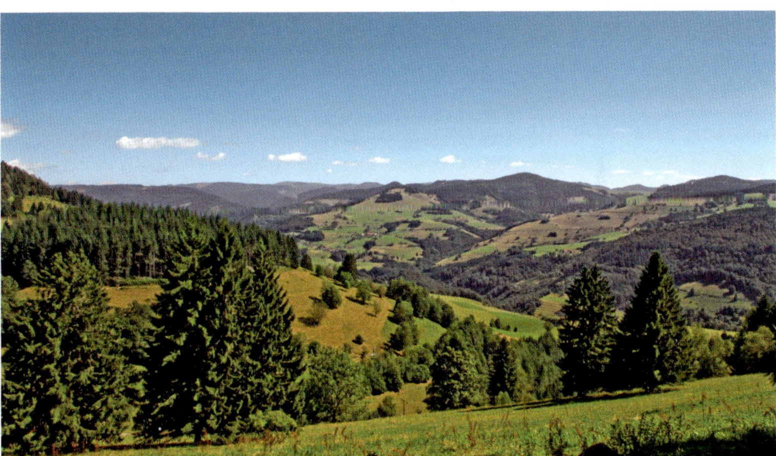

Herrlicher Weitblick über das Wiesental.

▶ Vom **Parkplatz 01** neben dem Endbahnhof der Wiesentalbahn gehen wir auf dem Gehweg neben der Bahnhofstraße Richtung Stadtmitte, biegen mit der Kirchstraße links ab und folgen nach der Kirche rechts dem steil ansteigenden, zunächst geplättelten, dann asphaltierten Blauener Weg hoch zum Waldrand und zur Pos. Wasserreservoir. In einer Linkskurve am Waldrand entlang steigen wir kontinuierlich durch hochstämmigen Wald an. Bei der Pos. Kalter Bühl kreuzt ein Fahrweg, wir folgen der blauen Markierung geradeaus und erreichen eine **Kuppe 02**.

Hier schwenken wir nach rechts, wandern flach durch lichten Wald zu einer Verzweigung und biegen links ab (blaue Mark.). Bald erreichen wir das Waldende, erreichen sehr aussichtsreich ein Asphaltsträßchen, folgen ihm links und steigen vor dem ersten Haus auf einem Waldweg rechts hoch zur Wegeverzweigung bei der Pos. **St.-Bernhards-Hütte 03**. Linkshaltend folgen wir leicht ansteigend über Wiesengelände der Markierung zu einer Straßenkehre und zum **Wanderparkplatz Blauener Ebene 04**.

Am Waldrand entlang, vorbei an der Pos. Oberblauen, stoßen wir auf eine Verzweigung bei der Pos. **Blauener Ebene 05** und steigen rechts leicht an zur nahen **Karl-Kopp-Hütte 06**. Bei der nächsten Verzweigung folgen wir dem rechten, leicht ansteigenden Weg (blaue Raute) und erreichen mit mehrfachem Auf und Ab über den Oberen Spinneckweg und den Hirzenkopfweg die Hütte bei der Pos. **Wolfsacker 07**.

Ein paar Meter zurück schwenken wir nach links in den Bubshornweg und folgen der blauen Raute via Zell. Bald fällt der Waldweg ab und bringt uns ans Waldende. Mit herrlicher Aussicht passieren wir ein Haus rechts vom Weg, schwenken rechts ab, an einer Aussichtsbank vorbei und wandern in einer Linkskehre unterhalb des Waldes leicht abwärts am Wiesenhang entlang. Links unten tauchen einzelne Höfe auf, der Forstweg geht in ein asphaltiertes Sträßchen über und leitet uns zum **Naturdenkmal Käserner Linde** 08, eine 265 Jahre alte und 38 m hohe Sommerlinde. 100 m weiter abwärts verlassen wir das Asphaltsträßchen und biegen auf einen Wiesenweg (blaue Raute) ab, der flach und aussichtsreich, teils etwas verwachsen, am Hang entlang zum Waldrand und zur Pos. Käserntanne verläuft.

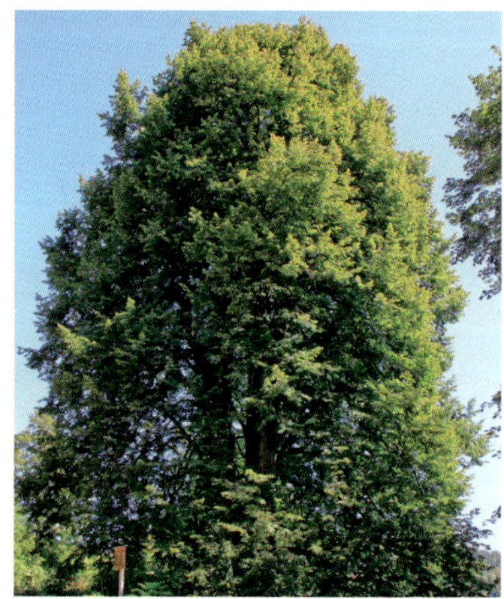

Die „Käserner Linde".

Der schmäler werdende Waldpfad führt am mäßig geneigten Waldhang entlang, zunächst flach, fällt dann aber deutlich stärker ab zu einem kreuzenden Forstweg und der Pos. Grüben, St. Bernhardshütte. Weiter abwärts durch Wald, dann über freie Wiesen stoßen wir auf ein Asphaltsträßchen und folgen ihm rechts zur Pos. **St.-Bernhards-Hütte** 03. Wir machen links einen Abstecher zur riesigen **Bernhardshütte** 09.

Zurück zur Verzweigung orientieren wir uns Richtung Zell (Gelbmarkierung), passieren das Ortsschild von Blauen und gehen links bergab Richtung Adelsberg. Das Asphaltsträßchen führt an der Pos. **Blauen** 10 vorbei und in Kehren leicht bergab. Bei einer scharfen Linkskehre über einen Bach verlassen wir den Asphalt und folgen einem Waldweg, der uns am Bach entlang stetig abwärtsführend zur Pos. Kühlloch bringt. Wir folgen dem Schild Zell-Friedhof, weiter abwärts am Bach entlang, überqueren zwei Brückchen, und kurven auf dem breiten Weg durch den Wald hinab. Dann wird es lichter, wir treffen auf Asphalt und die Pos. **Friedhof** 11, schwenken links und wandern unterhalb des Friedhofs Richtung Kirche. Bei der Einmündung des Sonnenwegs steigen wir rechts über ein paar Stufen bergab (gelbe Raute) zum Schwanenweiher und links zur Kirchstraße. Auf dem Hinweg dann zurück zum **Bahnhof** 01.

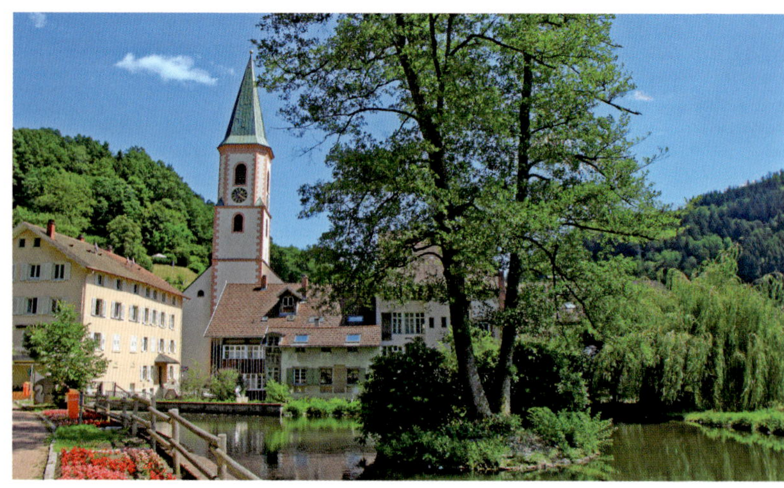

Zell im Wiesental, mit Schwanenteich und Kirche.

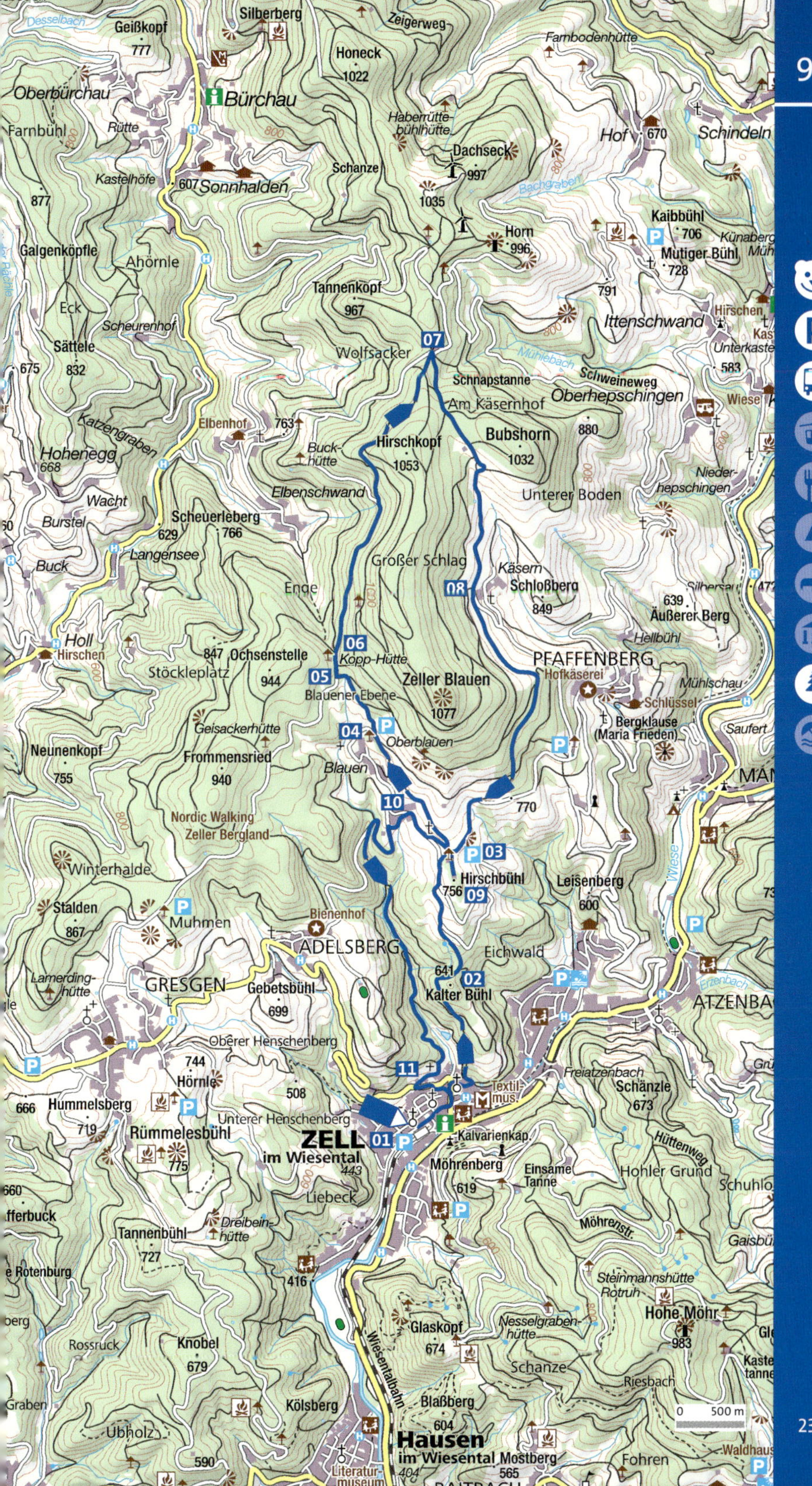

93

BADENWEILER – RUINE NEUENFELS • 595 m

Von römischen Thermen zu Schwarzwälder Burgruinen

  12 km 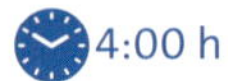 4:00 h 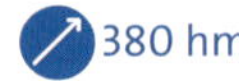 380 hm 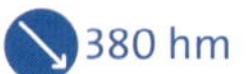 380 hm  890

START | Badenweiler, Parkplatz am Schlössle, Kanderner Straße.
[GPS: UTM Zone 32 x: 400.350 m y: 5.294.500 m]
CHARAKTER | Asphaltierte Nebensträßchen, Wald- und Wanderwege, im Bereich der Ruine teils schmaler, wurzeliger Pfad.

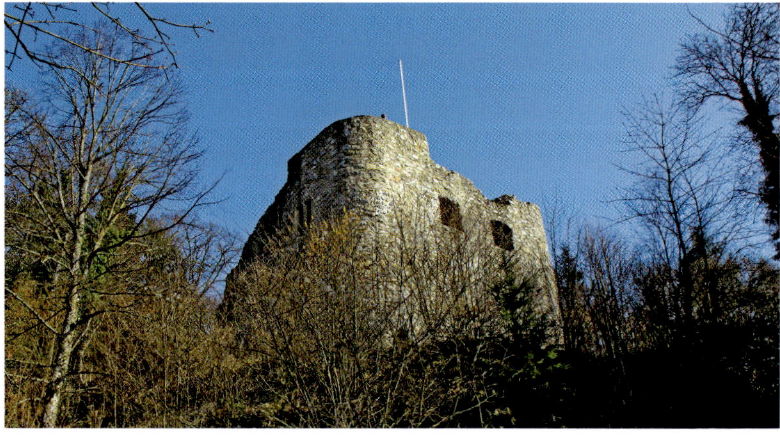

Ruine Neuenfels.

Vom **Parkplatz** 01 am Tennispark Badenweiler gehen wir auf einem asphaltierten Fußweg links hinab zum René-Schickele-Brunnen und weiter auf der Blauenstraße zum **Schlossplatz** 02. Rechts über die Kaiserstraße gelangen wir in die Ernst-Eisenloher-Straße, passieren die Cassiopeia-Therme, den Anton-Tschechow-Platz und das Literaturhaus und biegen in Höhe des Einkaufszentrums Treff 3000 rechts in die Brühlstraße ab. Der Asphalt endet hier und wir schwenken links in einen Landwirtschaftsweg ein, der uns aussichtsreich leicht bergab zur Autostraße bringt. Wir überqueren die L131 und steigen die Schwärzestraße leicht ansteigend Richtung Wald hoch.

Nach ein paar Metern, bei der Pos. Köhlerpromenade, knickt rechts der markierte **Bettlerpfad** 03 ab, der uns ordentlich ansteigend durch den Wald hoch zum Wanderparkplatz Schwärze führt. Wir biegen rechts ab, folgen dem nicht asphaltierten, teils wurzeligen Weg am Waldhang entlang in Richtung Ruine Neuenfels.

Bei einer scharfen Linkskehre überqueren wir einen Bach, stoßen auf zwei kreuzende Forstwege, bleiben weiter ansteigend geradeaus und gelangen zur Pos. Ruine Neuenfels. Über einen steilen Steig geht es die letzten Meter hoch zur aussichtsreichen **Ruine** 04, die einen fantastischen Rundumblick gewährt.

Unterhalb der Ruine folgen wir der Markierung Kohlhof, umrunden die Gemäuer auf einem steinigen Pfad. Wir gelangen auf eine Kuppe, in der Kurve kreuzt ein breiter Weg und es geht langsam bergab. Der breite Weg fällt dann steiler ab und wir schwenken bei einer Verzweigung links in den Lausbergweg ein, der am Waldrand entlang weiter abwärts führt und uns zum **Kohlplatz** 05 (Unterstandshütte, Grillplatz) bringt. Wir folgen rechts dem breiten Forstweg

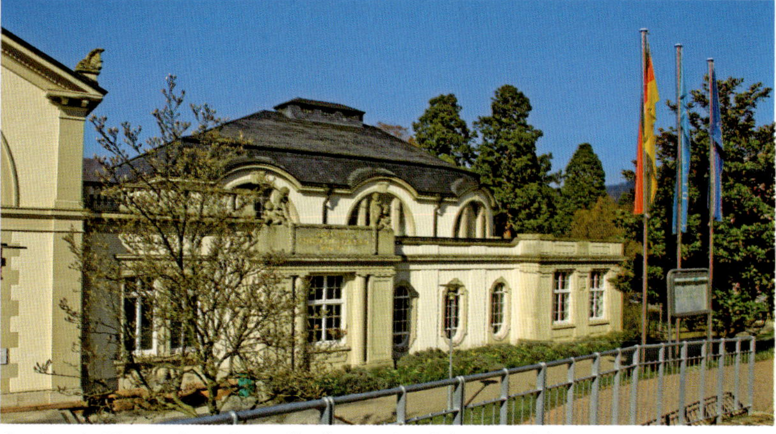

Cassiopeia-Therme in Badenweiler (Ernst-Eisenloher-Straße).

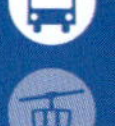

abwärts durch aussichtslosen Wald, passieren die Pos. Untere Brudermatt, halten uns rechts Richtung Schweighof und gehen auf dem Alten Holderweg weiter bergab. Am Waldende treffen wir auf Häuser und folgen geradeaus der asphaltierten, leicht abfallenden Bergstraße. Die kreuzende Fahrstraße kurz links und beim Rathaus rechts in die Lindenstraße abbiegen. Zunächst auf einem Gehweg, dann auf einem schmalen Kiesweg entlang der Straße marschieren wir in Kehren am Waldrand entlang Richtung Badenweiler.

Der Kiespfad neben der Badstraße steigt etwas an, nach rechts öffnet sich der Blick ins Tal und wir passieren repräsentative Häuser und Villen auf der linken Seite. Über die Bismarckstraße gelangen wir zur **Ernst-Eisenloher-Straße** **06** und – vorbei am **Schlossplatz** **02** – wandern wir auf dem Hinweg zurück zum **Parkplatz** **01** am Tennispark.

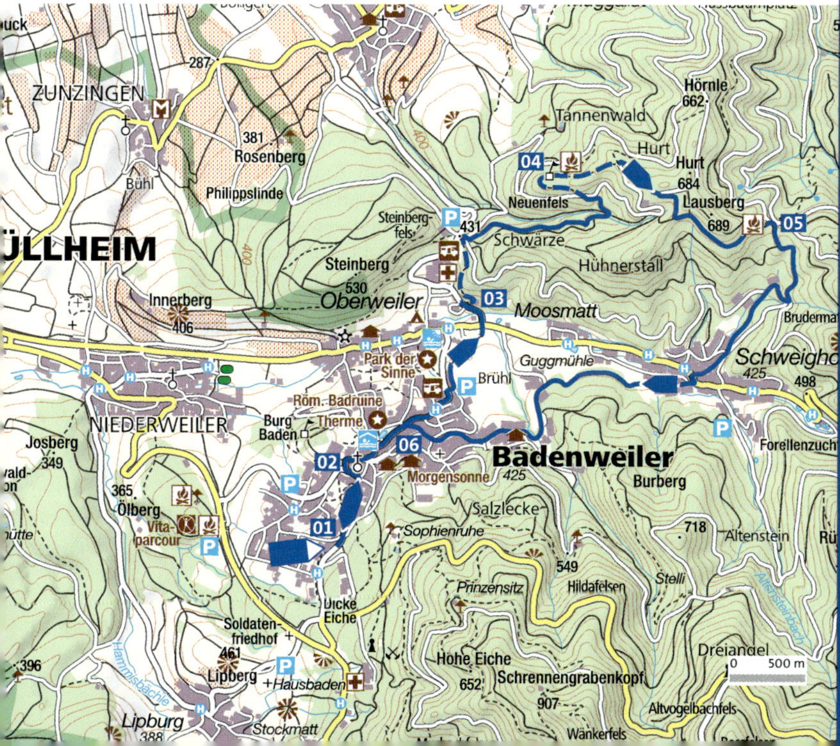

SCHLOSS BÜRGELN – RUINE SAUSENBURG

Schlösser- und Burgenrunde über dem Kandertal

 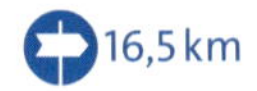16,5 km 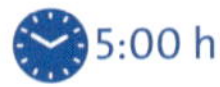5:00 h 617 hm 617 hm 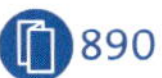890

START | Parkplatz am Bahnhof in Kandern.
[GPS: UTM Zone 32 x: 399.250 m y: 5.285.380 m]
CHARAKTER | Asphaltierte Nebensträßchen, Wander- und Waldwege, schmälere Pfade mit teils steileren Abschnitten, der Aufstieg zur Ruine Sausenburg verläuft über steile Holzstufen.

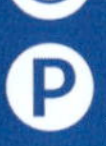

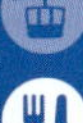
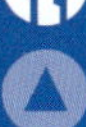
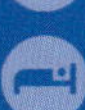

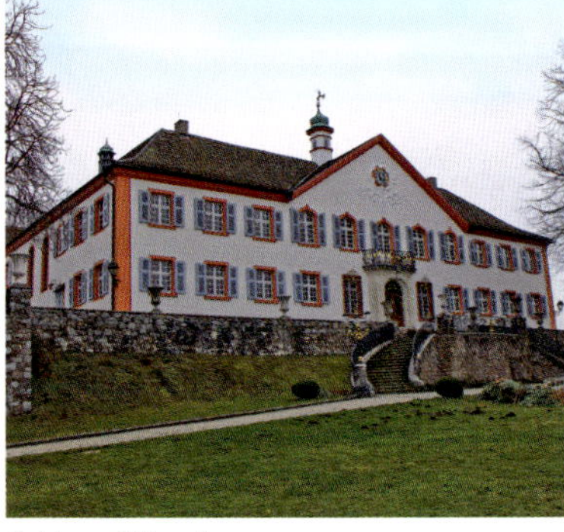

Schloss Bürgeln.

Vom **Bahnhof** 01 in Kandern gehen wir kurz links leicht hoch, schwenken dann rechts in die Hebelstraße, mit Blick auf den fernen Hochblauen-Sendeturm. Am Ende der Straße links ansteigend hoch und rechts in den Flühweg abbiegen (gelbe Raute). Oberhalb des Terrassen-Campingplatzes wandern wir am Waldrand entlang, stoßen auf die Pos. **Neuenbürg** 02 und verlassen den breiten Forstweg. Wir folgen links einem schmalen Pfad, der in den Wald hochführt und sich schön am Waldhang entlang schlängelt. Bei der Pos. Probstwald stoßen wir auf eine kreuzende Forststraße, halten uns rechts und treffen 100 m später auf ein Asphaltsträßchen, dem wir links leicht bergauf folgen. Herrliche Aussicht nach rechts zum Hochblauen, zum Schloss Bürgeln und zur Ruine Sausenburg.

Nach einer Rechtskehre erreichen wir die Pos. **St. Johannis Breite** 03 (Parkplatz, Bushaltestelle), überqueren die Autostraße und wandern mit der gelben Raute auf dem zunächst asphaltierten Breitiweg leicht ansteigend an. Der Asphalt endet bald und ein sehr aussichtsreicher Kiesweg führt an den Waldrand. Bei einer Bank verlassen wir den breiten Forstweg und biegen links in einen Waldweg ein. Wir überqueren einen Forstweg, gelangen ansteigend zu einer Lichtung, bleiben rechts von ihr und erreichen die Pos. Lindenmattbrünnle.

Rechtshaltend folgen wir dem Schlossweg zur Pos. **Schlosssattel** 04; oben ist bereits das Schloss zu erkennen. Wir umrunden den Waldhang und treffen bei der Pos. Schlossbrünnele wieder auf Asphalt. Wenige Meter rechts hoch und wir stehen vor **Schloss Bürgeln** 05.

Zurück bei der Pos. **Schlosssattel** 04 biegen wir links ab via Sausenburg. Auf dem zunächst ein Stück steil abwärts führenden Weg überqueren wir einen Forstweg und wandern hinab zur Asphaltstraße, der wir links hoch folgen, bis uns die Abzweigung Käsacker/Vogelbach und ein handschriftlich angebrachtes „Sausenburg" nach rechts weist.

In steileren Kehren gelangen wir nach **Käsacker** 06, beim Ortsendeschild biegen wir links in einen nicht asphaltierten Forstweg ein, der zum Wald hoch führt. Über eine Lichtung, mit Blick zum Schloss Bürgeln und zur Ruine Sausenburg, gelangen wir wieder in Wald und kurven relativ flach zur Pos. In den Riesen.

Leicht abwärts stoßen wir auf eine Asphaltstraße und das Ortsschild Vogelbach. Geradeaus, wieder auf Naturweg, folgen wir dem Schild Richtung Sausenburg (rote Raute, Westweg). Auf einem schönen, teils etwas felsigen Waldpfad, der zunehmend abfällt, erreichen wir die **Ruine Sausenburg** **07**, die über steile, geländergesicherte Steinstufen bestiegen werden kann. Zum aussichtsreichen Turm führen eine hölzerne Wendeltreppe und steile Holzstufen hoch.

Abwärts durch den Wald folgen wir der roten Raute zur **Langenebenehütte** **08** und folgen bei der Pos. Langenebene weiter dem Westwegzeichen hinab zum Mohrensattel. Hier verlassen wir den Weg, der nach rechts asphaltiert weiter führt, und gehen geradeaus, leicht ansteigend, auf einem Naturweg zu einem ausgeschilderten **Aussichtspavillon** **09**.

Der Weiterweg geht vor dem Pavillon rechts ab und führt, teils über Holzstufen, steil bergab, schwenkt dann flacher werdend nach links und bringt uns hinab zur Pos. Im Loh und zum asphaltierten Franz-von-Sales-Weg. An der Kirche wandern wir abwärts zur Pos. **Ochsengasse** **10**, halten uns rechts und folgen der Hauptstraße, am Nudelhüsli und an der Abzweigung zum Heimat- und Keramikmuseum vorbei, zum Marktplatz und weiter zum **Bahnhof** **01**.

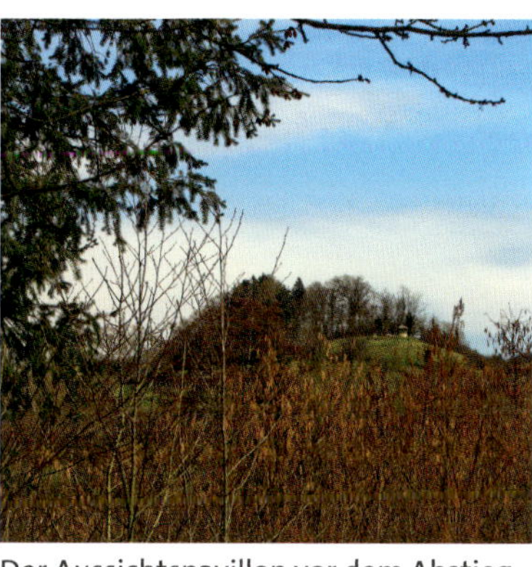
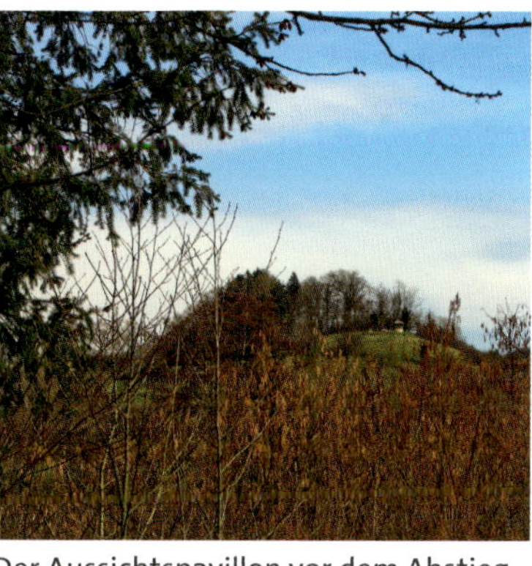

Der Aussichtspavillon vor dem Abstieg nach Kandern.

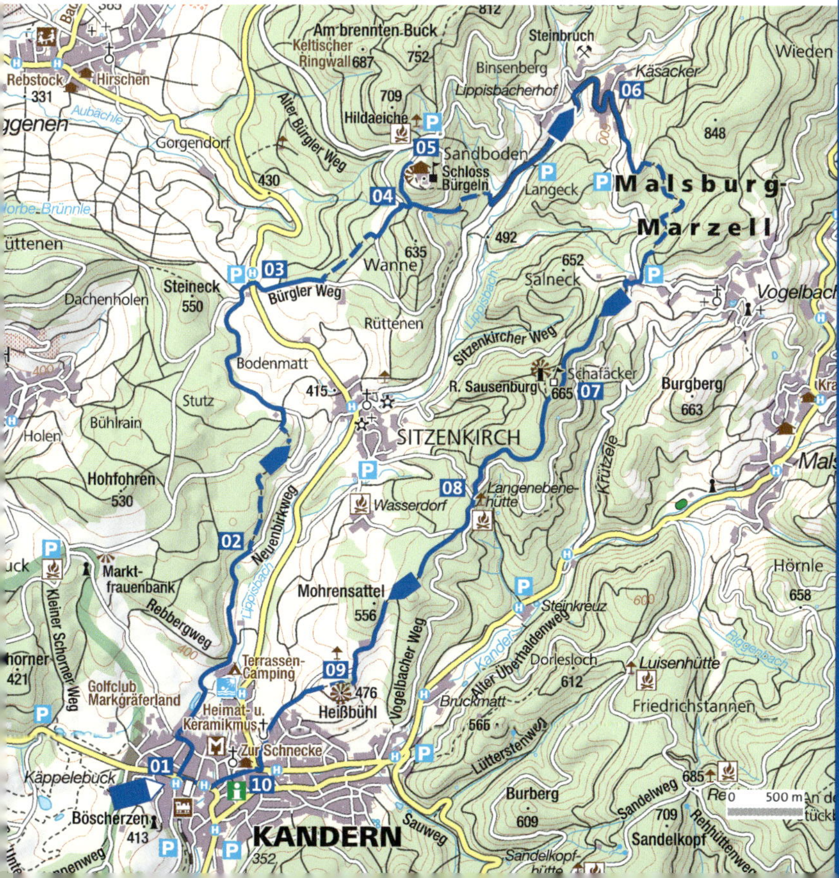

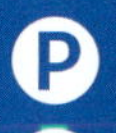

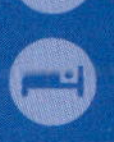

TÜLLINGER BERG – BURG RÖTTELN

Panoramawanderung über dem Rheinknie

  14,75 km 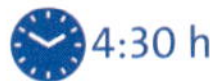 4:30 h 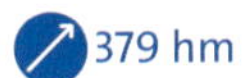 379 hm 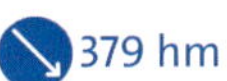 379 hm 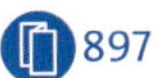 897

START | Wanderparkplatz Obertüllingen, beim Sendemasten. [GPS: UTM Zone 32 x: 397.750 m y: 5.272.820 m]
CHARAKTER | Meist breite Wander- und Waldwege, asphaltierte Nebensträßchen, steilerer Fußweg im Abstieg von Burg Rötteln.

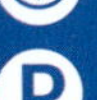
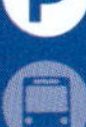
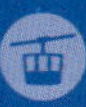

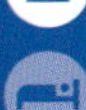

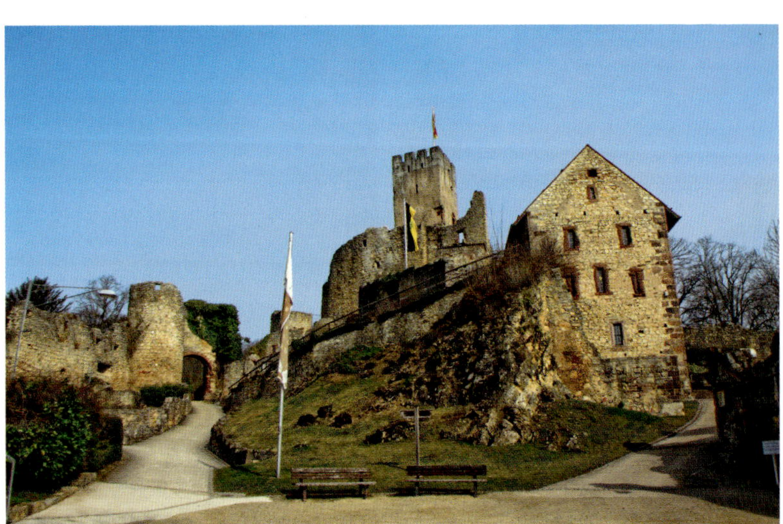

Die mächtige Burg Rötteln bei Lörrach.

▶ Vom **Wanderparkplatz** 01 in Obertüllingen folgen wir links am Sendemasten vorbei dem asphaltierten Tüllinger Weg (gelbe Raute). Herrlicher Ausblick links hinab nach Weil und ins Rheintal. Nach wenigen Metern geht es bergab, zunächst am Waldrand entlang, dann – hier hört der Asphalt auf – in den lichten Wald hinein. Wir gelangen zur Pos. Tüllinger Weg, bleiben am Waldrand entlang und folgen dem auch als Markgräfler Wiwegli ausgeschilderten Naturweg.

Vorbei an Weinreben wandern wir über freies Feld, stoßen auf ein Asphaltsträßchen und biegen scharf rechts ab. Zunehmend steiler ansteigend geht es zum Wald hoch (gelbe Raute), wo der Asphalt wieder endet. Über eine Kuppe, wieder leicht bergab, treffen wir auf eine Infotafel zum Tüllinger Wald und auf den **Österreicher Weg** 02, der nach links abzweigt. 10 m rechts ist die Pos. Käferholzen.

Wir gehen am Waldrand entlang (hier ist auch der Westweg markiert) und stoßen nach einem Linksschwenk in den Wald auf die Pos. Dauerhütte und ein paar Meter später rechts am Waldrand auf die **Hütte** 03. Über freies Feld und mit schönem Ausblick zur Burg Rötteln geht es auf einem Forstweg leicht bergab zur Pos. **Luisenhof** 04.

Wir folgen hier dem kreuzenden Asphaltsträßchen nach rechts, das leicht abfällt und eine tolle Rundumsicht bietet. Bei der Pos. Beim Wasserreservoir folgen wir der breiteren Asphaltstraße nach rechts und biegen vor den ersten Häusern scharf links ab. Wir überqueren eine Autostraße, gehen unter der Autobahn hindurch und marschieren rechts leicht ansteigend zu einer Wegekreuzung bei einer Gartenkolonie.

Wir bleiben geradeaus, noch ein paar Meter aufwärts, dann fällt das asphaltierte Sträßlein deutlich ab und wir stoßen auf die Zufahrtsstraße, die links hoch zur Burg führt. Mit ordentlicher Steigung geht es zunächst zum großen Parkplatz und zum Portal Dreiländerweg Lörrach (Westweg), dann in Kehren weiter hoch zur **Burg Rötteln** 05. Eine beeindruckende Anlage mit fantastischer Aussicht.

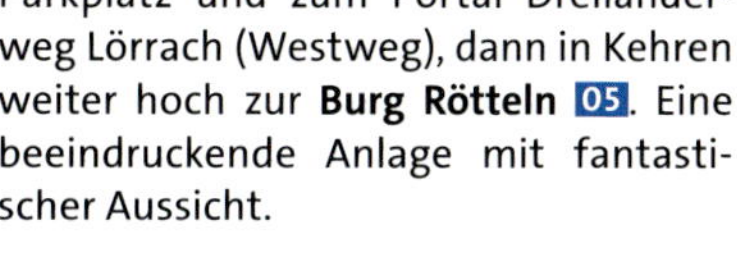

Beim Abstieg folgen wir dem nicht asphaltierten Fußweg (gelbe Raute, Richtung Rötteln-Weiler), der steil durch den Waldhang bergab verläuft. Wir

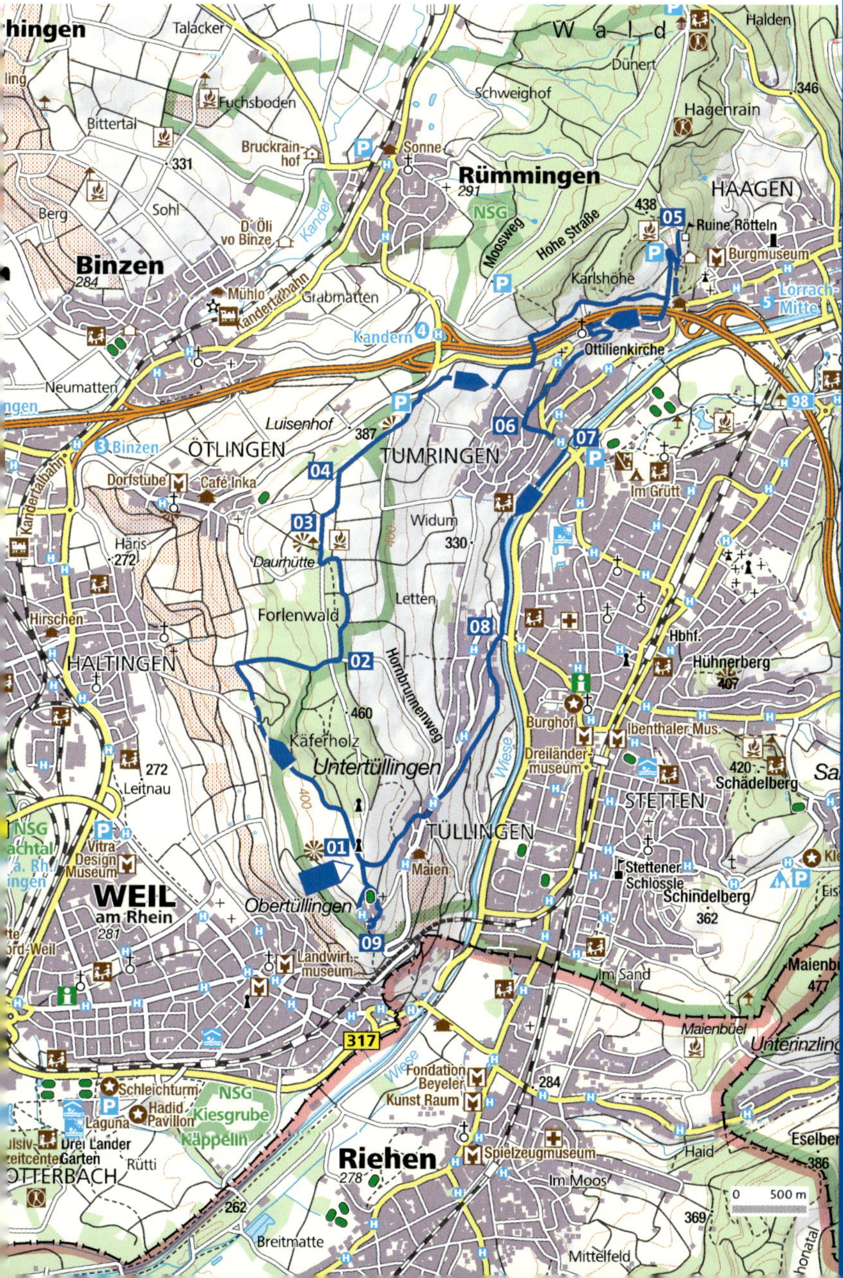

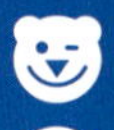
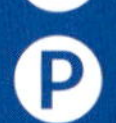
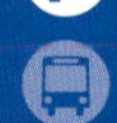
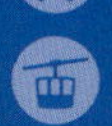

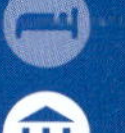

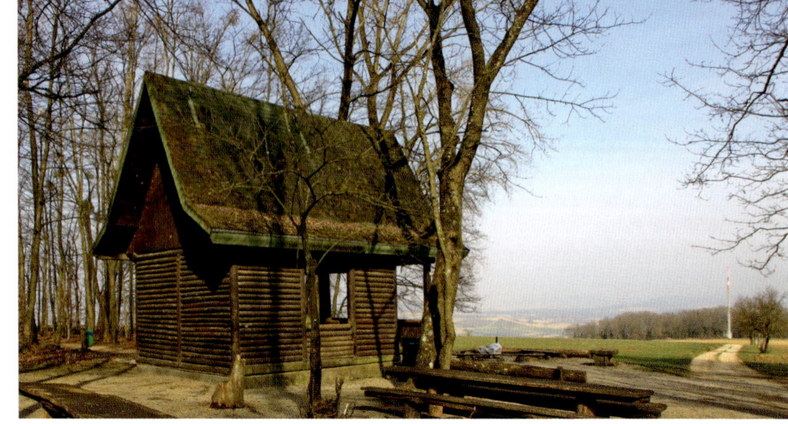
Von der Dauerhütte hat man einen schönen Blick in die Rheinebene.

stoßen wieder auf die Zufahrtsstraße, halten uns aber links, unterqueren die Autobahn und biegen sofort rechts ab Richtung Kirche (gelbe Raute). Auf dem Nebensträßchen an einer Gartensiedlung entlang kommen wir zur Pos. Kirche Rötteln, schwenken nach rechts bergab und gelangen nach einer Rechtskehre über die Oscar-Grether-Straße in die Burgstraße und zum **Gasthaus Engel** 06 (Pos. Tumringen-Engel). Kurz nach einem Fassadengemälde von der alten Poststelle biegen wir links ab und wandern hinab zur **Tüllinger Brücke** 07.

Vor der Brücke knicken wir rechts ab und folgen dem asphaltierten Wieseuferweg bis zur nächsten **Brücke** 08. Rechts hoch überqueren wir die Straße und folgen halbrechts der Steghaldenstraße, bis links der Langackerweg abzweigt. Mit schöner Aussicht hinab nach Lörrach stoßen wir auf die Abzweigung Bitzeweg, die deutlich stärker ansteigt und uns hoch zur Pos. Tüllingen Hornbrunnenweg bringt.

Ein Stück auf dem Gehweg entlang erreichen wir einen schön geschmückten Brunnen (Pos. Zwetschenweg), halten uns rechts und marschieren auf dem asphaltierten Brunnenweg aus dem Ort. Nach einer Linkskurve wird es steiler und wenig später haben wir oben unseren **Ausgangspunkt** 01 erreicht.

Nach rechts machen wir einen Abstecher zur **Ottilienkapelle** 09, zunächst auf dem Zufahrtssträßchen abwärts, dann leicht ansteigend rechts den Markierungen folgen. Wunderbarer Ausblick. Auf dem Rückweg orientieren wir uns links, umrunden auf dem Kirchweg ein Pferdegestüt und sind kurz darauf wieder am **Wanderparkplatz** 01.

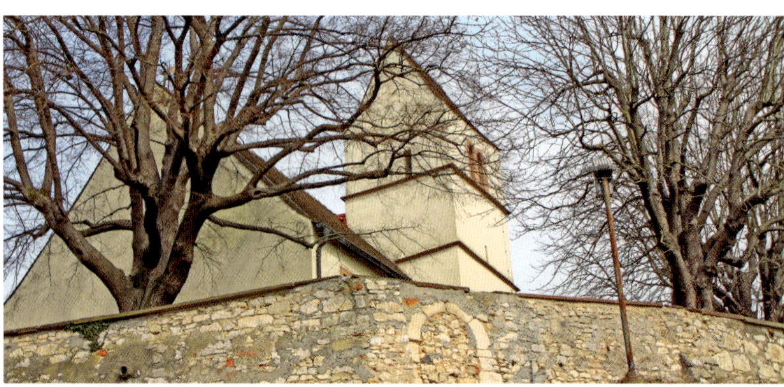
Die Ottilienkapelle auf dem Tüllinger Berg.

WEHRER SONNENWEG

Auf Sagen- und Jubiläumswegen zur Ruine Werrach

 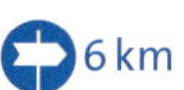 6 km 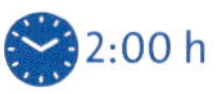 2:00 h 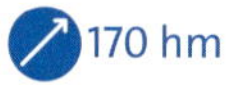 170 hm 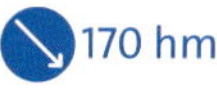 170 hm  897

START | Parkplatz Ludingarten, beim Alten Schloss in Wehr.
[GPS: UTM Zone 32 x: 417.800 m y: 5.275.350 m]
CHARAKTER | Wander- und Waldwege, nur kurze Asphaltpassagen, zwischen Ruine und Waldstüble schmälerer Waldpfad.

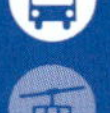

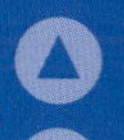

▶ Vom **Parkplatz Ludingarten** 01 gehen wir, an der Mediathek und am Alten Schloss vorbei, zur Straße vor. Wir biegen rechts ab, überqueren die Wehrabrücke und schwenken sofort links, ein paar Meter abwärts gehend, in den schmalen Wehratalweg ein. Ein paar Meter nach dem überdachten Storchensteg biegen wir scharf rechts ab Richtung Hohe Möhr. Wir steigen am Hang entlang zu Häusern und zum Brückenzugang hoch und folgen links dem zunächst gepflasterten, dann asphaltierten Weg in Richtung Ruine Werrach (Unterer Schlossweg).

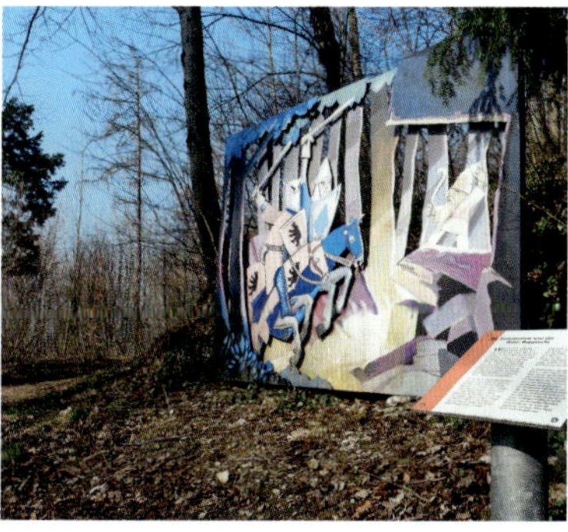

Der informative Sagenweg begleitet uns hoch zur Ruine Werrach.

Nach Überqueren der Werrachstraße orientieren wir uns am ausgeschilderten Sagenpfad, der nicht asphaltiert ordentlich steil am Waldhang entlang hochzieht. Wir passieren auf dem Serpentinenweg etliche Infotafeln und Skulpturen, halten uns bei einer Wegteilung rechts und gelangen weiter ansteigend zur **Ruine Werrach** 02 und einem überdachten Aussichtspavillon.

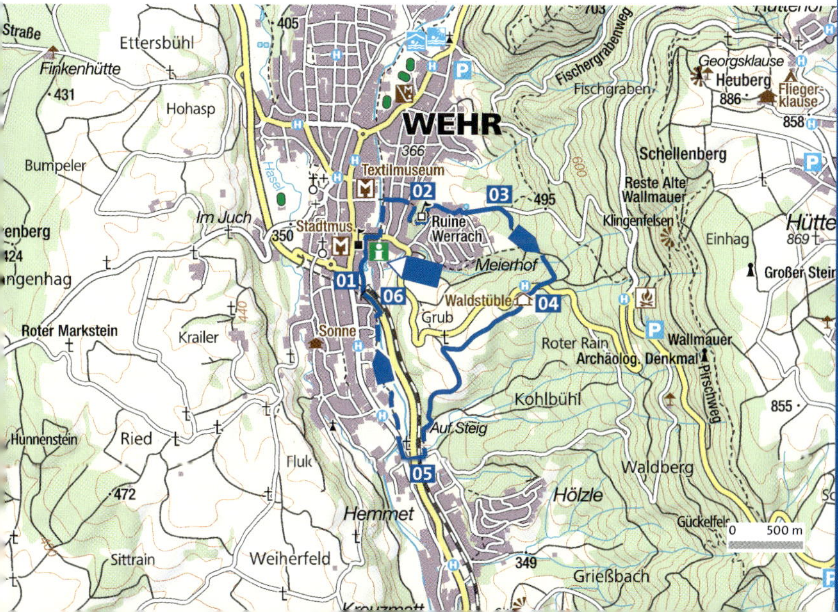

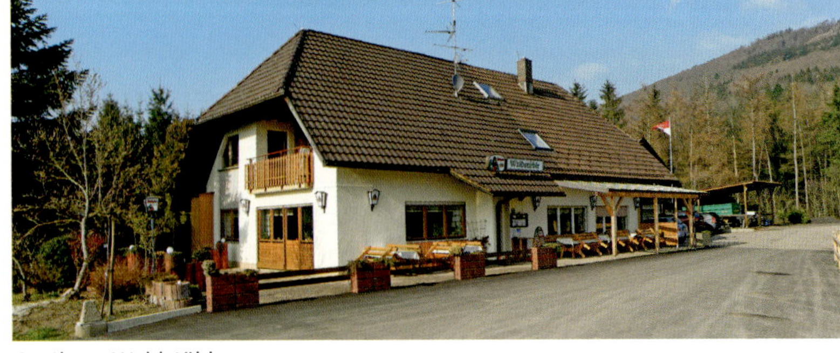

Gasthaus Waldstüble.

Der Abstieg verläuft über die Schloss- zur Hachbergstraße, beim Wasserreservoir schwenken wir links und steigen auf einem nicht asphaltierten Weg zum **Bolzplatz** 03 und zum Waldrand hoch. Wir treten in den Wald ein, stoßen auf einen kreuzenden Naturlehrpfad, dem wir nach rechts ein Stück weit folgen (Pos. In dem Wald). Wo der Naturpfad rechts abdreht, gehen wir geradeaus und biegen 50 m später auf den ausgeschilderten Jubiläumsweg ab (gelbe Raute). Der Pfad führt in leichtem Auf und Ab durch dichten Wald, kreuzt dann die Autostraße und nach wenigen Metern stehen wir vor dem Gasthaus **Waldstüble** 04. Am Gasthaus vorbei schreiten wir leicht abwärts wieder in den Wald und folgen der gelben Raute. Bei einer scharfen Linkskehre (Bank) eröffnen sich herrliche Aussichten mit toller Fernsicht, der breite Weg fällt stetig ab, wir passieren links eine Hütte und in großen Kehren stoßen wir auf ein Kiessträßchen, dem wir rechts folgen.

Ein Stück unterhalb der Straße entlang, dann kreuzt eine Asphaltstraße und wir unterqueren Bahn und Straße durch zwei **Unterführungen** 05 nach links. Nach der Wehrabrücke zweigt der Wehratalweg rechts ab (zur Zeit gesperrt; die Umleitung ist entlang der Straße hoch ausgeschildert), führt an Wiesen vorbei und bringt uns unter der Straße und der **Bahn** 06 zurück zum **Parkplatz** 01 beim Ludingarten.

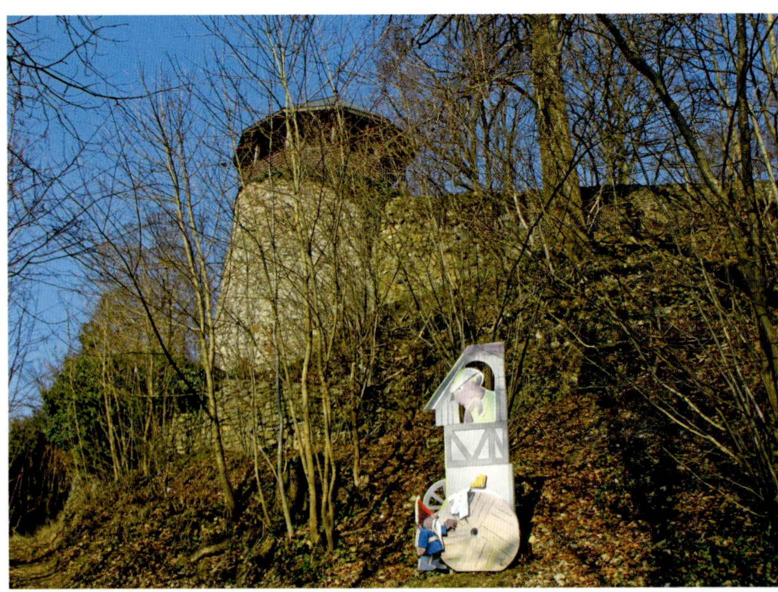
Die letzten Meter vor der Ruine Werrach.

GUGEL • 998 m

Über die Ödlandkapelle zum Gugelturm

  13 km  4:00 h 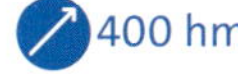 400 hm 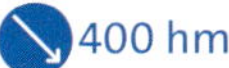 400 hm  898

START | Herrischried, Liftstraße, beim Eisstadion.
[GPS: UTM Zone 32 x: 423.870 m y: 5.279.300 m]
CHARAKTER | Wiesen- und Waldpfade sowie breite Forstwege und asphaltierte Nebensträßchen.

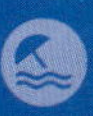

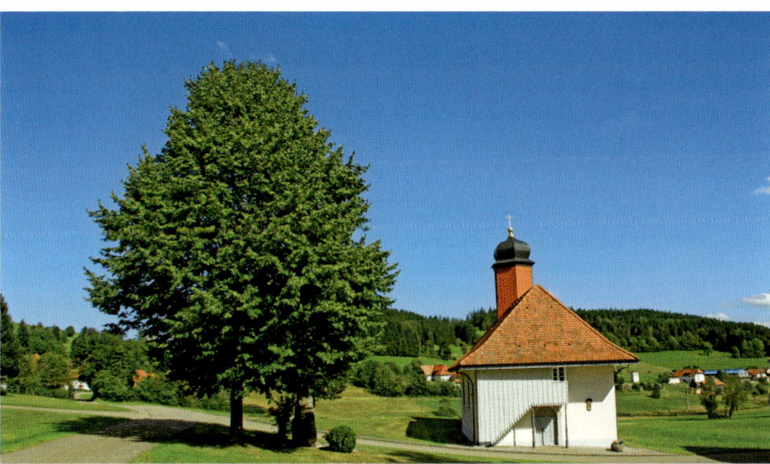

Die kleine Schellenbergkapelle bei Kleinherrischwand.

Vom **Parkplatz 01** beim Eisstadion gehen wir ein kurzes Stück links an der Sägestraße entlang, biegen dann links ab und steigen die Straße Zum Zelgle hoch. Wir überqueren nach den Häusern eine aussichtsreiche Skipiste und wandern in den Wald hinauf. Rechtsschwenkend, nochmals durch eine Skipiste unterbrochen, steigen wir im Wald weiter bergan und biegen bei der Pos. Sägtanne scharf rechts ab. Nach einem Flachstück steigt der breite Weg wieder stärker an und auf einem etwas verwurzelten Grasweg erreichen wir die auf einer freien Lichtung stehende **Ödlandkapelle 02**.

Geradeaus über die Lichtung folgen wir dem leicht abfallenden Kiesweg hinab zu einer Verzweigung bei der Ödlandhütte. Wir schwenken rechts und gehen mit leichtem Auf und Ab auf breitem Forstweg durch den Wald, passieren eine Hütte linker Hand und erreichen wieder freies, aussichtsreiches Wiesengelände. Leicht abwärts kommen wir zu einer **Verzweigung 03**, stoßen auf Asphalt und wandern in einem Rechtsbogen über eine große Lichtung hinab zum Waldrand. Im Wald verlassen wir den Asphaltweg, gehen auf einem wurzeligen Waldweg kurz hoch zu einer Kuppe und steigen dann in einer Art Tobel wieder bergab. Wir treffen auf einen geschotterten Forstweg, dem wir nach rechts folgen, und gelangen zur Pos. Tannenboden. Nach links weiter, wieder durch Wald, zur nächsten kreuzenden Kiesstraße und erreichen, zum Schluss leicht ansteigend, das **Kreuz 04** bei der Pos. Kreuzbuche. Rechts führt ein Hohlweg leicht bergab ans Waldende, wir treffen auf Asphalt und wandern den Wendelinusweg abwärts zur **Kapelle Schellenberg 05**.

Es geht kurvenreich zur Autostraße hoch (Pos. Klein-Herrischwand), über sie

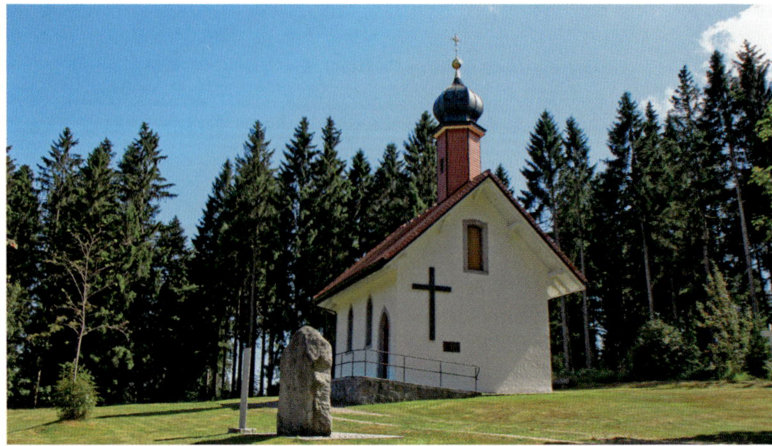

Die Ödlandkapelle.

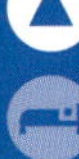

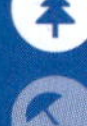

hinweg und asphaltiert, ein Stück steiler am Waldrand entlang, hinauf. Auf freiem Feld gelangen wir zu einer Verzweigung, halten uns zunächst rechts, dann links und stoßen auf einen kleinen Parkplatz am Waldrand. Ein gekiester Waldweg führt uns am Jugendzeltplatz vorbei zum **Gugelturm** 06 und zum Gugelstüble hoch. Fantastische Rundumsicht.

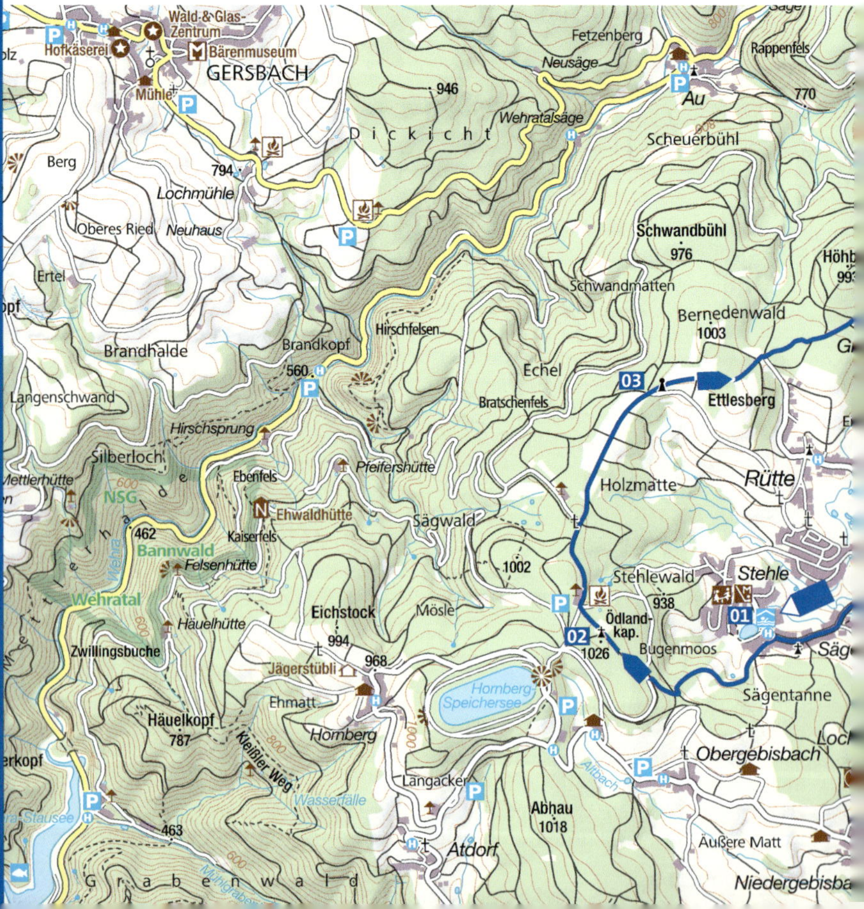

Über einen steileren, verwurzelten Pfad gehen wir abwärts, passieren eine Lichtung, und stoßen am Waldende auf Asphalt. Das aussichtsreiche Sträßchen bringt uns hinab zur Pos. **Giersbach** **07**. Wir überqueren die Straße, folgen ihr rechts und biegen bei den Häusern links ab. Der Asphalt endet und in leichtem Auf und Ab kurven wir durch die Wiesen abwärts zum Giersbacher Moos, überqueren einen Bachlauf und steigen wieder bergauf Richtung Wald.

Nach dem Waldstück (Pos. Riesenbühl) gelangen wir wieder in offenes Feld und marschieren über eine Kuppe zu den Häusern. Die Hasengasse leitet uns hinab zum Gasthaus Ochsen, wo wir linkshaltend über die Hauptstraße die Sägestraße erreichen, der wir rechts zum Ausgangspunkt beim **Eisstadion** **01** folgen. (Alternativ können wir an der Sporthalle und den Fußballplätzen vorbei und auf einem nicht asphaltierten Fußweg hoch zur Pos. Säge den Straßenverlauf der Sägestraße etwas abkürzen.)

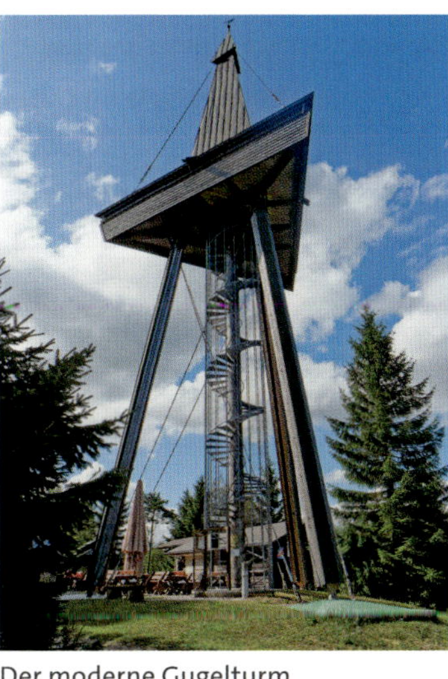
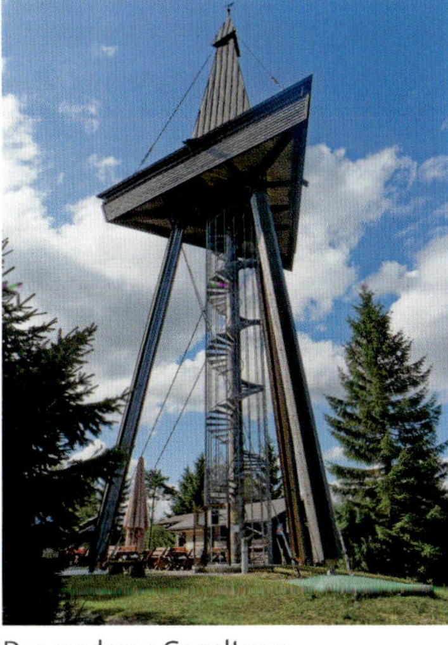

Der moderne Gugelturm.

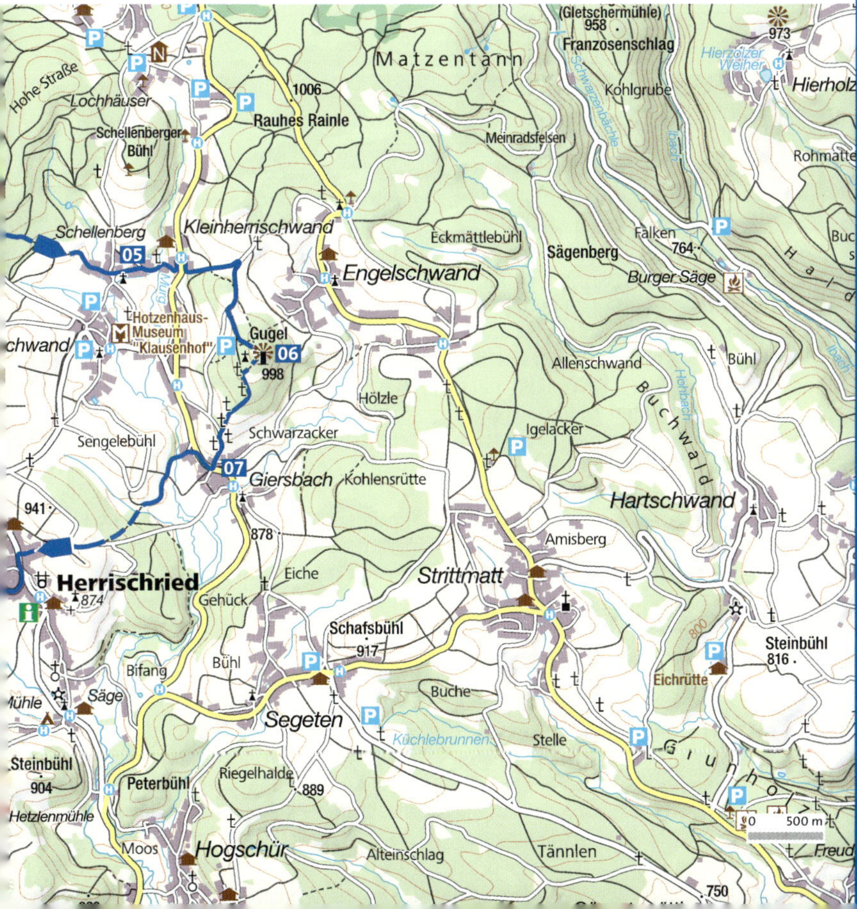

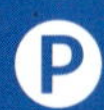
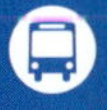
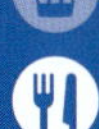

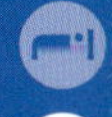

HÄUSERN – ST. BLASIEN

Über den Felsenweg zur Domstadt und zum Albstausee

 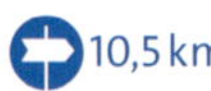10,5 km 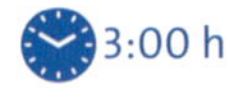3:00 h 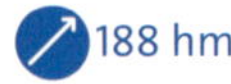188 hm 188 hm 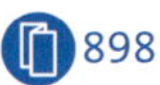898

START | Häusern, B 500, beim Sportplatz.
[GPS: UTM Zone 32 x: 437.330 m y: 5.288.730 m]
CHARAKTER | Anfangs Wald- und Graspfad an Felsen entlang, dann Asphaltsträßchen und Forst- und Waldwege.

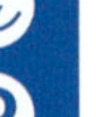

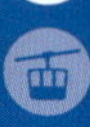

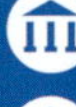

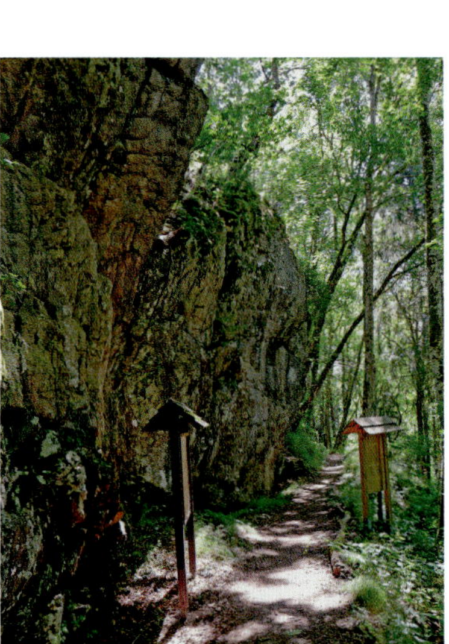

Im Häuserner Felsenweg.

▶ Vom **Parkplatz** 01, gegenüber vom Sportplatz, gehen wir an der Straßenunterführung vorbei zur Pos. Häusern-Forsthaus. Wir schwenken nach links in einen schmalen Waldpfad (geradeaus geht's zum Waldbad), der gleich recht spektakulär mit mächtigen Felsen beginnt. Vorbei an Infotafeln zum Waldlehrpfad, machen wir eine Linkskehre, rechts wird der Blick frei, und traversieren auf einem schmalen Graspfad am Hang entlang.

Wir stoßen auf einen Forstweg und Häuser, gehen bis zur St.-Fridolins-Straße vor und folgen ihr nach rechts. Am Rathaus und am **Kurgarten** 02 vorbei überqueren wir die B500, steigen ein paar Meter den Blasiwaldweg an und biegen bei der Pos. Häusern Alte Post nach links in die leicht ansteigende Straße Abendweide ab. Kurz nach dem Ortsende, rechts hoch hat man einen schönen Blick zur Wittlisberger Kapelle, verzweigt sich der Weg bei der Pos. **Auf den Mauern** 03 und wir marschieren auf Asphalt, mit herrlicher Panoramaaussicht, ordentlich bergab. Nach der Pos. Lehnern endet der Asphalt und in einer Rechtskehre gelangen wir auf flacherem Kiesweg zum Waldrand. Im hochstämmigen Wald tauchen große Felsen am Wegesrand auf, links unten verläuft parallel die Autostraße.

Wir passieren die Pos. Kohlerbrücken, überqueren einen kreuzenden Forstweg und folgen dem lichten Waldweg. Ein erster Blick auf den Dom von St. Blasien eröffnet sich, und an imposanten Felsen vorbei geht es am teilweise gerodeten, lichten Hang entlang leicht bergab. Auf schmalerem Pfad erreichen wir einen kleinen Wasserlauf, überqueren ein **Brücklein** 04 und halten uns links abwärts Richtung St. Blasien.

Wir verlassen den Wald und folgen unten rechts dem Gehweg der Friedrichstraße. Geradeaus weiter überqueren wir die Alb beim mächtigen **Dom** 05, umrunden die Anlagen durch den Kurgarten (Tusculumweg) und gehen auf der Rückseite hoch zu einer Unterführung und zur Pos. **Holzberg** 06.

Wir folgen links dem unteren, gekiesten Weg Richtung Albstausee. Der mit gelber Raute markierte Albhaldenweg führt in leichtem Auf und Ab oberhalb der tiefer unten liegenden Straße und dem Albflüsschen durch lichten Wald. Nach einem kurzen steileren Abwärtsstück bis kurz vor der Straßenbrücke

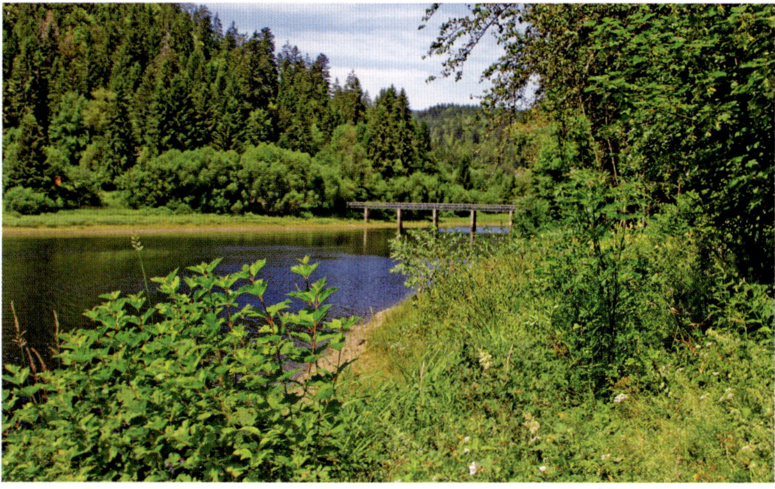

Am Albstausee, im Hintergrund der Albsteg.

geht es über die Straße Im Füllenplatz und dann den Scheuerhofweg zur Pos. Albseesteg. Ein paar Schritte links abwärts auf schmalem Pfad und wir überqueren die Alb auf einem langen, hölzernen **Steg** **07**.

Auf der anderen Seite folgen wir rechts einem Pfad neben der Straße, überqueren sie, und folgen den blauen Markierungen. Auf dem breiten Forstweg steigen wir in den Wald hoch, bis ein Holzschild (Richtung Häusern) nach links auf einen feuchten Waldweg abgeleitet. Kurz darauf schwenken wir nochmals links ab, treffen dann bei der Pos. **Albsee** **08** auf eine Forststraße und folgen der blauen Raute via Marienkapelle.

Der breite Forstweg steigt gemächlich in großen Kehren an und zieht sich durch den Wald hoch. Am Waldrand stoßen wir auf ein Skihäuschen mit Skilift, sind kurz darauf am Sportplatz und wandern an den Infotafeln des Lehrpfades entlang zur Straße vor. Durch die Unterführung erreichen wir wenig später unseren **Ausgangspunkt** **01**.

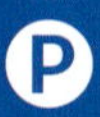
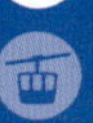

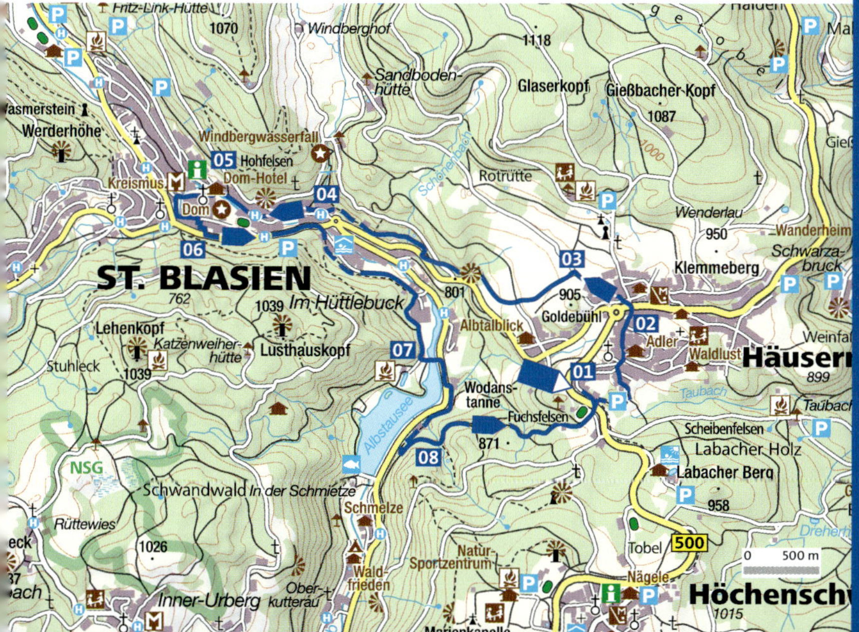

NÖGGENSCHWIEL – DIETLINGEN – HEUBACH

Unterwegs auf dem Rosenwanderweg

  13 km  3:45 h 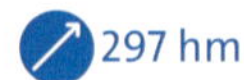 297 hm  297 hm  898

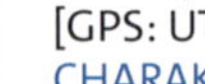

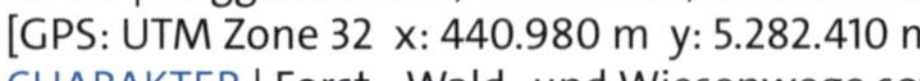

START | Nöggenschwiel, Gret-Stube, Fohrenbachstraße.
[GPS: UTM Zone 32 x: 440.980 m y: 5.282.410 m]
CHARAKTER | Forst-, Wald- und Wiesenwege sowie verkehrsarme Neben- und Verbindungssträßchen.

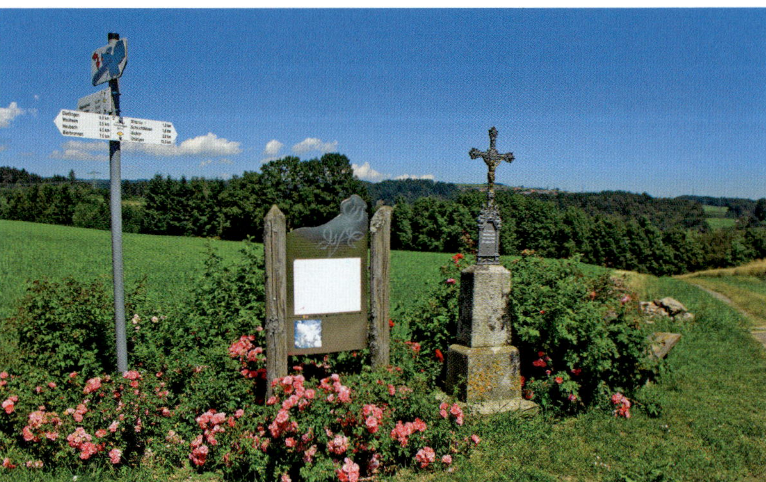

Wegkreuz Schnörringen.

Vom **Parkplatz 01** beim Café Gret-Stube gehen wir links hoch zur Pos. Nöggenschwiel Roseneck, umrunden die Kirche auf dem Rosenweg und wandern kehrenreich auf einem asphaltierten Sträßchen (**Witznauweg 02**) aus dem Dorf. In großen Kehren spazieren wir über eine aussichtsreiche Wiesen- und Ackerlandschaft zur Pos. Witznauweg.

Wir folgen der rechten Wegvariante in Richtung Schnörringer Wegkreuz und wandern auf dem Asphaltsträßchen an herrlichen Blumenwiesen vorbei zu einer scharfen S-Kurve im Wald. Der Blick nach vorne öffnet sich, der Asphalt endet und wir gehen auf einem Kiesweg zunächst am Waldrand entlang, kurven dann über offenes Ackerland wieder in den Wald. Hier informiert uns eine Tafel über das Waldgebiet Dornen, das zwischen Schnörringen und Nöggenschwiel liegt. Wir durchqueren den Wald auf einem teils schmäleren Pfad, der stets leicht bergab führt, hin und wieder mit etwas steileren Passagen, und erreichen nach einem kurzen Anstieg einen Forstweg und den Waldrand (Rosenwanderwegschild). Herrliche Fernsicht in die Schweizer Berge, und vor uns sichtbar die Häuser von Schnörringen.

Wir folgen dem Kiesweg leicht abwärts nach rechts, stoßen auf eine kreuzende Asphaltstraße, biegen aber gleich links auf einen nicht asphaltierten Feldweg ab, der uns wieder zum Asphaltsträßchen und wenig später zur Verzweigung bei der Pos. **Wegkreuz Schnörringen 03** bringt.

Der kurzzeitig nicht asphaltierte Weg führt an einem weiteren Kreuz vorbei leicht bergab zu einem Waldstück, wir überqueren einen Bachlauf und an einem Gebäude vorbei steigen wir wieder leicht an zu Häusern und zur Pos. **Dietlinger Kapelle 04**. Vor der Kapelle schwenken wir rechts, gehen die Kapellenstraße hoch, biegen bei den letzten Häusern mit ihr links ab und verlassen das Dorf. In großen Kehren wandern wir auf Asphalt stetig ansteigend über freies Land zu einer Anhöhe hoch. Der Asphalt endet, und wir schwenken rechts in den Wald hinein (gelbe Raute).

Über einzelne Lichtungen und am Waldrand entlang stoßen wir zur Pos. **Geisberg 05**. Über freie Kornfelder marschieren wir auf eine Baumgruppe zu und knicken links ab zur Autostraße. Rechts ist die kleine Kapelle an der Straße nach Nöggenschwiel zu sehen.

Der Weg fällt leicht ab, wir überqueren die Autostraße und wandern hinab zur Pos. **Heubach 06**. Vor dem ersten Haus rechts, folgen wir dem Asphaltsträßchen, das in einer großen Linkskehre den Hang berghoch zur Pos. Kühbuck führt. Nach rechts erreichen wir in wenigen Schritten Oberbierbronnen, passieren das Café Wegwarte und gelangen rechtshaltend zur Pos. **Oberbierbronnen 07**.

Das Asphaltsträßchen führt über eine Kuppe zu einer Vorfahrtsstraße, der wir kurz rechts folgen, um bei der nächsten Verzweigung scharf links auf einem Naturweg in Richtung Wald abzubiegen. Bergab durch ein schattiges Waldstück treffen wir auf die Pos. **Niederwies 08** und ein kreuzendes Asphaltsträßchen, das uns zunächst leicht ansteigend und in einer großen Linkskehre zu den ersten Häusern bringt.

Über die Straße Tafelwies und rechts Zum Mühleholz wandern wir an der Wassertretanlage vorbei zurück zum Roseneck und links hinab zum **Ausgangspunkt 01**.

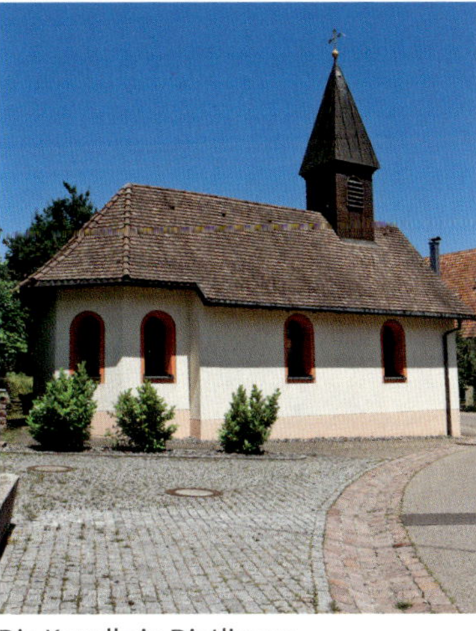

Die Kapelle in Dietlingen.

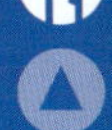
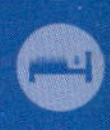

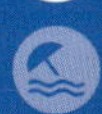

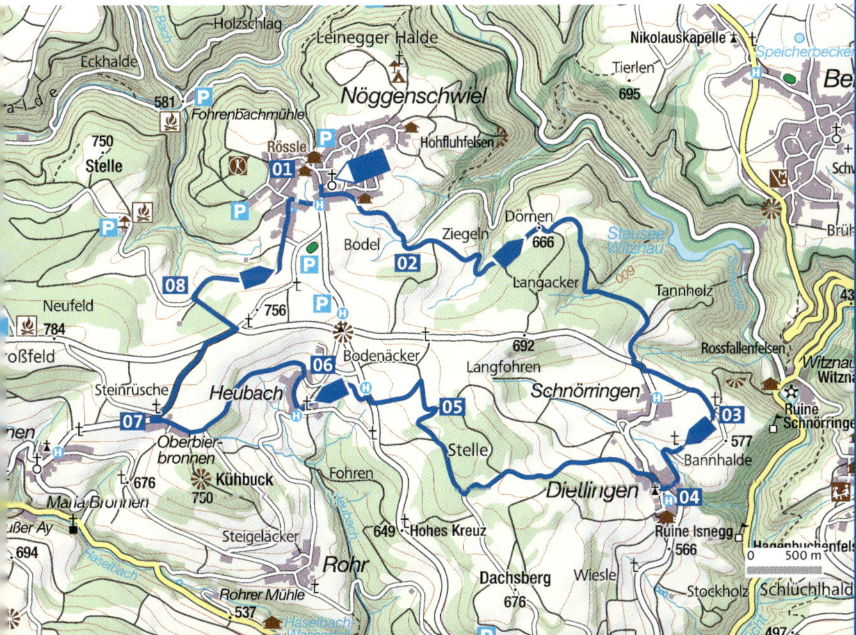

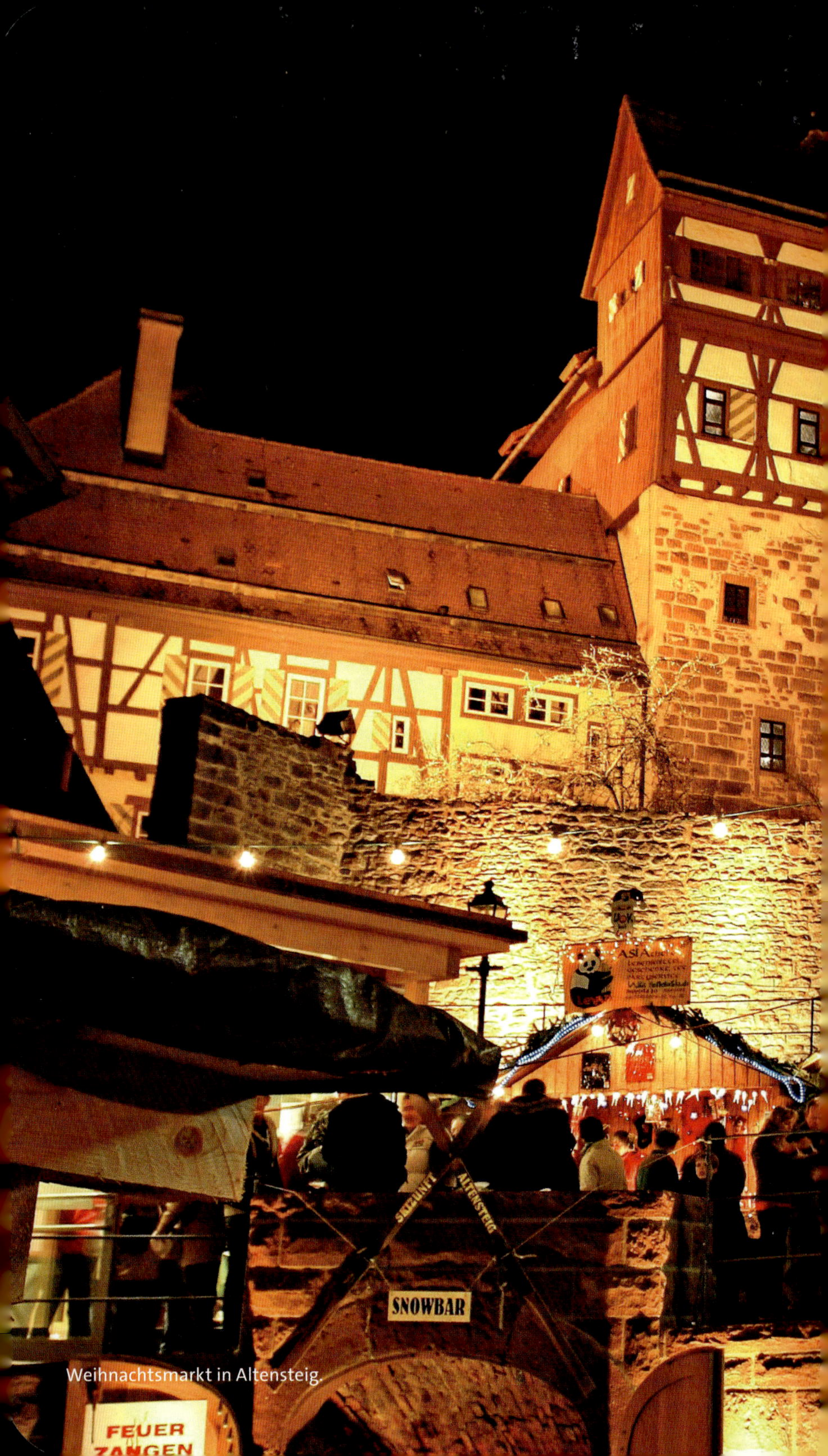

Weihnachtsmarkt in Altensteig.

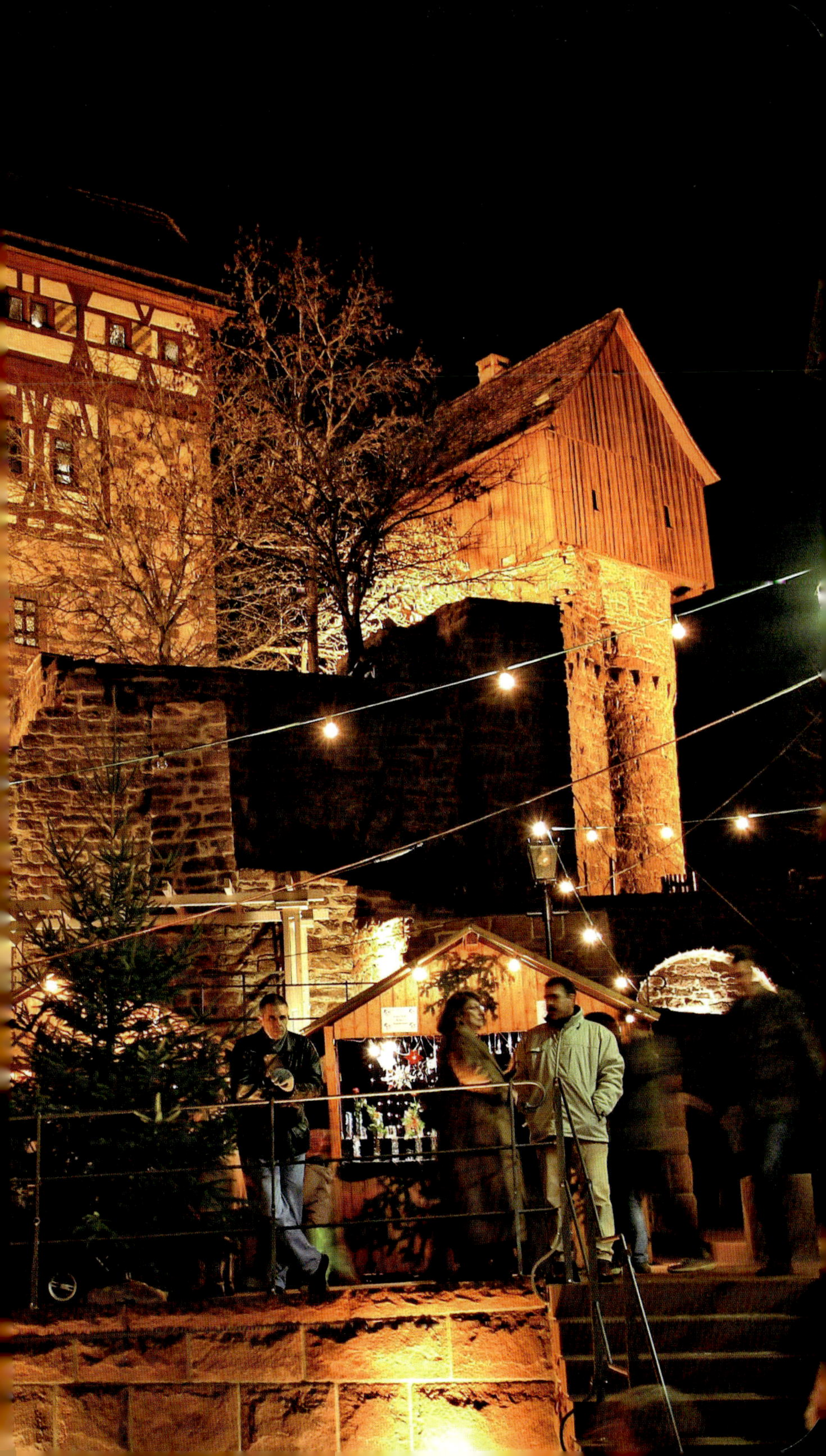

TOURISMUSINFORMATIONEN

Altensteig
Stadtinformation
Rathausplatz 1, 72213 Altensteig
Tel. +49 (0) 74 53 / 946 12 11
www.altensteig.de

Bad Herrenalb
Tourismusbüro
Rathausplatz 11, 763321 Bad Herrenalb
Tel. +49 (0) 70 83 / 50 05 44
www.badherrenalb.de

Bad Krozingen
Gemeinderat
Basler Straße 30, 79189 Bad Krozingen
Tel. +49 (0) 76 33 / 40 70
www.bad-krozingen.de

Bad Liebenzell
Kurverwaltung
Kurhausdamm 2–4, 75378 Bad Liebenzell
Tel. +49 (0) 70 52 / 408
www.bad-liebenzell.de

Bad Rippoldsau-Schapbach
Tourist-Information, Kurhausstraße 2
77776 Bad Rippoldsau-Schapbach
Tel. +49 (0) 74 40 / 91 39 40
www.wolftal.de

Bad Wildbad
Tourist-Information
König-Karl-Straße 5, 75323 Bad Wildbad
Tel. +49 (0) 70 81 / 102 80
www.bad-wildbad.de

Baden-Baden
Tourist-Information
Schwarzwaldstr. 52, 76530 Baden-Baden
Tel. +49 (0) 72 21 / 27 52 33
www.baden-baden.de

Badenweiler
Gemeinderat
Luisenstr. 5, 79410 Badenweiler
Tel. +49 (0) 76 32 / 721 21
www.gemeinde-badenweiler.de

Baiersbronn
Tourist-Information
Rosenplatz 3, 72270 Baiersbronn
Tel. +49 (0) 74 42 / 841 40
www.baiersbronn.de

Bonndorf
Touristinformation Bonndorf
Martinstr. 5, 79848 Bonndorf
Tel. +49 (0) 77 03 / 76 07
www.bonndorf.de

Bühlertal
Tourist-Information
Hauptstraße 92, 77830 Bühlertal
Tel. +49 (0) 72 33 / 996 70
www.buehlertal.de

Calw
Stadtinformation Calw
Sparkassenplatz 2, 75365 Calw
Tel. +49 (0) 70 51 / 16 73 99
www.calw.de

Eisenbach
Info-Point
Tempelacker 16, 79871 Eisenbach
Tel. +49 (0) 76 52 / 120 60
www.eisenbach@hochschwarzwald.de

Enzklösterle
Tourist-Information
Friedenstraße 16, 75337 Enzklösterle
Tel. +49 (0) 70 85 / 75 16
www.enzkloesterle.de

Ettlingen
Stadtinformation
Schlossplatz 3, 76275 Ettlingen
Tel. +49 (0) 72 43 / 10 13 80
www.ettlingen.de

Feldberg
Tourist-Info
Dr.-Pilet-Spur 4, 79868 Feldberg
Tel. +49 (0) 76 52 / 120 60
www.hochschwarzwald.de

Forbach
Tourist-Info im Rathaus
Landstraße 27, 76596 Forbach
Tel. +49 (0) 72 28 / 390
www.forbach.de

Freiburg i. B.
Tourist Information
am Rathausplatz, 79098 Freiburg
Tel. +49 (0) 761 / 388 18 80
www.freiburg.de

Überregionale Tourismus-Informationen

www.schwarzwald-tourismus.info
www.hochschwarzwald.de
www.schwarzwald.de
www.ferien-urlaub-schwarzwald.de
www.reisetipps-schwarzwald.com
www.abenteuerschwarzwald.com
www.schwarzwald-kinzigtal.info

Freudenstadt
Tourismus
Marktplatz 64, 72250 Freudenstadt
Tel. +49 (0) 74 41 / 86 40
www.freudenstadt.de

Furtwangen
Tourist-Info
Lindenstraße 1, 78120 Furtwangen
Tel. +49 (0) 77 23 / 929 50
www.furtwangen.de

Gengenbach
Tourist-Information
Höllengasse 2, 77723 Gengenbach
Tel. +49 (0) 78 03 / 93 01 43
www.gengenbach.info

Gernsbach
Touristinfo
Igelbachstraße 11, 76593 Gernsbach
Tel. +49 (0) 72 24 / 644 44

Gutach
Elztal & Simonswäldertal Tourismus
Bahnhofstr. 1, 79261 Gutach im Br.
Tel. +49 (0) 76 85 / 194 33
www.gutach.de

Haslach im Kinzigtal
Tourist Information
Im Alten Kapuzinerkloster
Klosterstr. 1, 77716 Haslach im Kinzigtal
Tel. +49 (0) 78 32 / 706 - 172
www.haslach.de/tourismus

Hausach
Kultur- und Tourismusbüro
Hauptstraße 34, 77756 Hausach
Tel. +49 (0) 78 31 / 79 75
www.hausach.de

Häusern
Tourist-Info
St.-Fridolin-Str. 5, 79837 Häusern
Tel. +49 (0) 76 52 / 12 06 85 60
www.haeusern@hochschwarzwald.de

Hinterzarten
Tourist Information
Freiburgerstr. 1, 79856 Hinterzarten
Tel. +49 (0) 76 52 / 12 06 82 00
www.hinterzarten.de

Höchenschwand
Tourist-Information
Rudolf-Eberle-Str. 3, 79862 Höchenschwand
Tel. +49 (0) 76 72 / 481 80
www.ferien-suedschwarzwald.de

Kandern
Tourist-Information
Hauptstraße 18, 79400 Kandern
Tel. +49 (0) 76 26 / 97 23 56
www.kandern.de

Kirchzarten
Tourist-Info Dreisamtal
Hauptstr. 24, 79199 Kirchzarten
Tel. +49 (0) 76 61 / 90 79 80
www.dreisamtal.de

Lahr im Schwarzwald
KulTourBüro
Kaiserstraße 1 (Altes Rathaus)
77933 Lahr/Schwarzwald
Tel. +49 (0) 78 21 / 95 02 10
www.dreisamtal.de

Lenzkirch
Im Kurhaus
Am Kurpark, 79853 Lenzkirch
Tel. +49 (0) 76 53 / 68 40
www.hochschwarzwald.de

Löffingen
Tourist-Info
Rathausplatz 14, 79843 Löffingen
Tel. +49 (0) 76 52 / 12 06 83 50
www.loeffingen@hochschwarzwald.de

Loßburg
Loßburg Information – KinzigHaus
Hauptstraße 46, 72290 Loßburg
Tel. +49 (0) 74 46 / 95 04 60

www.lossburg.de/de/ferienland/lossburginfo

Münstertal
Tourist-Info
Wasen 47, 79244 Münstertal
Tel. +49 (0) 76 36 / 707 30
www.muenstertal-staufen.de

Nagold
Tourist-Info
Marktstraße 27–29, 72202 Nagold
Tel. +49 (0) 74 52 / 68 11 35
www.nagold.de

Neuenbürg
Stadtverwaltung
Rathausstraße 2, 75305 Neuenbürg
Tel. +49 (0) 70 82 / 79 10-0
www.neuenbuerg.de

Nöggenschwiel
Tourist-Info Roseneck
Josef-Raff-Platz
79809 Weilheim-Nöggenschwiel
Tel. +49 (0) 77 55 / 15 53
www.rosendorf.de

Oberharmersbach
Tourist-Information
Dorf 60, 77784 Oberharmersbach
Tel. +49 (0) 78 37 / 277
www.oberharmersbach.de

Ottenhöfen
Tourist-Information
Großmatt 15, 77883 Ottenhöfen
Tel. +49 (0) 78 42 / 804 44
www.ottenhoefen-tourismus.de

Pforzheim
Tourist-Information
Schloßberg 15–17, 75175 Pforzheim
Tel. +49 (0) 72 31 / 39 37 00
www.pforzheim.de

Schiltach
Tourist-Info, Marktpl. 6, 77761 Schiltach
Tel. +49 (0) 78 36 / 58 50
www.schiltach.de

Schluchsee
Im Kurhaus
Fischbacher Str. 7, 79859 Schluchsee
Tel. +49 (0) 76 56 / 770
www.hochschwarzwald.de

Seewald
Seewald Touristik
Wildbader Straße 1, 72297 Seewald
Tel. +49 (0) 74 47 / 94 60 11
www.seewald.eu

Staufen
Tourist-Info
Hauptstr. 53, 79219 Staufen i. Br.
Tel. +49 (0) 76 33 / 805 36
www.muenstertal-staufen.de

St. Blasien
Tourist-Information
Am Kurgarten 1, 79837 St. Blasien
Tel. +49 (0) 76 52 / 120 60
www.stadt.stblasien.de

St. Georgen i. Schwarzwald
Gemeinderat
Hauptstr. 9, 78112 St. Georgen
Tel. +49 (0) 77 24 / 870
www.st-georgen.de

Stühlingen
Verkehrsamt Stühlingen
Schlossstraße 9, 79780 Stühlingen
Tel. +49 (0) 77 44 / 532 31
www.stuehlingen.de

Titisee-Neustadt
Tourist-Info
Strandbadstraße 4
79822 Titisee-Neustadt
Tel. +49 (0) 76 52 / 120 60
www.titisee-neustadt.de

Todtmoos
Tourist-Information
Wehratalstraße 19 (in der Wehratalhalle)
79682 Todtmoos
Tel. +49 (0) 76 74 / 906 00
www.todtmoos.de

Todtnau
Tourist-Info
Meinrad-Thoma-Straße 21
79674 Todtnau
Tel. +49 (0) 76 71 / 96 96 95
www.todtnau.de

Triberg
Schwarzwaldmuseum
Wallfahrtstraße 4, 78098 Triberg
Tel. +49 (0) 77 22 / 86 64 90
www.triberg.de

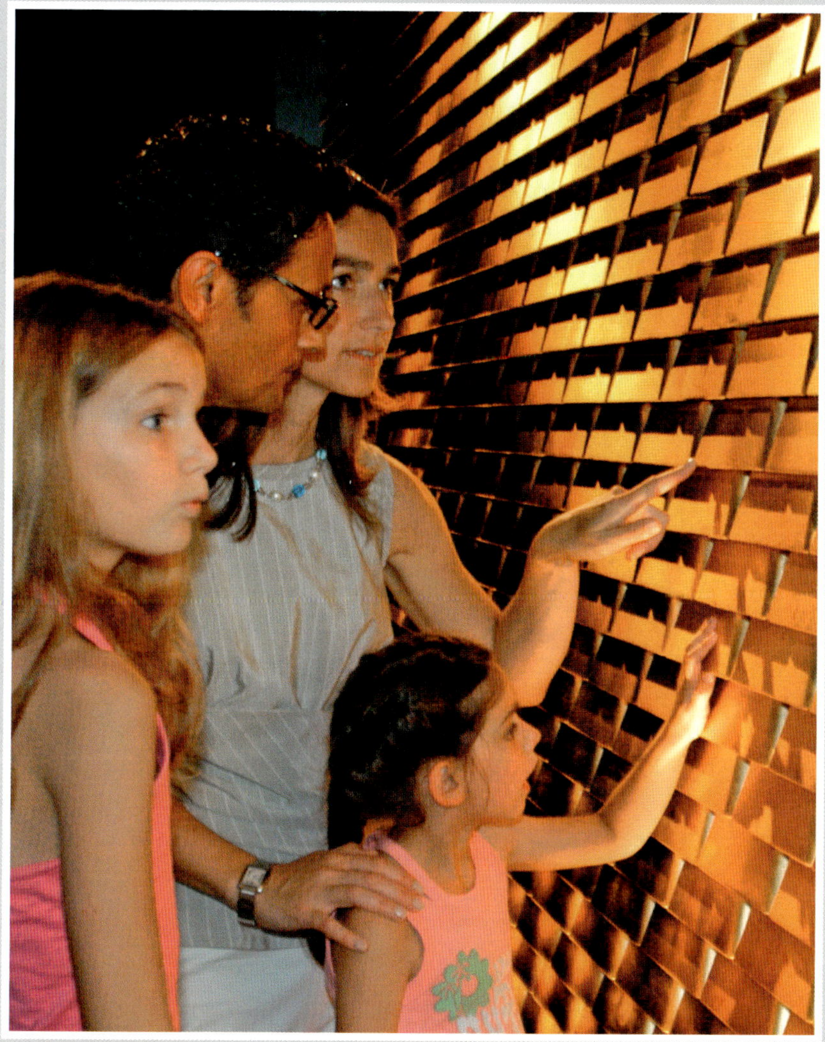

Pforzheimer Goldwand.

Villingen-Schwenningen
Wirtschaft und Tourismus
Rietgasse 2, 78050 Villingen-Schwenningen
Tel. +49 (0) 77 21 / 82 23 40
www.villingen-schwenningen.de

Waldkirch
Touristinformation
Kirchpl. 2, 79183 Waldkirch
Tel. +49 (0) 76 81 / 194 33
www.stadt-waldkirch.de

Wehr
Tourist-Info Wehr
Hauptstraße 14, 79664 Wehr
Tel. +49 (0) 77 62 / 80 86 01
www.wehr.de

Wolfach
Tourist-Information
Hauptstraße 41, 77709 Wolfach
Tel. +49 (0) 78 34 / 83 53 53
www.wolfach.de

Zell im Wiesental
Touristinformation
Schopfheimer Str. 3
79669 Zell i. Wiesental
Tel. +49 (0) 76 25 / 92 40 92
www.zell-im-wiesental.de

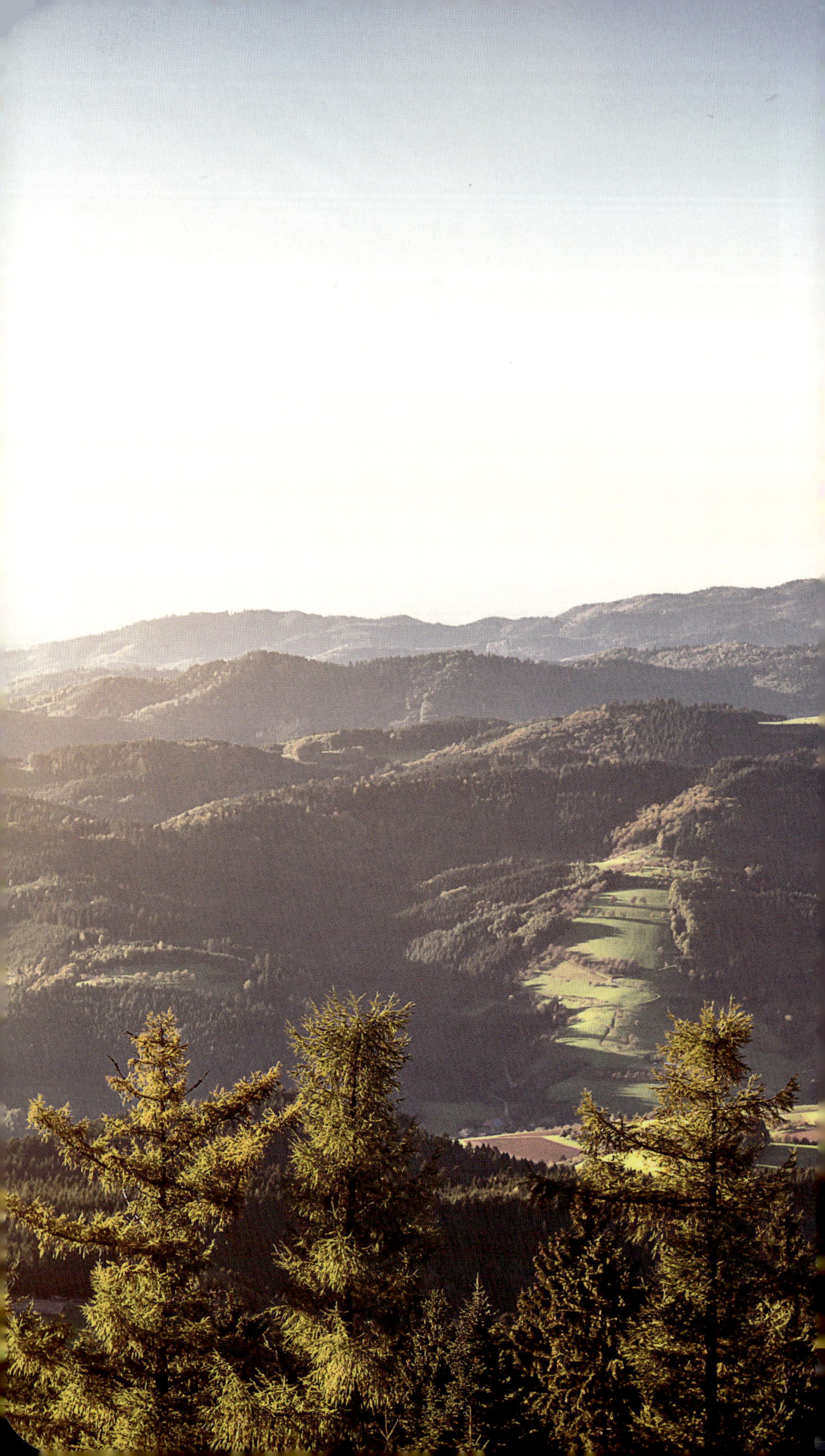

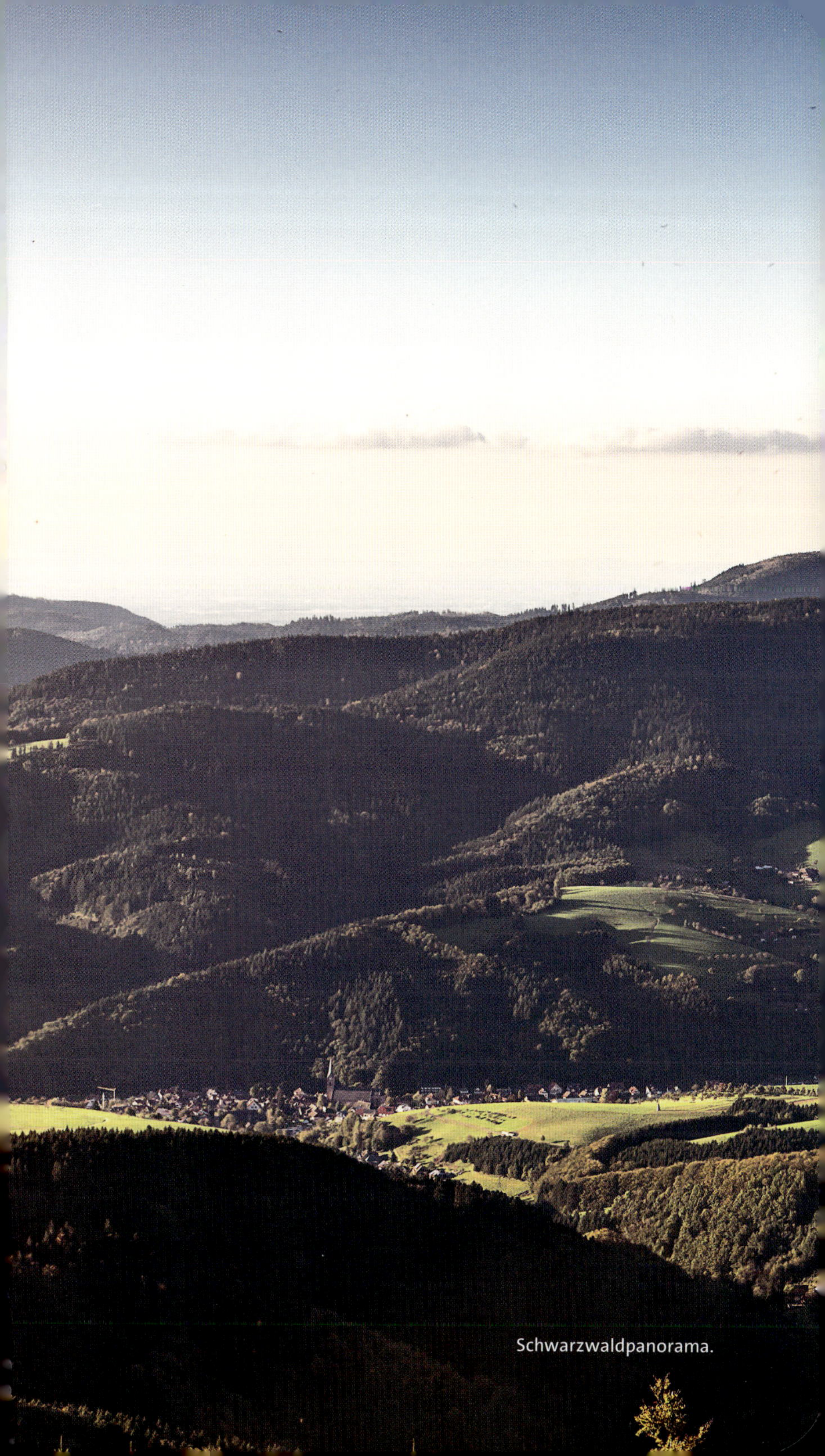

Schwarzwaldpanorama.

IMPRESSUM

1. Auflage 2021 Verlagsnummer 1619 ISBN 978-3-99044-979-0

Text und Fotos (soweit nicht anders angegeben):
Peter Freier
Elke Haan
Maria Strobl
Walter Theil

Titelbild: Unterwegs im Schwarzwald (© NDABCREATIVITY – stock.adobe.com)

Fotonachweis:
S. 2, 13 oben: Rainer Sturm/pixelio.de
S. 3 unten: Rolf Friedrich/pixelio.de
S. 258/259: Marcel Heinzmann – stock.adobe.com

Grafische Herstellung: Maria Strobl
Wanderkartenausschnitte: © KOMPASS-Karten GmbH
Kartengrundlage für Gebietsübersichtskarte S. 14-15: © MairDumont, D-73751 Ostfildern 4

KOMPASS-Karten GmbH
Karl-Kapferer-Straße 5, A-6020 Innsbruck
www.kompass.de/service/kontakt

MIX
Papier aus verantwortungsvollen Quellen
FSC® C015829